정신과

비카

Irvin D. Yalom 지음

이혜성 옮김

Σ시그마프레스

비커밍 마이셀프 : 정신과의사 어빈 얄롬의 회고록

발행일 | 2018년 10월 5일 1쇄 발행

지은이 | Irvin D. Yalom
옮긴이 | 이혜성
발행인 | 강학경
발행처 | ㈜시그마프레스
디자인 | 우주연
편 집 | 이호선

등록번호 | 제10-2642호
주소 | 서울시 영등포구 양평로 22길 21 선유도코오롱디지털타워 A401~403호
전자우편 | sigma@spress.co.kr
홈페이지 | http://www.sigmapress.co.kr
전화 | (02)323-4845, (02)2062-5184~8
팩스 | (02)323-4197

ISBN | 979-11-6226-093-7

BECOMING MYSELF: A Psychiatrist's Memoir

＊ 책값은 책 뒤표지에 있습니다.

이 도서의 국립중앙도서관 출판예정도서목록(CIP)은 서지정보유통지원시스템 홈페이지(http://
seoji.nl.go.kr)와 국가자료공동목록시스템(http://www.nl.go.kr/kolisnet)에서 이용하실 수 있습니
다.(CIP제어번호 : CIP2018029723)

얄롬 박사를 만나다

지난 2005년 한국청소년상담원 원장직에서 정년 퇴직을 할 때 제자로부터 얄롬 박사의 심리치료 소설 *The Schopenhauer Cure*(Basic Books, 2005)를 선물로 받아 읽었다. 이것이 나와 얄롬 박사 소설과의 첫 만남이었다. 정년 퇴직 후에 '은퇴 몸살이 아닌 마음살'을 앓고 있던 나에게 그 책은 굉장히 큰 감동을 주었다. 첫째로 얄롬 박사가 자신이 이끄는 집단심리치료 과정을 소재로 멋진 소설을 썼다는 사실에 감동을 받았고, 정신과의사인 그가 철학과 문학에 대한 방대한 지식을 가지고 있으며 심리치료자로서 솔직하고 정직하게 자기를 개방하면서 전인적(全人的)으로 환자를 대하는 태도가 퍽 인상적이었다. 그래서 나는 이 책을 열심히 읽고 나서 번역을 하고 싶었다. 다행히 (주)시그마프레스와 연락이 되어서 강원대학교의 최윤미 교수와 공동 번역으로 2006년에 쇼펜하우어, 집단심리치료라는 제목으로 출판하게 되었다. 그 이후에 2015년까지 얄롬 박사의 원서 출판사인 Basic Books와 판권 계약을 맺은 (주)시그마프레스의 청탁으로 나는 연달아 얄롬 박사의 6권의 책을 번역 · 출판했다. 비교적 짧은 시간에 얄롬 박사의 책을 이렇게 여러 권 읽고 번역할 수 있었던 것은 내가 그의 책에서 강한 매력을 느꼈기 때문이었다. 특히 그의 심리치료 소설을 읽으면서 내가 꿈꾸어 오고 있는 문학상담에 대한 확고한 신념을 얻을 수 있었던 것이 더 큰 이유였다.

　지난 50여 년간 상담을 공부하면서 상담은 상담자와 내담자가 함께 자기다운 삶의 의미와 보람을 찾아가는 여정이라고 확신했다. 따라서 상담자와 내담자가 맺는 관계의 질이 중요하고 상담의 과정과 내용은 보다 진지하게 삶 속의 보람과 기쁨을 탐색하는 데 있다는 생각이 굳어졌다. 대학에서 국문학을 전공하고 문학에 대한 특별한 애정을 가지고 있는 나는 오래전부터 이런 상담의 내용과 과정을 문학적으로 전개하고 싶었다. '문학'이라는 개념의 의미가 엄청나게 넓기는 하지만 문학의 요체는 삶의 이야기를 '말하기, 듣기, 읽기, 쓰기'로 표현하는 언어 활동에 있으며 상담은 자신의 삶 속의 이야기에 들어 있는 매듭을 언어활동으로 풀어나가는 과정이므로 문학적으로 상담하는 '문학상담'이 가능할 것이라고 생각하게 되었다.

　이런 생각을 가지고 있는 나에게 정신과의사이면서 소설가인 얄롬 박사의 작품은 문학상담의 가능성을 보여주는 하나의 좋은 전범(典範)이 되었다. 그의 심리치료 소설을 번역하면서 나는 치료과정에서 치료자와 환자가 삶의 의미, 죽음, 고립, 자유, 선택 등의 실존적 문제들에 대해서 나누는 삶의 이야기가 좋았고, 환자의 의중을 꿰뚫어보는 치료자 얄롬 박사의 날카로우면서도 부드러운 혜안이 감탄스러웠다. 인간 실존의 문제를 정확한 언어로 소통하면서 내담자에게 올바른 통찰을 갖게 하는 그의 치료는 문학적이고 예술적이다. 그가 이런 치료를 할 수 있는 것은 그가 의과대학을 마치면서 탄탄한 수련과정을 거쳤고 그 사이에 개인적으로 쌓아온 인문학에 대한 광범위한 학습의 결과였을 것이라고 생각한다. 또한 그에게는 이런 숙련과정을 통해 얻은 인간과 인간관계에 대한 통찰력 그리고 그것을 표현하는 탁월한 언어 감각이 있는 것 같다. 정신과의사이지만 그는 자신이 심리치료자라고 불리기를 선호하면서 환자의 증상을 진단하거나 처방하지 않으며 약물이나 임상적인 데이터나 그래프를 인용하지 않는다. 오로지 이야기(언어)로만 환자가 고뇌하고 있는 실존 문제를 풀어간다. 이러한 얄롬 박사의 치료는 내가 문학상담의 과정과 내용에서 추구하고자 하는 방식이기도 하기 때문에 나는 그의 작품에 깊이 공감하였다. 기회가 있으면 그를 한 번 개인적으로 만나서 내가 번역한 그의 책들을 선물로 드리고 그와 이야기를 나누고 싶다는 생각을 어렴풋이 하고 있었다.

지난 늦가을에 (주)시그마프레스에서 그의 최신작 *Becoming Myself: A Psychiatrist's Memoir*의 최종 원고를 보내와서 그 원고를 읽으면서 번역을 시작했다. 이 책은 내가 번역한 얄롬 박사의 여덟 번째 책이다. 제목 그대로 이 책은 86세의 나이에 이른 정신과의사 얄롬 박사가 '얄롬의 얄롬되기의 과정'을 솔직하고 간결한 문장으로 써 내려간 그의 자전적 회고록이다. 50여 년간 다른 사람의 삶을 되돌아보고 그들의 삶을 재구성해주는 심리치료자였던 그가 그의 치료자적 안목과 소설가적 필력을 자신에게로 돌려서 쓴 86년간의 심오한 삶의 기록이다. 그의 책들을 이미 여러번 번역한 나는 이 회고록에 담겨 있는 사실들이 낯설지가 않았고 더욱 친근하게 느껴졌다. 그가 노년에 이르러서 쓴 글들은 마치 나의 이야기를 읽는 것처럼 많은 공감이 갔다. 특별히 책의 마지막 장, 'A Novice at Growing Old(노년의 신참자)'는 엄청난 깨달음과 울림을 주는 글이었다. 80대에 들어선 그는 80대에 새로 참여하는 신참자이다. 지금까지 살아온 환경이지만, 낯설게 느껴지고, 기억력이 쇠퇴하고, 건망증으로 사소한 것들을 잃어버리거나 잊어버리고, 신체의 이곳 저곳이 아프다. 그러나 신참자로서의 정열과 의욕은 여전하고, 죽을 때까지 열심히 일하고 즐기면서 살아가려는 의지 또한 여전하다. 이 것이 80대의 신참자 얄롬 박사의 모습이고, 그 모습이 역시 80대의 신참자인 나의 모습으로 겹쳐진다.

Becoming Myself 번역을 거의 끝냈을 무렵 나는 더 늦기 전에 그를 만나야겠다는 생각으로 그에게 이메일을 보냈고 2017년 12월 22일에 샌프란시스코 러시안 힐에 있는 그의 집에서 만나자는 얄롬 박사의 이메일을 받았다.

2017년 12월 22일, 약간 쌀쌀하지만 평온한 겨울 아침, 샌프란시스코에 사는 친구의 안내로 나는 얄롬 박사가 사무실로 쓰고 있는 2 Fallon Place,

#24 Studio Apartment를 찾아갔다. 비교적 높은 언덕인 러시안 힐에 자리 잡은 그의 집 주소는 그가 살고 있는 적목(redwood)으로 지어진 커다란 스튜디오 아파트 한 동(棟)만을 위한 것이어서 표지판은 눈에 띄지 않는 곳에 세워져 있었다. 나를 만나러 아파트 라운지로 내려온 얄롬 박사와 간단한 수인사(修人事)를 나누고 그의 5층 사무실로 올라갔다. 그의 사무실은 동쪽으로 향한 넓은 창문을 통해 샌프란시스코의 마천루들과 베이 브릿지가 보이는 넓은 거실과 침실, 작은 부엌, 책상들이 놓인 정갈하고 조용한 분위기의 서재로 이루어져 있었다. 거실은 중국에서 사왔다는 중국식 궁중복, 작은 동양식 장식 탁자들로 꾸며져 있었다.

　얄롬 박사는 편안한 바지에 멋진 청색 스웨터를 걸친 일상적인 옷차림에, 잘 다듬어진 수염과 직접적이긴 하지만 부드러운 눈길을 가진 조용하고 친절한 미국 노신사 대학 교수의 전형적인 모습이었다. 그의 공식적인 사진에서 느껴지던 인상과는 다르게 그의 표정은 부드럽고 편안했으며, 대가다운 따뜻함과 너그러움이 있었다. 그는 절제된 어조로 겸손하고 친절하게 나와의 이야기를 시작했다. 유명한 정신과의사이면서 소설가인 그와 나누었던 대화의 한 부분을 그대로 옮겨본다.

이 : 이렇게 만나뵙게 되어서 반갑고 영광스럽습니다. 저는 현재 한국상담대학원대학교 총장입니다. 버지니아대학교에서 상담자교육으로 교육학 박사학위를 취득했고 26년간 한국의 대학교에서 상담을 가르치는 교수였고 지금은 이화여대 명예교수로 있습니다.

2005년에 공식적인 지위에서 은퇴한 후부터 얄롬 박사님이 쓰신 책을 지금까지 7권을 번역했는데 그 책들을 박사님에게 드리려고 여기 가지고 왔습니다.

쇼펜하우어, 집단심리치료(2006), 폴라와의 여행(2006), 카우치에 누워서(2007), 보다 냉정하게 보다 용기있게(2008), 매일 조금 더 가까이(2010),

스피노자 프로블럼(2013), 삶과 죽음 사이에 서서(2015) 등 7권의 책을 그에게 드렸다.

얄롬 : 너무나 감사합니다. 이렇게 여러 권의 책을 번역해주셔서 감사하고, 내 책들을 한국 독자들이 읽을 수 있게 해주셔서 너무나 감사합니다. 내 책들이 한국에서 잘 알려져 있습니까? *When Nietzsche Wept*(니체가 눈물을 흘릴 때, 2014)와 *Love's Executioner*(나는 사랑의 처형자가 되기 싫다, 2014)가 한국에서도 읽히나요?

이 : *When Nietzsche Wept*와 *Love's Executioner*는 제가 번역을 하지 않았기 때문에 박사님께 드리지는 않았지만, 한국에서도 널리 읽히고 있습니다. 얄롬 박사의 책은 상담과 심리치료를 공부하는 사람들에게 잘 알려져 있습니다. 대학원 학생들을 위한 도서 목록에 올라 있고, 얄롬 박사의 소설을 읽은 사람들이 서로 소개해서 꾸준히 잘 팔리고 있습니다. 시그마프레스의 정보에 의하면 이상 7권의 책이 통틀어서 현재까지 약 2만 권이 팔렸다고 합니다.

저는 이번에 *Becoming Myself*의 번역을 부탁받고 번역을 거의 끝마쳤습니다. 그 책을 읽고 나니 박사님이 더욱 친밀하게 느껴져 직접 만나서 이야기를 나누고 싶어서 이렇게 찾아왔습니다.

얄롬 : 감사합니다. 그 책은 나 자신에 관한 글입니다. 내가 어떻게 자랐고, 어떻게 교육을 받았으며 어떤 수련과정을 거치고, 어떤 리서치를 했고, 내가 어떻게 실존치료에 관심을 가지게 되었나에 대해서 자세히 썼습니다. 그리고 나의 개인적인 생활에 대해서도 썼습니다. 나는 내가 사랑하는 여자와 결혼해서 60년이 넘게 행복하게 살고 있으며 4명의 자녀들과 7명의 손자들을 거느린 행복한 아버지이며 할아버지입니다. 나는 세계적으로 유명한 스탠퍼드대학교에서 교수를 했고 지상에서 가장 축복받은 기후, 안전하고 범죄가 적고 안락한 캘리포니아에서 살고 있습니다. 지금 86세이지만 하루에 3시간 내지 4시간 매일 글을 쓰고 일주일에 6일, 7일 일하고 일주일에 다섯 번 정도 오후에는 환자를 봅니다. 세

계의 어느 곳엔가에 나의 도움을 받는 사람이 있다는 사실에 감사하고 있지요. 나이가 들어서 건망증이 심해지고 눈도 나빠졌습니다. 나는 눈 수술을 몇 차례 받았지요. 그리고 무릎 관절 수술도 해서 전처럼 운동을 활발하게는 못하지만, 아직 할 일이 많이 있습니다. 오늘도 오후에 이곳에서 약속이 있습니다. 나는 별로 후회가 없는 삶을 살아왔다고 생각합니다.

이 : 저는 박사님의 회고록을 읽으면서 박사님의 어린 시절의 외로움과 소외감과 빈민굴의 문화에서 벗어나고 싶어 하던 열망을 읽으면서 깊이 공감했습니다. 그리고 박사님과 부모님과의 관계도 이해할 수 있었어요. 그러나 박사님의 부모님은 열심히 인생을 사셨고 자녀들을 정성껏 돌본 분들이셨다고 생각합니다.

얄롬 : 네, 어렸을 적에 나는 내가 처한 환경에서 구출되고 싶은 욕망이 강했습니다. 구출될 수 있는 길은 내가 의과대학에 합격하는 일뿐이었기 때문에 오로지 공부에만 열중했습니다. 그리고 워싱턴 DC의 위험지구에 살고 있었기 때문에 부모님은 내가 도서관에 가서 책 읽는 것을 좋아하셨고 덕분에 나는 어렸을 적부터 닥치는 대로 책을 많이 읽었고 사람이 일생에서 할 수 있는 가장 훌륭한 일은 좋은 소설을 쓰는 일이라고 생각하기도 했습니다. 내가 의과대학에 합격하고 정신과를 택한 이유는 나의 문학에 대한 사랑 때문이었고, 문학이 정신과에서 환자를 위해 할 수 있는 일이 정신과가 할 수 있는 일보다 더 많을 것이라는 믿음 때문이었지요. 후에 내가 환자를 보면서, 또 학생들을 가르치기 위해서는 글을 쓰는 것이 좋겠다는 생각에서 소설을 쓰기 시작했지요. 나는 마음속으로 항상 읽을 책들을 생각하고 다음에 쓸 책이나 소설을 구상하곤 했는데, 이제는 더 이상 아닌 것 같습니다. 나의 부모님은 교육을 제대로 받지는 못했으나 열심히 일하셨고 우리들의 교육을 위해서 헌신하셨습니다. 어렸을 적에 나는 어머니와 잘 지내지 못했는데 지금 내 마음에 떠오르는 분은 어머니이십니다. 어머니에게 좋은 아들이 못 되었지만,

'Momma and the Meaning of Life(엄마 그리고 삶의 의미)'에 썼던 대로 나
는 어머니를 생각하고 있지요.

이 : 이제 시간이 얼마 남지 않았네요. 저는 제가 생각하고 있는 상담의 새로
운 방향, 즉 인문학을 바탕으로 한 인문상담학의 구축에 대해서 박사님
과 이야기하고 싶습니다. 그리고 문학상담의 가능성에 대해서도 박사님
의 의견을 잠시 들어보고 싶습니다.

저는 상담자교육을 전공으로 교육학 박사학위를 취득했습니다. 자연히
저는 상담학을 심리학의 측면으로보다 교육학의 측면으로 접근하고 있
습니다. 내담자들의 자기성찰을 인문학적으로 할 수 있도록 도와주고 좌
절하고 있는 내담자들에게 힘과 용기를 주는 상담을 하려면 상담자들이
철학적 사고와 질문, 그리고 문학적인 통찰력과 표현력을 갖추어야 한다
고 생각하기 때문에 저는 한국상담대학원대학교를 세울 때 철학상담과
문학상담을 전공분야로 개설했습니다. 박사님의 의견을 듣고 싶습니다.

얄롬 : 네, 나는 이 박사의 의견에 절대적으로 동의합니다. 그리고 이런 일을
위해서는 우리가 함께 힘을 합해야 된다고 믿습니다.

나는 환자와 진정으로 같이 있고(real presence), 솔직하게 만나고, 환자에
게서 배우는 자세가 심리치료자에게는 필요하다고 생각합니다. 상담이
나 심리치료는 기술이 아니기 때문에 인문적인 소양을 갖출 필요가 있
다고 생각하고 있습니다.

인간은 복잡하고 유한한 존재이기 때문에 인간을 이해하고 잘 알아가는
과정은 단순하지 않고 끊임없이 생각하고 노력해야 한다고 생각해요.
그 과정에서 핵심이 되는 것은 철학과 문학에서 다루고 있는 인간의 본
성에 대한 탐색이라고 생각해요.

이 : 감사합니다. 상담이나 심리치료는 타 분야와 융합적인 방향으로 나가는
것이 바람직하다는 박사님의 생각에 저도 깊이 동의합니다. 앞으로 우
리 학교에서는 인문학적인 소양을 갖춘 참으로 좋은 상담자를 양성하기
위해 노력할 것입니다.

짧은 시간이었지만, 얄롬 박사는 내가 하는 이야기를 집중해서 경청했고 신중한 피드백을 주었다. 역시 대가다운 풍모였다. 헤어질 때 그는 나에게 샌프란시스코에서 보아야 할 명소를 세심하게 알려주면서 내가 머무는 곳, 교통편 등에 대해서 친절한 관심을 보여주었다. 나는 *Becoming Myself* 한글 번역서가 나오면 그분에게 곧바로 우송해 드리겠다는 약속을 하고 아파트에서 나왔다.

바람 부는 러시안 힐을 내려오면서 나는 내가 왜 얄롬 책을 열심히 번역하고 있는지에 대한 해답을 얻은 것 같은 느낌이 들었다. 그는 내가 하고 싶은 일, 즉 소설을 쓰는 일을 하고 있으며 내가 상담자의 태도와 입체적인 인간 이해에 대해 하고 싶은 말을 실제로 하고 있기 때문에 막연하게 그와 나를 동일시하고 있는지도 모른다는 생각을 잠시 했다. 나의 문학상담에 대한 신념과 그의 철학이 많이 비슷하다는 사실이 확고하게 다가오는 것을 느꼈다. 그분과 마찬가지로 나의 일상을 기록해두는 습관이 있고 그분 못지않은 기억력이 있다는 것을 아울러 되새겨보면서, 나는 공감과 동일시 감정은 이럴 때 딱 들어맞는 용어일지도 모른다는 생각으로 노대가와 나누었던 대화를 따뜻이 되새겼다. 나는 그분의 노익장을 진심으로 기원한다.

* * *

이 책을 출판해준 (주)시그마프레스의 여러분에게 감사한다. 그리고 이 책의 번역작업을 줄곧 도와준 내가 아끼고 사랑하는 후배 김성희 선생에게 특별히 고맙다는 인사를 하고자 한다. 김성희 선생은 얄롬 박사의 소설을 나보다도 더 좋아해서 지난번에 스피노자 프로블럼(2013)을 번역할 때도 그 지루한 작업을 열심히 도와주었다. 이번에도 A4 용지로 213쪽이나 되는 *Becoming Myself* 번역 초고를 일일이 읽으면서 어색하거나 잘못된 번역을 찾아주고 필요한 조언을 충실하게 해주어서 이 책이 잘 다듬어질 수 있었음에 진심으로 감사한다.

내가 이 책을 번역하면서 느꼈던 잔잔한 감동을 이 책을 읽는 독자들도 느낄 수 있기를 진심으로 바란다.

2018년 9월

이혜성

for my Korean Readers

Dec 22, 2017

I hope you will enjoy the story of
my life and how I became the
psychiatrist and the writer I
am. I was happy to meet Dr Lee, my translator
and her companion, Dr Kang.

— 역자에게 남긴 저자의 친필 사인

차례

공감의 탄생

새벽 3시에 나는 베개에 얼굴을 묻고 울면서 꿈에서 깨어났다. 매릴린을 방해하지 않으려고 조용히 침대에서 빠져나와 눈물을 닦았다. 그러고는 지난 50년간 내가 환자에게 지시했던 대로 눈을 감고, 마음속으로 꿈을 되새겨 보면서 내가 본 것을 글로 적었다.

나는 열 살 아니면 열한 살이었다. 집에서 얼마 떨어지지 않은 언덕길을 자전거를 타고 내려갔다. 나는 앨리스라는 이름의 여자아이가 자기네 집 현관에 앉아 있는 것을 보았다. 앨리스는 나보다 조금 위인 것 같았다. 얼굴에 곰보자국이 있었는데도 매력적으로 보였다. 나는 자전거를 타고 지나가면서 그 애를 향해 "야, 곰보야."라고 소리 질렀다.

갑자기, 어떤 어른이, 굉장히 크고 건장해 보이는 어른이 내 자전거 앞에 서더니 자전거 핸들을 잡아 낚아채서 나를 멈추게 했다. 어렴풋하게 나는 그 어른이 앨리스의 아버지라는 것을 알았다.

그는 나에게 소리 질렀다. "야, 너, 네 이름이 뭔지 모르지만. 좀 생각을 해봐—네가 생각이라는 걸 할 수 있다면—내 질문에 대답해봐. 네가 금방 내 딸에게 했던 말을 생각해보고 한 가지만 대답해봐. 그 말이 앨리스에게 어떻게 들렸겠니?”

나는 너무나 겁에 질려서 대답을 할 수가 없었다.

“야, 어서 대답해봐. 너 블루밍데일 집 아들이지? [우리 아버지의 식료품 가게 이름이 블루밍데일마켓이었기 때문에, 아버지 이름이 블루밍데일이 아니었지만 사람들은 우리의 성(姓)을 블루밍데일이라고 알고 있었다.] 네가 영리한 유대인이란 거 알아. 자, 그러니 앨리스가 네가 한 말을 듣고 어떤 기분이었을지 생각해봐.” 나는 떨었다.

나는 공포에 떠느라고 말을 할 수 없었다.

“그래, 그래, 침착해봐. 간단히 말해줄게. 이것만 말해봐. 네가 한 말을 듣고 앨리스 기분이 좋았을까, 아니면 나빴을까?”

내가 할 수 있는 일은 단지 “잘 모르겠는데요.”라며 머뭇거리는 거였다.

“야, 그것도 생각 못해? 그래, 네가 생각할 수 있도록 해주마. 내가 너를 쳐다보면서 너의 못생긴 부분을 꼬집어내면서 너를 볼 때마다 그걸 말로 한다고 상상해봐.” 그는 나의 얼굴을 자세히 들여다보았다. “코에는 코딱지, 어? 그래서 ‘코딱지’라고 부르면? 네 왼쪽 귀가 오른쪽 귀보다 크네. 그래서 내가 ‘야, 짝귀야’라고 너를 볼 때마다 내가 소리 지른다면 어떻겠니? 아니면, ‘야, 이 유대인 자식아’라고 부른다면? 그러면 어떨 것 같아? 네 기분이 어떻겠니?”

꿈속에서 나는 자전거를 타고 앨리스 집 앞을 지나간 것이 이번이 처음이 아니었고 매일매일 앨리스에게 말을 걸고 싶어서, 친구가 되고 싶어서 똑같은 말로 소리 질렀고 내가 “야, 곰보야.”라고 소리 지를 때마다 앨리스에게 상처를 주었고 모욕감을 주었다는 것을 깨닫게 되었다. 나는 겁에 질렸다— 내가 그동안 계속 저질러 온 잘못에 대해서, 여태껏 한 일에 대해서 내가 그토록 무지했었다는 사실에 대해서 깨닫게 되었다.

앨리스의 아버지가 말을 마쳤을 때, 앨리스가 현관 계단을 내려와서 부드러운 목소리로, "우리 집에 와서 놀고 싶니?"라고 말하면서 자기 아버지를 쳐다보았다. 아버지는 고개를 끄덕였다.

"나는 끔찍해."라고 대답한다. "난 부끄러워, 너무 부끄러워. 난 놀 수 없 어, 난 놀 수 없어, 난 놀 수 없단 말이야…"

청소년 시절부터 나는 잠자리에서 잠들 때까지 책을 읽는다. 지난 2주 동 안에는 스티븐 핑커(Steven Pinker)가 쓴 우리 본성의 선한 천사(The Better Angels of Our Nature)라는 책을 읽고 있다. 오늘 밤, 꿈꾸기 전에 그 책에서 계몽시대 공감 의 탄생에 관한 장을 읽으면서 이런 소설, 특히 영국의 소설들, 예를 들어 클라리사(Clarissa)와 파멜라(Pamela) 같은 서한문체의 소설들이 폭력과 잔인함 을 줄이면서 다른 사람의 관점을 경험하는 데 도움을 주는 역할을 했을 것 이라는 생각을 했다. 나는 한밤중에 불을 껐고 몇 시간 후에 앨리스에 관한 악몽을 꾸고 잠에서 깨어났던 것이다.

좀 진정되고 난 후에 침대로 돌아갔으나 오랫동안 잠들지 못했다. 태고 시대로 생각되는 열두 살 때 내가 저질렀던 부끄러움을 죄의식이라는 주머 니에 가두어 놓고 있었는데 그로부터 칠십삼 년이 흐른 지금 그 부끄러움 이 나에게 갑자기 튀어 나온다는 사실이 얼마나 기가 막힌지를 생각하느라 고 잠들지 못했다. 지금 생각해보면 열두 살 난 소년이었던 나는 현실에서 정말로 앨리스의 집 앞을 지나면서 "야, 곰보야."를 외쳤다. 그녀의 주의를 끌기 위해 별 생각 없이 때로는 잔인하게, 극도로 공감하지 않는 태도로 외 쳤던 것이다. 앨리스의 아버지는 한 번도 나와 마주친 적이 없었다. 그러나 지금 여든 다섯의 노인이 된 나는 악몽에서 헤어나려고 애쓰면서 앨리스가 그때 어떻게 느꼈을지, 내가 앨리스에게 얼마나 큰 상처를 주었을지를 상 상할 수 있다. 앨리스, 나를 용서해줘.

멘토를 찾아서

65세의 물리학자 마이클이 오늘의 마지막 환자였다. 나는 20년 전에 2년간 그를 치료했고 그동안 소식을 듣지 못하고 있다가 며칠 전에 그에게서 이메일을 받았다. "선생님을 만나야 합니다 — 여기 첨부한 기사가 여러 가지 일들, 좋은 일과 나쁜 일들을 상기시켜 주었습니다." 이메일에 첨부된 것은 근래에 그가 국제과학상을 수상했다는 기사가 실린 **뉴욕타임스**였다.

그가 내 사무실에 와서 자리에 앉았다. 먼저 말을 꺼낸 것은 나였다.

"마이클, 도움이 필요하다는 연락을 받았어요. 당신이 우울해한다는 사실이 안 됐지만 만나서 기쁘고 당신의 수상 소식을 듣고 기쁘다는 이야기를 하고 싶네요. 당신이 어떻게 지내고 있는지 가끔 궁금했지요."

"그렇게 말씀해주셔서 감사합니다." 마이클은 사무실을 둘러보았다 — 그는 철사처럼 뻣뻣했고, 예민했고, 거의 대머리였고, 180센티미터의 키에, 갈색 눈은 유능함과 자신감으로 빛났다. "사무실을 다시 꾸미셨네요? 이 의자들이 전에는 저쪽에 있었지요? 맞지요?"

"네, 사반세기에 한 번씩 다시 꾸미지요."

그는 껄껄 웃었다. "그 기사를 보셨어요?"

나는 고개를 끄덕였다.

"그다음에 무슨 일이 일어났는지 짐작이 가시지요: 자랑스러움의 분출, 모두 너무 짧은 순간, 그러고는 걱정스러운 자기불신의 물결. 구태의연한 일들—아주 보잘것없습니다."

"그 보잘것없다는 점으로 바로 갑시다."

우리는 나머지 시간을 옛날 일들을 되돌아보는 것으로 보냈다. 그의 교육받지 못한 아일랜드 출신 이민자 부모, 뉴욕에서의 공동주택 생활, 그의 빈약한 초등교육, 의미 있는 멘토의 부재에 대해서. 마이클은 어른들에게서 보호받고 양육받으며 사는 사람들을 얼마나 부러워했는지에 대해서 오래 이야기했다. 그런 반면에 자기는 윗사람의 주목을 받기 위해 절대적인 최고 점수를 받으려고 끝없이 애써야 했으며 자기가 자신을 창조해내지 않으면 안 되었다는 이야기도 했다.

"네." 나는 말했다. "자기를 스스로 창조하는 것은 엄청난 자부심이지만 자기의 근본이 아무것도 없다는 느낌도 갖게 하지요. 이민자들 중에 재능 있는 아이들이 자기들은 늪지에서 피어나는 연꽃—아름답지만 깊은 뿌리가 없는 꽃 같다고 느낀다는 걸 알고 있어요."

마이클은 몇 년 전에도 내가 이렇게 말했던 것이 기억난다고 하면서 그 말을 다시 생각나게 해주어서 기쁘다고 했다. 우리는 앞으로 두어 번 더 만날 약속을 했고 그는 이미 기분이 훨씬 좋아졌다고 말했다.

언제나 마이클과의 세션은 순조로웠다. 우리는 제일 처음 만났을 때부터 잘 통했고 어떤 때에 그는 내가 정말로 그를 잘 이해해주는 유일한 사람이라고 말했다. 우리가 치료를 시작한 첫해에 그는 자신의 혼란스러운 정체감에 대해서 많이 이야기했다. 그는 자기가 '모든 학생들을 물리치는 정말로 빛나는 학생인가? 아니면 당구장이나 사격장에서 내기따위나 하면서 여가시간을 보내는 건달인가?'라는 문제로 혼란을 겪었다고 했다.

언젠가, 마이클이 자신의 혼란스러웠던 정체성에 대해 한탄하고 있을 때 나는 나의 워싱턴 DC 루스벨트 고등학교 졸업에 대해서 이야기했다. 그때 나는 내가 졸업식장에서 루스벨트 고등학교 시민상을 받게 되리라는 소식을 들었다. 그러나 3학년 때, 나는 야구 시합에서 내기를 거는 작은 투기사업을 하고 있었다. 투기사업은 어떤 날에 지정된 3명의 선수가 그들 사이에서 6번의 안타를 못 치면 10대 1의 확률로 돈을 따는 것이었다. 그 확률은 나에게 유리했다. 나는 투기를 아주 잘했었기 때문에 나의 여자친구 메릴린 케닉에게 선사할 코르사주를 살 만큼 언제나 돈이 있었다. 그러나 졸업식 며칠 전에 나의 투기사업 장부책을 잃어버렸다. 그게 어디 있지? 나는 광분했고 졸업식 순간까지 그 장부책을 찾느라 정신이 없었다. 졸업식장에서 내 이름이 불리고 무대를 향하여 행진을 시작하는 그 순간까지 나는 떨면서 의아해했다 — 내가 1949년 루스벨트 고등학교 졸업생 중 빛나는 시민상을 받는 영광을 누릴 것인가, 아니면 도박을 했다는 이유로 학교에서 퇴학을 당할 것인가?

내가 마이클에게 그 이야기를 했을 때, 그는 크게 웃으면서 중얼거렸다. "내 마음에 딱 맞는 정신과의사네요."

마이클의 세션에 대해서 몇 자 기록을 해놓고, 평상복으로 갈아입고 테니스화를 신고 차고에서 자전거를 꺼냈다. 여든네 살의 나에게 테니스와 조깅은 힘들지만 나는 거의 매일 집 근처의 길을 따라 자전거를 탄다. 페달을 밟으면서 산보하는 사람들과 프리스비를 하는 사람들, 최신식 놀이기구를 타고 올라가는 아이들로 가득 찬 공원을 지난다. 그리고는 마타데로 시내(Matadero Creek)를 건너는 거친 나무 다리를 지나 작은 언덕으로 올라간다. 이 언덕은 해마다 점점 가팔라진다. 산모퉁이에 올라와서는 편안한 마음으로 긴 내리막길로 미끄러져 내려가기 시작한다. 얼굴을 스치는 따뜻한 공기의 흐름을 맞으면서 강변을 따라 달리는 것이 좋다. 이런 순간에만 나는 내 불교신자 친구가 말하는 마음을 비우고 풍요로운 단순한 인간이 되는다는 의미를 이해할 수 있다. 그러나 그런 평정의 시간은 항상 짧다. 그리고 오늘은, 나의 마음 한쪽에서 무대에 오르려고 준비하는 백일몽의 움직임을 느낀다. 지난 몇십 년간, 어쩌면 나의 긴 인생 동안 수백 번 상상해온 백일몽이 몇 주 동안 조용히 있다가 마이클이 자기에게는 멘토가 없었다고 한탄하는 소리를 듣고 깨어났다.

얇은 천의 양복을 입고 모자를 쓰고, 흰 셔츠에 넥타이를 맨 한 신사가 서류가방을 들고 나의 아버지의 작고 조잡한 식료품 가게에 웃으면서 들어선다. 나는 그 자리에 없다. 나는 천장 근처를 맴돌면서 이 모든 것을 보고 있다. 그 방문객이 누구인지를 알아볼 수 없지만 그분이 매우 영향력이 있는 분이라는 걸 알고 있다. 어쩌면 그분은 내 초등학교 교장 선생님인지도 모른다. 뜨겁고 끈적거리는 워싱턴 DC의 6월이었으므로 그분은 아버지에게 말을 하기 전에 손수건을 꺼내서 이마를 닦는다. "저는 댁의 아들 어빈에 관해서 중요한 일을 의논 드리려고 왔습니다." 아버지는 당황했고 긴장했다. 아버지는 한 번도 이런 일을 겪어보지 않았기 때문이었다. 한 번도 미국 문화에 동화되어 보지 못했다. 나의 아버지와 어머니는 오로지 당신네 혈족끼리, 그들과 함께 러시아에서 이민 온 유대인들하고 있을 때만 편안했다.

가게 안에는 다른 손님들도 있었지만, 아버지는 이 분은 기다리게 할 수 없는 손님이란 걸 알았다. 아버지는 어머니에게 전화를 했다—우리는 가게 위층에 있는 작은 방에서 살았다—아버지는 그분의 귀에 들릴 만큼 큰 목소리로 이디시어(Yiddish; 독일어, 히브리어 등의 혼성언어. 중부(동부) 유럽 여러 나라, 미국으로 이주한 유대인이 씀—역주)로 어머니에게 빨리 내려오라고 했다. 몇 분 후에 어머니가 내려왔고 능란하게 손님들을 대했다.

아버지는 가게 뒤에 있는 작은 창고로 그분을 안내했다. 그들은 빈 맥주 상자 위에 걸터앉아 이야기를 시작했다. 감사하게도 쥐나 바퀴벌레는 나타나지 않았다. 아버지는 불편해하고 있음이 분명했다. 아버지는 어머니가 이 일을 처리해주기를 원했겠지만, 가정의 모든 중요한 일을 결정하는 사람이 그가 아닌 어머니라는 사실이 공개적으로 알려지기를 원치 않았을 것이다.

정장을 한 신사는 아주 중요한 일을 아버지에게 이야기했다. "우리 학교의 선생님들은 댁의 아드님 어빈이 특별히 우수한 학생이고 우리 사회를 위해 훌륭한 공헌을 할 수 있는 가능성이 있다고 이야기합니다. 그러나 그런 일은, 오직 그 아이가 훌륭한 교육을 받아야만 가능합니다." 아버지는 얼어붙은 듯했다. 그의 멋지고 형형한 눈빛은 이 낯선 방문객에게 쏠렸다. 방문객은 계속해서 이야기했다. "지금 워싱턴 DC의 교육제도는 잘 운영되고 있고 평범한 학생들에게는 만족스러운 제도지만, 댁의 아드님처럼 재능 있는 학생에게는 맞지 않습니다." 그는 서류가방을 열고 워싱턴 DC에 있는 사립학교 리스트를 아버지에게 건네면서 주장했다. "저는 아드님을 이 학교들 중 하나로 보내서 나머지 교육을 받기를 권하고 싶습니다." 그는 지갑에서 명함을 꺼내 아버지에게 건네면서 이야기했다. "저에게 연락을 하시면, 아드님이 장학금을 탈 수 있도록 최선을 다하겠습니다."

아버지의 당황하는 모습을 보면서, 그는 설명을 했다. "제가 등록금을 얻을 수 있도록 노력을 하겠습니다—이런 사립학교는 공립학교처럼 무료가 아닙니다. 부디 아드님을 위해서 이 문제를 가장 중요하게 다루어주시기 바랍니다."

컷! 이 백일몽은 언제나 여기서 끝난다. 나의 이민생활의 어려움이 그 장면을 마무리한다. 나는 아버지의 반응이나 아버지가 이 문제를 어머니와 의논하는 것을 본 적이 없다. 나의 백일몽은 내가 속한 세상에서 구출되고 싶어 하던 그때의 내 느낌을 나타낸다. 어린아이였을 때 나는 내 생활, 내 이웃, 학교, 친구들이 싫었다—나는 이런 곳에서 구출되고 싶었다. 이런 환상 속에서의 나는, 내가 자라난 빈민굴 문화를 벗어난 바깥 세상의 훌륭한 특사로 인정을 받는 최초의 인물이고 싶은 것이었다.

　지금 뒤돌아보면 구출에 대한 환상은 나의 저작물을 통해서도 나타나고 있다. 나의 소설 **스피노자 프로블럼**(Spinoza Problem)의 제3장에서, 스피노자는 그의 스승 프란시스쿠스 반 덴 엔덴의 집에서 서성거리면서 몇 달 전에 그와 스승이 처음 만났을 때를 곰곰히 회상하고 있다. 한때 예수회 수사였던 고전(古典) 교사 반 덴 엔덴은 사설 학원을 운영하고 있다. 그는 와인과 건포도를 사려고 스피노자의 상점에 들렀다가 스피노자의 정신세계의 깊이와 폭에 놀라게 된다. 그는 스피노자로 하여금 비유대 세계의 철학과 문학에 대해 알게 하려고 자기의 사설 학원에 들어오기를 독려한다. 이 소설은 물론 픽션이지만, 나는 역사적인 정확성을 기하기 위해 최대한으로 노력했다. 그러나 바뤼흐 스피노자가 가게에서 일했다는 문장은 사실이 아니다. 스피노자는 가게에서 일한 적이 없다. 그의 가족은 수출-수입 사업은 했지만, 소매상은 하지 않았다. 사실 가족이 운영하는 식료품 가게에서 일했던 것은 나의 이야기이다.

　인정받고 구출된다는 이 환상은 여러 가지 형태로 내 안에 머물고 있다. 최근에 나는 데이비드 아이브스(David Ives)의 작품인 '모피를 입은 비너스(Venus in Fur)'라는 연극을 관람한 적이 있다. 이 연극은 하루 종일 주연 여배우들을 뽑는 오디션을 끝내고 지친 감독이 무대 뒤에 있는 것을 보여주는 것으로 막을 올렸다. 자신이 심사했던 모든 여배우들이 몹시 못마땅해서 지쳐버린 감독은 이제는 떠나려고 준비하고 있었는데, 바로 그때, 야단스럽고 허둥거리는 여배우가 들어온다. 그녀는 한 시간이나 늦게 나타난 것이었다. 감독은 오늘 일은 끝났다고 말했으나 그녀는 오디션을 보게 해달라고 간청하면서 감언이설로 그를 꼬신다. 그녀가 전혀 세련되지 않았고, 천박하고, 교육받지 못했고, 그 역할에 전혀 어울리지 않음을 간파한 감독은 거절한다. 그러나 감언이설로 사람을 꼬시는 데 탁월한 능력이 있는 그녀는 요령 있게 고집을 부린다. 감독은 마침내 그녀에게 그와 함께 대본을 읽는 것으로 간단한 오디션을 치르고 그녀를 보내버리려고 한다. 그런데 감독과 함께 대본을 읽으면서 그녀는 변했다. 그녀의 악센트는 변하고, 말투는 성숙했고, 마치 천사인 것처럼 말했다. 감독은 놀랐고 압도당했다. 그녀는 감독이 찾고 있었던 바로 그 배우였다. 그녀의 내면에는 그가 꿈꾸어오던 배우의 모습, 그 이상의 것이 있었다. 이 여인이 그가 30분 전에 보았던 후줄근하고 천박한 그 여인이란 말인가? 그들은 계속해서 대본을 읽어갔다. 그들은 그 연극 전체를 훌륭하게 마칠 때까지 대본을 쉬지 않고 읽었다.

나는 그 공연을 오롯이 즐겼다. 특히 감독이 그녀의 진정한 가치를 알아보게 되는 처음 몇 분 동안 내 마음속에 가장 깊은 울림이 있었다. 나의 구출되고 싶었던 백일몽, 나를 알아주는 사람이 나타나기를 바라던 나의 꿈이 그 무대 위에서 재생되었고 흐르는 눈물을 참을 수 없었다. 나는 일어나서 배우들을 위해 기립박수를 보냈다. 내가 극장에서 그 배우에게 기립박수를 보낸 첫 관객이었다.

나는 그 애가
사라져버렸으면 좋겠어요

나의 환자 로즈는 근래에 그녀의 사춘기 외동딸 이야기를 많이 한다. 로즈의 딸은 알코올, 섹스, 말썽 투성이인 또래들과 어울리기 때문에 로즈는 이제 그만 딸을 포기할 지경에 이르렀다.

과거에 로즈는 엄마로서, 아내로서 많이 불충실했다. 다른 남자를 따라가느라고 가정을 버렸고, 2년 후에 그 연애 행각이 끝났을 때 집으로 되돌아 왔던 일이 있었다. 로즈는 담배를 심하게 피웠고 급기야는 심각한 폐기종으로 발전됐다. 그러나 그런 과거의 불충실성에도 불구하고, 로즈는 몇 년간 자신의 행동을 속죄하려고 굉장히 애썼고 지금은 딸을 낫게 하려고 헌신적인 노력을 하고 있다. 그렇지만 아무런 효과도 없었다. 나는 로즈에게 가족치료를 강력히 권했으나 딸이 거절했고, 로즈는 지금 한계점에 와있다. 로즈는 기침할 때마다 발작을 했고 폐 주치의는 검진 때마다 그녀의 삶이 길지 않다는 것을 일러주었다. 로즈가 원하는 건 오로지 근심에서 벗

어나는 것이었다. "나는 그 애가 사라져버렸으면 좋겠어요."라고 그녀는
말했다. 그녀는 딸이 대학을 가든지, 직업을 갖든지, 뭘하든지 고등학교를
졸업하고 집을 떠나는 날짜를 계산하고 있었다. 그녀는 딸이 무슨 일을 하
든지 더 이상 관심을 가지지 않았다. 그녀는 스스로에게, 그리고 나에게 계
속해서 중얼거렸다. "나는 그 애가 사라져버렸으면 좋겠어요."

　환자를 치료하면서 나는 환자 가족들이 함께 모여서, 형제들 사이와 부
모와 자녀들 사이의 균열을 치유하도록 최선을 다한다. 그러나 로즈와 작
업을 하면서는 지쳤고 그녀의 가족에 대해서 모든 희망을 잃었다. 지난 세
션에서는 로즈가 딸을 포기하고 나서 앞으로 어떻게 할 것인가를 이야기하
려고 했다. 로즈는 죄책감을 느낄 것인가? 외로울 것인가? 그러나 모두 허
사였고 시간은 흘러가 버렸다. 나는 로즈가 오래 살지 못할 걸 알고 있었기
때문에 그녀의 딸을 아주 훌륭한 치료자에게 추천하고 오로지 로즈하고만
작업하고 있다. 로즈는 여러 번 되풀이 해서 말했다. "그 애가 고등학교 졸
업할 때까지 석 달 남았어요. 그리고 나면 끝이에요. 나는 그 애가 사라져
버렸으면 좋겠어요. 나는 그 애가 사라져버렸으면 좋겠어요." 나는 로즈의
소원이 이루어지기를 소망하기 시작했다.

　그날 늦게 자전거를 꺼내면서 나는 로즈가 한 말을 조용히 되뇌었다 ―
"나는 그 애가 사라져버렸으면 좋겠어요, 나는 그 애가 사라져버렸으면 좋
겠어요"―그리고 곧 나의 어머니를 생각했다. 정말 처음으로 어머니의 눈
으로 세상을 보면서, 나는 어머니 생각을 했고, 어쩌면 나의 어머니도 나에
대해서 비슷한 말을 했을 것이라고 상상했다. 지금 그 사실을 돌아보면서,
내가 보스턴의 의과대학에 가려고 영원히 집을 떠날 때 어머니에 대한 만
가(輓歌)를 전혀 부르지 않았다는 기억과 그 이별 장면이 생각났다. 어머니
는 집 현관 앞 계단에서 내가 짐을 잔뜩 실은 시보레 자동차를 몰고 떠날 때
굿바이 하면서 손을 흔들었다. 그리고 내가 시야에서 사라졌을 때, 어머니
는 안으로 들어갔다. 나는 어머니가 현관문을 닫으면서 깊은 호흡을 했을

어머니, 누나와 함께한 저자, CA. 1934.

것이라고 상상한다. 그리고 2, 3분 후에 어머니는 똑바로 서서 크게 웃으면서, 아버지에게 유쾌한 '하바 나길라'(Hava Nagila; 유내인 민속 노래 — 역주) 춤을 추자고 했을 것이다.

그렇다. 어머니는 스물두 살의 내가 영원히 집을 떠나게 되었을 때 후련하다는 느낌을 충분히 가질 수 있었을 것이다. 나는 어머니의 평화를 파괴하는 아들이었다. 어머니는 나에게 긍정적인 말을 한 적이 없었고 나도 그에 맞는 대꾸를 했다. 자전거로 긴 언덕길을 내려가면서 내 마음은 내가 열네 살 때의 기억으로 흘러갔다. 그 당시 46세의 아버지는 밤중에 심한 가슴 통증으로 잠에서 깼다. 그 시절에는 의사들이 집으로 왕진을 했다. 어머니는 급하게 우리 가정의사인 맨체스터 박사에게 전화를 했다. 조용한 한밤중에 우리 세 사람 — 아버지, 어머니, 그리고 나 — 은 초조하게 의사가 도착하기를 기다렸다. (나보다 일곱 살 위인 누나 진은 대학생이어서 집에 없었다.) 어머니는 마음이 산란할 때마다 원시적인 생각으로 되돌아가곤 했다. 만약 무슨 나쁜 일이 있으면 어머니에게는 반드시 질책받아야 할 사람이 있어야 했다. 그 질책받을 사람이 나였다. 그날 저녁 아버지가 고통으로 몸을 비틀고 있을 때 어머니는 한 번 이상 나를 향해 고함을 쳤다. "너—네가 아버지를 죽였어!" 어머니는 나의 고분고분하지 않음, 불손함, 집안일에 대한 방해—이런 모든 것이—아버지에게 해가 되었다는 것을 내가 알게 했다.

몇 년 후에, 내가 심리분석을 받으며 카우치에 누워 이 일에 대해 이야기했을 때 초정통파인 나의 심리분석가 올리브 스미스 박사가 매우 기이하게도 순간적으로 그녀의 태도를 부드러움으로 돌변하는 모습을 보였다. 그녀는 혀를 끌끌 차면서, 나를 향해 몸을 구부리면서, "얼마나 끔찍했을까. 그게 얼마나 당신에게 가혹했을까."라고 했다. 그녀는 엄격한 기관의 엄격한 분석수련의였다. 그 기관에서 분석의의 효과적인 유일한 행동은 오직 해석뿐이었다. 그녀는 사려 깊고 꼼꼼하고 주의 깊게 단어를 골라서 해석을 했으나, 나는 그 해석의 한마디도 기억하지 못한다. 그러나 그때 그녀가 따뜻한 태도로 나에게 다가왔을 때—지금까지도 나는 그것을 소중하게 생각하고 있다. 거의 60년이 지난 지금도.

"네가 아버지를 죽였어, 네가 아버지를 죽였어." 나는 아직도 어머니의 날카로운 목소리를 듣는다. 나는 겁에 질려서, 두려움과 분노로 마비되었던 것을 기억한다. 나는 어머니를 향해 소리 지르고 싶었다. "아버지는 돌아가시지 않았어요! 입 닥쳐요, 이 멍텅구리." 어머니는 계속해서 아버지의 이마를 닦으면서 아버지의 머리에 키스를 하고 있었다. 나는 마루 구석에 쭈그리고 앉아 있었다. 마침내, 새벽 3시경에 맨체스터 박사의 뷰익 차가 거리의 낙엽을 누르는 소리를 들었을 때, 나는 계단을 3개씩 한 번에 건너 뛰면서 아래층으로 날아가서 문을 열었다. 나는 맨체스터 박사를 매우 좋아했다. 그의 다정한 미소와 크고 둥근 얼굴이 나의 공포를 씻어주었다. 그는 손을 내 머리에 얹고, 내 머리카락을 쓸어내리면서 나와 어머니를 안심시켰다. 그는 아버지에게 주사를 놓고(아마 모르핀이었을 것이다), 청진기를 아버지의 가슴에 대고 나에게 아버지 숨소리를 듣게 했다. "애야, 아버지의 심장은 마치 시계처럼 강하게 규칙적으로 움직이고 있어. 걱정하지 마라. 아버지는 괜찮으실 거야."

그날 밤, 나는 아버지가 거의 죽음에 다가갔음을 목격했고, 전에는 한 번도 느끼지 못했던 어머니의 화산 같은 분노를 느꼈다. 그것은 어머니가 자신에게 오는 피해를 막기 위한 자기 보호 결정이었다. 나는 이런 집에서 도망치고 싶었다. 그다음 2, 3년간 나는 어머니와 거의 말을 하지 않았다 — 우리는 같은 집에 사는 이방인들 같았다. 그리고 무엇보다도 나는 맨체스터 박사가 우리 집에 들어섰을 때 내가 느꼈던 깊고도 귀한 안도감을 기억한다. 그 누구도 나에게 그런 선물을 준 적이 없다. 그때 거기서 나는 그분과 같이 되기로 결심했다. 나는 의사가 되어서 그가 나에게 준 것 같은 위로를 다른 사람에게 주리라고 결심했다.

아버지는 점차 회복되었으나, 그 이후 아버지는 거의 모든 움직임에서 단 한 블록을 걸을 때에도 가슴에 통증을 느끼면 즉시로 니트로글리세린 한 알을 삼키곤 했다. 아버지는 그 후 23년을 더 살았다. 아버지는 점잖고 너그러운 분이었다. 그의 단 하나의 단점은, 내 생각에, 어머니 앞에 당당히 설 수 있는 용기가 없었다는 것이다. 나와 어머니의 관계는 내 일생 동안 아물지 않은 상처였다. 그러나 지금, 역설적이게도, 거의 매일 나의 마음속을 지나가는 것은 어머니의 이미지이다. 나는 어머니 얼굴을 본다. 어머니는 한 번도 평화롭지 않았다. 절대로 웃지 않았고 한 번도 행복하지 않았다. 어머니는 똑똑한 여성이었고 일생 동안 하루도 쉬지 않고 일을 했음에도 불구하고, 모든 것이 불만족스러웠고 기분 좋은 말이나 긍정적인 생각을 거의 하지 않았다. 그러나 오늘 자전거를 타면서 나는 다른 각도에서 어머니를 생각했다. 어머니와 같이 살고 있었을 때 나는 어머니에게 거의 기쁨을 드리지 않았다. 후에 내가 조금 친절한 아들이 되었음에 감사한다.

원형으로 돌아가기

가끔 나는 찰스 디킨스를 다시 읽곤 한다. 그는 나의 우상 작가들의 중앙에 위치해 있다. 최근에 그의 두 도시 이야기(*A Tales of Two Cities*)에 나오는 훌륭한 구절이 나의 주목을 끌었다. "내가 종말에 가까이 다가갈수록 나는 처음 시발점으로 점점 가깝게 원형으로 여행을 하고 있기 때문이다. 그것이 나의 종말의 길을 부드럽게 준비하는 방법인 것처럼 느껴진다. 나의 심장은 잠자고 있던 많은 기억들을 생각하면서 감동에 젖는다…"

이 문장은 엄청나게 감동을 준다. 나 역시 내 인생의 종말에 가까이 다가가면서 진정으로, 시발점으로 원을 따라서 점점 돌아가고 있다. 내 환자의 기억들이 자주 나의 기억으로 생각되고, 그들의 미래를 위해서 작업하는 것이 나의 과거를 방해하기도 하면서 나는 나의 이야기를 다시 생각하게 된다. 나의 어렸을 적 기억은 조각 난 것이었다고 나는 언제나 믿어왔다. 어렸을 적 불행, 우리가 살았던 불결한 주택 등의 이미지들이 내가 80대로 살아가는 지금의 내 생각으로 원을 그리면서 더욱 많이 밀려들어온다. 우리 집 현관에서 자던 술주정뱅이들을 뒤덮고 있었던 구토물들. 나의 외로움과 소외감. 바퀴벌레들과 쥐들. 나를 '유대 소년'이라고 부르던 빨간 얼굴의 이발사. 나의 신비스럽고도 고통스럽고 충족되지 않았던 10대의 성적 요동. 외톨이. 언제나 외톨이 — 나는 흑인 동네에서 단 한 명의 백인이었고 크리스천 세상에서 단 한 명의 유대인이었다.

그렇다, 과거는 나를 끌어당기고 있으며 나는 '부드럽게'라는 단어의 의미를 안다. 지금, 그 어느 때보다도 자주 나의 돌아가신 부모님이 내가 대중 앞에서 강연하는 모습을 아주 자랑스럽고 기쁘게 바라보는 모습을 상상한다. 아버지가 돌아가셨을 때 나는 의학 잡지에 아버지가 이해할 수 없는 겨우 몇 편의 기술적인 논문을 썼을 뿐이었다. 어머니는 그 후 25년간을 더 사셨지만, 영어가 부족했고 실명하신 후에는 내가 쓴 책을 읽는 것이 불가능했다. 어머니는 내 책들을 어머니의 의자 옆에 쌓아두고 쓰다듬었고 양

저자의 아버지와 어머니, CA. 1930.

로원에서는 방문객들에게 그 책들을 자랑했다. 나와 부모님 사이에는 너무나 많은 것들이 미완성인 채로 남아 있다. 우리는 함께 살았던 삶에서의 여러 가지 일들, 우리 가정 안의 긴장감과 불행, 나의 세계와 그들의 세계 등에 대해서 한 번도 토론한 적이 없었다. 부모님은 돈 한 푼 없이, 교육도 받지 못한 채, 영어도 한마디 못하는 상태로 엘리스섬에 도착했다. 그때의 부모님 삶을 상상하면서 내 눈에는 눈물이 고인다. 나는 부모님에게 말하고 싶다. "부모님이 겪어온 어려움을 알아요. 부모님이 얼마나 힘들었을지도 알아요. 나를 위해서 어떤 일을 하셨는지도 알아요. 부끄러웠던 아들이었음을 용서해주십시오."

80대에 들어서서 나의 삶을 되돌아보는 것은 나를 주눅 들게 하기도 하고 때로는 외롭게 하기도 한다. 내 기억은 믿을 수가 없는데 나의 어린 시절에 대해서 증언해줄 사람도 이제는 거의 없다. 나보다 일곱 살 위인 누나는 얼마 전에 세상을 떠났고 대부분의 옛 친구들과 지인들도 역시 가버렸다.

내가 80이 되었을 때, 기대하지 않았던 옛 지인이 몇 가지 기억을 되살려주었다. 우선 우슬라 톰킨스. 그녀는 내 웹페이지를 통해 나를 찾았다고 했다. 나는 우리가 워싱턴 DC의 조지 초등학교에 같이 다닌 이래로 그녀를 생각해본 적이 없는데 그녀는 이메일을 통해 "어빈, 생일을 축하해요. 나는 당신의 책 두 권을 재미있게 읽었고 우리 동네 애틀랜타 도서관에 다른 책들도 갖다 놓으라고 부탁했지요. 나는 당신이 퍼난드 선생님의 4학년 반에서 왔다고 기억해요. 당신이 나를 기억하고 있는지 모르겠어요 — 나는 상당히 뚱뚱했고 빨간색 곱슬머리였지요. 당신은 미남이었고 머리칼은 석탄색이었지요!"

그래서 나를 잘 기억하고 있는 우슬라는 내가 미남이었고 내 머리카락은 석탄색이었다고 생각했단 말이지! 내가? 미남? 내가 그걸 알기라도 했단 말인가!, 절대로, 단 한순간도, 나는 내가 미소년이라고 생각해본 적이 없었다. 나는 수줍어했고, 머저리 같았고, 자신감도 없었고, 나를 매력적이라고 생각하는 사람이 있을 것이라는 상상도 해본 적이 없었다. 오, 우슬라, 복 많이 받아라. 내가 미소년이었다고 말해준 것을 축복한다. 그러나, 오, 우슬라 당신은 왜 그 말을 좀 더 일찍 내게 해주지 않았지? 만약 그랬다면 나의 어린 시절은 전적으로 달랐을 텐데!

　그리고 2년 전에, 아주 오래전 목소리의 전화 메시지가 있었다. "제리일세, 자네의 옛날 체스 친구!" 70여 년간 그의 목소리를 듣지 못했음에도 불구하고 나는 그 목소리를 즉각적으로 알아들었다. 그 목소리는 제리 프래드랜더였다. 그의 아버지는 시튼과 노스 케피톨 스트리트의 식료품 가게 주인이었다. 우리 아버지의 가게에서 딱 한 블록 떨어진 곳이었다. 전화로 그는 임상심리학을 공부하는 자기 손녀가 내가 쓴 책을 읽고 있다고 했다. 제리는 내가 열두 살, 자기는 열네 살이었을 때 2년 동안 우리가 정기적으로 체스 게임을 했다고 기억했다. 그때를 불안과 자기의심의 황무지로만 생각하고 있는 나는 그 당시 일을 전혀 기억하고 있지 못하기 때문에 화제를 옮겨서 제리가 가지고 있는 나의 인상을 물어보는 기회로 삼으려고 질문을 퍼부었다.(물론, 그에 대한 나의 인상을 이야기한 후에).

　"자네는 좋은 친구였지." 그가 말했다. "대단히 점잖고. 오래 사귀면서도 우리는 한 번도 다투지 않았다고 기억하네."

　"좀 더 이야기해주게." 나는 욕심스럽게 말했다. "그 이후로는 희미한 모습이네."

　"자네는 좀 놀기는 했어도 대부분 심각했고 공부를 열심히 했지. 정말로 나는 자네가 매우 공부를 열심히 했다고 말할 수 있어. 내가 자네 자리로 갈 때마다, 자네의 머리는 책에 파묻혀 있었으니까―아, 그래, 난 그걸 똑똑히 기억해―어브와 그의 책들. 그리고 항상 어려운 책들과 좋은 문학작품들―나는 따라갈 수가 없었지. 거기에 만화책 따위는 없었지."

　그것도 부분적으로만 사실이었다―실제로, 나는 캡틴 마벨, 배트맨, 그린 호넷의 책에 진짜로 미쳐 있었다.(그러나 슈퍼맨은 아니었다. 불사신 같은 능력이 그의 모험을 모두 맥 빠지게 했다.) 제리의 이야기를 들으면서 나는 그 당시 도서관에서 한 블록 떨어진 7번가에 있는 책방에서 낡은 책들을 샀던 기억이 되살아났다. 내가 옛날 회상에 젖어 있을 때, 녹이 슨 듯한 색깔의 신비로운 커다란 천문학 책의 이미지가 내 눈에 들어 왔다. 광학(光學)이 설명하는 내용을 내가 이해하든 못하든 그건 상관이 없었다. 그 책은 다른 책략에 완전히 쓸모가 있었다 — 나는 그 책을 내 누나의 매력적인 친구가 쉽게 발견할 수 있는 곳에 아무렇지도 않게 놓았다 — 나의 조숙함이 그들을 놀라게 하고 싶었다. 그들이 내 머리를 쓰다듬거나 때때로 안아주거나 키스해줄 때 상당히 달콤했다. 제리가 그 책의 존재를 알아차리고 있었는지 나는 몰랐다. 그는 의도치 않게 아군의 폭격을 받은 목표물이 되었다.

제리는 체스 게임을 할 때 내가 대부분 이겼으나, 나는 관대한 패자는 아니었다고 말했다. 마라톤 게임의 끝에, 힘들었던 종반전에서 그가 이기고 있었는데, 나는 불쑥 그가 나의 아버지와 게임을 해야 한다고 주장했고 그는 그렇게 했다. 그다음 날 일요일에 제리가 우리 집으로 와서 우리 아버지를 이겼으나 그는 아버지가 일부러 져주었다고 확신했다.

이 일화는 나에게 충격을 주었다. 나는 아버지와 그리 가깝지는 않았지만 좋은 관계였다. 그러나 나의 실패를 복수하기 위해서 아버지를 이용했다고는 상상할 수 없었다. 아버지는 나에게 체스 두는 법을 가르쳤으나 내가 열한 살쯤 되었을 때부터 으레 내가 아버지를 이겼기 때문에 나는 더 강력한 상대자를 찾았다. 그 상대자가 아버지의 동생, 나의 삼촌 에이브였다고 기억한다.

나에게는 아버지에 대해서 항상 말하지 못한 불만이 있었다 — 아버지는 절대로, 단 한 번이라도, 어머니에게 대항하지 않았다. 그 오랜 세월 동안 어머니는 나를 폄하하고 비판하는데도 아버지는 어머니의 태도에 반대하지 않았고 절대로 내 편을 들어주지 않았다. 나는 아버지의 소극성과 남자

답지 못함에 실망했다. 그래서 나는 제리의 말을 듣고 당황했던 것이다. 내가 제리에게 진 것을 만회해 달라고 어떻게 아버지에게 청했을 수 있었을까? 내 기억이 틀렸을 수도 있다. 어쩌면 나는 내가 생각하고 있었던 것보다는 더 아버지를 자랑스러워했는지도 모른다.

　제리의 삶의 오디세이 이야기를 계속해서 들으면서, 내가 아버지를 자랑스럽게 생각했었을 가능성은 믿을 만한 것이라고 여기게 되었다. 그의 아버지는 성공적인 사업가는 아니어서, 세 번씩이나 사업에 실패했고 가족은 매번 다른 곳으로 더 낮고 더 불편한 지역으로 이사하지 않으면 안 되었다. 더구나, 제리는 학교가 끝난 후에, 여름에도 일을 해야 했다. 그에 비하면 나는 훨씬 행운아였음을 깨달았다. 가끔 나도 아버지 가게에서 일했지만, 그것은 꼭 해야만 하는 것은 아니었고 언제나 내가 좋아서 했다―나는 손님을 대할 때 어른처럼 느꼈고, 계산을 했고, 돈을 받고 거스름돈을 주었다. 제리는 여름에도 일을 해야 했지만, 나의 부모님은 두 달 동안 나를 여름캠프에 보내주었고 나는 나의 특권을 당연하게 받아들였다. 제리는 나의 아버지가 많은 일들을 제대로 했음을 내가 분명히 깨닫게 해주었다. 확실히 아버지는 부지런했고, 현명한 사업가였다. 나의 삶을 안락하게 해주었고 나의 교육을 가능하게 했던 것은 아버지의 (그리고 어머니의) 근면함과 사업적인 감각 때문이었다.

　제리와의 통화를 끝내고, 아버지에 관한 다른 기억이 마음속으로 스며들었다. 어느 비 오는 날 저녁 가게가 손님들로 붐비고 있었을 때, 거구의, 위협적인 사람이 들어와서 술병 상자를 훔쳐 길가로 도망쳤다. 아버지는 손님들로 꽉 찬 가게에 나와 어머니를 홀로 남겨 놓은 채 조금도 주저하지 않고 그 도둑을 잡으려고 달려 나갔다. 15분쯤 후에 아버지는 그 술병 상자를 들고 돌아왔다―도둑은 두세 블록을 달리다가 지쳐서 약탈품을 놓고 도망가버렸던 것이다. 아버지로서는 대단한 배짱을 가지고 한 일이었다. 나였더라면 그 추격을 할 수 있었을까 의심스럽다. 나는 분명히 아버지를 자랑

저자의 아버지, 식료품 가게에서, CA 1930

스럽게 생각했을 것이다―어떻게 존경하지 않을 수 있었겠는가? 그러나
이상스럽게도, 나는 그 일을 기억하려고 하지 않았다. 나는 한 번이라도
조용히 앉아서 아버지의 삶이 어떠했는지를 진정으로 생각해보았는가?

아버지는 새벽 5시에 일을 시작했다. 워싱턴 DC 남동쪽에 있는 야채시
장에서 야채를 사오고, 주중에는 밤 10시에, 금요일과 토요일에는 밤 12시
에 가게 문을 닫았다. 아버지의 휴일은 오직 일요일뿐이었다. 나는 때때로
야채 시장에 아버지와 함께 가곤 했다. 그것은 어렵고 특이한 일이었으나
아버지는 한 번도 불평하는 말을 한 적이 없다. 나는 러시아에서 아버지의
어렸을 적부터의 가장 친한 친구인 샘 아저씨(나는 러시아의 씨엘쯔에서 함께 이민
온 모든 사람들을 모두 아저씨나 아주머니라고 불렀다)와 이야기를 나누었던 것을 기억
한다. 샘 아저씨는 아버지가 집안의 작고 추운 골방에 앉아서 시를 쓰곤 했

다고 말했다. 그러나 그 모든 것은 아버지가 10대 때 1차 세계대전 당시 철
도 건설을 위한 러시아군에 징집되면서 끝나버렸다고 했다. 전쟁이 끝난
후에 아버지는 그의 형 메이어의 도움을 받아 미국으로 왔다. 메이어는 일
찍 미국으로 이민 와서 조지타운의 볼타가에서 작은 야채 가게를 운영하고
있었다. 아버지의 여동생 한나와 동생 에이브가 메이어의 뒤를 따랐다. 에
이브는 1937년에 혼자서 미국에 와서 가족에게 돈을 보내려고 했으나 이미
늦었다. 나치가 남아 있는 모든 사람들을 벌써 죽였기 때문이었다. 그중에
는 아버지의 누나와 누나의 두 아이들, 그리고 동생 에이브의 아내와 네 명
의 아이들도 포함되어 있었다. 그러나 이 모든 일들에 대해서 아버지는 입
을 열지 않았다. 아버지는 단 한 번도 홀로코스트에 대해서, 또는 그런 이
유로 조국에 대해서 나에게 말하지 않았다. 그가 시를 썼다는 것 역시 과거
의 일이었다. 나는 아버지가 시를 쓰는 것을 본 적이 없고 그가 책을 읽는
것을 본 적도 없다. 나는 아버지가 유대인 신문을 읽는 것 외에는 글을 읽
는 것을 한 번도 본 적이 없다. 아버지는 신문이 배달되면 항상 바로 훑어
보셨다. 지금에서야 나는 아버지가 가족과 친구들의 소식이 실려 있을까
해서 신문을 열심히 보았던 것이라고 깨닫는다. 딱 한 번 아버지는 홀로코
스트에 대해서 내게 암시한 적이 있었다. 내가 스무 살쯤 되었을 때 아버지
와 나는 점심을 같이 했다. 단지 우리 둘이서만. 이것은 매우 드문 일이었
다. 그 당시 아버지는 가게를 처분한 뒤이기는 했지만, 그래도 아버지가 어
머니를 따돌리기는 어려운 일이었기 때문이다. 아버지는 한 번도 대화를
먼저 시작하는 법이 없었고 나에 대해 알려고 하지 않았다. 아마 아버지는
나하고 있는 것이 불편했을지도 모른다. 그러나 아버지는 당신의 남자 친
구들과 있을 때는 전혀 수줍어하거나 내성적이지 않았다─나는 아버지가
그들과 함께 피노클 놀이를 하면서 웃고 농담하는 모습을 보는 것이 좋았
다. 어쩌면 우리는 서로에 대해 이야기를 하지 않았는지 모른다. 아버지는
한 번도 나의 생활이나 내가 하고 있는 일에 대해서 물어본 적이 없고 나 또

아버지와 함께한 저자, CA. 1936

한 아버지에게 내가 아버지를 사랑한다는 말을 한 적이 없다. 우리가 그날 점심식사를 하면서 나누었던 대화가 생생하게 내 마음에 새겨져 있다. 우리는 어른으로서 한 시간가량 이야기를 나누었는데 참으로 경이로웠다. 나는 아버지에게 신을 믿느냐고 물었던 것이 기억난다. "쇼아(Shoah. 유대인 대학살 홀로코스트-역주)를 겪고 나서 어느 누가 신을 믿겠니?"라고 아버지가 대답했다.

　나는 지금에야, 그가 침묵했던 것을 용서하고, 이민자로서 그가 교육받지 못했던 것, 그의 하나밖에 없는 아들이 저지르는 사소한 잘못들에 관심을 두지 않았던 것을 용서해야 할 때라는 걸 알고 있다. 지금이 아버지의 무지에 대해서 당황했던 생각을 끝내고, 그의 잘생긴 얼굴과, 그의 점잖음, 그의 친구들과의 우아한 친교, 그가 어렸을 때 유대인 촌락에서 배운 선율

이 아름다운 이디시어 노래를 부를 때의 듣기 좋은 목소리, 그가 자기 형
제들과 친구들과 어울려서 피노클 놀이를 하면서 웃던 웃음, 베이 리지 해
변에서 수영할 때의 그의 우아한 모습, 그의 여동생, 한나 고모와의 아름다
웠던 관계 등을 기억해야 할 때라는 것을 알고 있다. 그녀는 내가 가장 좋
아하던 고모였다.

도서관, A부터 Z까지

은퇴할 때까지 아주 오랜 세월 동안 나는 매일 집에서 스탠퍼드까지 자전거를 타고 다녔다. 도중에 로댕 조각상을 감격하면서 바라보거나 쾌드에 있는 우뚝 솟은 교회의 빛나는 모자이크 또는 학교 구내의 책방을 둘러보려고 멈추어 서곤 했다. 은퇴 후에도 계속해서 나는 팰로앨토 근처에서 친구들을 만나거나 사소한 일들을 처리하기 위해 자전거를 타고 다닌다. 그러나 최근에는 균형을 잘 못 잡기 때문에 교통이 복잡할 때 자전거 타는 것은 피하고 석양 무렵 30분에서 40분간만 자전거를 타려고 제한하고 있다. 내가 자전거를 타고 가는 길은 변했어도, 자전거를 타고 경험하는 것은 언제나 자유로움과 관조의 시간이다. 최근에는 부드러움, 재빠른 동작, 나의 얼굴을 스쳐가는 훈풍들이 언제나 나를 과거로 데려간다.

나는 20대 후반과 30대 초반까지 10년간 모터사이클에 열렬히 빠져 있었으나 그 이외에는 언제나 자전거 타는 일에 충실해왔다. 열두 살 때 자전거를 갖고 싶어서 오랜 시간 동안 부모님에게 조르고 빌고 운동을 한 끝에 부모님은 나에게 굴복하고 나의 생일에 호화로운 빨간색 마네리칸 플라이

열 살 때의 저자

어 자전거를 선물로 사주셨다. 어린 나이에 나는 끈질긴 구걸자였고, 부모님을 졸라서 내 목적을 달성하는 데 절대로 실패하지 않는, 굉장히 효율적인 기술이 무엇인가를 발견했던 것이다. 내가 갖고 싶은 물건과 나의 교육을 연결시키는 간단한 기술이었다. 부모님은 내가 경솔하게 까부는 데에는 돈을 쓰지 않았으나 내가 원하는 것이 직접적이지는 않더라도 교육에 관계되는 일이라면 내 말을 들어주셨다. 펜, 종이, 계산자(그런 걸 기억하세요?), 책, 특별히 책에 대해서는 두 손 들어 환영했다. 나는 부모님에게 자전거를 타고 7번가와 K 스트리트에 있는 워싱턴 대도서관에 자주 갈 것이라고 말했고 그들은 나의 요구를 거절할 수가 없었다.

나는 부모님과의 그 흥정을 그대로 지켰다. 토요일마다 한 번도 빠지지 않고 자전거의 인조가죽 가방에 6권의 책을 빌려서 싣고 왔다. 6권이 대출 한도였다. 그 전 토요일에 빌렸던 책을 다 읽고 새 책을 빌려오려고 40분간을 자전거를 타고 도서관에 갔다.

도서관은 나의 제2의 집이 되었고 매주 토요일마다 거기서 몇 시간씩 보냈다. 나의 토요일 오후는 두 가지 목적에 적합했다. 도서관은 내가 바라오던 넓은 세계, 역사와 문화와 이상(理想)의 세계와 나를 연결시켜 주었고 동시에 부모님을 안심시켜 드렸다. 부모님은 그들의 아들이 큰 학자가 될 것이라는 사실을 느낄 수 있었다. 또한 부모님의 관점에서 보면, 내가 도서관에서 오랜 시간 독서를 하면 할수록 좋았을 것이다. 우리 동네는 위험했기 때문이었다. 아버지의 가게와 가게의 2층에 있는 우리의 아파트는 백인 지역에서 몇 블록 떨어져 분리된 워싱턴 DC의 저소득층 동네에 있었다. 길거리는 폭력, 도난, 인종차별의 소규모 충돌, 술주정뱅이들(그들의 대부분은 아버지의 리커 스토어에서 술을 사 마셨다)로 가득 찼다. 현명하게도 부모님은 내가 일곱 살 이후에는 계속 여름 방학마다 위험한 거리에서 멀리 떠나 있게 하려고 꽤 비싼 메릴랜드, 버지니아, 펜실베이니아 또는 뉴햄프셔 같은 곳의 여름 캠프에 보내주셨다.

어마어마하게 넓은 도서관의 중잉 홀온 나를 겁나게 만들었으므로 까치발을 하고 걸었다. 일층 바로 중앙에는 전기(傳記)들로 가득 찬 서가가 있었는데 전기 주인공 이름이 알파벳 순서로 진열되어 있었다. 나는 도서관 중앙 홀 주위를 여러 차례 빙빙 돌고 난 후에야 도서관 직원에게 도움을 청할 용기를 가졌다. 그랬더니 사서는 한마디 말도 없이 입술에 손을 대고 조용히 하라고 하면서, 나에게 2층의 어린이 섹션으로 연결된 거대한 대리석 층계를 가리키면서 그곳이 내가 있을 곳이라고 했다. 층계는 원형으로 둥글게 돌아 올라가게 되어 있었다. 의기소침해진 나는 그녀의 지시를 따랐다. 그러나 그 지시에도 불구하고, 도서관에 갈 때마다 전기로 가득 찬 서가로 가곤 했다. 어느 날 나는 전기를 일주일에 한 권씩 읽는데 성이 A로 시작하는 사람부터 시작해서, 알파벳 순으로 계속 읽어나간다는 계획을 세우고는 1930년대의 경량급 복싱 선수 헨리 암스트롱부터 시작했다. B로는 구앙 벨몬테, 그는 19세기 초의 유명한 투우사, 그리고 프란시스 베이컨은 르네상스 시대의 학자였다. C로는 티 콥, E로는 토머스 에디슨, G로는 루 게릭과 헨리 그린('월스트리트의 귀재'), 기타 등등. J에서는 애드워드 제너, 그는 소아마비를 없앤 분으로 나의 영웅이 되었다. K에서는 칭기즈칸을 만났고 몇 주 동안 칭기즈칸이 죽인 생명보다 제너가 구한 생명이 더 많지 않았을까 궁금했다. K에서는 폴 드 크루이프의 **미생물 사냥꾼**(Microbe Hunters), 이 책 때문에 나는 현미경으로만 보이는 세계에 대한 많은 책을 읽게 되었다. 그다음 해에 피플스 드러그 스토어에서 소다를 팔아 모은 돈으로 반짝이는 청동으로 된 현미경을 샀는데 지금까지도 가지고 있다. N은 트럼펫 연주자인 레드 니콜스, 그리고 이상한 사람인 프리드리히 니체를 소개받았다. P에서는 세인트 폴과 샘 피치, 그들은 나이아가라 폭포에서 낙하한 최초의 생존자였다.

　나의 전기책 읽기 프로젝트는 T에서 끝났던 것으로 기억한다. T에서는 앨버트 페이슨 터훈을 발견했다. 몇 주 동안은 정통 독서에서 벗어나 터훈이 쓴 아주 특이한 컬리 종의 개, 래드나 래시 같은 책들을 곁가지로 읽기에 몰두했다. 오늘, 나는 이러한 무계획적인 독서 형태가 나에게 아무런 해도 주지 않았다는 사실과 내가 그 당시 헤티 그린이나 샘 패취에 대해서 많이 알고 있는 세상에서 단 하나밖에 없는 열 살이나 열한 살짜리 소년이었다는 사실 때문에 아무런 해를 입지 않았다는 것을 확신한다. 그러나 얼마나 큰 낭비인가! 그때 전기들을 읽으면서 나는 어떤 큰 어른, 미국의 주류가 되는 어떤 멘토를 갈망하고 있었다. 얇은 천의 양복을 입고 아버지 가게에 들어서서 내가 장래가 촉망되는 위대한 소년이라는 사실을 아버지에게 알려주는 그런 사람을 갈망했다. 지금 과거를 되돌아보면, 그 외롭고, 두려워하고, 단호했던 소년에게 애처로움을 느낀다. 그가 격려받지도 못하고 모델이나 인도자 없이 무계획적으로라도 스스로의 교육을 통해 자신의 길을 어떻게든 개척해 나가야겠다고 노력한 데에 대하여 경외심이 일어난다.

종교전쟁

가톨릭 수녀 미리엄은 그녀의 고해 신부인 알프레드 신부의 부탁으로 나에게 왔다. 알프레드 신부는 몇 년 전, 쪽군석인 그의 이버지가 세상을 떠나 후에 나와 치료에서 만난 적이 있었다. 알프레드는 나에게 노트를 보냈다.

> 얄롬 박사님, (죄송하지만 나는 아직 박사님을 어브라고 부르지는 못하겠습니다. 그렇게 부르려면 몇 년간 더 치료를 받아야 할 것 같습니다.) 박사님이 미리엄 수녀를 좀 봐주시기 바랍니다. 미리엄 수녀는 사랑스럽고, 점잖은 영혼을 가졌습니다. 그러나 평온을 찾는 데에는 많은 장애물이 있습니다.

미리엄 수녀는 매력적이고 마음이 끌리는, 그러나 무언가 용기를 잃은 듯한 중년의 여인이었고 수녀로서의 소명의식을 나타내는 장식이 하나도 없는 옷을 입고 있었다. 겉으로는 당황하는 기색 없이 곧바로 자기의 문제로 재빠르게 들어갔다. 교회에서 그녀의 전체 커리어는 합당한 칭송을 받아왔다. 그녀는 가난한 사람들을 위해서 솔선수범했고, 그녀의 뛰어난 지성과 행정적인 능력이 그녀를 더 높은 행정직으로 승진하게 만들었다. 그 녀의 능력은 이런 직책에 상당히 효율적이었기 때문이었다. 그러나 그녀의 삶의 질은 떨어졌다. 그녀는 기도나 명상을 할 시간이 없었고 지금은 거의 매일 다른 권력을 향해 앞다투는 다른 행정직들과 갈등을 겪고 있으면서 그들에 대한 분노로 자신이 오염되어 가고 있다고 느꼈다.

치료를 시작할 때부터 나는 미리엄 수녀가 좋았고 매주 만날 때마다 내 가 알고 있는 그 어느 사람보다 그녀에게 더욱 큰 존경심을 갖게 되었다. 그녀는 진심으로 봉사생활에 헌신하고 있었으므로 나는 그녀를 돕기 위해 서는 어떤 일이든지 해야겠다고 결심했다. 그녀는 특별히 지성적이었고 비 상하게 헌신적이었다. 나의 종교적인 신앙에 대해 질문한 적이 없었고, 치 료를 몇 달간 받고 나를 충분히 신뢰하게 된 다음에는 개인적인 일기장을 세션에 가지고 와서 몇 문장을 큰 소리로 읽었다. 그녀는 자신의 외로움, 아무것도 얻지 못한다는 느낌, 아름다움과 우아함으로 축복받은 다른 수녀 들에 대한 부러움 등을 나에게 호소했다. 자신이 상실한 것—결혼, 성 생 활, 그리고 모성—에 대한 슬픔을 쓴 문장을 읽을 때 눈물을 흘렸다. 나는 나의 사랑하는 아내와 아이들과의 관계를 생각하면서 그녀를 위해 가슴 아 파했다.

미리엄 수녀는 재빨리 자신을 추스리고 그녀의 삶에 예수가 존재하고 있 음에 대해서 감사했다. 그녀는 아침마다 예수와 나누는 대화에 대해서 간 절하고도 길게 말했다. 수녀원에서 10대를 보낸 이래로 그녀에게 힘과 위 로를 주는 예수와의 대화를 하는 이른 아침 기도 시간을 최근에는 많은 행 정적인 요구 때문에 거의 가질 수 없었다. 그렇기 때문에 그 시간을 몹시 그리워했다. 나는 미리엄 수녀 생각을 많이 하면서 그녀가 이른 아침에 예 수와 나누는 대화를 다시 계속할 수 있도록 돕겠다는 결심을 했다.

우리의 세션을 끝내고 어느 날, 자전거를 타면서, 문득 미리엄 수녀와 함 께 있을 때 나의 종교적인 의구심에 대해서 내가 얼마나 철저하게 침묵을 지켰는가를 알게 되었다. 개인적으로 나는 단 한 번도 미리엄 수녀와 같은 희생과 헌신을 행한 적이 없었으나 나 역시 나의 치료 생활이 환자들을 위한 봉사의 삶이라고 생각하고 있다. 그럼에도 불구하고 나의 봉사는 미리엄 수녀의 봉사와는 비교할 수가 없다고 느낀다. 나는 나 자신의 스케줄에 따라 봉사하고 그에 대한 보상을 받는다. 미리엄 수녀는 어떻게 이기심을 버릴 수 있었을까? 나는 그녀의 어린 시절과 자라온 환경과 부모님을 생각했다. 그녀의 아버지가 광산에서 사고를 당해 불구가 된 이후로 집안에 가난이 덮쳤고, 열네 살의 그녀는 수녀 학교로 보내졌으며, 부모는 그녀를 거의 방문하지 않았다. 그 이후 그녀의 삶은 상당히 규칙적인 아침, 점심, 저녁의 기도와 엄격한 성경 공부, 교리 문답으로 채워졌고, 놀거나, 재미있는 일이나, 사회적인 활동, 물론 남성들과의 교제는 없었다.

　우리의 세션이 끝난 후에 나는 나의 종교교육의 파괴에 대해 생각했다. 내가 자랄 때 워싱턴 DC의 유대 소년들은 옛날 종교의식에 노출되어 있었다. 회고해보면 그 노출이 오히려 우리를 종교적인 생활에서 멀리 떠나게 했다. 나의 친구들 중 그 누구도 종교적인 감정을 가지고 있지 않다고 자신 있게 말할 수 있다고 생각한다. 나의 부모님은 인종적으로 유대인이었다. 이디시로 말하고 코셔 음식법(kosher; 유대인의 율법에 맞는 정결한 음식, 식기 따위-역주)에 철저해서, 매일 네 가지의 다른 음식을 부엌에서 준비했고[일 년 동안의 낙농과 고기, 유월절(Passover; 유대인들이 이집트 신왕국의 노예 생활로부터 탈출한 사건을 기념하는 날로, 유대교의 3절기 중 봄에 지내는 절기-역주)을 위한 특별한 음식], 특별한 성일과 열렬한 시오니스트 의식을 엄수했다. 그들은 친척들과 친구들과 굳게 뭉쳤고 비유대인과는 거의 사귀지 않았고 미국 주류사회에도 거의 참여하지 않았다.

　그러나 그들의 강한 유대인 정체성에도 불구하고, 그들에게서 종교적인 관심의 증거를 보지 못했다. 유대교의 대제일[大祭日, High Holidays; 고요한 날이나 높은 성스러운 날들. 유대교에서는 엄격히 Rosh Hashanaha(Jewish New Year)와 Yom Kippur(속죄일)을 말함-역주]에 관습상으로 시나고그에 가거나, 속죄일(Yom Kippur)에는 금식을 하거나 유월절에 누룩이 들어 있는 빵을 피하면서도 아무도 종교적인 엄숙함을 지키지 않았다. 아무도 매일매일의 기도 의식을 지키지 않았고 테피린(tefillin; 유대인 소년이 매일 기도할 때 하나는 머리에 쓰고 하나는 팔에 두르는 두 개의 상자. 상자 안에는 양피지에 쓰인 성서와 줄이 담겨 있음-역주)을 차려 놓고, 성경을 읽고, 안식일에 촛불을 켜 놓는 일들에도 의식을 지키지 않았다.

대부분의 가정이 조그마한 식료품점이나 주류판매점, 또는 가공식품점을 했고 오로지 일요일이나 크리스마스, 신년, 그리고 중요한 유대인 성일에만 가게 문을 닫았다. 시나고그에서 지켰던 대제일의 장면들이 내 마음속에 생생히 기록되어 있다. 아버지의 남자 친구들과 친척들은 모두 같은 줄에 모여 앉는다. 누나와 어머니를 포함한 여성들은 윗층에 앉는다. 나는 아버지 옆에 앉아서 아버지의 푸르고 하얀 기도 숄의 가장자리를 만지며 놀았다. 아버지가 아주 가끔 입는 하이 홀리데이 양복에서 풍겨 나오는 좀약 냄새를 맡으면서 아버지가 랍비나 칸토어(성가대의 선창자-역주)들이 읊조리는 히브리 단어들을 가리킬 때 나는 아버지의 어깨에 기대고 있었다. 그 단어들은 모두 나에게는 무의미한 철자였으므로 나는 반대 페이지에 있는 영어 번역에 최선을 다해 집중했다. 그것들은 모두 폭력적인 전쟁이나 기적과 끊임없는 신에 대한 찬양으로 충만해 있었으므로 나의 생활과는 단 한 가지도 상관이 없는 것이었다. 적당한 시간이 흘렀다고 아버지가 생각하게 될 것 같다는 느낌이 들면 나는 아이들이 모여서 이리저리 뛰놀고 있는 작은 마당으로 뛰어 나갔다.

어린 시절 나의 종교에 대한 노출은 이런 것들이었다. 나의 부모님은 왜, 절대로, 단 한 번도, 히브리어 읽는 법이나 중요한 유대의 종교적인 교리를 공유하도록 나를 가르치려고 하지 않으셨는지 이상하다. 그러나 나의 13번째 생일과 바르 미츠바(bar Mitzvah; 유대인들이 행하는 13세의 성인식-역주)가 다가왔을 때 사태는 변했다. 나는 일요일 종교 교실에 보내졌고 거기서 나는 선생님들이 감당할 수 없을 정도로 특별하고 고집스럽게 부당한 질문을 던졌다. "만약 아담과 이브가 최초의 인간이라면, 그들의 아이들은 누구와 결혼을 했어요?" 아니면, "고기와 우유를 같이 먹지 못하게 한 것은 송아지를 그의 엄마의 젖으로 요리하는 혐오감을 피하기 위해서라고 한다면, 그렇다면, 선생님, 왜 그 법칙은 닭에게는 적용되지 않지요?" 나는 모든 사람들을 곤란하게 만드는 말을 했다. "닭들은 젖을 줄 수 없으니까요." 결국 랍비들은 나에게 질려버렸고 나를 학교에서 쫓아버렸다.

그러나 그것이 끝은 아니었다. 내가 바르 미츠바를 피할 길은 없었으므로 부모님은 나를 개인 교사 담스타트 선생에게로 보냈다. 그는 등을 꼿꼿이 세우고, 권위적이고, 참을성 있는 사람이었다. 열세 살 된 소년이 자기 생일에 치르는 바르 미츠바에서 해야 하는 중요한 일은 시나고그에 모인 회중들 앞에서 히브리 말로 그 주일의 하프타라(Haftarah, 예언서의 구절들―역주)를 큰 소리로 암송하는 것이었다.

담스타트 선생님과 공부를 하면서 나에게 심각한 문제가 생겼다. 나는 히브리어를 배울 수가 없었다(배우고 싶지 않았다)! 나는 다른 모든 과목에서는 아주 우수한 학생으로 언제나 학급에서 일등이었으나, 히브리어 과목에서는 갑자기 완전히 바보가 되었다. 나는 글자들과 발음이나 글의 리듬을 외울 수가 없었다. 마침내 참을성 많고 몹시 애석해하는 담스타트 선생님은 나를 포기했고 나를 가르치는 것은 불가능하다고 아버지에게 알렸다. 나는 하프타라를 전혀 배우지 못했다.

그리하여 나의 바르 미츠바 예식에서는, 아버지의 동생, 나의 삼촌 에이브가 내 대신 바르 미츠바 섹션을 노래했다. 랍비는 나에게 히브리어로 성경 몇 구절을 읽어보라고 하려 했으나, 연습할 때 내가 이런 것들도 배울 수 없는 게 분명해서 예식에서는 체념했다는 신호를 보냈고 나는 영어로 번역된 축복문을 읽었다.

그날은 부모님에게는 수치스러운 날이었을 것이다. 그렇지 않을 수가 있겠는가? 그러나 나는 그들이 수치스러워했다는 것과 관련된 아무것도 기억하지 못한다—나는 아버지나 어머니와 이 일에 대해서 상상 속에서라도 단 한마디도 이야기를 나누지 않았다. 그날 저녁 만찬에서 아들인 내가 영어로 했던 훌륭한 연설이 그들의 당황했던 마음을 없애주었기를 바란다. 근래에 나의 삶을 되돌아보면서, 가끔 나는 궁금했다. 아버지는 왜 나 대신에 삼촌에게 내가 읽어야 했던 구절을 읽게 했을까? 나의 아버지는 그 수치심을 극복했을까? 나는 아버지에게 이것을 어떻게 질문할 수 있었을까? 그리고 몇 달간의 담스타트 선생님과의 수업은 또 무엇인가? 담스타드 선생님과의 공부에 대해서는 거의 기억상실 수준이다. 단지 내가 기억하는 것은 내가 늘 타고 다니던 전차 노선에서 그의 집 바로 한 정거장 전에 있는 리틀 타번 햄버거 가게에서 스낵을 사먹었던 일이다. 그 가게는 워싱턴 DC의 체인점이었는데 지붕은 초록색이었고, 3개의 햄버거를 25센트에 팔았다. 그들은 유대인에게는 금지된 방법으로 햄버거를 만들었는데 더 맛이 있었다. 그것은 내가 처음으로 먹어본 트라이프(traif; 코셔가 아닌 음식—역주)였다!

만약 어린 어빈과 같은 정체성 혼란의 와중에 있는 한 청소년이, 오늘 내게로 와서 자기는 히브리어를 배울 수가 없어서(그는 매우 우수한 학생임에도 불구하고), 종교 학교에서 쫓겨났다고 하면서(그는 다른 문제를 일으킨 적이 전혀 없음에도 불구하고), 더군다나 히브리어 선생님 댁에 가는 길에 생전 처음으로 코셔가 아닌 음식을 먹었으며, 그래서 전문적인 정신과 치료를 받으려고 내게 왔다면, 나는 그 청소년과 함께 다음과 같은 대화를 주고받았을 것 같다.

얄롬 박사 : 어빈, 자네의 바르 미츠바 이야기들을 들어보니까 자네는 무의식적으로 자네의 부모와 자네의 문화에 대항하고 있는 것 같다는 생각이 드네. 자네는 아주 우수한 학생이고, 항상 반에서 일등이고, 그런데 이런 중요한 시기에, 바로 유대인 성인으로 들어서는 순간에, 갑자기 급

성 가성치매(假性癡呆) 발작을 일으켜서 다른 언어를 배울 수가 없게 되었네.

어빈 : 얄롬 박사님, 절대로, 그렇지 않습니다. 이것은 전적으로 설명이 가능한 일입니다. 저는 언어 능력이 매우 부족합니다. 제가 다른 언어를 배울 수 없다는 것이 정확한 사실입니다. 그리고 저는 앞으로도 다른 언어를 배울 수 있을까 매우 의심스럽습니다. 저는 모든 학과에서 A를 받았지만 라틴어에서는 B를, 독일어에서는 C를 받았습니다. 그리고 사실 저는 음치이기 때문에 노래를 잘 부를 수가 없습니다. 학급 합창 시간에, 음악 선생님은 저를 지적하면서 노래를 부르지 말고 조용히 허밍만 하라고 하셨지요. 친구들은 모두 이 사실을 알고 있어요. 그들은 제가 바르 미츠바 낭독의 멜로디를 절대로 노래할 수 없다는 것과 다른 언어를 배울 수 없다는 걸 압니다.

얄롬 박사 : 그러나 어빈, 이것은 언어를 배우는 문제가 아닐세 — 아마도 5% 미만의 유대인 소년만이 자기의 바르 미츠바에서 히브리 텍스트를 이해할 걸세. 자네의 임무는 히브리어를 말하는 법을 배우거나 히브리어를 이해하는 것이 아닐세. 자네는 다만 몇 가지 발음과 몇 페이지를 큰 소리로 읽을 수 있기만 하면 되는 거였어. 그것이 뭐가 그리 힘들겠어? 이것은 해마다 수백 수천의 청소년들이 해야 하는 과제야. 그리고 분명히 말하건대 그들은 A 학생들이 아니라, B와 C와 D 학생들이라네. 아니지, 다시 되풀이하면, 이것은 급성 가성치매가 아니야. 나는 더 좋은 설명이 있을 것이라고 확신하네. 자네가 유대인 소년이라는 것에 대해서 어떻게 느끼고 있는지 나에게 더 이야기해주게. 그리고 자네 가정과 자네 문화에 대해서도.

어빈 : 어떻게 시작할지 모르겠어요.

얄롬 박사 : 그냥 열세 살의 유대인 소년으로서의 자네의 생각을 큰 소리로 말해봐. 자네 생각을 점검하지 말고—그냥 마음속에 떠오르는 대로 말해봐. 이것이 우리 치료자들이 말하는 자유연상이라는 것이지.

어빈 : 자유연상, 아. 그냥 큰 소리로 생각하라구요? 와우, 오케이. 그걸 바람
　　　개비처럼 말씀드리지요, 유대인이라는 건… 신의 선택을 받은 민족…
　　　저에게는 그게 농담－선택? 아니죠, 그 정반대입니다… 유대인이라는
　　　것이 저에게는 조금도 이로울 게 없습니다… 계속되는 반유대적 발언
　　　들… 우리 아버지 가게에서 세 가게 건너에 있는 이발소의 이발사, 금발
　　　에 붉은 얼굴의 미스터 터너까지도 제 머리를 깎아줄 때마다 저를 "유
　　　대 소년"이라고 불러요… 그리고 아, 체육 선생님도 제가 체육관에서
　　　천장에 매달려 있는 줄에 기어오르려고 애를 쓰지만 실패할 때마다 "움
　　　직여, 이 유대 소년아."라고 소리친답니다. 그리고 크리스마스 때, 학교
　　　에서 다른 아이들이 자기의 크리스마스 선물에 대해서 말할 때마다 느
　　　꼈던 부끄러움－저는 초등학교 시절 우리 반에서 단 한 명의 유대인이
　　　었지요. 그래서 저는 언제나 선물을 받은 것처럼 거짓말을 했지요. 제
　　　사촌들, 베아와 아이린은 그들의 하누카(Hanukkah; 유대인 신전을 정화하는
　　　제전－역주) 선물이 크리스마스 선물이라고 반 친구들 모두에게 이야기
　　　한다는 걸 알고 있어요. 그렇지만 우리 식구들은 하누카 때 가게가 너무
　　　나 바빠서 선물을 주고받을 수가 없었어요. 그리고 우리 가족들은 내가
　　　특히 흑인 친구늘을 포함한 비유대인 친구들이 있다는 것에 눈살을 찌
　　　푸리고 그 친구들을 집에 데리고 오지 못하게 했어요. 저는 그들의 집에
　　　종종 갔었는데도 말이지요.

알롬 박사 : 그래서 자네는 이런 문화에서 구출되고 싶은 것이 가장 큰 소원
　　　이었고, 그래서 바르 미츠바를 위한 히브리어 공부를 거부했고, 히브리
　　　어 공부를 하러 가는 길에 트라이프를 먹은 일처럼 모두가 다 같은 의미
　　　였다고 생각해. 자네는 큰 소리로, "제발, 제발, 누가 와서 날 여기서 구
　　　출해주세요!" 라고 소리치고 있었다고 생각해.

어빈 : 그렇지 않다고 말하긴 어렵습니다. 우리 식구들은 엄청난 딜레마에
　　　빠졌다고 생각했을 거예요. 그들은 뭔가 다르고 특별한 것을 제게 기대
　　　하고 있었거든요. 그들은 제가 세상에서 성공하기를 바랐으면서도 동시

에, 그들은 그들의 세상이 끝날 것에 대한 두려움을 가졌을 거예요.

얄롬 박사 : 그들이 그런 말을 자네에게 한 적이 있나?

어빈 : 직접적으로는 안 하셨어요. 그러나 그런 기미는 있었어요. 예를 들면, 부모님은 자기네들끼리는 이디시로 말하면서 저나 누나에게는 안 하셨고 우리하고는 영어와 이디시의 혼합어를 사용했어요(우리는 그것은 옝글리시라고 했지요). 그러나 분명히 부모님은 우리들이 이디시를 공부하는 걸 원하지 않았어요. 그리고 조국에 대해서도 비밀이 많았어요. 부모님의 러시아 생활에 대해서는 아무것도 몰라요. 부모님이 살았던 유대인 지역의 정확한 위치를 알아보려고 했을 때 대단한 유머감각을 지닌 아버지는 그들은 러시아에 살았는데 혹독한 러시아의 겨울을 다시 견뎌낼 수 없다고 생각되면 그곳을 폴란드라고 불렀다고 농담을 하셨지요. 그리고 2차 세계대전과 나치와 홀로코스트에 대해서는 단 한마디도 안 하셨고 영원히 입을 다무셨지요. 그런 똑같은 침묵이 모든 나의 유대인 친구들을 엄격하게 제어했지요.

얄롬 박사 : 그걸 어떻게 설명하지?

어빈 : 아마 부모님은 그 공포로부터 우리를 보호하고 싶었겠죠. 저는 제2차 세계대전 유럽 전승일(V-E Day) 이후에 영화관에서 상영하는 뉴스 영화를 본 기억이 나요. 수용소와 산더미처럼 쌓여 있는 시체들을 불도저로 옮기는 장면이었어요. 저는 충격을 받았어요-이런 장면을 보는 데에 전혀 준비가 되어 있지 않았기 때문에 그 충격에서 벗어날 수 있을까 두려웠어요.

얄롬 박사 : 부모들은 자네에게 무엇을 바라고 계시는지 알고 있어?

어빈 : 네- 교육을 잘 받고 미국사람이 되는 것이지요. 부모님은 이 세상에 대해서 잘 몰라요. 미국에 도착했을 때 아무런 현실적인 교육을 받지 못했어요- 아주 제로… 미국 시민이 되는 데 필요한 과정 이외에는 아무런 교육도 못 받았으니까요. 제가 알고 있는 대부분의 유대인과 마찬가지로, 부모님은 '구약성서의 민족'이지요. 그리고 제가 믿기로는, 아니

요, 제가 알기로는, 부모님은 제가 책을 읽는 것을 볼 때마다 매우 만족해했어요. 제가 책을 읽을 때 한 번도 방해하지 않았어요. 그러면서도, 그들 자신이 교육을 받고 싶다는 표시를 하지 않았어요. 그들은 그 가능성은 이미 지나갔다고 생각했던 것 같아요ー 그 힘든 노동을 하면서 몹시 녹초가 되었지요. 매일 밤 기진맥진하셨지요. 그것은 그분들에게는 괴로우면서도 즐거운 일이었을 겁니다. 제가 훌륭한 교육을 받게 하기 위해서 열심히 일한다고 생각했으니까요. 그러나 그분들은 제가 읽는 모든 책, 모든 페이지가 그분들로부터 저를 더더욱 멀리 떨어져 나가게 하고 있다는 사실을 알았어야 했지요.

얄롬 박사 : 나는 자네가 리틀 터번 햄버거를 먹었다는 사실에 대해서 생각하고 있어ー그게 첫 번째 단계였어. 그것은 긴 캠페인의 시작을 알리는 나팔소리와 같아.

어빈 : 네, 저는 독립하기 위해서 긴 전쟁을 수행했지요. 전초전은 음식에 관해서였지요. 심지어 바르 미츠바 반란 이전부터 저는 엄격한 식사법을 우습게 알았지요. 식사법은 우스운 이야기예요. 아무런 의미도 없어요. 더 이상한 것은 그 법이 제가 미국인으로 되는 것을 막는 거예요. 제가 워싱턴 세네토 야구 게임에 갈 때(그리피스 운동장은 아버지의 가게에서 몇 블록 떨어진 곳에 있었다), 친구들과는 달리, 저는 핫도그를 먹을 수가 없었어요. 길거리에 있는 드러그 스토어에서 에그 샐러드나 그릴드 치즈샌드위치를 먹는 것도 금지되어 있었어요. 왜냐하면 아버지는, 샌드위치를 자른 나이프가 햄샌드위치를 잘랐을 수도 있었다는 거지요. 그래서 "샌드위치를 자르지 말라고 할게요."라고 항의하기도 했지요.

　"아니야, 그 접시가 햄을 담았을지도 몰라."라고 아버지나 어머니는 말했죠. "트라이프ー그것은 모두 트라이프야." 얄롬 박사님, 상상할 수 있으세요? 이런 말을 열세 살 때 들어야 했다는 것을? 이건 미친 짓이에요! 이 넓은 우주에서ー 조(兆) 단위의 별들이 생겨나고 사라지고, 자연 재해가 매 순간 지구에서 일어나고 있는데, 제 부모님은 신(神)이 아무런 할 일도 없이 드러그 스토어에서 나이프가 햄의 분자와 접촉이 되었나 안 되었나를 체크나 하고 있다고 주장하시는 걸 말입니다.

얄롬 박사 : 정말로? 그게 자네 같은 어린아이가 생각하는 방식이야?

어빈 : 언제나. 저는 천문학에 관심이 있어요. 제가 만든 저의 망원경으로 밤하늘을 바라볼 때마다 이 방대한 우주의 질서 속에서 우리가 얼마나 사소하고 별 볼일 없는가를 생각하면서 압도당합니다. 옛날 사람들은 무의미함의 느낌을 다루기 위해서 어떤 신을 만들어서 우리 인간들이 너무나 중요하기 때문에 인간의 모든 움직임들을 조사하는 데 주의를 기울이게 했다는 것이 제게는 분명합니다. 우리가 죽음이라는 사실을 순화하기 위해서 천국과 다른 환상들과 동화들을 만들었다는 것도 분명합니다. 그것들의 동일한 주제, '우리는 죽지 않는다'―우리는 다른 영역으로 옮겨가면서 계속 존재한다는 것입니다.

얄롬 박사 : 정말 자네 나이에 이런 것들을 생각한단 말이냐?

어빈 : 저는 아주 오래전에 이런 생각을 했습니다. 이걸 제 마음속에만 간직하고 있었어요. 그렇지만 정직하게 말씀드리자면, 저는 종교나 사후의 삶에 대한 아이디어는 세상에서 가장 오래 지속되어온 사기(詐欺)라고 생각해요. 목적은 있지요. 그것은 종교 지도자들에게 안락한 삶을 마련해주고 보통 사람들에게는 죽음에 대한 두려움을 희석시켜주거든요. 그러나 많은 대가가 따르지요. 우리들을 어린애처럼 만드니까요. 자연 질서를 바라보는 우리의 시야를 가로막지요.

얄롬 박사 : 사기라고? 굉장한 공격인데! 왜 수천만의 사람들의 의견에 강하게 반대하지?

어빈 : 선생님, 선생님, 저에게 자유연상을 하라고 하셨지요? 생각나요? 대체로 저는 이런 모든 생각들을 저의 마음속으로만 하지요.

얄롬 박사 : 그래 맞아. 나는 자네에게 자유연상을 하라고 했어. 자네는 잘 따랐는데 자네를 탓했어. 미안해. 몇 가지 좀 더 물어볼게. 자네는 죽음에 대한 두려움과 죽은 후의 삶에 대해서 이야기했어. 자네가 개인적으

로 죽음에 대해서 어떤 경험을 했는지 궁금하구나.

어빈 : 제가 처음으로 경험한 것은 제 고양이의 죽음입니다. 제가 열 살쯤이
었을 거예요. 우리는 항상 가게에서 쥐를 잡으려고 두어 마리의 고양이
를 길렀어요. 저는 고양이와 많이 놀곤 했지요. 어느 날, 제가 좋아하는
고양이가―그 이름은 잊었는데―차에 치었어요. 저는 길모퉁이에서 아
직 숨을 쉬고 있는 고양이를 발견했어요. 가게로 뛰어들어가서 고기 저
장고에 있는 간(肝)을 꺼내서 (제 아버지는 푸줏간도 했어요) 잘게 썰어서 고
양이의 입 근처에 놓아 주었지요. 간은 고양이가 좋아하는 음식이었어
요. 그런데 고양이는 먹으려고 하지 않는 거예요. 그리고는 영원히 눈
을 감아 버렸어요. 제가 그 고양이의 이름을 잊어버리고 그냥 "고양이"
라고 부르는 게 미안해요―우리는 아주 많은 시간을 다정하게 기분 좋
게 보냈거든요. 제가 책을 읽는 동안 고양이는 제 무릎에 앉아서 큰 소
리로 가르랑거렸지요. 사람의 죽음에 대해서는, 제가 3학년 때 우리 반
에 한 아이가 있었어요. 그 애 이름은 생각이 안 나지만, 우리는 그 애를
'L.E.'라고 불렀어요. 그 애의 머리카락은 하얀색이었는데―아마 그 아
이는 백피증이었던 것 같아요―그 애 어머니는 색다른 샌드위치를 그
애 도시락 가방에 넣어주곤 했어요―예를 들면, 치즈와 피클을 넣은 샌
드위치―저는 전에 샌드위치에 피클을 넣는다는 이야기를 들어본 적이
없었어요. 어떤 기이한 일이 기억 속에 새겨진다는 것이 참 이상해요.
어느 날 그 애는 학교에 오지 않았어요. 다음 날 선생님은 그 애가 병으
로 죽었다고 말씀하셨어요. 그게 다예요. 저는 어떤 특별한 반응을 했던
것 같지 않아요―저와 그 반의 그 누구도. 그러나 그에 대해서 한가지
특별한 일이 있어요. L.E.의 얼굴이 제 마음에 또렷이 새겨져 있어요.
저는 아직 그 애 얼굴이 눈에 보여요―놀란 표정과 짧게 크루 컷을 했던
그 애의 아주 엷은 금발.

얄롬박사 : 그 사실이 왜 특별하지?

어빈 : 그 아이의 얼굴이 또렷이 기억나는 것이 이상해요. 이건 섬뜩해요. 저

는 그 아이를 잘 모르거든요. 그 애는 그때 처음으로 저와 한 반이었던 것 같아요. 더 이상한 것은, 그 애는 무슨 병엔가 걸려 있었고 그 애 엄마가 학교에 데려오고 데려가곤 했거든요. 그래서 저는 한 번도 그 애와 같이 걸어서 집에 가거나 놀아본 적도 없어요. 제가 그 반에서 더 많이 친했던 아이들이 많은데 그 얼굴들은 하나도 기억이 안 나요.

얄롬 박사 : 그건 무슨 의미일까?…

어빈 : 그건 아마 죽음이라는 것이 제 주의를 끌었던 것 같아요. 그렇지만 저는 죽음을 직접 생각하려고 하지 않았어요.

얄롬 박사 : 죽음에 대해서 직접 생각해본 때가 있었니?

어빈 : 어렴풋하네요. 그렇지만 제가 싸구려 잡화점에서 핀볼 게임을 마치고 우리 동네를 걷고 있을 때 갑자기 저도 모든 사람들과 마찬가지로 죽게 되겠구나. 지금은 살아 있는 사람이나 전에 살았던 사람과 마찬가지로… 라는 생각이 번개처럼 마음속에 떠올랐던 것이 생각나요. 이게 제가 기억하는 전부이기는 한데요. 그런데 그것이 제 자신의 죽음에 대해서 처음으로 의식한 것이고 오랫동안 제 마음속에 지니고 있을 수 없었지요. 물론, 아무에게도 이야기하진 않았어요. 지금까지.

얄롬 박사 : 왜, '물론'이라고 했지?

어빈 : 제 생활은 대단히 고독했어요. 저의 이런 생각들을 함께 이야기할 사람이 아무도 없었어요.

얄롬 박사 : 고독했다는 말은 외로웠다는 의미인가?

어빈 : 아, 네.

얄롬 박사 : '외롭다'를 생각할 때 마음속에 무슨 생각이 떠오르지?

어빈 : 우리 아버지의 가게에서 열 블록쯤 떨어진 곳에 있는 커다란 공원인 옛날 '군인의 집'을 자전거를 타고 다니던 것이 생각나요…

얄롬 박사 : 자네는 언제나 '우리 아버지의 가게'라고 말하는구나, '우리 집'이라고 하는 대신에.

어빈 : 네, 잘 지적하셨어요, 얄롬 박사님. 저도 그걸 알아차렸어요. '우리

집'에 대한 수치심은 아주 뿌리가 깊어요. 제 마음에 떠오르는 것은—
그런데 아직까지도 저는 자유연상을 하는 중이지요? 맞습니까?

얄롬 박사 : 맞아, 계속해라.

어빈 : 제 마음에 떠오르는 것은 토요일 밤 생일파티예요. 제가 열한 살이나
열두 살 때 할리우드 영화에서나 볼 수 있었던 것과 같은 굉장히 호화로
운 주택에서 열리는 생일파티에 갔었어요. 그것은 주리 스타인버그라는
여자아이의 집이었는데 저는 그 애를 여름캠프에서 만나 사귀었어요—
우리는 키스까지도 했어요. 어머니가 그 파티까지 운전해서 데려다 주
었지만 집에 데리고 올 수는 없었어요. 가게에서 토요일 밤은 제일 바쁜
시간이니까요. 그래서 파티가 끝나자 주디와 그 애 어머니가 저를 집까
지 데려다 주었어요. 저는 돼지우리 같은 우리 집을 그들에게 보여주는
것에 너무나 모욕감을 느꼈어요. 그래서 우리 집에서 좀 떨어져 있는 괜
찮아 보이는 집 앞에서 내려달라고 했어요. 마치 그것이 우리 집인 것처
럼 가장하면서요. 저는 그 집 문 앞에 서서 그들이 사라질 때까지 손을
흔들었지요. 그러나 그들이 속아 넘어 갔다고는 생각지 않아요. 이 생각
을 하면 내가 비굴하게 느껴집니다.

얄롬 박사 : 자네가 앞에서 이야기했던 데로 돌아가볼까. 자네가 군인의 십
공원에서 외롭게 자전거를 탄 것에 대해서 좀 더 이야기해 보렴.

어빈 : 그것은 기가 막힌 공원이었어요. 병들거나 대단히 늙은 군인들을 위
한 몇 개의 건물들을 제외하고는 아주 황폐한 곳이었어요. 그곳에서 자
전거를 탔던 것이 제 어릴 적의 가장 좋은 추억입니다… 긴 언덕을 얼
굴에 바람을 맞으며 자유를 느끼며, 시를 큰 소리로 암송하면서 자전
거를 타고 내려오는 것은… 누나는 대학에서 빅토리아 시대의 시 과목
을 택했어요. 누나가 그 과목을 마쳤을 때 저는 누나의 교과서를 가져다
가 열심히 읽고 단순한 시들은 암기를 했죠. 그 시들은 강렬한 음률이
있었어요, 오스카 와일드의 '레딩 감옥의 발라드(Ballad of Reading Gaol)'
또는 하우스먼의 '슈롭셔의 젊은이(Shropshire Lad)'에 수록되어 있는 몇

몇 시들, 예컨대 '가장 어여쁜 나무(Loveliest of Trees)', '벚나무가 지금 (the Cherry Now)' 그리고 '내 나이 스물 하고 하나였을 때(When I was One and Twenty)', 핏츠 제럴드가 번역한 오마르 카이얌의 '루바이야트(The Rubaiyat)'에 나오는 바이런의 '시론의 죄수(Prisoner of Chillon)' 및 테니슨의 시들. 키플링의 '건가 딘(Gunga Din)'은 제가 제일 좋아하는 시 중 하나였고 저는 지금까지도 제가 열세 살 때 야구장 옆에 있는 조그마한 레코드 가게에서 만든 녹음 레코드판을 가지고 있어요. 한 면에는 저의 바르 미츠바 연설(물론 영어로), 그리고 다른 면에는 제가 암송한 '건가 딘'과 테니슨의 '경기병여단의 돌격(Charge of the Light Brigade)'이 녹음되어 있어요. 네, 생각하면 할수록 이런 순간들, 자전거를 타고 시를 암송하면서 언덕 길을 내려가던 것이 저의 가장 행복했던 시간이었다고 말할 수 있습니다.

얄롬 박사 : 시간이 다 됐네, 그러나 우리가 끝내기 전에, 나도 자네가 지금 당하고 있는 고통에 대해서 깊이 생각하게 되었다고 말하고 싶네. 자네는 두 개의 세계에 사로잡혀 있어. 자네는 옛날 세상을 알지도 못하고 존경하지도 못하고 있지만, 그렇다고 해서 새로운 세계로 들어가는 문을 아직 알아보지도 못하고 있어. 이런 것이 상당한 불안을 만들어내고, 자네는 그런 불안을 도와줄 심리치료가 필요하게 될 것 같아. 자네가 나에게 오기로 결정해서 나는 기쁘네ー자네는 잠재력이 풍부하니까 나는 자네가 매우 잘해내리라는 강렬한 예감이 들어.

도박하는 소년

수요일 아침 8시. 아침 식사를 마치고 내 사무실의 자갈길을 걸어 내려가다가 분재(盆栽)에게 아침 인사를 하고 잡초를 뽑아주려고 잠시 멈춰 섰다. 이런 작은 잡초들도 존재해야 할 이유가 있다는 걸 알고 있지만 분재로 올라갈 물을 빨아먹는 걸 모두 그냥 두고 볼 수는 없다. 나는 앞으로 4시간 동안 방해받지 않고 글을 쓸 수 있다는 사실에 만족하고 있다. 글쓰기 전에 으레 내 이메일을 열어보면서 이메일에 대답하는 데 30분 이상은 쓰지 않겠다고 스스로에게 다짐한다. 첫 번째 메시지가 나를 반긴다.

알립니다. 우리 집에서 오늘 저녁 게임이 있습니다. 6시 15분부터 환영합니다. 맛있고 값비싼 음식이 준비되어 있습니다. 빨리 식사 마치고—게임은 정확히 6시 45분에 시작합니다. 동전을 많이 많이 가지고 오십시오! 키반.

처음에는 이 메시지를 지우려고 했다. 그러나 잠깐 멈추고 그리운 느낌이 내 마음속을 훑고 지나가는 것을 만끽하고 싶었다. 나는 40여 년 전에 포커 게임을 시작했다. 그러나 나의 신통치 않은 시력(교정이 불가능한) 때문에 게임에 너무 많은 돈이 들었다. 카드를 잘 못 읽어서 매 게임마다 적어도 한 번 또는 두 번 이상 크게 잃었다. 오랫동안 나는 게임을 포기하지 않으려고 했다. 늙어간다는 것은 빌어먹을 일들을 하나씩 하나씩 포기하는 것이다. 지난 4년 동안 게임을 하지 않고 지금에 이르렀지만, 친구들은 예의로 계속해서 내게 초대장을 보내고 있다.

나는 테니스와 조깅과 스쿠버 다이빙을 포기했으나 포커를 포기하는 것은 다른 문제였다. 다른 운동들은 좀 외로운 것이지만, 포커는 사회적인 활동이다. 이 다정한 친구들은 내 놀이 친구들이기 때문에 그들이 몹시 그립다. 그래, 가끔 우리는 점심을 같이 하려고 모인다(동전을 던지거나 식당 테이블에서 순식간에 포커 게임을 해서 누가 돈을 낼 것인지를 결정한다). 그러나 이제는 그전 같지 않다. 나는 그때를 그리워하고 이런 아슬아슬한 게임에 몰입하는 느낌을 그리워한다. 나는 언제나 베팅하는 스릴이 그립다. 그러나 지금 나에게 남겨진 것은 전혀 쓸데없는 일에 내 아내더러 베팅하라고 부추기는 일이다. 아내는 디너 파티에 내가 넥타이를 하고 가길 원한다. 나는 "오늘 디너 파티에는 아무도 넥타이를 하고 오지 않을 것이라는 데에 20달러를 건다." 예전에 아내는 이런 베팅을 무시했으나 지금, 내가 포커 게임을 그만둔 후부터는 때때로 나의 베팅을 받아들이는 것으로 내 기분을 맞춰준다.

이런 식의 베팅 놀이는 오랫동안 내 생활의 일부가 되어오고 있다. 얼마 동안 그랬느냐고? 몇 년 전에 걸려온 전화가 이에 대한 설명을 해준다. 그 전화는 초등학교 5학년 이래로 한 번도 이야기해본 적이 없는 친구 셸리 피셔의 전화였다. 그의 조카 손녀가 심리학자가 되려고 공부하는데, 얼마 전에 방문했을 때 손녀가 나의 책 치료의 선물(The Gift of Therapy)을 읽는 것을 보고, "얘야, 나는 그 작가를 알고 있어."라고 했다는 것이다. 그는 워싱턴 DC의 전화번호부에서 내 누나의 이름을 발견하고는 누나에게 전화를 걸어서 내 번호를 알아냈다고 했다. 셸리와 나는 오래 이야기했다. 매일 걸어서 학교에 가곤 했던 일, 볼링을 쳤던 일, 카드 놀이와 볼 차기, 그리고 야구 카드를 모으던 일. 다음 날 그는 다시 전화를 해서, "어브, 자네는 어제 전화에서 피드백을 원한다고 했지. 그래서 자네에 대한 다른 추억거리를 생각해냈어. 자네에게는 도박 문제가 있었어. 자네는 야구 카드를 상금으로 해서 진 럼미(둘이서 하는 카드 놀이의 일종 – 역주) 게임을 하자고 졸랐지. 자네는 무슨 일에나 내기 걸기를 원했어. 어느 날 자네는 다음에 오는 택시의 색을 맞추는 내기를 하자고 했어. 자네가 숫자 놀이를 하면서 얼마나 즐거워했는지도 기억하지."

'숫자놀이'—나는 몇 년 동안 숫자놀이를 생각해보지 않았다. 셸리의 말이 오래된 골동품 기억을 들추어내주었다. 내가 열한 살이나 열두 살이었을 때 아버지는 식료품 가게를 주류 판매점으로 바꾸었다. 따라서 부모님의 생활은 조금 편해졌다. 더 이상 상한 식품을 던져 버리지 않아도 되었고, 더 이상 새벽 5시에 생산품 전매시장으로 가지 않아도 되었고, 더 이상 쇠고기를 썰지 않아도 되었다. 그러나 일은 더 위험해졌다. 도둑들이 자주 들어왔고 토요일 밤마다 가게 뒤에서 무장 경비원들이 숨어서 경비를 했다. 낮에는 가게에 떠들썩한 인물들로 가득했다. 그들 중에는 뚜쟁이들, 매춘부들, 도둑들, 달콤하고 씁쓸한 알코올중독자들, 그리고 마권업자들, 숫자놀이의 내기 돈 수금원들이 있었다.

한번은 아버지를 도와서 스카치와 버본을 듀크의 차로 옮기는 일을 했다. 듀크는 우리의 중요한 고객이었고 나는 그의 스타일에 매혹되어 있었다. 아이보리 상아 장식의 지팡이, 매혹적인 청색의 더블 버튼의 캐시미어 외투와 그에 매치되는 챙이 말려 있고 높이가 낮은 청색 중절모, 그의 길다란 흰색 캐딜락 등이 매력적이었다. 우리가 반 블록 떨어진 길 옆에 주차된 그의 차에 갔을 때, 나는 스카치 상자를 차 트렁크에 넣을 수 있을지 아버지에게 물었더니 아버지와 듀크가 웃었다. "듀크, 이 아이에게 트렁크를 보여주면 어때?"라고 아버지가 말하자 듀크가 과시하는 듯이 캐딜락 트렁크를 열고, "트렁크는 꽉 찼다, 얘야."라고 했다. 나는 트렁크 안을 들여다보고 눈이 튀어나올 것 같았다. 70년이 지난 지금도 나는 분명하게 그 장면을 기억한다. 트렁크에는 각 단위별로 두꺼운 고무밴드로 묶여 있는 현금 다발이 있었고 몇 개의 커다랗고 불룩한 부대용 자루에서는 동전들이 쏟아져 나오고 있었다.

듀크는 숫자놀이 장사를 하고 있었다−숫자놀이 장사는 내가 살던 워싱턴 DC 동네에서는 전염병처럼 퍼지던 사업이었는데 이 사업의 방식은 이랬다. 매일 우리 동네에서 도박사들은 '내기 돈 수금원'에게 세 자리 숫자에 내기 돈(아주 적은 액수, 때로는 10센트 정도)을 건다. 만약 제대로 맞추면, "번호를 맞춘다, 행운이 있으라."로 10센트를 걸고 60달러를 받는 것이다−600대 1이다. 그러나 물론, 실제 확률은 1,000대 1이다. 그래서 마권주자들은 굉장한 이득을 얻게 된다. 매일매일의 숫자는 조정할 수가 없다. 왜냐하면 그것은 지정된 지방 경마장 세 곳에서 전체 내기 돈에 기초한 형식에서 도출되는, 공개적으로 알려진 형식이기 때문이다. 건 돈의 비율은 그들의 뜻에 따르지만, 내기를 건 사람들은 두 가지 이득이 있다. 하나는 내기 돈은 매우 적은 액수이고, 또 하나는 '행운이 있으라'로 급작스러운 상금을 받는다는 희망이 계속된다는 것이다. 그 희망은 일생 동안 계속되어온 그들의 가난이 빚어낸 실망을 어느 정도 풀어주는 역할을 했다.

매일매일의 숫자놀이 내기에서 기대되는 흥분을 나는 직접 알게 되었다. 왜냐하면 때때로, 비밀리에, 나 자신이 (부모님의 경고에도 불구하고) 작은 베팅을 하고 있었기 때문이다. 나는 가게 계산대에서 가끔 좀도둑질한 5센트나 10센트로 베팅을 했다. (내가 좀도둑질을 했던 기억은 지금도 수치심으로 나를 움츠러들게 만든다.) 아버지는 언제나 바보들만이 그런 큰 배당확률 내기에 도전을 하는 것이라고 말했고, 나도 아버지가 옳다고 생각하지만 내가 나이 들 때까지는, 그 내기가 우리 동네에서는 유일한 놀이였다고 기억한다. 나는 우리 가게에서 일했던 두 명의 흑인 중 하나였던 윌리엄을 통해서 내기를 걸곤

하면서 언제나 내가 딴 돈의 25%를 주겠다고 약속했다. 윌리엄은 알코올중독자였고 명랑하고 매력적인 남성이었으나 인간적인 덕목의 규범이 없었기 때문에 그가 진실로 내 내기를 받아들였는지 또는 그냥 내 돈을 주머니에 슬쩍 했는지 또는 진짜로 내기를 걸었는지 알 길이 없다. 나는 한 번도 번호를 맞춘 적이 없었다. 만약 내가 맞추었다면, 윌리엄은 분명히 내기를 건 사람이 그날 나오지 않았다거나 아니면 그와 비슷한 이야기를 지어내면서 내기를 못 걸었다고 했을 것이다. 나는 야구 배팅 풀, 주사위 게임-피노클, 그리고 무엇보다도 포커에서 대운을 잡고 나서는 도박 사업을 걷어버렸다.

분노에 대한 짧은 역사

오늘 나의 환자 브렌다는 하나의 안건을 들고 세션에 왔다. 그녀는 나를 쳐다보지도 않고 내 사무실에 들어와서 자리에 앉더니, 가방에서 안건으로 준비한 서류노트를 꺼내서 큰 소리로 읽기 시작했다. 서류는 지난번 세션에서 내가 취했던 행동들에 대한 불평 리스트를 적은 것이었다.

"선생님이 지난번 세션에서 저는 잘하지 못했는데 다른 환자는 이슈를 더 잘 준비해왔다고 하시면서 다른 환자들과 작업하는 것을 훨씬 더 선호한다고 넌지시 말했어요. 선생님은 또 제가 꿈이나 백일몽을 가지고 오지 않았다고 책망하시면서 저를 치료했던 마지막 치료자를 예로 들면서 제 기존 치료자들과는 모두 실패했기 때문에 제가 공개하기를 거절하는 것이라고 하셨어요."

지난 시간에 브렌다는 그녀가 가끔 하는 방식대로 말없이 앉아 있었다. 그녀는 자발적으로 아무런 일도 하지 않으면서, 나에게는 더 열심히 하라고 강요했다. 그래서 나는 마치 굴의 입을 여는 것처럼 열심히 노력했던 것 같다. 오늘은, 그녀가 나에 대한 비난 목록을 읽어내려 가는 동안, 나는 자연스럽게 점점 방어적으로 되어갔다. 분노를 다루는 것에 강하지 못한 나는 반사적인 기분으로 그녀의 왜곡된 생각을 지적하고 싶었지만 몇 가지 이유로 입을 다물었다. 우선 이 세션의 시작은 순조로웠다 — 지난주에 비하면 엄청나게 좋은 시작이었다! 이 세션은 그녀의 얼굴을 바짝 조이게 하는 생각과 느낌을 풀어주면서 시작되었다. 그녀는 전 시간에 내가 한 말을 곡해하기는 했으나, 솔직히 말하자면, 나는 그녀가 비난했던 말 그대로 했다. 내가 확실하게 의식하지 못하면서 했던 말들이 그녀가 비난한 대로의 색깔을 띠게 되었다는 걸 알았기 때문이다. "브렌다, 당신의 고충을 충분히 이해했어요. 내 말을 약간 잘못 인용하는 것 같기는 한데 당신이 옳아요. 지난주에 나는 뭔가 답답했고 좌절하고 있었어요." 그러고 나서 내가 물었다. "만약 우리가 앞으로도 이런 세션을 계속 하게 된다면 어떻게 하는 것이 좋을까요? 내가 어떤 질문을 하는 것이 가장 좋을까요?"

"왜 선생님은 지난주에 무슨 일이 있었길래 내가 그렇게 기분이 나빴냐고 그냥 그렇게 간단히 물어보지 않으세요?" 그녀가 대답했다.

나는 그녀가 제시한 대로 질문했다. "지난주에 무슨 일이 있었기에 그렇게 기분이 나쁘세요?" 나의 이 간단한 질문이 지난 며칠간 그녀가 경험했던 실망과 사소한 일들에 대해서 바람직하고도 생산적인 논의를 이끌어내게 했다. 세션이 끝나갈 무렵에 나는 처음 시작으로 되돌아가서 나에게 그렇게 화가 났던 것이 그녀 자신에게는 어떻게 느껴졌는지 질문했다. 그녀는 내가 그 일에 대한 책임이 나에게 있다고 가정하고 그 일에 대해 그녀가 생각할 수 있도록 내가 그녀를 신중하게 대해준 것이 감사하다고 눈물을 흘리며 말했다. 나는 이제 우리 둘 다 치료의 새로운 국면에 들어가게 되었다고 생각했다.

이 세션은 자전거를 타고 냇물을 건너 집으로 가는 동안 나로 하여금 분노에 대해서 생각하게 해주었다. 나는 이 세션을 그런대로 만족스럽게 다루었다고 생각은 하면서도 아직 그 문제를 개인적으로 더 많이 노력해야 한다고 믿는다. 내가 브렌다를 그다지 좋아하지 않았다면 더 불편하게 느꼈을 것이고 그녀에게도 그녀가 나를 비판하는 것이 어려웠을 것이라는 걸 알고 있다. 나 또한, 내 환자가 분노에 찬 남자였다면 훨씬 더 위협을 받았을 것이라는 걸 의심하지 않는다. 언제나 나는 개인적으로, 또는 전문적으로 어떤 상황에 직면하게 되는 것이 불편했다. 그래서 직면해야 되는 상황을 조심스럽게 요구하는 행정적인 지위 — 예를 들면 의장, 위원회 위원장, 또는 학장 — 를 피해 왔다. 딱 한 번, 레지던트를 끝내고 난 몇 년 후에 모교인 존스홉킨스 과장 자리 인터뷰를 했던 적이 있었다. 다행스럽게도 — 나를 위해 또 그들을 위해 — 그 자리에 다른 후보자가 선택됐다. 나는 언제나 행정직을 피하는 것은 현명한 일이라고 생각했다. 왜냐하면 임상 연구와 환자를 치료하고 저술하는 일에 나의 진정한 강점이 있다고 믿고 있었기 때문이다. 그러나 지금 와서 내가 행정직을 피한 원인은 갈등에 대한 나의 두려움과 수줍음 등이 중요한 요인이었다고 인정하지 않을 수 없다.

내가 4명 내지 최고로 6명쯤과 어울리는 작은 사교 모임을 선호한다는 것을 알고 있는 나의 아내는 내가 집단치료 전문가가 되었다는 사실이 매우 재미있다고 한다. 그러나 실제에 있어서는 집단치료를 이끌어가는 일이 나에게는 오히려 치료적인 일이었다. 나의 환자들에게뿐만 아니라 나 자신에게도 집단과정은 내가 집단 안에서 점점 편안한 마음을 가질 수 있게 해주었고, 대중 앞에서 강연할 때 불안감을 덜 느끼게 해주었다. 또한 이런 강연을 내 방식대로 진행될 수 있게 해주었다. 나는 자발적이면서 대면적인 공개 토론을 원치 않는다. 그런 상황에서 내 머리는 빨리 돌아가지 않는다. 늙은 나이가 되어서 이로운 점은 청중들이 나를 대단히 다르게 대접해준다는 사실이다. 청중 속에서 동료나 질문자가 나에게 말로 도전하는 것이 여러 해, 몇십 년 전의 일이 되어버렸다.

나는 건 고등학교 테니스 팀이 연습하는 걸 지켜보느라고 10분 동안이나 자전거를 멈추었다. 내가 루스벨트 고등학교에서 테니스 팀이었을 때가 생각났다. 나는 여섯 플레이어 팀에서 여섯 번째로 경기를 했으나 다섯 번째 선수인 넬슨보다 훨씬 잘했다. 우리가 경기할 때마다, 넬슨은 공격과 모욕으로 나를 위협하다가, 결정적인 포인트에서는 기도하느라고 가만히 서서 몇 분 동안 경기를 하지 않았다. 코치는 냉정해서 나에게 "어서 처리해."라고 이야기했다.

자전거를 계속 타면서 갈등 문제를 처리하는 사업으로 번창하고 있는 여러 명의 변호사와 CEO들을 치료했던 때를 생각했다. 나는 그들의 전투에 대한 욕망을 경이롭게 느끼면서 그들이 어떻게 그런 길에 들어서게 되었는지 이해할 수가 없었다. 물론, 왜 내가 갈등-회피의 패턴을 갖게 되었는지도 이해할 수가 없었다. 초등학교 악동들이 하굣길에서 나를 때리려고 위협했던 것도 기억난다. 자녀들에게 권투를 가르치는 아버지에 관한 책을 읽으면서 그런 아버지가 얼마나 부럽게 느껴졌었는지도 기억난다. 나는 유대인들이 절대로 권투를 하지 않는 시대에 살았다. 유대인들은 얻어맞는 사람들이었다. 예외적인 인물은 유대인 권투선수 빌리 콘이었다 — 빌리 콘과 조 루이스가 싸울 때 나는 그에게 베팅 걸었던 돈을 잃었는데, 그 후 몇 년이 지나고 빌리가 유대인이 아니었다는 사실을 알았다.

내가 열네 살이 될 때까지 자기방어는 사소한 일이 아니라 중요한 일이었다. 우리 동네는 안전하지 않았고 집에서 조금만 나와도 위험했기 때문이었다. 일주일에 세 번씩 나는 우리 가게에서 가까운 골목에 있는 실반 영화관에 갔다. 매번 두 편씩의 영화를 상영했기 때문에 일주일에 여섯 편의 영화를 본 셈이다. 대개 서부영화나 2차 세계대전 영화였다. 부모님은 내가 영화관에 있는 것이 안전하다고 생각했으므로 나의 영화관 출입은 자유로웠다. 부모님은 내가 도서관에 있거나 영화관에 있거나 2층에서 책을 읽거나 하는 동안에는 안심했던 것 같다. 적어도 매주 15시간 내지 20시간 동안 나는 위험에서 벗어나 있었다.

그러나 위험은 항상 있었다. 내가 열한 살쯤 되었을 때의 어느 토요일 저녁, 가게에서 일하고 있을 때 어머니가 우리 가게에서 네 집 건너에 있는 드러그 스토어에서 커피 아이스크림을 사오라고 시켰다. 바로 옆집은 중국 세탁소, 그 옆은 노랗게 변색된 각종 헤어스타일 사진들을 창에 붙여놓은 이발소, 그 옆은 작고 지저분한 철물점, 그리고 마침내 드러그 스토어. 그 드러그 스토어에는 약국도 있었고 샌드위치와 아이스크림을 파는 8개의 의자가 놓여 있는 런치카운터가 있었다. 나는 커피 아이스크림콘을 사고 10센트를 지불했다. (1스쿱은 5센트, 그러나 나의 어머니는 언제나 두 스쿱을 좋아했다.) 밖으로 나왔는데 나보다 한두 살 위로 보이는 네 명의 무시무시한 백인 청년들이 나를 에워쌌다. 우리가 사는 흑인 동네에 백인 청년들이 돌아다닌다는 것은 보통 있는 일이 아니었고 위험한 일이었다. 대체적으로 문제가 생길 것이라는 징조였기 때문이었다.

"오, 누구의 아이스크림 콘이지?" 작고 흐리멍텅한 눈, **빡빡한** 얼굴에 크루 컷을 하고 붉은색 반다나(목이나 머리에 두르는 화려한 색상의 스카프-역주)를 목에 두른 소년이 나를 향해 으르렁거렸다.

"우리 엄마." 나는 도망갈 길을 찾느라고 슬그머니 주위를 살펴보면서 중얼거렸다.

"너네 엄마? 그래 네가 한 번 맛을 보지 그래." 그가 내 손을 덥석 잡고 아이스크림 콘을 내 얼굴에 밀어붙이면서 말했다.

바로 그 순간에, 나의 흑인 소년 친구들이 골목을 돌아 길거리로 걸어오면서 무슨 일이 벌어지고 있는지를 보려고 우리를 둘러쌌다. 그들 중 하나인 레온이 끼어들더니 나를 보고 "야, 어브, 그 자식 한 대 올려붙이지 그래 너는 그 자식 해치울 수 있어." 그러더니 "내가 가르쳐준 어퍼컷으로 해봐."라고 내게 속삭였다.

바로 그때 나는 쿵쾅거리는 무거운 발자국 소리를 들었다. 나의 아버지와 아버지의 배달꾼 윌리엄이 거리에 나타났다. 아버지는 나의 손을 잡고 나를 안전지대인 블루밍데일 마켓으로 끌고 갔다.

물론 아버지는 정당한 일을 했다. 나도 내 아들을 위해서는 그렇게 했을 것이다. 어떤 아버지도 자기 아들이 길거리에서 인종 간의 싸움에 말려드는 것을 절대로 원하지 않을 것이다. 그러나 나는 아직도 그때 아버지가 나를 구원해준 일을 유감스러운 마음으로 되돌아본다. 그때 내가 그 자식하고 싸움을 하면서 나의 가련한 어퍼컷을 보여주었으면 좋았을 걸 하는 생각을 한다. 전에 나는 한 번도 공격자에게 대항해본 적이 없었다. 그런데 지금 여기에서는, 나를 보호해줄 친구들에게 둘러싸인 지금은 그 자식에게 대항해볼 수 있는 절호의 기회였던 것이다. 그 녀석은 나보다는 약간 나이가 많아 보였지만 나와 비슷한 체격이었고, 만약 내가 그와 펀치를 주고받았다면 나는 나 자신에 대해 훨씬 자신 있게 느꼈을 것 같았다. 최악의 상황은 어땠을까? 피가 흐르는 코, 꺼멓게 멍든 눈―한 번 대항해서 내 자리를 굳히는 것에 대한 작은 대가를 치루어야 했을 것이다.

어른들의 행동양식은 복잡해서 단 한 번의 사건으로 행동이 일어나지 않는다는 것을 안다. 그러나 내가 공개적인 분노를 다루는 데에 불편함을 느끼고, 대면을 회피하고, 심지어는 열띤 토론에서도 직면을 피하며, 행정직을 맡는 일에 머뭇거리는 것 등, 만약 아버지와 윌리엄이 오래전 어느 날 밤의 그 싸움에서 나를 빼내지 않았더라면 이 모든 일들의 양상은 달라졌을 것이라고 나는 계속 믿고 있다. 그러나 공포스러운 환경―가게는 창 마다 쇠창살을 달아야 했고 어느 곳에나 위험이 도사리고 있고, 유럽 유대인들이 잡혀서 살해되는 이야기들을 무서움 속에서 들으면서 살아야 했던 그 공포의 환경도 나는 이해한다. 도피가 유일의 전략이라는 것을 아버지는 나에게 가르쳤다.

내가 이 사건을 쓰다 보니 또 다른 장면이 나의 의식 속으로 스며든다. 어머니와 나는 토요일 오후에 극장에 갔다. 우리는 영화가 막 시작하려는 순간에 극장에 들어섰다. 어머니는 나와 극장에 가는 일이 없었다.

특히 토요일 오후에 극장에 가는 일은 전혀 없었다. 그러나 어머니는 프레드 아스테어를 좋아했기 때문에 가끔 그의 영화를 보곤 했다. 나는 어머니와 함께 극장에 가는 것을 좋아하지 않았다. 왜냐하면 어머니는 매너가 없었고 때로 무례해서 무슨 일이 벌어질지 몰랐기 때문이었다. 내 친구들이 어머니를 만나게 되면 당황스러웠다. 영화관에서 어머니는 가운데 줄의 두 자리에 앉자고 하셨다. 빈 자리 중의 한 자리 옆에 앉아 있던 소년이, "여보세요, 이 자리는 내가 맡아놨어요."라고 말했다.

"오, 대단한 양반이구만, 그 자리를 맡아 놨다구요." 어머니는 근처에 앉는 모든 사람에게 큰 소리로 말했다. 그러는 동안 나는 셔츠를 머리까지 올리면서 얼굴을 감추려고 애를 썼다. 바로 그때 그의 친구들이 들어왔고 그들 중 두 명이 오만상을 찌푸리고 중얼거리면서 우리 줄로 옮겨 왔다. 영화가 시작되고 잠시 후에 나는 그들을 훔쳐보았다. 바로 그 소년과 나의 시선이 부딪치자 그는 나를 향해 주먹을 휘두르면서, "너 다음에 보자."라고 중얼거렸다.

그런데 바로 그 소년이 어머니의 아이스크림 콘을 내 얼굴에 들이밀었던 장본인이었다. 그가 나의 어머니에게 대들 수 없었으므로 나를 잡을 수 있을 때까지 잊지 않고 오래 기다렸던 것이었다. 또 그 아이스크림 콘이 어머니의 것이라는 걸 알았을 때 그의 즐거움은 배가 되었을 것이다 ─ 그는 우리 둘을 한 방에 잡은 것이다!

이것은 모두 그럴듯하고 만족스러운 이야기처럼 들린다. 우리가 이야기를 통합된 형태로 깔끔하게 채우려는 욕망은 얼마나 강렬한가! 그런데 이 이야기는 진짜인가? 70년이 지나고 난 후 나는 그 이야기의 '진실'을 탐색하고 싶은 욕심은 없다. 그때 그 순간의 나의 강렬한 느낌은 싸우고 싶었던 욕망과 겁에 질린 마비 상태 등이 어떤 식으로 합쳐진 것 같았다. 정말? 아아, 나는 지금 그 소년이 진짜 아이스크림 콘 장본인이었는지 그 사건의 순서가 올바른 것인지 불확실하다. 아이스크림 사건이 영화관 사건보다 먼저

였을지도 모른다는 것은 알고 있다.

　나이가 들어가면서 이런 질문들에 대한 대답을 증명하기가 점점 어려워진다. 나의 젊은 시절의 한 부분을 다시 되살려보려고 노력하지만 내 누나나 사촌이나 친구들에게 체크해보면 우리들이 하나의 사건을 얼마나 서로 다르게 기억하고 있는가를 보고 충격을 받을 뿐이다. 나는 일상에서도, 환자들에게 어렸을 적 삶을 다시 생각해보라고 하면서 현실은 허약하고 끊임없이 변하는 성질이 있다는 것을 점점 더 확신하게 된다. 회고라는 것, 의심할 바 없이 이것 역시 우리가 생각하는 것보다 훨씬 더 꾸며진 이야기이다.

9

빨간 테이블

내 사무실은 우리 집에서 150피트 정도밖에 떨어져 있지 않은 스튜디오이지만 이 두 건물 사이에는 무성한 나무들이 많이 있어서 한 건물에서 다른 건물이 잘 보이지 않는다. 거의 매일 나는 내 사무실에서 하루를 보낸다. 오전에는 계속 글을 쓰고, 오후에는 환자들을 본다. 내 마음이 평온하지 못할 때는 밖으로 나가서 분재를 들여다보면서 가지를 쳐주거나, 물을 주면서 분재의 우아한 형상을 흠모한다. 여기서 한 블록 떨어진 곳에 살고 있는 나의 딸의 절친이며 분재 전문가인 크리스틴에게 분재에 대해서 물어볼 것들을 생각하기도 한다.

저녁 자전거 타기를 마친 후 또는 마릴린과 산책을 한 후에는 나머지 시간을 우리 집 서재에서 독서를 하거나, 이야기를 하거나 또는 영화를 보면서 보낸다. 이 방의 넓은 구석에 있는 창문은 시골풍의 삼나무로 지어진 베란다까지 열린다. 베란다에는 잔디 깎기 용품과 커다란 목욕통이 있고 그 둘레는 캘리포니아산 오크 나무로 둘러싸여 있다. 서재의 벽에는 수백 권의 책이 가득한데, 격식을 차리지 않는 캘리포니아 스타일로 꾸며져 있다. '뒤로 젖혀지는' 가죽 의자와 붉은색과 흰색의 헝겊으로 느슨하게 씌워진 소파가 있다. 한쪽 구석에 서서 보면, 모든 가구들과 완전히 대조를 이루는 가구 하나가 있는데, 그것이 바로 나의 어머니의 모조 바로크 양식의 현란한 빨간 테이블이다. 검은색과 황금색으로 조각된 네 개의 다리와 그에 매치되는 네 개의 의자 세트이다. 나는 이 테이블에서 내가 70여 년 전에 매주 토요일 아침마다 우리 아버지와 체스 게임을 했던 것과 똑같이 나의 자녀들과 체스 게임과 다른 보드게임을 한다.

매릴린은 이 테이블을 좋아하지 않았다 — 이 테이블은 우리 집안에 있는 아무것하고도 어울리지 않았다 — 매릴린은 이 테이블을 집안에 두고 싶지 않았겠지만 오래전에 그 생각을 포기했다. 매릴린은 이 테이블이 내게 큰 의미가 있다는 걸 알았기 때문에 집안에 두기로 했지만 영원히 방의 한 구석으로 추방시키기로 했던 것이다. 이 테이블은 내 생애에서 가장 잊을 수 없는 특별한 사건과 맺어져 있다. 이 테이블을 볼 때마다 나는 넘치는 공포와, 해방에 대한 그리움에 젖는다.

나의 어린 시절은 두 부분으로 나누어진다. 나의 열네 살 생일 이전과 이후로. 열네 살이 될 때까지, 나는 부모님과 누나와 함께 식료품 가게 위에 있는 좁고 겉만 번드르르한 방에서 살았다. 그 방은 가게의 바로 윗층에 있었지만 출입문은 가게의 바깥쪽, 구석에 있었다. 현관은 석탄 나르는 사람들이 정규적으로 석탄을 날라야 했으므로 문은 열려 있었다. 추운 겨울에는 한두 명의 술주정뱅이들이 마루 위에서 자고 있는 것이 보통이었다.

층계 위로는 두 개의 방으로 향하는 문이 있었다 — 우리 문은 일번가를 바라보는 쪽에 있었고 집 안에는 두 개의 침실이 있었다 — 하나는 부모님의, 하나는 누나의 방이었다. 나는 작은 식당에서 침대 겸용의 대형 소파에서 잤다. 내가 열 살이었을 때 누나가 대학에 갔으므로 그 이후로는 누나의 침실을 쓰게 되었다. 작은 부엌이 있었고 작은 테이블이 있었다. 이 테

식료품 가게 2층의 가족 거주지로 들어가는 입구, CA. 1943.

이블에서 나의 모든 식사를 해결했다. 어린 시절을 통틀어서 나는 절대로, 한 번도 나의 아버지나 어머니와 식사를 같이 해본 적이 없다. 일요일에 우리 일가와 관계되는 모든 사람들 ─ 열두 명에서 스무 명에 이르는 사람들이 함께 식사를 할 때는 예외였다. 어머니가 요리를 하고 스토브 위에 음식을 남겨 놓으면 나와 누나는 식당의 조그만 테이블에서 먹었다.

나의 친구들도 나와 비슷한 환경에서 살았다. 그래서 우리가 좀 더 나은 아파트에서 살았으면 하는 생각은 하지 않았다. 그러나 우리 집에는 유일하게도 끈질긴 공포가 있었다. 바로 바퀴벌레들. 그것들은 어디에나 있었다. 바퀴벌레를 박멸하려는 노력에도 불구하고 ─ 나는 과거에도, 그리고 지금도 바퀴벌레를 보면 공포에 질린다. 매일 밤 어머니는 바퀴벌레들이 내 침대에 기어오르지 못하게 하려고 내 침대 다리에 물이나 때로는 석유를 꽉 채운 사발을 놓았다. 밤중에 불이 다 꺼진 시간이면 온 집안은 바퀴벌레의 세상이 된다. 나는 그것들이 우리 작은 부엌 바닥을 어슬렁거리며 기어 다니는 소리를 들을 수 있었다. 나는 밤에 소변을 보러 화장실에 가지도 못했다. 그래서 내 침대 옆에 항아리를 놓고 사용했다. 내가 열 살인가 열한 살이었던 때 한번은 거실에서 책을 읽고 있었는데 거대한 바퀴벌레가 방 안으로 날아 들어와서 내 무릎에 앉았다(그래, 바퀴벌레도 날 수 있다—가끔 날아서 그렇지, 그것들은 정말로 날 수 있다!). 나는 비명을 질렀고 아버지가 달려와서 벌레를 마룻바닥으로 내리쳤고 그것을 발로 밟았다. 그 으깨진 바퀴벌레는 가장 흉악한 꼴이었고 나는 화장실에 가서 토했다. 아버지는 나를 진정시키려고 노력했으나, 내가 왜 그 죽은 벌레를 보고 그토록 무서워하는지 도무지 이해할 수 없었다. (나의 바퀴벌레 공포증은 아직 동면 중이어서 오랫동안 제 구실을 못하고 있다. 팰로앨토는 바퀴벌레가 살기에는 너무 건조하다. 그래서 나는 반세기 동안 바퀴벌레를 단 한 마리도 보지 못했다—캘리포니아 생활의 위대한 보너스 중 하나이다.)

그러던 어느 날, 내가 열네 살이었을 때 어머니는 나에게 아주 평범하게, 아무렇지도 않은 일인 것처럼 집을 한 채 샀다고 말하면서 우리는 곧 이사하게 될 것이라고 했다. 그다음으로 내가 기억하는 것은 락크 크릭 파크에서 조금 떨어진 아름답고 조용한 거리에 있는 우리의 새 집으로 걸어갔던 것이다. 그 집은 크고 멋진 2층에 침실이 세 개인 집이었고, 지하에는 매듭이 많은 소나무로 지어진 놀이방, 스크린이 달린 옆 현관, 울다리가 둘려진 작은 잔디밭이 있었다. 그 새 집으로의 이사는 거의 전적으로 어머니가 이룩한 위대한 과업이었다. 어머니는 혼자서 그 집을 샀다. 아버지는 그 집을 보려고 가게를 한 번도 비우지 않았다.

언제 우리가 이사를 했는가? 내가 물건들을 나르는 사람들을 보았는가? 그 집에 대한 나의 첫인상은 무엇이었나? 그리고 바퀴벌레가 들끓던 방을 향해 영원한 이별을 고하는 엄청난 기쁨, 그 수치심, 그 불결함, 그 빈곤, 그리고 우리 집 현관에서 잠자던 알코올중독자들은? 나는 틀림없이 이 모든 것들을 경험했을 것이지만 거의 기억이 나지 않는다. 아마도 새로운 학교에서 9학년으로 올라간다는 일과 새로운 친구를 만난다는 사실에 너무나 열중해 있었고 긴장해 있었는지도 모른다. 기억과 정서는 곡선적 관계이다. 정서는 때때로 너무나 많이 또는 너무나 적게 기억한다. 나는 경이로운 마음으로 우리의 깨끗한 집을 거닐었던 것을 기억한다. 틀림없이 자랑스럽게 내 친구들을 우리 집으로 초대했을 것이고 공포에 떨지 않고 더욱 평화스러움 속에서 잠을 잘 잘 수 있었을 것이다. 그러나 이 모든 것들은 다만 짐작하는 것뿐이다. 그 시기 전체에서 내가 가장 분명하게 기억하는 것은 어머니가 자랑스럽게 들려준 빨간 테이블을 살 때의 이야기일 것이다.

어머니는 그때 모든 것을 새로 사고 싶어 했다. 옛날 집에서는 아무것도 가져 오고 싶지 않았다―가구도, 이부자리도, 부엌 냄비(냄비들은 아직도 쓰고 있다) 이외에는 아무것도 가져오고 싶지 않았다. 어머니도 역시 우리가 살아 오던 방식이 지긋지긋했을 것이지만 어머니는 한 번도 나에게 어머니의 마음속 갈망이나 느낌을 말하지 않았다. 그런 어머니가 한 번 이상, 그 테이블에 관한 이야기를 했다. 새 집을 산 이후 어느 날 오후에 어머니는 어머니의 친구들이 인기 있는 가구 상점이라고 자주 말했던, 마졸스 백화점에서 단 하루 동안에 세 개의 침실이 있는 집에 들어갈 모든 가구들, 카펫과 집과 관련된 가구들, 야외용 접이식 의자들을 한 번에 주문했다. 그것은 틀림없이 대단한 주문이었을 것이다. 판매원이 주문품목 계산을 막 마치려고 했을 순간에 색깔이 요란한, 신(新) 바로크 스타일의 카드 테이블, 밝은 빨간색 가죽 상판과 그에 매치되는 네 개의 빨강 가죽 의자들이 어머니의 눈에 들어왔다. 어머니는 판매원에게 그 테이블과 의자들도 주문 품목에 포함시키라고 지시했다. 판매원은 이 특별한 테이블과 의자 세트는 이미 팔린 것이라고 말하면서 미안하다고 몹시 미안한데 재고품도 없다고 말했다―그 모델은 이미 단종되었다고 했다. 거기서 어머니는 판매원에게 모든 주문을 취소하겠다고 말하면서 지갑을 들고 나갈 준비를 했다.

어쩌면 어머니는 심각했을 수도 있고 그렇지 않았을 수도 있다. 어쨌거나, 어머니의 행동은 유효했다. 판매원은 굴복했고 그 테이블은 어머니 것이 되었다. 모자를 벗고, 어머니의 대담한 허세를 향하여 경례한다―나는 포커 게임을 많이 했지만, 이와 같은 허세는 들어본 적이 없다. 때때로 나는 그 테이블을 가져가지 못한 가족의 입장에서 이 이야기를 써 보고 싶은 유혹을 느낀다. 그 생각에는 뭔가 힘이 있다. 나는 이 이야기를 양쪽의 관점에서 이야기할 것이다. 어머니의 위대한 허세와 승리 그리고 다른 가족의 낙담에 대해서.

　나는 우리 집과는 어울리지 않는다고 한탄하는 아내의 탄식에도 불구하고 아직도 그 테이블을 가지고 있다. 그 테이블의 심미적인 부족함은 나에게도 분명하지만, 그 테이블은 아버지와 삼촌과 그리고 후에는 나의 아이들과 손자들과 체스 게임을 했던 추억을 간직하고 있다. 고등학교에서 나는 체스 팀이었는데 커다란 체스 조각이 그려진 체육 스웨터를 자랑스럽게 입었다. 그 팀은 다섯 개의 배진(排陣)으로 구성되었는데, 모든 워싱턴 DC 고등학교와 경쟁했다. 첫 번 배진이었던 나는, 모든 게임에서 이겼기 때문에 상급학년에 올라갔을 때는 워싱턴 DC의 주니어 챔피언이 될까도 생각했다. 그러나 나의 삼촌 에이브 때문에 고급 수준에서 게임을 할 수 있을 만큼 기술이 향상되지 않았다. 삼촌은 대진표, 특별히 체스 개막전에서의 대진표를 비웃었다. 나는 그가 내 머리를 가리키면서 나를 '클루그(klug, 영리한)'라고 부르면서 나에게 좋은 얄롬 '커프(Kopf, 머리)'를 이용해서 비정통적인 방식으로 상대방을 뒤죽박죽으로 만들라고 강요했던 것을 기억한다. 결국 이것은 대단히 좋지 않은 충고가 되고 말았다. 나는 의예과 시절에 체스를 그만두었으나 의과대학에 합격했다는 소식을 들은 다음 날 대학교 체스 팀에 들어갔고, 그 학기에 두 번째 대진으로 체스를 했는데 의과대학이 시작되었을 때 다시 포기했다. 그러고는 나의 아들 빅터와 레이드에게 가르치기 시작할 때까지 체스를 두지 않았다. 나의 아들들은 매우 우수한 체스 플레이어들이 되었다. 지난 몇 년 동안에는 체스에 대해서 좀 더 심각해져서 러시아인 마스터에게 체스 레슨을 받기 시작했고 나의 인터넷 등급이 올라가는 것을 주의 깊게 지켜보았다. 그러나 너무 늦었다. 나는 두렵다―

나의 쇠락해가는 기억력은 내가 정복할 수 없는 적이라는 것이.

만약 집을 사고 이사를 하는 일이 아버지에게 달렸었더라면, 우리는 아마 그 가게 집에서 무한정 살아야 했을 것이다. 아버지는 자신의 환경에 대해서 거의 냉담했다. 어머니가 아버지의 모든 옷을 샀고 아버지에게 무얼 입을지 지시했고, 심지어 우리가 일요일에 외출할 때 무슨 넥타이를 매라고까지 지시했다.

아버지의 목소리는 좋았다. 나는 아버지가 우리 가족 모임에서 루바 고모와 함께 부르던 이디시 노래 듣는 것을 좋아했다. 어머니는 어떤 노래에든 관심이 없었고 어머니가 단 한 줄의 노래도 부르는 것을 들은 적이 없다. 일요일 아침에 아버지와 나는 항상 바로 그 바로크 테이블에서 체스 게임을 했다. 아버지는 축음기로 이디시 노래를 틀어놓고 어머니가 "Genug, Barel, genug!"("됐어요, 벤, 됐어요!")라고 날카로운 목소리로 소리칠 때까지 그 노래를 따라 부르곤 했다. 아버지는 언제나 어머니의 명령에 순종했다. 이런 순간이 내가 아버지에게 가장 실망했던 순간이고 아버지가 아버지의 자리에서 일어서서 어머니와 대결하기를 간절히 소망했던 순간이었다. 그러나 그런 일은 절대로 일어나지 않았다.

어머니는 요리를 잘했다. 나는 때때로 어머니의 요리가 생각난다. 오늘날에도, 가끔 나는 어머니의 무거운 냄비들을 사용해서 어머니의 요리를 흉내 내려고 한다. 나는 그 냄비들에게 굉장한 애착을 느낀다. 그 냄비를 사용하면 음식이 더 맛있게 느껴진다. 우리 아이들도 가끔 그 냄비들을 탐내지만 아직도 그 냄비들을 내가 가지고 있다.

우리가 새 집으로 이사 갔을 때 어머니는 매일 저녁 요리를 했다. 어머니는 20마일을 운전해서 가게에 가고 거기서 그날 저녁까지 있었다. 나는 어머니가 해놓은 음식을 데워서 책을 읽으면서 혼자서 먹었다. (나의 누나 진은 매릴랜드대학교에 다녔다.) 아버지는 식사를 하러 집에 와서 낮잠을 주무셨으나

블라그덴 테라스 집 앞에서 저자의 아버지와 어머니, 워싱턴 DC, 1947.

우리들의 식사시간은 거의 일치하지 않았다.

우리의 새 주소, 블라그덴 테라스는 시카무어 나무로 싸여 있었다. 거다랗고 멋진 집들이 내 또래의 아이들로 가득했다. 그곳 학교에 간 첫날 환영받았던 것을 기억하고 길거리에서 터치 풋볼을 하던 아이들이 내게 손짓을 했던 것이 생각난다─그들은 같이 축구를 할 아이들이 더 필요했고 나는 곧바로 축구에 뛰어들었다. 그날 오후 늦게 그들의 집 앞 잔디 바로 길 건너에서 내 친구 빌리 놀란이 늙은 할아버지와 캐치볼을 하고 있는 것을 보았다. 후에 그 할아버지가 한때 보스턴 레드 삭스에서 투수를 했다는 사실을 알았고 빌리와 나는 자연스럽게 함께 야구를 했다. 나는 우리 동네 블록을 처음으로 산보했던 것을 기억한다. 나는 앞마당 연못에 몇 개의 수련 잎들이 떠있는 것을 눈여겨보았다─그 광경이 나를 흥분시켰다. 왜냐하면 나는 그 광경을 내 망원경으로 잘 볼 수 있을 것 같아서였다. 물 표면에 모기 유충들이 떠다니고 연꽃 뿌리 밑에서 아메바 떼들이 둥둥 떠다니는 것을 긁어모을 수 있을 것 같아서였다. 그러나 어떻게 그 표본들을 수집하지? 옛날 동네였으면 마당에 몰래 들어가 연못에서 내가 사용할 수 있을 만큼 생물들을 훔쳐올 수 있었을 것이었다. 그러나 이 동네에서는 어떻게 해야 할지 아무런 생각도 할 수 없었다.

블라그덴 테라스 주위는 나에게 목가적인 환경을 제공해주었다. 불결함도 없었고, 위험도 없었고, 범죄도, 반유대교적 놀림도 전혀 없었다. 일생 동안 내 절친인 사촌 제이 역시 우리 집에서 단지 네 블록 떨어진 곳으로 이사 와서 우리는 가끔 만났다. 우리 집에서 단지 두 블록 떨어져 있는 럭크 크릭 공원에는 시냇물, 트레일, 야구장, 그리고 테니스장이 있었다. 거의 매일 방과 후 어두워질 때까지 동네 야구 게임이 있었다.

쥐들이여 안녕! 바퀴벌레들이여 안녕! 범죄, 위험, 그리고 반유대인 위협이여 안녕! 나의 인생은 지금부터 영원히 변할지어다. 나는 때때로 아버지의 가게에 일손이 모자라면 아버지를 도우려고 가게에 가곤 했다. 대부분의 경우 나는 그 더러웠던 환경들을 생각하지 않았다. 그리고 다시는 내가 살고 있는 곳을 거짓으로 말할 필요가 없었다. 나의 여름캠프에서의 여자 친구 주디 스타인버그가 나의 새 집을 볼 수만 있다면!

매릴린을 만나다

학생 치료자들이 개인치료를 받으러 오는 것을 나는 언제나 격려한다. "너 자신의 '자기'가 바로 너의 중요한 도구이다. 네가 너 자신에게서 배울 수 있는 모든 것을 배워라. 환자를 이해하거나 공감하는 데 있어서 너의 맹점이 너를 가로막게 하지 말아라." 나는 내가 열다섯 살 때부터 매우 가깝게 지내는 한 여성과 결혼했고 그 이후로도 나의 대가족과 휩싸여서 살아오고 있기 때문에 가끔 외롭게 홀로 인생을 살고 있는 사람들의 세계 속으로 들어갈 수 있을까 의아해한다.

매릴린을 만나기 전의 내 생활을 나는 가끔 다듬어지지 않은 거친 흑백의 색깔로 생각한다. 그 흑백의 색깔은 매릴린이 내 인생에 들어온 이후로 변화되었다. 나는 우리의 첫 만남을 기이한 초자연적인 선명함으로 기억한다. 내가 루스벨트 고등학교 10학년이었고 이 동네로 이사 와서 새 집에서 6개월쯤 살게 되었을 때였다. 어느 토요일 이른 저녁, 볼링장에서 두 시간 동안 게임을 하고 나서, 내 볼링 친구 루이 로젠달이 이 근처 매릴린 케닉의 집에서 파티가 있으니 같이 가자고 했다. 나는 수줍음이 많은 데다 파티

따위에는 별로 관심이 없었고 나보다 반 학기 후배인 9학년 매릴린을 알지 못했지만 다른 할 일이 없어서 그 파티에 가기로 동의했다.

매릴린의 집은 패러것과 갈라틴 사이의 4번가에 있었다. 4번가의 모든 집들은 다 똑같이 평범한 벽돌집으로 지어진 동네였다. 앞 현관으로 올라가는 작은 몇 개의 계단에는 우리 나이 또래아이들 한 떼가 모여서 정문으로 들어가려고 애쓰고 있는 것을 보았다. 사교적인 것을 피하는 성격인 나는 즉시 돌아서서 집으로 걸어가기 시작했다. 그러나 재주가 많은 내 친구 루이는 내 팔을 잡아끌며 현관으로 통하는 창문을 가리키면서 그 창문을 들어 올리고 그 안으로 기어들어가자고 했다. 나는 그를 따라서 창문으로 기어들어가서 인파를 뚫고 현관에 이르렀다. 현관으로 밀려드는 군중들의 바로 가운데에 아주 작고, 아주 귀여운, 생기 넘치는 길고 엷은 갈색 머리의 소녀가 손님을 맞고 있었다. "저 아이가 그녀야, 키가 작은 애, 매릴린 케닉이야." 루이는 음료수를 찾으러 옆방으로 가면서 말했다. 그때, 내가 말했던 대로, 나는 대체로 대단히 수줍어하는 편인데도, 그날 밤에는 뒤로 돌아서거나 창문으로 후퇴하는 대신에 나 자신에게도 놀라울 정도로, 군중을 밀치고 여주인 앞으로 나아갔다. 그녀 가까이 갔을 때 나는 무슨 말을 해야 할지 몰라서 그냥 중얼거리면서, "안녕, 나는 어빈 얄롬. 지금 막 창문으로 기어들어왔어."라고 했다. 그녀가 다른 데로 주의를 돌리기 전에 나와 무슨 말을 나누었는지 기억이 없다. 그러나 나는 내가 이미 그녀에게 뽕 간 것은 안다. 하나의 못이 자석에 끌려들어가는 것처럼 나는 그녀에게 빨려 들어갔다. 그리고 하나의 느낌, 아니 느낌 이상의 느낌, 그녀는 내 인생에서 결정적인 역할을 하게 될 것이라는, 강한 확신을 가지게 되었다.

바로 그다음 날 나는 긴장해서 그녀에게 전화를 걸었다. 그것은 내가 생전 처음으로 여자에게 건 전화였다. 나는 같이 영화를 보러 가자고 그녀를 초대했다. 그것은 나의 첫 번째 데이트였다. 우리가 무슨 이야기를 했던가? 나는 그때 그녀가 최근에 바람과 함께 사라지다(Gone With The Wind)를 읽느라고 밤을 새웠기 때문에 다음 날 결석을 했다는 이야기를 했던 것을 기억한다. 그 이야기가 너무나 사랑스러워서 나는 그녀를 똑바로 볼 수가 없었다. 우리는 둘 다 책을 읽는 사람들이었으므로 끝없이 책에 대해 토론을 했다. 무슨 이유에서인지 그녀는 내가 중앙도서관에서 자서전을 독파하는 데 몰두했었다는 사실에 관심을 가지는 듯했다. 세상에 어느 누가 A~Z까지 자서전을 읽는 모험을 그렇게 쉽게 할 수 있을 것이라고 생각한단 말인가? 우리는 각자가 읽는 책을 상대방에게 소개하기로 했다 — 나는 그 당시 존 스타인벡에 심취해 있었고 그녀는 내가 읽을 생각도 해보지 않았던 — 제인 에어(*Jane Eyre*)와 **폭풍의 언덕**(*Wuthering Heights*)에 심취해 있었다. 나는 제임스 파렐, 그녀는 제인 오스틴, 우리는 둘 다 토마스 울프를 좋아했다 — 때때로 우리는 **천사여, 고향을 보라**(*Look Homeward, Angel*)에서 가장 선율이 아름다운 문장들을 골라서 서로 큰 소리로 읽었다. 몇 번의 데이트 후에 나는 나의 사촌 제이에게 내가 그녀와 결혼할 것이라는 데에 30달러를 걸었다. 그는 나의 결혼식 날에 그 30달러를 나에게 지불했다!

매릴린은 어떤 여자인가? 이 회고록을 쓰면서 나는 젊은 시절의 나 자신으로 되돌아가서 내가 얼마나 엉망진창이었고, 나에게 멘토가 없음에 대하여 얼마나 불평했는가를 생각했다. 그런데 나에게 그 일이 이루어졌다. 나에게 멘토가 생겼다! 그 멘토가 바로 매릴린이었다. 나의 무의식은 유일하게 그녀만이 나를 교양 있게 성장시키기에 적합한 사람이라는 것을 나에게 알게 했다. 매릴린의 가족 역사는 나의 가족 역사와 비슷했기 때문에 나는 그녀를 편안하게 느낄 수 있었다. 그러나 아주 바람직한 면에서는 차이가 났다. 그녀의 부모 역시 동유럽에서 온 이민자들이었으나 우리 부모보다는 1/4 또는 1/2 앞선 세대였고 정규 교육을 받았다. 그녀의 아버지는 10대 때 미국에 도착했고 우리 아버지처럼 경제적으로 지독하게 어려운 상태는 아니었다. 매릴린의 아버지는 교육을 받았고, 낭만적이었고, 오페라를 사랑했고, 자신의 영웅인 월트 휘트먼처럼 전국을 두루 여행했고, 하찮은 일들을 하면서 자립하였다. 매릴린의 어머니 샐리아는 크라쿠프에서 성장한 아름답고 친절한 여인이었다. 나의 어머니에게 있는 분노와 거침은 전혀 없었다. 이 여인과 결혼을 한 후에 매릴린의 아버지는 식료품 가게를 열었다. 우리가 만나고 몇 년이 지나고 나서야 매릴린의 아버지 가게가 우리 아버지 가게에서 바로 한 블록 떨어진 곳에 있었다는 걸 알았다! 나는 틀림없이 자전거로 또는 걸어서 그 DGS(district grocery store, 지역의 식료품 가게)를 수백 번 지나쳤을 것이다. 그러나 매릴린의 아버지에게는 자기 가족이 난폭하고 위험하고 빈궁한 동네에서 살도록 내버려두지 않겠다는 선견지명이 있었다. 그래서 매릴린은 평범하나 안전한 중류급 동네에서 자랐고 자기 아버지의 가게에 절대로 발을 들여놓지 않았다.

부모님들은 우리가 데이트를 시작한 후에 몇 차례 만났다. 역설적으로, 그녀의 부모님은 나의 부모님을 굉장히 존경하게 되었다. 매릴린의 아버지는 나의 아버지가 크게 성공한 사업가라고 생각했고, 총명하고 통찰력 있는 정신을 가진 나의 어머니는 나의 아버지의 성공을 있게 한 강력한 원동력이었다는 사실을 올바로 인식했다. 불행하게도 매릴린의 아버지는 내가 스물두 살 때 돌아가셨기 때문에 그분을 더 잘 알 수 있는 기회가 없었다. 그러나 그분은 나의 첫 오페라 '박쥐(Die Fledermaus; 요한 스트라우스 2세 작곡 – 역주)'에 초대해주셨다.

매릴린은 학교에서 나의 반 년 후배였다. 그 당시에는 2월과 6월에 졸업식이 두 번 있었다. 그녀를 만나고 나서 몇 개월 후 2월에 나는 맥패앤드 중학교(나의 고등학교 바로 옆에 위치한 학교) 졸업식에 참석했다. 그리고 매릴린이 훌륭한 태도로 졸업식 연설을 하는 것을 경이로움 속에서 들었다. 오, 나는 얼마나 그 소녀를 흠모하고 사랑했던가!

우리는 고등학교 시절 떨어질 수 없는 사이였다. 매일 점심을 같이 먹었고, 어김없이, 매 주말마다 만났다. 우리는 매우 강렬하게 문학에 심취하였고 서로 다른 관심사에는 별다른 의미를 두지 않았다. 그녀는 아주 어렸을 적부터 프랑스 언어와 문학에 빠졌던 반면에 나는 과학을 더 좋아했다. 나는 한 번도 본 적도 없고 들어본 적도 없는 모든 프랑스 단어를 잘못 발음하는 특기를 발휘하였던 반면에 그녀가 나의 현미경을 들여다볼 때는 그녀 자신의 속눈썹만을 볼 수 있었을 뿐이었다. 우리는 둘 다 영어 시간을 사랑했다. 다른 학생들과는 달리 우리는 독서 과제에 열심이었다. 주홍글씨(*The Scarlet Letters*), 사일러스 마너(*Silas Marner*), 귀향(*Return of the Nature*) 등등을 열심히 읽었다.

고등학교 시절 어느 날 모든 수업이 취소되어서 학생 전원이 1946년 영국 영화 '위대한 유산(Great Expectations)'을 관람했다. 매릴린과 나는 손을 잡고 나란히 앉아서 영화를 보았고 그 영화는 그 후 우리가 언제나 좋아하는 영화로 남아 있다. 몇십 년간 우리는 그 영화를 수백 번 이야기했을 것이다. 그 영화는 나에게 디킨스의 세계를 열어주었으므로 오래지 않아 나는 디킨스가 쓴 모든 책에 몰두했다. 그 이후로도 그 책들을 여러 번 되풀이해서 읽었다. 몇 년 후 나는 미국과 영국을 여행하고 강의할 때마다 헌책방을 찾아다니며 첫 출판된 디킨스의 책들을 사는 버릇이 생겼다. 그 책들이 나의 유일한 수집품들이다.

매릴린은 고등학교 때부터 매우 사랑스럽고 지적이며 사교적이어서 모든 선생님들이 그녀를 사랑했다. 그 당시에 나는 여러 가지 면을 가지고 있었다. 그 어느 선생님도 꿈에라도 나를 사랑스러운 아이라고 생각하지 않았으나 나는 모범생이었고 과학과 영어에는 특별히 우수했다. 데이비스 선생님은 정규적으로 나의 작문을 칭찬하고 칠판에 붙여 놓는 것으로 나의 인기 없음을 보강해주었다. 불행하게도 12학년 때 나는 다른 영어 담당인 맥컬리 선생님 반으로 옮겨졌는데 그녀는 매릴린의 선생님이기도 했다. 그녀는 매릴린을 높이 칭찬했다. 어느 날 홀에서 내가 매릴린의 라커에 그녀와 함께 기대어 서있는 것을 보고는 나를 "라커 카우보이"라고 불렀다. 맥컬리 선생님은 내가 매릴린과 사귀는 것을 절대로 용납하지 않았고 나는 그녀의 반에서는 존재가치가 없었다. 그녀는 내가 쓴 글에 대해서 비웃거나 통렬한 비판을 하는 버릇이 있었기 때문에 반에서 리어왕(*King Lear*)을 읽을 때 내가 메신저의 역할을 뻣뻣하게 했다고 나를 조롱했다. 최근에 나의 두 아이들이 우리 집 골방에서 옛날 종이들을 들쳐보다가 내가 야구에 대해서 쓴 랩소디풍의 작품에 맥컬리 선생님이 C+를 준 것을 우연히 발견했다. 아이들은 맥컬리 선생님이 무자비하게 그 글에 "어리석은!" 또는 "사소한 일에 이토록 열정을 쏟다니."라는 평과 함께 C+를 준 것에 대해 몹시 분개했다. 그 글은 딜링뱅이 조 디마지오, 필 리주토, 킹콩 켈러, 스모키 조 페이지, 그리고 나이 들고 믿음직한 토미 헨리히 같은 거인들에 대해서 썼다는 것을 기억해주기 바란다.

　나는 열다섯 살 이후부터의 내 삶에 매릴린을 가지게 된 이 거대한 행운을 잊은 적이 없다. 매릴린은 나의 생각을 품위 있게 해주었고 나의 포부를 자극했고, 우아함과 너그러움의 전형(典型)과 일생의 정신적 소명의식을 제공해주었다. 그래서 진+ 루이! 사네가 어디에 있든지 고마워, 그날 매릴린의 집 창문을 열고 기어들어갈 수 있도록 나를 도와주어서 고마워, 친구야.

대학 시절

2년 전에 나는 친구 래리 자로프와 소사리토 카페에 앉아서 샌프란시스코만을 바라보고 있었다. 바람은 바다 갈매기들을 농락하고 있었고 소사리토 배가 시내를 향하여 흔들거리며 우리 시야에서 사라질 때까지 바라보면서 우리는 대학 시절을 회상하고 있었다. 우리는 조지워싱턴대학교에서부터 클라스메이트였고 대부분의 과목을 같이 들었다 — 유기 화학이라든지 질적 분석이라든지 비교해부학 같은 과목은 우리를 녹초로 만들었던 과목들이었고 그 시간에 고양이의 모든 기관과 근육을 해부했다. 래리는 엄청난 남학생 동아리 파티에 남녀 학생들이 모여서 소란스럽게 마시고 떠들던 시절의 기억을 끌어내어 말하고 있었는데 나에게 있어서 그 시절은 내 일생에서 가장 스트레스를 많이 받고 있었던 때였다.

그래서 나는 발끈하면서 물었다. "남학생 동아리라니? 어떤 동아리였지?"

"물론, TEP였지."

"무슨 소리를 하고 있는 거야?"

"Tau Epsilon Pi, 오늘 왜 그래, 어브?"

"내가 왜 그러냐고? 나는 진짜로 기분 나빠. 나는 자네를 대학에서 매일 만났는데 GW 남학생 동아리에 대해서는 들어본 적이 없어. 왜 나는 거기에 들어가지 못했지? 왜 자네는 나를 초대하지 않았지?"

"어브, 내가 어떻게 그걸 기억하기를 바라지? 지금은 2014년이야, 우리가 GW 다녔을 때는 1949년이고."

래리와 헤어지고 나는 워싱턴 DC에 사는 친한 친구 허브 코츠에게 전화를 걸었다. 허브와 래리와 나는 대학에서 언제나 같이 다녔다. 우리는 우리가 택한 어떤 수업에서나 상위 3인이었고 매일 함께 통학했고 함께 점심을 먹었다.

"허브, 나는 지금 막 래리하고 이야기를 했는데 래리가 GW에서 TEP 동아리에 속했었다네. 자네는 그에 대해서 알고 있나?"

"그럼, 나도 TEP 회원이었는걸."

"뭐야? 자네도? 믿을 수가 없네. 왜 나한테는 같이하자고 안 했지?"

"누가 그 오래전 일을 기억하겠어? 아마 나는 같이하자고 했겠지. 그런데 우리가 했던 일은 매주 금요일마다 맥주파티를 연 것이었는데, 자네는 맥주를 싫어했고, 오로지 매릴린하고만 줄곧 데이트하느라고 아무하고도 만나지 않았어."

몇 달 전 매릴린이 집안 대청소를 하면서 1949년의 TEP 초대 편지와 나의 TEP 회원증을 발견했을 때까지 나는 그들에 대해 섭섭한 감정을 품고 있었는데 정말로, 나는 TEP 동아리의 멤버였던 것이다. 그러나 나는 한 번도 그 모임에 참석하지 않고 그 기억을 내 마음속에서 완전히 지워버렸던 것이다!

이 사건은 내가 집에서 15분 거리에 있는 조지워싱턴대학교에 다닐 때 얼마나 긴장하고 불안해했는지를 보여주고 있다. 오늘까지도 나는 대학 시절의 즐거웠던 기억을 가지고 있는 사람들을 부러워하고 있다―학과 정신, 일생의 친구가 된 룸메이트, 체육 경기 관계로 맺어진 동지애, 남학생 동아리에서의 익살스러운 장난들, 친근한 멘토로서의 교수와의 관계, '죽은 시인의 사회(The Dead Poet's Society)'에서 묘사된 것과 같은 비밀 단체, 이런 것들은 내 일생에서 내가 완전히 잃어버리고 있는 것들이다. 그리고 내가 아이비리그대학에 다니지 못한 것에 대해 얼마나 불안하고 불편했는지도 알고 있다. 나는 이런 학부에서의 생활을 내가 즐기기는 했는지, 또는 어떻게 살아남았는지 의아스럽다.

　치료를 하면서 나는 환자들이 자기들이 거쳤던 삶의 단계를 그 자녀들도 똑같이 거치는 것을 보고 자기들이 살아낸 삶의 어려웠던 기억에서 회복되는 것을 보면서 항상 충격을 받는다. 이런 일이 나에게도 있었다. 몇 년 전 내 아이들이 고등학교 3학년이었을 때 대학을 생각하고 있었을 때, 그리고 나의 손자 데스몬드가 대학 생활을 시작할 때였다. 나는 우리 아이들과 그의 동급생들에게 도움을 주는 많은 자료가 있음을 보고 놀랐고 또 부러웠다. 더군다나 데스몬드에게는 대학의 어드바이저가 있었고 백 개나 되는 가장 우수하고 작은 인문대학에 대한 소개서가 있었고, 대학 리구르트 팀과의 대화도 있었다. 내가 대학에 갈 때는 진학 지도에 관한 아무것도 없었던 것이 기억난다. 고등학교에는 대학 어드바이저가 없었고, 물론 나의 부모님이나 친척들은 그 과정에 대해서 전혀 아는 바가 없었다. 더군다나 내가 다녔던 고등학교나 내가 사는 동네에서는 먼 곳으로 대학을 가는 학생이 아무도 없었는데 그것이 결정적이었다. 내가 아는 모든 학생은 두 개의 지방 대학 중 한 대학에 갔다―매릴랜드대학교나 조지워싱턴대학교(두 학교 모두 그 당시에는 크고 보통의 평범한 정감 없는 학교였다). 내 누나의 남편, 몰톤 로즈는 내게 중요한 영향을 주었던 사람이었다. 나는 그를 굉장히 존경했다. 그는 조지워싱턴대학교에서 학부와 의과대학을 졸업한 우수한 의사였다. 나는 조지워싱턴대학교가 몰톤에게 훌륭한 학교였다면 나에게도 훌륭한 대학교가 될 것이라고 생각했다.

마침내, 나의 고등학교에서 나에게 엠마 K. 카 장학금—GW 전액 수업료 면제—을 주었을 때 학교 선택 문제는 종결되었다. 연간 수업료가 단 300달러였다는 것은 상관이 없었다.

그때 나의 전 생애와 나의 전 미래가 정해졌다고 느꼈다. 나는 열네 살이었을 때 맨체스터 박사를 만나고 의과대학에 가려고 이미 결심했던 것이다. 의과대학에서는 유대인 학생을 엄격하게 5%만 입학시킨다는 것이 일반 상식이었다. 조지워싱턴 의과대학에서는 매년 100명의 학생을 선발했으므로 단지 5명의 유대인 학생만이 입학할 수 있었다. 내가 속했던 고등학교 남학생 동아리(Upsilon Lambda Phi)에는 5명 이상의 우수한 학생들이 모두 의예과 과정을 택해서 의과대학으로 갈 계획을 했고, 이 남학생 동아리는 워싱턴에 있는 몇 안 되는 남학생 동아리들 중 하나였을 뿐이었다. 따라서 그 경쟁은 엄청났기 때문에 나는 대학교 첫날부터 전략을 세웠다. 모든 것을 제쳐놓고, 누구보다도 열심히 공부해서 의과대학에서 나를 받아들이기 위해 노력하도록 하겠다는 전략이었다.

이런 전략은 나 혼자만 세운 것이 아님이 드러났다. 내가 아는 모든 젊은 이와 1차 세계대전 후에 유럽에 있던 모든 유대인 이민자들의 아들들은 의학이 이상적인 직업이라고 숙명적으로 생각하고 있었다. 만약 의과대학에 들어가지 못한다면, 치과대학, 법과대학, 수의과대학, 아니면 마지막으로, 아버지의 뒤를 이어 사업으로 가는 것이었다. 그러나 이것은 이상주의자인 우리들이 가장 바람직하지 않다고 생각하는 진로였다. 그 당시에 유행했던 농담은 유대인 남자에게는 두 가지의 선택이 있을 뿐이다—의사가 되든가, 실패자가 되든가였다.

부모님은 내가 GW에 진학하는 것에 관여하지 않았다. 그 당시에 우리는 별로 대화하지 않았다. 가게는 집에서 30분 거리에 있었고 나는 일요일 이외에는 거의 부모님을 보지 못했고 우리에게 어떤 일이 있었는지 서로 이야기도 하지 않았다. 나는 어머니가 아버지의 심장마비를 내 탓으로 돌렸을 때 이후로 몇 년 동안 어머니와 거의 말을 하지 않았고 나 자신을 보호하기 위해 부모와 거리를 두고 나에 관한 결정을 했다. 나는 아버지와 친하게 지내고 싶었지만, 아버지는 어머니와 너무나 가깝게 연결되어 있었다.

고등학교 3학년 때 내가 어머니를 가게까지 운전해 드렸던 것을 기억한다. 가게에서 단지 5분 떨어져 있는 솔저스 홈 파크 근처에 이르렀을 때 어머니는 나의 장래 계획이 무엇인지 물었다. 나는 내년에 대학에 갈 것이고 의과대학에 진학하기로 결심했다고 말했다. 어머니는 고개를 끄덕이면서 상당히 만족해하는 것 같았다. 그러나 그것이 끝이었다. 우리는 나의 장래 계획에 대해서 다시는 말하지 않았다. 지금 그 사실을 생각해보면서 어머니와 아버지는 나에게 위협을 당하고 있다고 느끼지 않으셨는가, 아니면 나하고 더 이상 관계를 맺을 수 없다고 느끼셨는가, 그리고 그들이 이해할 수 없는 문화 속으로 나를 이미 잃어버렸다고 느끼신 건 아니었는지 궁금하다.

그럼에도 불구하고 부모님이나 나는 부모님이 나의 대학교와 의과대학의 수입료와 기타 경비를 지불하리라는 것을 당연하게 생각했다. 우리들의 관계와는 상관없이 우리 부모님의 문화에서는 달리 생각해볼 여지도 없었다. 그리고 나도 내 자녀들에게 똑같이 하고 있다.

그 당시 나와 나의 가까운 친구들에게 학부 대학교 교육은 우리가 꿈꾸는 최종 목표가 아니었기 때문에 가능한 한 빨리 대학교 학부를 마치려고 했다. 대학생들은 4년 후에 학사학위를 받고 의과대학에 들어가는 것이 보통이었으나, 의과대학에서는 학부 3년 동안에 필요한 과목들을 우수한 성적으로 마친 학생들을 의과대학 지원생들로 받아들였다. 내 친구들과 나는 이 계획을 선택해서 의예과에 필요한 모든 과목들만, 즉 화학, 생리학, 생물학, 물리학, 척추동물해부학, 그리고 독일어만을 선택했다.

학부대학교 생활에서 나는 무엇을 기억하고 있는가? 대학교 3년 동안 나는 단지 3개의 선택과목만을 들었다. 모든 것이 문학 과목이었다. 나는 오로지 열심히 공부하고, 암기하고, 실험실에서 실험하고, 시험 준비로 밤을 새우고, 일주일에 7일을 공부만 하는 잔인한 일과 속에서 살았다.

　왜 이런 광란을 자행했는가? 왜 이렇게 서둘렀는가? 그러나 그 당시 나는 다른 것은 생각조차 할 수 없었다. 나와 내 가까운 친구들에게는 요사이 'gap'('미국에서 고등학교를 졸업한 후 바로 대학에 진학하지 않고 다양한 경험을 쌓는 해－역주)년도라고 불리는, 즉 평화봉사단(그 당시에는 있지도 않았지만), 또는 다른 나라에서 인도주의적 봉사를 하거나 나의 아이들이나 그 또래들처럼 봉사 같은 단체에 가담하기 위해서 학교를 일 년 쉰다는 것은 생각할 수도 없었다. 그 당시의 우리들은 의과대학 입학 과정이라는 압박감에 압도당하고 있었다. 우리들 그 누구도 의과대학에 가기 위해 필요한 시간 이외의 시간을 다른 일에 쓴다는 것은 생각조차 할 수 없었다. 거기에 더해서 나에게는 다른 압박감이 있었다. 나는 매릴린과의 관계를 지속해야 했다. 그러므로 나는 정말로 성공해야 했다. 내게 확고한 커리어가 있음을 그녀에게 보여주고, 그녀가 결혼할 만큼 내가 훌륭한 사람이라는 것을 보여주기 위해서 성공해야만 했다. 그녀는 나보다 반학년 후배였고 그녀의 프랑스어 선생님은 그녀에게 웨슬리에 가라고 권유했고 그 학교에서는 즉시 그녀를 받아들였다. 매릴린이 고등학교 3학년 때 여학생 동아리의 선배 언니가 매릴린에게 남자친구를 정해 놓기에는 아직 너무 어리니까, 때때로 다른 남학생과 데이트를 하는 것이 좋다고 충고를 했다. 이것은 나에게는 통하지 않았고 나는 그녀가 데이트했던 두 녀석의 이름을 아직 기억하고 있다. 그녀가 웨슬리로 떠나자마자 나는 그녀를 잃을까 봐 몹시 전전긍긍했다. 나는 그녀가 만나게 될 그 아이비리그 녀석들과 경쟁을 할 수가 없다고 느꼈다. 나는 그녀가 다른 남자를 만난다면 더 이상 그녀에게 관심이 없게 될 것이며 그녀를 잃게 될지도 모른다는 이야기를 그녀에게 끊임없이 편지했다. 그 당시 나의 온 삶은 의예과 과목 속에 있었는데, 매릴린은 그에 대해 전혀 관심이 없는 것 같았다. 나는 매릴린의 편지를 잘 간수했고, 몇 년 전에 웨슬리 대학 매거진에 그 편지들 중 몇 개가 게재되었다.

그 몇 년 동안 나는 불안으로 꽉 차 있었고 밤에 잠을 잘 수가 없었기 때문에 치료를 받아야 했을 정도였으나 그 당시에는 그렇게 할 수가 없었던 것 같다. 그러나 내가 그 당시 지금의 나와 같은 치료자를 만났다면 아래와 같은 대화를 주고받았을 것이다.

얄롬 박사 : 전화로 당신은 거의 참을 수 없을 정도로 불안하다고 했는데, 이야기해보세요.

어빈 : 제 손톱을 좀 보세요. 속살까지 깨물었어요. 저는 창피해서 누구를 만날 때면 손톱을 감추려고 애쓰지요. 가슴을 단단히 죄는 압박감에 저는 전혀 잠을 못 잡니다. 덱사드린을 먹고 밤새워 시험공부를 하느라고 커피를 마셨는데, 이제는 수면제를 먹지 않으면 잠을 잘 수가 없습니다.

얄롬 박사 : 무슨 약을 쓰세요?

어빈 : 매일 밤, 세코날이요.

얄롬 박사 : 누가 처방을 해주나요?

어빈 : 그냥 식구들에게서 몰래 훔치지요. 제가 기억하는 한 식구들은 매일 밤 세코날을 먹어요. 어쩌면 불면증은 유전인지도 모르겠어요.

얄롬 박사 : 당신은 금년에 공부 때문에 굉장한 압박감을 느낀다고 말했는데, 그 전에는 잠자는 것이 어땠어요—예를 들면, 고등학교에서는?

어빈 : 때때로 굉장한 성적인 압박감 때문에 자위행위를 해야만 잠을 잘 수 있었어요. 그렇긴 해도 금년이 되기 전까지는 대체로 잠을 잘 잤어요.

얄롬 박사 : 그것이 불면증이 유전인지도 모르겠다는 당신의 의심을 풀어주네요. 당신은 당신의 모든 급우들이 당신이 겪는 것과 같은 불안감과 불면증을 가지고 있다고 생각해요?

어빈 : 잘 모르겠는데요—확실히 비유대인 의예과 학생들은 아닐 거예요. 그

들은 편안하게 지내는 것 같아요. 어떤 학생은 GW 야구팀에서 투수를 하고, 다른 애들은 데이트도 많이 하고 남학생 동아리 행사들로 분주해요.

얄롬 박사 : 그래서 그 문제는 유전적인 것도 아니고 환경적인 것도 아니라는 건데, 단지 특별한 방법 때문인데 또는 우리가 말한 대로, 당신이 환경에 반응하는 유일한 방법이네요.

어빈 : 압니다, 압니다―저는 광신자예요. 모든 과목이나 모든 시험을 위해 지나치게 공부해요. 제가 치른 시험 성적을 그래프로 표시해서 벽에 붙이면 나는 학급 성적 곡선을 보고 나의 곡선을 보는데, 현저하게 차이가 나서 A등급에 필요한 점수보다 훨씬 더 앞서 있지요. 그런데도 나는 확신이 필요해요. 나는 광신자예요.

얄롬 박사 : 왜 그렇게 광신자예요? 무슨 이유가 있다고 생각해요?

어빈 : 글쎄요, 하나는, 의과대학에서는 유대인 학생을 단 5%만 받아들인다는 거죠. 그걸로도 충분하 압박감이지요!

얄롬 박사 : 그러나 당신은 지나치게 공부한다고 했어요. A만으로는 충분하지 않다고―반드시 수퍼 A여야 한다고요. 당신의 유대인 친구들은 같은 상황에서 당신처럼 광신자인가요?

어빈 : 그네들도 미친 듯이 공부하지요. 우리는 가끔 같이 공부해요. 그렇지만 저처럼 광적이지는 않아요. 어쩌면 집에서 더 기분 좋게 살고 있나 봐요. 그들은 일상에서 데이트도 하고 야구도 하면서, 다른 일들도 하지요. 그들은 훨씬 균형 있게 살아요.

얄롬 박사 : 당신의 균형은? 어떤가요?

어빈 : 약 85%는 공부 나머지 15%는 근심걱정.

얄롬 박사 : 그 15%는 의대에 들어가는 걱정인가요?

어빈 : 그 문제와 또 다른 문제―저와 매릴린의 관계. 저는 절대적으로, 필사적으로 그녀와 일생을 함께 하고 싶어요. 우리는 고등학교 내내 스테디 연인이었어요.

얄롬 박사 : 지금도 만나나요?

어빈 : 그녀는 매사추세츠 웨슬리에 4년 동안 있을 거예요. 그러나 우리는 거의 매일 편지를 써요. 때때로 그녀에게 전화를 하지만 장거리 전화비는 만만치 않거든요. 어머니는 전화비에 대해서 잔소리를 많이 하세요. 매릴린은 웨슬리를 좋아하고 아주 정상적으로 건강하게 대학 생활을 하고 있어요. 다른 남자도 만나고.

얄롬 박사 : 때때로 무엇이 두려운가요?

어빈 : 분명하지요. 그녀가 하버드생들과 데이트했다는 사실을 언급하면 저는 환장할 것 같아—그녀에게 더 나은 걸 줄 수 있는 더 나은 남자를 만날 거니까요—더 잘 생기고, 상위 계급이고, 세련된 가정, 더 좋은 미래가 보장되고—뭐 그런 것들이죠.

얄롬 박사 : 그러면 당신이 줄 수 있는 것들은…?

어빈 : 그것이 바로 의과대학에 들어가는 것이 그렇게 큰 의미가 있는 이유예요. 제게는 그 이외에 별다른 줄 것이 없어요.

얄롬 박사 : 다른 여자들과 데이트 하세요?

어빈 : 아니요, 시간이 없습니다.

얄롬 박사 : 그래서 당신은 굉장히 수도사 같은 삶을 사는군요? 그렇지만 힘들겠어요. 특별히 그녀는 그렇게 살지 않는데…

어빈 : 맞습니다. 다른 말로 하면, 저는 스테디인데 그녀는 아니거든요.

얄롬 박사 : 대체로 성적인 욕망을 억눌러야 하는 시기이지요.

어빈 : 넵, 저는 반 미치광이 같아요. 어떤 때는 3/4이 섹스 때문에 미쳐 있는 것 같지요. 그렇지만 어쩌겠어요? 어떤 여자애를 만나서, "나는 멀리에 있는 여자와 사랑하고 있는데 너에게서 바라는 것은 섹스."라고 말한다면, 거짓말을 하는 겁니까? 저는 거짓말은 못해요. 제게는 소위 말하는 매력이라는 게 없어요. 그래서 그동안에는 욕구불만이라는 선고를 받은 셈이지요. 언제나 옆집에 사는 아름답고, 진짜로 창녀 같은 여자가 자기 남편이 없는 틈을 타서 섹스를 하는 그런 여자를 만나는 백일몽을

꾸지요. 그건 완벽하겠죠. 옆집에 사는 여자니까 특별히 여행을 할 필요도 없지요.

얄롬 박사 : 어빈 당신은 실제보다 훨씬 더 불편해하는군요. 당신은 치료를 좀 받는 게 좋을 것 같군요—당신은 엄청난 불안을 안고 살아요. 게다가 엄청나게 많은 일을 해야 해요. 왜 균형이 깨진 삶을 사는지, 왜 지나치게 공부를 해야 하는지, 왜 자기는 줄 수 있는 것이 별로 없다고 생각하는지, 왜 당신은 그 여자를 그토록 질식하게 만들어서 그 여자가 멀리 도망가게 만드는지를 이해하기 위해서. 내가 당신을 도와줄 수 있을 것 같아요. 그러니까 우리 앞으로 일주일에 두 번씩 만나기로 합시다.

어빈 : 일주일에 두 번씩이나요! 여기까지 오는 데 30분이나 걸리고, 돌아가는 데 30분. 그러면 일주일에 네 시간인데. 게다가 거의 매주 시험이 있고요.

얄롬 박사 : 당신은 매번 이런 식으로 반응하겠군요. 다른 점을 말하지요. 당신은 말하지 않았지만 확실한 추측으로 이야기하는데, 당신이 의학 공부를 하다 보면 특정한 분야인 정신과를 공부하게 될 거예요. 그리고 만약 그렇다면, 우리가 함께 했던 시간이 이중으로 기능을 발휘할 거예요. 이 시간들이 당신을 도와주었을 뿐만 아니라, 당신이 그 분야를 이해하는 데 큰 힘이 될 거예요.

어빈 : 그 이익이 되는 부분을 이해할 수는 있어요… 그러나 그 미래라는 것이 너무나… 너무나 아득해서요. 불안은 지금 현재에 닥친 것이구요. 그리고 제 공부시간에서 네 시간을 쓴다는 걱정이 여기서 우리가 이야기하면서 완화시키는 것보다 더 많은 불안을 가져올 거예요. 좀 생각해 볼게요!

돌아보면, 내가 학부시절에 치료를 시작했더라면 더 좋았을 것이다. 그러나 1950년대에는 아무도 심리치료를 받지 않았다. 어쨌거나 나는 그 공포스러운 3년을 지냈다. 매릴린과 내가 함께 여름캠프에서 상담자로 일했던 것이 큰 도움이 되었다. 여름캠프에서 지낼 때는 공부 압박감에서 해방되었고 그녀를 사랑하면서 행복해할 수 있었고 내가 돌봐야 하는 어린 캠퍼들을 데리고 놀기도 하고 테니스를 가르치기도 했다. 그리고 의학 이외의 일에 관심이 있는 친구들과도 사귀었다. 어느 해 나의 동료 상담자였던 폴 호온은 유명한 플루트 연주자가 되었고, 그가 세상을 떠날 때까지 우리는 친구로 지냈다.

여름철의 막간 이외에, 나의 학부생활은 여지없이 냉혹했다. 대규모 강의에서 교수와는 최소한의 접촉만 했다. 그러나 그런 긴장과 재미없는 강의에도 불구하고 나는 모든 과학 과목들이 황홀하게 느껴졌다. 특별히 유기화학은 더욱 황홀했다 — 벤젠고리(핵)의 아름다움과 단순하고 무한한 복잡성을 발견하고 황홀했다. 2년 동안 여름에는 다른 학생들에게 그 과목을 가르치면서 용돈도 벌었다. 그러나 내가 좋아하는 과목은 3개의 선택과목이었다. 모두 문학 과목으로, 미국 현대 시, 세계의 희곡, 그리고 소설의 탄생이었다. 나는 이 과목들에서는 살아있는 듯했고 책을 읽고 페이퍼를 쓰면서 즐거웠다. 그 글은 내가 대학에서 썼던 유일한 논문이었다.

세셰의 희곡 과목은 내 마음속에 뚜렷이 남아 있다. 그 강의는 내가 들었던 강의 중에서 가장 소규모였다 — 단지 40명의 수강생이었으나 — 내용은 매혹적이었다. 그 강의에서 나는 단 하나의 나의 잊을 수 없는 스승과 제자의 관계를 가질 수 있었다. 매력적인 중년의 여성인 선생님은 블론드 헤어를 뒤로 바짝 올려서 둥글게 묶었는데 어느 날 나에게 자기 사무실로 오라고 했다. 그녀는 "아이스킬로스에게 묶여 있는 프로메테우스(Prometheus Bound by Aeschylus)"에 대해서 쓴 내 논문을 가장 높이 평가하면서 내가 쓴 글이 최고라고 했다. 선생님은 나의 생각은 창의적이고, 혹시 인문학을 전공할 생각은 없느냐고 물었다. 오늘날까지도 나는 그녀의 빛나는 얼굴을 기억한다 — 그녀는 내 이름을 알고 있던 단 한 분의 교수였다.

학부에서 나는 독일어 과목의 B+ 이외에는 모든 과목에서 A+를 받았다.

그러나 의과대학에 지원하는 것은 신경이 끊어지는 듯한 긴장된 과정이었다. 나는 19개의 대학에 지원했는데 18개의 대학에서 불합격 통지를 받았고 GW 의대에만 합격통지를 받았다. GW 의대에서는 GW 학부 성적이 평균 4.0인 학생을 불합격시킬 수가 없었기 때문이었다. 어쨌거나 의과대학에서의 반유대인 할당제도가 나를 분노하게 하지는 않았다─그것은 시공을 초월하는 것이었으므로 다른 것은 아무것도 관계가 없었다. 단순히 우리 부모님의 예를 따라 나도 그것을 당연하게 받아들였다. 나는 행동파의 자세나 대단한 조직의 불공정함에 대해서 흥분이 끓어오른 적이 한 번도 없었다. 지금 돌이켜보면, 나에게 분노가 부족했던 것은 나의 자기존중감이 부족했기 때문이었던 것 같다─나는 나의 압제자의 세계관에 따르는 주주가 되어 있었던 것이다.

GW 의과대학으로부터 입학허가를 받았을 때의 엄청나게 기뻤던 기분을 아직 생생히 느낄 수 있다. 그것은 내 일생에서 가장 위대한 전율이었다. 매릴린에게 나의 합격을 알리려고 전화기로 달려갔다. 매릴린은 자기도 나의 합격 소식에 열광적이라는 것을 나타내려고 애를 썼으나 매릴린이 진짜로 내가 입학할 수 있으리라고 믿었는지는 확실치 않다. 그 이후로 나의 삶은 변화되었다─갑자기 자유 시간을 갖게 되었고 도스토예프스키의 소설을 다시 읽기 시작했다. 대학 테니스 팀에 다시 들어갔고 대학 더블 매치 게임에서 경기를 했고 대학 체스 팀에도 참여해서 몇 개의 대학 간 매치 게임에서 두 번째 보드로 게임을 했다.

나의 의과대학 첫 일 년은 내 일생에서 최악의 해였다고 생각한다. 학문적인 요구 때문만이 아니라 매릴린이 3학년 기간을 프랑스에서 보내려고 떠났기 때문이었다. 나는 열심히 공부하기 시작했고 배워야 할 것들을 암기하고 의예과 시절보다 더 열심히 공부했다. 의과대학에서의 나의 유일한 기쁨은 내 일생의 친구들인 허브 코츠와 래리 자로프와의 우정뿐이

보스턴 의과대학시절 저자의 방, 1953.

었다. 그들은 나의 해부학 실험 팀 멤버였다. 우리는 우리가 아가멤논이라 명명한 송장을 해부했다.

　더 이상 매릴린과 헤어져 있는 것을 견딜 수가 없어서 나는 1학년이 끝날 무렵에 보스턴으로 전학하기로 결심했다. 이상한 말이지만, 나는 보스턴대학교 의과대학에 전입생으로 입학이 되었고 매릴린이 프랑스에서 공부를 마치고 돌아왔을 때 우리는 약혼을 했다. 보스턴 말보로 스트리트에 있는 커다란 4층 백베이 하숙집의 방을 하나 빌렸다. 이것이 내가 처음으로 집을 떠나 산 첫해였다. 안으로나 밖으로나 나의 생활은 점점 더 좋아지기 시작했다. 나는 같은 하숙집에 살았던 다른 의과대학생들과도 친해졌고 곧 우리들 서너 명은 함께 통학했다. 그들 중 하나인 밥 버거는 내 일생의 친구가 되었다. 밥에 대해서는 나중에 더 이야기할 것이다.

　의과대학 2학년을 보스턴에서 보내면서 가장 중요한 사건은 매릴린과 함께 주말을 보낼 수 있다는 것이었다. 웨슬리대학에서는 보호자 없이 캠퍼스 밖에서 밤을 보내는 학생에 대한 매우 엄격한 규율이 있었다, 그래서 매주 매릴린은 멀리 나갈 수 있는 합법적인 구실을 만들어내지 않으면 안 되었다. 그래서 넓은 아량을 가진 친구로부터 초대를 받아야만 했다. 우리는 주말에 공부는 조금만 하고는 뉴잉글랜드 해안으로 드라이브를 하고 보스턴 박물관을 방문했고 더진 파크에서 저녁을 먹었다.

　나의 내적 생활 역시 변화했다. 나는 더 이상 광신자가 아니었으나 약간 불안했고, 마침내 잠을 편안히 잘 수 있게 되었다. 의과대학 1학년 때 정신과에서 단지 몇 개의 정신과 강의를 듣긴 했으나 정신과의사와 말을 해본 적은 없었다. 나는 의과대학에 들어오기 전부터 정신과를 택하기로 결정했던 것 같다. 그것은 넘쳐나는 나의 문학에 대한 열정, 그리고 정신과에서는 내가 사랑하는 모든 위대한 작가들에게 가까이 갈 수 있는 길을 제공할 것이라는 믿음에서 비롯된 것이다. 나는 의학과 문학 모두에 매료당했다. 나에게 있어서 가장 깊은 즐거움은 소설의 세계에 몰입되어 나를 잃어버리는 상태였다. 사람이 일생 동안 할 수 있는 가장 훌륭한 일은 좋은 소설을 쓰는 것이라고 나 자신에게 계속 말했다. 나는 언제나 이야기에 굶주렸다. 어린 청소년이었을 때 보물섬(*Treasure Island*)을 읽은 이래로 나는 위대한 작가가 우리에게 제공하는 이야기 속으로 깊이 들어가곤 했다. 지금 여든 다섯의 나이에 이런 글을 쓰면서도 나는 오늘 밤에 요제프 로트의 라데츠키 행진곡(*The Radetzky Marc*)을 읽을 시간을 기다리고 있다. 나는 책 읽을 시간을 배분하기는 했지만 모든 걸 한 번에 읽고 싶은 욕망과 싸운다. 그 책 속에 있는 이야기가 실제 이야기 이상으로 안간 욕망의 탐구, 두려움, 의미 탐색 등을 그려내면 나는 거기에 매혹된다. 매혹된 드라마는 이중으로 의미가 깊어진다. 소설 속 특정한 존재뿐 아니라, 예를 들면 1차 세계대전 이전의 오스트리안-헝가리 제국과 같은 문화 전체에서 일어나는 병행 과정까지도 파악하게 되는 것이다.

　나의 문학에 대한 사랑이 지대함에도 불구하고, 의학 역시 나에게 절대
로 잘못된 결정이 아니었다. 왜냐하면 나는 언제나 과학에, 특별히 생물학,
태생학, 생화학에 매료되고 또한 다른 사람에게 도움이 되려는 강한 욕망
이 내게 있다. 내가 위기에 처했을 때 맨체스터 박사가 나에게 베풀어주었
던 도움을 다른 사람에게도 전해주고 싶은 욕망이 있다.

매릴린과 결혼하다

19 54년 우리가 결혼했을 때 매릴린은 이미 검증된 친(親)프랑스 파 인물이었다. 대학 3학년을 프랑스에서 보낸 그녀는 유럽으로의 신혼여행을 꿈꾸고 있었다. 그런 반면에 미국 동북쪽을 한 번도 떠나본 적이 없는 촌뜨기인 나는 해외로 가는 일에는 전혀 흥미가 없었다. 그러나 매릴린은 현명했다. "모터사이클을 타고 프랑스로 신혼여행을 가는 건 어때요?" 그녀는 내가 모터사이클에 매료되어 있다는 것을 알았고 또한 그런 차량을 미국에서는 빌릴 수가 없다는 사실도 알고 있었다. "여기, 이것 좀 보세요." 그녀는 파리에서 베스파 (Vespa)를 빌리는 데 대한 광고물을 나에게 건네면서 말했다.

그래서 우리는 파리로 떠났다. 파리에서 개선문에서 한 블록 떨어져 있는 커다란 베스파 대여점을 흥분 속에서 발견했다. 나는 한 번도 베스파를 만져본 적도 없고 혼자서 운전을 해본 적도 없었지만 의심에 찬 눈으로 나를 바라보는 매니저에게 내가 숙련된 운전자라는 걸 확신시켜줄 필요가 있었다. 나는 가능한 한 태연한 태도로 베스파에 올라타고 스타터의 위치와 가스 페달이 어디 있는지를 물었다. 매니저는 심각하게 걱정하는 모습으로 자그마한 스타터 버튼을 가르쳐주면서 핸들 바를 움직이는 것으로 가스의 흐름을 조절한다고 말했다. "아, 미국하고는 다르군요."라고 말하면서 나는 다른 말 한마디 없이 시험 운전을 시작했다. 매릴린은 현명하게 근처에 있는 바에서 나를 기다리고 있었다. 아뿔싸, 나는 일방통로에 들어섰는데 그 길은 곧바로 개선문을 순환하는 매우 바쁜 10차선 주요 도로로 연결되어 있었다. 그 90분간의 운전은 내 일생에서 가장 비참한 경험이었다. 자동차와 택시들은 양쪽에서 몰려들었고, 경적을 울리고, 창문을 내리고, 거칠게 소리 지르고 주먹을 휘둘렀다. 나는 프랑스어를 전혀 알아듣지 못했지만 나를 향해 소리 지르는 불협화음의 말들은 내가 프랑스에 온 것을 환영한다는 의미는 아닌 것 같았다. 나는 개선문 주위에서 영웅적 주행을 30번쯤 멈추었던 것 같다. 그러나 한 시간 반쯤이 지나서 대여점 옆에 있는 카페로 아내를 데리러 갔을 때, 나는 베스파 운전법을 알았다.

3주 전 1954년 6월 27일, 매릴랜드에서 우리가 결혼한 후 우리의 결혼 오찬은 매릴린의 부자 삼촌 사무엘 아이그가 소유하고 있는 인디언 스프링 컨트리 클럽에서 했다. 그 후 즉시 나는 우리의 유럽 휴가를 위해서 돈을 벌기로 했다ㅡ부모님이 나의 의과대학 수업료를 지불해주었기 때문에 이 여행까지 도와달라고 할 수가 없었다. 지난 2년간 사촌 제이와 나는 우리가 설치한 노점상에서 7월 4일 독립기념일 축제에 쓸 불꽃놀이 재료를 팔았다. (제이는 내가 매릴린과 결혼을 못할 것이라는 데 30달러를 걸었던 인물이다.) 그 전해의 불꽃놀이 사업은 재앙이었다. 7월 3일과 4일에 비가 많이 왔기 때문이었다. 그때 우리는 갑자기 떠오른 묘안으로 근처 가게에서 싼 가격으로 재고품을 몽땅 사들였다. 다음 해를 위해서 커다란 철제 기름통에 그것들을 저장해놓았다. 우리는 지난해에 저장해놓은 불꽃놀이 기구를 시험해보았는데 완벽하게 작동했다. 1954년 7월 초 빛나는 축복받은 날씨 덕분에 나는 내 신부와의 유럽 신혼여행에 필요한 자금을 충분히 벌 수 있다.

결혼식, 1954.

7월 4일 폭죽 가판대를 만든 제이 캐플란과 저자,
워싱턴 DC 1954.

베스파를 빌린 즉시로 매릴린과 나는 작은 짐을 싣고 프랑스 시골로 떠났다. 3주 동안 르와르 계곡, 노르망디, 브르타뉴의 아름다운 성곽과 교회를 탐험했다. 샤르트르 대성당 창문의 기적적인 푸른색 스테인드글라스를 최면에 걸린 듯 감상했다. 여행을 하면서 매릴린이 외국에 와서 처음 두 달 동안 머물렀던 친절한 가정을 방문했다. 매일 우리는 아름다운 목가적인 환경에서 천상의 맛을 지닌 훌륭한 프랑스 빵과 포도주와 치즈로 점심을 먹었다. 매릴린은 햄도 즐겼다. 매릴린의 부모님은 좀 세속적이어서 종교적인 식사법에 얽매이지 않았던 것 같다. 반면에 나는 유대인 종교 신앙은 완전히 폐기한 비이성적인 대다수의 유대인 군단에 속해 있으면서도 아직 돼지고기를 먹지 않는다(물론 중국 식당의 돼지고기 빵은 제외하고). 3주 후에 우리는 파리로 돌아와서, 니스행 기차를 타고, 소형 피아트 토폴리노를 렌트해서 한 달 동안 이탈리아를 여행했다. 이탈리아 여행에서 아직 생생한 기억으로 남아 있는 것은 지중해를 마주보고 있는 작은 여관에서 첫 밤을 보내게 되었을 때의 일이다. 값이 균일한 정식메뉴에는 디저트로 여러 가지 과일들이 섞인 커다란 과일 접시가 테이블 중앙에 있었다. 우리는 너무나 기뻤다. 돈은 점점 줄어들었으므로 다음 날의 점심을 위해서 과일들을 주머니에 집어넣었다. 다음 날 아침 숙박비를 지불하려고 했을 때 우리는 멍청이가 된 듯했다. 커다란 접시에 있던 과일들은 일일이 숫자가 세어져 있어서 우리는 우리가 훔쳤던 모든 과일에 대해서 많은 돈을 지불해야 했던 것이다.

그것은 아주 멋진 여행이었으나, 나는 가끔 참을 수 없이 초조했던 기억이 있다. 아마도 문화적인 충격 때문이기도 했겠고, 어쩌면 끊임없이 계속해서 공부하지 않으면서 어떻게 살아야 하는지를 몰랐기 때문이었을 것이다. 편안함을 피부로 느끼지 못하는 정서가 나의 젊은 시절을 괴롭혀왔다. 객관적으로 보면 나는 훌륭했다. 나는 내가 사랑하는 여자와 결혼을 했고, 의과대학에 합격했고 모든 면에서 잘해내고 있었다. 그러나 마음속 깊게는 조금도 편안하지 않았다. 한 번도 자신감을 가지지 못했고, 나의 불안의 근원이 무엇인지 파악하지 못했다. 나는 어렸을 적에 깊은 상처를 받았고, 어디에도 속하지 못했고, 내가 다른 아이들처럼 가치가 있거나 대접을 받을 만하지 못하다는 불투명한 감정을 가지고 있었다. 내가 현재의 나 자신의 평정한 마음으로 다시 한 번 그 여행을 할 수만 있다면 얼마나 좋을까?

지금 60년이 지난 오늘도 우리의 신혼여행을 생각하면 항상 내 얼굴에는 미소가 떠오른다. 그러나 우리 결혼식 날의 세세한 일들은 기억에서 사라졌다. 다만 한 가지 장면, 웅장한 결혼 오찬이 끝나갈 무렵, 매릴린의 삼촌인 샘 아이그, 그 집안의 엄격하고 가까이 할 수 없는 부권(父權)의 상징인 그는 매릴랜드 주의 실버 스프링의 대부분을 건설하고 주지사와 가까이 지내고, 그의 자녀들의 이름을 딴 거리들이 있었다. 전에는 그분이 나에게 말을 걸 것이라는 생각을 한 번도 감히 할 수도 없었는데 그때 내게로 가까이 걸어오셨다. 그분은 내 어깨에 한 팔을 올려놓고, 다른 팔로는 전체 손님들을 향하여 휘두르면서 나의 귀에 대고 속삭였다. "축하해, 젊은이, 자네는 가장 좋은 행운을 잡았어."

샘 아저씨가 나를 격려하는 말이 진실이라는 것이 아직도 내 귀에 울린다. 내가 나의 일생을 매릴린과 함께 보낼 수 있다는 사실에 대한 감사함을 느끼지 않고 지내는 날은 거의 없다.

나의 첫 정신과 환자

의과대학 3학년 때 내가 처음으로 정신과 실습을 한 것은 1955년 봄 보스턴 시티 병원 외래병동에서였다. 모든 의과 대학생은 12주 동안 매주 한 환자를 의무적으로 보아야 했고 정규적인 케이스 컨퍼런스에서 발표를 해야 했다. 그 컨퍼런스에는 다른 직분의 학생들과 12명의 교수들, 그들 중 대부분은 보스턴 정신분석협회에서 겁을 주는 인물들인데 그들이 참석했다. 다른 학생이 발표하는 컨퍼런스에 참석했을 때 교수가 자신의 전문성과 박학다식함을 경쟁하듯 친절함이나 동정심은 전혀 없이 발표자에게 잔인하게 반응하는 것을 보면서 나는 위축되었다.

나의 환자를 한 여덟 번쯤 보고 났을 때 내가 발표할 차례가 왔다. 나는 벌벌 떨면서 발표하기 시작했다. 나는 환자의 주 호소, 과거력, 교육, 형식적인 정신과적 검사 등을 다른 발표자들이 했던 것처럼 형식적인 구조에 매여서 발표하지 않겠다고 결심했다. 대신에 나에게 자연스럽게 느껴졌던 것에 의지하기로 했다. 나는 하나의 이야기를 했다. 직설적인 언어로 뮤리엘과의 여덟 번의 세션에 대해서 이야기했다. 그녀는 젊고 날씬한 매력적이고 굽이치는 붉은색 머리칼과, 내리 뜬 눈을 가진, 그리고 약간 떨리는 목소리의 여인이었다. 나는 우리의 첫 대면은 이렇게 시작되었다고 설명했다. 즉 나는 이제 막 수련을 시작한 의과 대학생이며 앞으로 12주 동안 당신을 만나게 될 것이다. 당신은 왜 우리 병실에서 도움을 받으려고 하는지 물었다. 그러자 그녀는 부드러운 목소리로 "나는 레즈비언이에요."라고 대답했다.

그 순간 나는 초조했고, 어렵게 침을 삼키면서 대답했다. "나는 그게 무슨 말인지 모르겠어요, 나에게 알려주지 않을래요?"

그래서 그녀는 그렇게 했다─그녀는 '레즈비언'의 의미를 내게 이야기했고 그녀의 삶이 어떤지를 설명했다. 나는 그녀가 이야기할 수 있도록 의문되는 점을 질문했고, 아주 공개적으로 말한 그녀의 용기를 존경한다고 말했다. 나는 앞으로 석 달 동안 내가 할 수 있는 모든 힘을 다해서 그녀를 돕겠다고 말했다.

다음 세션을 시작할 때 나는 나의 무식함을 스스로 인정하지 않을 수 없었음에 대하여 얼마나 당황했는지를 뮤리엘에게 일러주었다. 그녀는 우리의 대화가 그녀로서는 '처음'으로 하는 대화였다고 했다. 그녀가 자기의 진실 이야기를 공개한 맨 처음의 남성이 나였다고 하면서 자신이 공개할 수 있었던 것은 바로 나의 정직함 때문이었다고 말했다.

참석자들에게 나는 뮤리엘과 가까워졌으며 그 만남을 기다리고 있고, 뮤리엘의 애인과의 문제를, 마치 우리가 보통 인간관계에 대해서 이야기할 때와 똑같은 식으로 이야기한다고 했다. 지금 그녀는 나와 눈을 마주치고 다시 정상적인 생활로 돌아왔고 우리 세션이 단지 4회만 남아 있는 것이 유감스럽다고 했다. 발표를 마치고 나는 머리를 숙이고 앉아서 나에게 가해질 공격에 대항할 마음을 다잡고 있었다.

그러나 아무 일도 일어나지 않았다. 아무도 말하지 않았다. 긴 침묵 끝에 과장인 말라무드 박사와 유명한 분석가 밴들러 박사가 나의 발표는 발표

그 자체가 말하고 있다는 데에 동의를 했고 다른 더 이상의 코멘트는 없었다. 테이블에 있던 한 분 한 분씩 각 교수들도 비슷한 논평을 했다. 나는 놀라움으로 그 미팅을 떠났다. 내가 한 일이라곤 단지 나에게는 너무나 자연스럽고 편안하게 느껴지는 이야기를 했을 뿐이었다. 대학 시절과 의과대학에서 나는 항상 보이지 않는 존재라고 느꼈으나 바로 그 순간부터 모든 것은 변했다. 나는 내가 이 분야에서 뭔가 특별한 공헌을 할 수 있을 것 같다고 생각하면서 걸어서 나왔다.

나의 의과대학 마지막 2년 동안 결혼 생활은 경이로우면서도 스트레스가 많았다. 돈은 여유가 없었고, 생활비의 대부분을 나의 부모님이 대주었다. 매릴린은 치과 병원에서 파트타임으로 돈을 벌면서 하버드에서 예술교육 석사학위 과정을 택하고 있었다. 나는 병원에 나의 피를 팔면서 돈을 벌었다. 나는 정자 제공자로 지원했는데 비뇨기과 의사는 내 정자 수가 너무 적다고 하면서 서둘러서 아이를 가지라고 충고했다.

그러나 그는 얼마나 엉터리였는가! 매릴린은 신혼여행 때 임신을 했다. 우리 딸 이브의 미들네임은 '프란시스'인데 '메이드 인 프랑스'를 나타내기 위함이었다. 그리고 1년 반 후에, 내가 의과대학 4학년 때 매릴린은 다시 임신을 했다.

나의 의과대학 마지막 2년간의 임상 과업은 긴 시간을 요구했으나 어쩐 일인지 나의 불안감은 진정되었다. 아마도 그 불안감은 정직한 소진감과 내가 내 환자들에게 도움을 주는 존재라는 감사함으로 대치된 것 같다. 나는 점차 정신과에 더욱 소명의식을 갖게 되었고 그 분야의 책을 광범위하게 읽었다. 정신과 직원으로 있으면서 보았던 공포스러운 장면들이 내 마음에 새겨져 있다. 보스턴 주립 병원의 인간 조각이 있는 방—모든 병동에서는 마비 상태의 환자들이 완벽한 고요함 속에서 살아가고 있었다. 환자들은 말이 없고 한 자세로 오랜 시간을 서 있었다. 어떤 사람들은 침대 위에서, 어떤 사람들은 창가에서, 어떤 사람은 앉아서, 때때로 중얼거리기는 해도 대개는 침묵으로 존재했다. 모든 스태프들이 하는 일이란 그들에게 음식을 주고, 그들이 아직 살아 있나를 점검하고, 그들에게 친절하게 말하는 것이 전부였다.

이런 장면은 1950년대 중반, 모든 큰 병원에서는 흔히 볼 수 있었다. 그 당시는 최초의 진정제 소라진이 사용되기 전이었다. 그러나 곧 이어서 스텔라진과 새로운 약들이 쏟아져 나와서 효과가 좋은 중요한 진정제가 많이 나오기 시작했다.

보스턴 주립 병원에서의 또 다른 장면이 내 마음에 새겨져 있다. 수련 시절, 하버드 정신과의사 약 12명과 정신과 레지던트들은 그들 자신의 집단 진행 과정을 연구하라는 요청을 받고 있었는데, 나는 그들을 지도하는 막스 데이 박사를 관찰할 수 있었다. 의과대학 학생으로서 나는 하나의 미팅에만 참석하는 것이 허락되었다. 그러나 그 집단 과정에 참여해서도 안 되고 말을 한마디도 해서는 안 되었다. 반세기가 지나긴 했어도, 나는 아직도 그 방을 내 마음의 눈으로 볼 수 있다. 레지던트와 데이 박사는 커다란 방의 가운데에 있는 원 안에 앉아 있었다. 나는 원 밖의 구석에 앉아서 집단의 멤버들이 자기의 느낌을 서로 토의하는 장면을 보고 황홀해했던 것이 기억난다. 얼마나 경이로운 개념인가! 그러나 무미건조하게 느껴졌다. 긴 침묵의 시간이 있었고 모든 사람들은 불편해하는 것 같았으나 리더인 데이 박사는 그 자리에 그대로 앉아 있었다. 왜? 나는 이해할 수가 없었다. 왜 그는 그 침묵을 깨뜨리지 않는가? 어떻게 해서든지 멤버들이 말하도록 도와주지 않는가? 후에 나는 데이 박사의 임상 컨퍼런스에 참석했는데 그가 분명하게 말하는 감각을 가지고 있다는 사실이 굉장히 인상적이었다. 그러나 그것이 더욱 나를 당황하게 만들었다. 왜 그는 허둥대는 집단을 도와주지 않는가? 그때 나는 나의 전문적인 생활에서 앞으로 몇 년 동안 이 질문으로 씨름을 하게 되리라는 것을 알지 못했다.

인턴 시절 : 신비로운
블랙우드 박사

전에는 의과 대학생들이었지만, 졸업한 후 의사가 된 우리들은 1년간 인턴을 하게 되었다. 우리는 병원에서 환자를 진단하고 치료하는 일을 직접 해보게 되었던 것이다. 인턴으로서의 첫 달에 나는 뉴욕의 마운트 시나이 병원의 산부인과 병원으로 배정되었다. 병원에서 나는 특정한 의사, 블랙우드 박사가 병원 확성기로 얼마나 빈번하게 호출되는지를 보고 충격을 받았다. 그래서 분만을 도우면서 치프 레지던트에게 물었다. "블랙우드 박사가 누굽니까? 그 분의 이름은 항상 듣는데 한 번도 본 적이 없어요."

닥터 골드는 미소를 지었고 근처에 있던 다른 스태프들은 킥킥거렸다. "내가 나중에 소개해줄게요. 여기 일을 끝마치게 되는 대로." 닥터 골드는 말했다. 그날 저녁, 닥터 골드는 나를 의사 당직실로 데리고 갔다. 그곳에서는 포커 게임이 한창이었다. 나는 내 눈을 믿을 수가 없었다. 나는 과자 가게 앞에 있는 어린아이 같았다.

"어느 분이 닥터 블랙우드입니까?" 내가 물었다. "그런데 왜 그분은 항상 호출되나요?"

또 다른 커다란 웃음소리가 들렸다. 나는 내가 마치 산부인과 스태프 전원을 위해 재롱을 부리고 있는 것처럼 느꼈다. 마침내 수석 레지덴트가 귀뜸을 해주었다.

"브릿지 게임을 하세요?" 그가 물었다.

나는 고개를 끄덕였다.

"브릿지에서 내기를 걸 때 블랙우드 컨벤션이라는 걸 알지요?"

나는 다시 고개를 끄덕였다.

"바로 그거예요. 그게 바로 닥터 블랙우드예요. 그는 마운트 시나이 포커 상징으로만 존재해요. 포커 게임에서 손이 모자랄 때마다 블랙우드 박사를 호출하지요."

플레이어들은 대부분 산부인과 개업의였고 환자들은 진통 중에 있었다. 숙직 의사와 인턴들은 플레이어가 모자랄 때에만 게임에 참여할 수 있었다. 그 이후로, 그해의 나머지 날들 동안은 내가 회진을 마쳤을 때 또는 당직일 때, 그 병원에서 밤을 새울 때, 닥터 블랙우드를 호출하는 소리를 들을 때마다, 그리고 내가 일이 없을 때마다 나는 산부인과에 불려갔다. 판돈은 컸다. 인턴은 월급이 단지 25달러였다. (플러스 공짜로 마음껏 먹을 수 있는 저녁식사, 우리는 다음 날 점심을 위해 그 음식으로 샌드위치를 만들었다 ─ 우리는 환자들의 특대 아침식사를 주문하는 것으로 우리의 아침식사를 해결했다.)

나는 그 게임에 대해서 완전히 알기 전 석 달인가 넉 달 동안 포커 게임에서 월급을 몽땅 잃었다. 그 이후로 나는 닥터 블랙우드 덕분에 매릴린을 브로드웨이 쇼에 꽤 많이 데리고 갔다.

나는 마운트 시나이에서 여러 과를 돌았다 ─ 내과, 산부인과, 외과, 정형외과, 응급실, 비뇨기과, 소아과. 나는 아기를 어떻게 분만하는지, 삔 발꿈치를 어떻게 치료하는지, 뇌출혈을 어떻게 다루는지, 갓난아기의 대퇴부

동맥에서 어떻게 피를 뽑는지, 환자의 걸음걸이를 보고 어떻게 신경 상태를 진단하는지를 배웠다. 외과를 돌 때는 오로지 외과의사의 견인 붕대를 들고 있는 것만 허락되었다. 한 두어 번, 수술이 끝나갈 무렵에 피부를 봉합하는 일을 맡았는데 눈에서 레이저를 쏘아대는 외과 의사가 외과용 기계로 나의 손가락 관절을 날카롭게 톡톡 건드리면서 '식료품 가게 매듭'으로 봉합하라고 악을 썼다. 나는 자연히 이렇게 대꾸하고 싶은 욕구를 느꼈다. "물론입니다—나는 식료품 가게에서 자랐답니다!" 그러나 나는 감히 대꾸하지 못했다. 시니어 의과의사는 엄청난 상대였고 심각하게 위협적이었다.

운이 좋게도, 조지워싱턴 의과대학에서의 내 친구 세 사람도 마운트 시나이 인턴에 들어왔다. 우리 넷은 연결되어 있는 두 개의 방을 썼다. 우리는 일 년 내내 하루 건너 하루 당직을 했고 병원에서 잠을 잤다.

인턴 첫 달, 내가 산부인과에 있을 때 매릴린은 산부인과 과장인 닥터 굿매처에게서 제왕절개 수술로 우리의 둘째 아이 레이드 사무엘 얄롬을 낳았다. 바로 그날 나는 분만실에서 닥터 굿매처를 도와야 하는 차례였는데, 그는 나에게 그냥 관찰만 하라고 했다. 매릴린과 몇 피트 떨어진 곳에 서서 나는 아들 레이드가 이 세상에 첫 호흡을 내뱉는 순간을 바라볼 수 있는 거다란 즐거움과 스릴을 누릴 수 있었다.

우리 아파트에서 마운트 시나이로 출근하는 대중교통은 불편했고 택시비는 엄청나게 비쌌다. 처음 두 달 동안은 병원까지 운전을 했는데, 주차 티켓이 쌓여가는 바람에, 모터 스쿠터를 이용할 생각을 했다. 우연한 기회에 예일대학의 예술 교수가 아름다운 새 람브레타를 구입했다는 소식을 들었다. 그러나 그는 심한 위궤양 때문에 담당 의사로부터 그 람브레타를 팔라는 충고를 받았다는 것이다. 나는 그에게 전화를 걸고 일요일에 뉴헤이븐으로 가는 기차를 탔고 람브레타와 사랑에 빠져서 그날로 람브레타를 타고 뉴욕으로 돌아왔다. 그날 이후로 주차 문제는 해결되었다. 람브레타를 타고 출근을 했고 엘레베이터에 람브레타를 싣고 와서 나의 방에 주차했다. 여러 번 매릴린과 나는 람브레타를 타고 브로드웨이로 가서 쉽게 주차를 하고 극장에 들어가곤 했다.

나의 인턴십에서는 정신과를 제공하지 않았으나 나는 정신과 병동을 돌아다니면서 임상과 연구 발표에 참석했다. 나에게 큰 흥미를 주었던 프로젝트는 새로 발견된 라세그르산 디에틸아미드(LSD)의 화합물이 환각 효과가 있다는 평판이었다. 두 명의 정신과 젊은 연구자들이 LSD가 알지 못하는 식역하 지각(인식 밖에서 일어나는 지각)에 영향을 주는지를 실험하고 있었다. 그들은 간단한 실험에 참여할 자원자를 구하고 있었고 내가 자원하였다. LSD는 최근에 합성되었기 때문에 그 효과를 검증하는 단 하나의 알려진 방법은 기이한 샘의 투어(鬪魚, fighting fish) 실험방법이었다. 투어가 싸울 준비를 하면 정확한 태세를 갖추는데, 소량의 LSD를 그 물탱크에 떨어뜨리면 물고기의 행동은 심오하게 변화되었다. 몇 방울의 LSD가 물고기의 전투태세를 방해했으므로 LSD 효과의 측정이 가능했던 것이다.

　우리 네 명의 자원자들은 LSD가 함유된 오렌지 주스를 마셨고, 한 시간 후에 커다란 스크린 앞에 앉았는데 순간 노출기가 의식적으로 알아볼 수 없을 만큼 빠르게 영상을 비추었다. 다음 날 아침, 우리는 그날 밤에 보았던 꿈 같은 이미지를 회상하고 그것들을 그려보라는 요구를 받았다. 나는 두 가지 이미지를 그렸다. 매우 긴 코가 특징인 몇 개의 얼굴들과 다리가 사라지고 있는 한 남자였다. 다음 날, 연구자들은 똑같은 영상을 우리가 볼 수 있는 정상적인 속도로 비추었다. 하나는 라이프 세이버 캔디의 유명한 광고였는데 줄타기 곡예사가 코에 라이프 세이버 캔디 한 통을 올려놓고 불안정하게 균형을 잡고 있는 것이었고, 다른 하나는 버킹검 궁전에서 한 경비병이 붉은색 재킷에 검은색 바지를 입고 있었는데, 그의 바지가 검은색 경비초소의 배경에 섞여들어가는 장면이었다. 나는 이 결과에 몹시 놀랐다. 나는 식역하 지각이 무엇인지 직접적으로 알게 되었던 것이다. 내가 보았다는 것을 알지 못하면서 이미지들을 '보았었던' 것이다.

　인턴십을 마칠 때, LSD 약병이 많이 남아 있었고 연구자들은 개인적으로 실험을 할 수 있도록 그것을 나에게 주었다. 나, 매릴린(단 한 번), 그리고 동료 레지던트들이 LSD 약병으로 실험을 했다. 나는 LSD 여행을 하는 동안 나의 감각이 변화한다는 사실이 황홀했다. 청각과 시각이 현저하게 달랐다. 한 시간 동안 방 벽지 색이 변하는 것을 보았고 완전히 새로운 방식으로 음악을 들었다. 현실과 자연에 가까워지는 이상한 감각을 느꼈다. 마치 나와 나의 환경 사이에서 완충제나 필터 없이 직접 있는 그대로, 가미되지 않은 상태의 감각을 내가 경험하는 것 같았다. 나는 그 약의 효과는 확실하고 오락적인 장난감이 아니라는 것을 강력하게 느꼈다. 약의 효과를 내 의지대로 물리칠 수 없다는 인식에 몇 번 놀랐고 효과를 돌이킬 수 없다는 사실에 점점 더 놀라게 되었다. 11월 밤에 LSD 마지막 실험을 했을 때 나는 밖으로 긴 산책을 떠났다가 11월의 벌거숭이 나뭇가지들의 모습에 위협을 느꼈다. 그 나무들은 디즈니 백설공주 영화에 등장하는 사악한 나무들처럼 보였다. 그 이후로는 그 약을 쓰지 않았으나 그다음 해에 LSD 효과가 조현병 증상과 흡사하다는 몇 개의 논문들이 발표되었다. 레지던트로 조현병 환자를 보기 시작한 후에 나는 LSD 경험과 정신병적 경험의 중요한 차이점에 대해서 글을 썼다. 이 글이 매릴랜드 주 의학 저널(*Maryland State Medical Journal*)에 실렸는데 이것이 출판된 나의 첫 번째 논문이었다.

　인턴 시절은 변화의 시기였다. 1년이 끝나갈 무렵, 나는 의사로서의 정체성을 가지게 되었고 대다수의 의학 조건에 대해서 어느 정도 편안함도 가질 수 있게 되었으나 이 시기 역시 긴 시간 동안 일하고, 잠을 조금 자고, 많은 야근으로 보내야 했던 잔인한 1년이었다.

　1956년에서 1957년까지 1년간의 인턴십 기간이 내게 힘들었던 만큼 매릴린에게는 더욱 힘든 것이었다. 그 당시 여성이 박사학위 공부를 한다는 것은 보통 있는 일은 아니었으므로 매릴린과 나는 언제나 그녀가 대학교 교수가 될 것이라고 생각하고 있었다. 결혼한 여자가 이런 계획을 가질 수 있다는 걸 알지 못했지만 나는 언제나 매릴린이 특별한 정신을 가지고 있다고 느꼈기 때문에 박사학위를 따겠다는 그녀의 결정이 내게는 자연스러운 것이었다. 내가 보스턴에서 의과대학의 마지막 2년을 마치는 동안 그녀는 하버드에서 프랑스어와 독일어 교사의 석사학위를 취득했다. 내가 뉴욕에서 마운트 시나이에서 인턴십에 들어가자마자, 그녀는 컬럼비아대학교 프랑스어과의 박사 과정 프로그램에 지원했다.

유명한 컬럼비아대학교 프랑스어과 과장인 노먼 토레이 교수와 매릴린의 인터뷰가 우리 집에서는 전설로 남아 있다. 토레이 교수는 임신 8개월의 매릴린의 배를 놀라운 눈으로 바라보았다. 그는 전에 한 번도 임신한 박사 과정 지원생을 본 적이 없었을 것이다. 게다가 그는 그 지원생에게 한 살짜리 아이가 또 있다는 사실을 알고는 더욱 놀랐다. 토레이 교수는 사과하는 듯한 어조로 경제적인 도움을 받으려면 학생은 두 과목을 가르치고 네 과목을 택해야 한다고 말하는 것으로 이 인터뷰는 끝났음을 시사했다. 그러나 매릴린은 즉시 대답했다. "저는 그렇게 할 수 있어요."

두 주일 후에, 토레이 교수로부터 합격 통지서가 왔다. "주부님(Mater-familiias), 우리는 당신 자리를 마련했습니다." 매릴린은 애기 보는 사람을 구했고 그녀의 일생에서 가장 힘든 해로 자신을 밀어넣었다. 나는 동료 인턴들과 상부상조하는 동지애의 축복을 가지게 되었으나 매릴린은 그녀 자신이 모든 것을 해내야 했고 가사 도우미의 도움을 받으며 우리의 두 아이들을 돌보았으나 남편으로부터는 아무런 도움도 받지 못했다. 남편은 하루 건너 하루, 그리고 격주로 주말에 집을 떠나 있었다. 그 후 매릴린은 그 해가 그녀의 일생에서 가장 힘들었던 해라고 생각하게 되었다.

15

존스홉킨스에서 보낸 시절

나는 나의 람브레타에 타고 있었고 매릴린은 뒷좌석에서 나의 허리를 팔로 감싸안고 있다. 나는 얼굴에 바람을 느끼면서 속도계를 보고 있다. 65, 68, 71, 나는 시속 80마일까지 갈 것이다. 나는 할 수 있다. 80. 이렇게 할 수 있다는 걸 안다. 다른 건 상관없다. 운전대기 약긴 흔들거린다. 그리고 차츰 차츰 점점 더, 나는 컨트롤할 힘을 잃어가고 있다. 매릴린이 울면서, "스톱, 스톱, 어브, 속도를 늦춰요. 나는 무서워요, 제발 스톱, 제발 스톱." 그녀는 소리 지르면서 내 등을 때린다.

나는 잠에서 깨어났다. 침대에서 일어나 앉아서 내 맥박을 짚어본다─100 이상이다. 그 빌어먹을 꿈! 나는 그 꿈을 너무나 잘 안다. 그 꿈을 여러 번 꾸었으니까. 나는 지금 무엇이 그 꿈을 꾸게 했는가를 정확하게 알고 있다. 지난 밤 침대에서 올리버 색스가 쓴 움직임에 대하여(On the Move)에 나오는 문장들을 읽었는데, 그 문장 속에 시속 100마일 이상을 달리는 젊은이들의 모터사이클 동호회인 '톤 클럽'의 회원에 대한 묘사가 있었다.

그 꿈은 단지 꿈만이 아니었다. 그것은 내가 수없이 여러 번 되새겨보는 실제 상황에 대한 기억이다. 대낮에는 백일몽으로, 밤에는 꿈으로. 나는 그 꿈을 알고 그 꿈을 증오한다. 진짜 사건은 내가 인턴십을 끝낸 후 볼티모어에 있는 존스홉킨스 병원에서 3년간 정신과 레지던트 생활을 시작하기 전 일주일 간의 휴가를 얻었을 때 일어났다. 매릴린의 어머니가 긴 연휴에 우리 세 아이들을 돌봐주기로 했으므로 우리는 람브레타를 타고 매릴랜드 동쪽 해안을 향해 떠났다. 꿈에서 정확하게 그려진 그 사건은 이 여행에서 일어난 것이었다. 그 당시에 나는 그 사건을 그렇게 심각하게 생각하지 않았다―어쩌면 나는 매릴린의 엄청난 공포를 보면서 즐거워했던 것 같다. 그 도로는 텅 비어 있었고 나는 그냥 그 조정판을 시험해보고 싶었다. 10대 소년처럼 속도에 미친 듯이 흥분했고 아무도 나를 건드릴 수 없다는 완전한 느낌에 젖어 있었다. 오랜 시간이 흐른 뒤에야 나는 나의 무모함과 어리석음이 얼마나 큰 파장을 가져왔는지 인식하게 되었다. 어떻게 이 위험한 일에 내 아내를 개입시켰단 말인가. 더군다나 집에는 세 아이를 둔 내가 이런 일을 저지를 수가 있었단 말인가? 시속 80마일을 목표로 해서, 보호장비도 없이, 맨 머리로―헬멧이 등장하기 전이었으니까! 나는 그 일을 생각하기조차 싫고 지금 이 순간 이 글에 그 사실을 쓰는 것도 싫다. 최근에 의사인 나의 딸 이브가 전신마비가 된 젊은이들로 가득 찬 병동을 방문하고 와서 그들 모습을 묘사하는 것을 들으면서 몸을 떨었다. 그들은 모두 모터사이클 또는 서핑을 하다가 사고를 당해서 목이 부러진 사람들이었다. 그들도 역시 아무도 자기네를 막을 수 없다고 느꼈을 것이다.

우리는 그때 충돌하지는 않았다. 마침내 나는 제정신으로 돌아왔고, 속도를 늦추었고 나머지 시간에 매릴랜드 동쪽 해안의 자그마하고 멋진 주택가로 안전하게 운전했다. 집으로 오는 길에 매릴린이 점심 후 낮잠을 자는 동안 나는 혼자서 나갔다가 미끄러져서 고약하게 넘어졌다. 무릎을 심하게 다쳐서 응급실에 갔다. 의사가 상처를 깨끗이 씻고 파상풍 항독성 혈청

을 주사했고 별다른 사고 없이 볼티모어로 돌아왔다. 이틀 후에, 바로 내가
레지던트를 시작하기 위해 출근하는 바로 그 첫날, 내 몸에는 두드러기가
생겼고 곧 큰 덩어리로 번졌다. 나는 파상풍 주사액에 들어 있는 말 혈청에
대해서 알레르기 반응을 일으켰던 것이다. 내 호흡이 위태로워져 기관 절
제가 필요하게 될지도 모르기 때문에 즉시로 홉킨스 병원에 입원했다. 나
는 스테로이드 치료를 받았고 효과가 있었다. 다음 날 좋아져서 스테로이
드를 끊고 병원에서 퇴원했다. 다음 날부터 레지던트를 시작했다. 스테로
이드를 쓰기 시작한 초기에 의사들은 스테로이드 용량을 줄이는 것을 생각
하지 않았다. 나에게는 급성 증상인 아주 다루기 힘든 우울증과 불면증이
왔기 때문에 이틀간 불면증 약 소라진과 바루비투르를 써야만 잠을 잘 수
있었다. 다행스럽게도 이것은 개인적으로 내가 경험했던 단 한 번의 우울
증이었다.

　홉킨스에서의 셋째 날, 우리 1년차 레지던트들은 대단히 무서운 존 화이
트혼 교수를 처음으로 만났다. 그는 정신과 과장이었고 내 일생의 중요한
인물이 된 분이었다. 엄격하고 권위가 있고 잘 웃지 않는 존 화이트혼 교수
는 벗겨진 정수리를 짧은 회색 머리카락으로 덮고 있었다. 그는 금속 테 안
경을 썼고 거의 모든 사람을 위협했다. 후에 나는 다른 과의 과장들도 그를
특별하게 대하고 절대로 이름으로 그를 부르지 않는다는 것을 알았다. 나
는 그의 말에 경청하려고 최선을 다했으나 그 전날 잠을 잘 못 잔 탓에 몹시
피곤하였고 수면제가 내 몸속을 돌아다니고 있었기 때문에 아침에 움직이
기도 힘들었다. 그래서 화이트혼 박사가 우리들과 인사를 나누는 동안 나
는 내 의자에서 잠이 들었다. (몇십 년이 흐른 후에, 내 동료 레지던트였던 사울 스피로
는 홉킨스에서 함께 지냈던 시절이 생각난다면서, 우리의 보스를 처음 만나는 날 잠을 잤던 나의
배짱 때문에 나를 존경했다고 말했다!)

　낮은 수준의 불안과 약한 우울증 외에 다른 탈 없이 두 주 동안에 나는
알레르기 반응에서 회복되기는 했으나 그 특별한 경험에서 벗어날 수가 없

어서 심리치료를 받기로 결정했다. 나는 수석 레지던트 스탠리 그레벤에게 조언을 구했다. 그 시기에 정신과 레지던트가 개인적인 분석을 받는 것은 보통 있는 일이었고 심지어는 사회 관습상 필요한 것이기도 했다. 닥터 그레벤은 자기의 분석의인 올리브 스미스를 나에게 추천했다. 올리브 스미스는 원로 연수 분석가로 워싱턴-볼티모어 정신분석협회의 정통적인 계보를 거쳤다. 그녀는 지그문트 프로이트에게서 분석을 받았던 프리다 프롬-리히먼에게서 분석을 받아왔던 것이다. 나는 우리 수석 레지던트를 지극히 존경하고 있었다. 그렇지만, 이런 중대한 결정을 하기 전에 나의 그때 증상은 스테로이드를 쓰지 않았기 때문에 생긴 것인데 지금 막 심리치료를 시작하려고 한다는 것을 다시 생각해보고 싶었다. 닥터 화이트혼에게 도움을 요청해보기로 결정했다. 화이트혼은 내 말을 별로 경청하고 있지 않는 것처럼 보이더니 내가 치료를 시작한다는 말을 하려고 할 즈음에, 천천히 머리를 흔들면서 간단하게 "나는 자네가 페노바르비탈을 좀 복용하는 것이 더 효과적이라는 걸 알게 될 것이라고 확신하네."라고 말했다. 그때 당시는 발륨이 나오기 전이었음을 기억하라. 그러나 새로운 진정제 에쿠아닐(메프로바메이트; 불면증용 신경안정제의 일종-역주)이 막 소개되려고 할 때였다.

후에 정신분석에 대해서 극단적으로 의심스러워하고 있는 닥터 화이트혼에게 이런 질문을 했던 나의 당당함(어리석음)에 대하여 다른 교수들이 상당히 놀랐다는 사실을 알게 되었다. 화이트혼은 절충적인 입장이었다. 그는 오랫동안 존스홉킨스 정신과 과장이었으며 환자의 심리학적, 사회학적, 그리고 생물학적인 면에 초점을 맞추는 경험론자인 아돌프 메이어의 심리생리학적인 접근을 따랐다. 그 이후로, 나는 한 번도 나의 정신분석적 경험을 닥터 화이트혼에게 말하지 않았고 그도 절대로 나에게 물어보지 않았다.

홉킨스 정신과는 두 갈래의 특성이 있었다. 화이트혼의 관점이 4층으로 된 정신과 병원과 외래 병동을 지배했고, 정통적인 정신분석적 파가 상담

분석 전문가에게 가는 도중, 볼티모어, 1958.

분야를 지배했다. 나는 대체로 화이트혼의 영역에 있었으나, 상담 부서에서 주최하는 컨퍼런스, 특별히 루이스 홀과 오토 윌, 그분들은 둘 다 영리한 분석가이며 세계적인 이야기꾼이었는데 그들이 주관하는 컨퍼런스에는 참석했다. 임상 케이스 프레젠테이션에서 그들의 말하는 것을 들으며 매혹당했다. 그들은 현명하고 여유가 있었으며, 철저하게 환자에게 몰입했다. 나는 그들이 환자와의 상호작용에 대해서 묘사하는 이야기를 들었을 때 감동했다. 그들은 환자를 그토록 배려하고, 그토록 염려하고, 그토록 너그럽게 대했다. 그들이 나의 심리치료의 서사적인 실행의 첫 모델들 중 하나였다.

그러나 대부분의 분석가들은 상당히 다른 방법으로 일했다, 내가 일주일에 네 번씩 만나서 분석을 받은 올리브 스미스는 정통적인 프로이트식 방법을 썼다. 그녀는 빈 화면 상태였다. 말이나 표정으로나 그녀 자신을 절대로 개방하지 않았다. 나는 매일 아침 오전 11시에 병원에서 그녀의 사무실까지 단 10분 거리를 나의 람브레타를 타고 다녔다. 때때로 떠나기 전에 내 우편함을 체크하지 않을 수 없을 때가 있었는데, 그러면 1분이나 2분쯤 늦을 수가 있다―나의 분석가는 그 1,2분 늦는 것을 저항의 표현이라고 여겼으므로 가끔 우리는 결과도 없는 토론을 했다.

올리브 스미스의 사무실은 그녀에게서 분석을 받았던 다른 네 명의 분석가가 함께 쓰는 몇 개의 방으로 이루어져 있었다. 그 당시 나는 그녀가 노인이라고 생각했다. 올리버 스미스는 적어도 70대 정도 되어 보였고, 백발에 자세가 약간 구부정했으며 결혼을 하지 않았다. 나는 병원에서 한두 번 회의나 분석 모임에 가는 그녀를 보았는데 실제로 그녀는 젊고 원기왕성해 보였다. 나는 카우치에 누워 있었으며 그녀의 의자는 내 머리 가까이에 놓여 있어서, 때로는 그녀가 깨어 있는지 아닌지를 점검하기 위해 목을 뻗어야 했다. 그녀는 나에게 자유연상을 하라고 했고, 그녀의 반응은 전적으로 해석으로만 제한되었다. 그 해석의 극히 일부만이 나에게 도움이 되었다. 가끔씩 그녀의 중도적인 입장에서 나오는 실수가 우리의 치료에서는 오히려 가장 중요한 부분이었다. 그런데도 많은 사람들은 그녀가 분명히 도움이 되었다고 했다―그녀의 사무실에 같이 있는, 그녀에게서 분석을 받았던 분석가와 나의 수석 레지던트를 포함해서 많은 사람들이 올리브 스미스에게서 도움을 받았다고 했다. 그녀의 치료가 그들에게는 도움이 되었는데 왜 나에게는 도움이 되지 않았는지 결코 이해할 수가 없었다. 되돌아보면 그녀는 나에게는 맞지 않는 치료자였던 것 같다. 간단히 말하면 나는 좀 더 서로 상호작용을 하는 치료자가 필요했던 것이다. 분석을 받으면서 내가 배운 중요한 사실은 심리치료는 하지 말아야 하는 방법이라는 불손한 생각이었다.

그녀의 치료비는 세션당 25달러, 일주일에 100달러, 1년에 5,000달러. 내 레지던트 연봉의 두 배였다. 나는 선라이프 보험회사에서 한 회에 10달러씩 받는 신체검사를 해서 번 돈으로 분석비를 지불했고, 병원 가운을 입고 내 람브레타를 타고 볼티모어의 뒷거리를 활기차게 달렸다.

내가 존스홉킨스 병원에서 레지던트를 하기로 결정하자마자 매릴린은 존스홉킨스대학교의 비교문학 박사과정에 지원해서 합격했고 당대에 가장 유명한 프랑스 학계의 한 사람인 르네 지라르 교수의 지도를 받게 되었다. 그녀는 박사학위 논문으로 프란츠 카프카와 알베르 카뮈의 작품 속에 나타난 재판의 신화(myth of the trial)에 대해서 쓰기로 했고, 그녀의 격려 속에서 나도 장 폴 사르트르, 모리스 메를로-퐁티 그리고 다른 실존주의 작가들로 넘어가기 전에 카프카와 카뮈를 읽기 시작했다. 처음으로 나는 매릴린이 하는 일에 교감하였다. 나는 카프카의 변신(Metamorphosis)에 매료당했다. 내가 읽었던 그 어느 문학작품에서도 느껴보지 못한 충격을 받았다. 또한 카뮈의 이방인(The Stranger)과 사르트르의 구토(Nausea)에서도 충격을 받았다. 이들 작가들은 이야기를 통해서 정신과적 치료에서는 이루지 못했던 실존의 깊이를 들추어 파내고 있었다.

홉킨스에서 보낸 3년 동안 우리 가족은 번창했다. 우리 첫째 아이 이브는 다른 직원들과 함께 살던 주택가 옆에 있는 유치원에 다녔고, 활기 넘치고 장난꾸러기인 레이드는 가사 도우미와 잘 적응하고 있었다. 매릴린은 15분 거리에 있는 홉킨스 캠퍼스에서 박사과정 공부를 하고 있었다. 볼티모어에서의 마지막 해에 우리의 셋째 아이 빅터가 존스홉킨스 병원에서 태어났다. 그 병원은 우리 집에서 한 블록 떨어진 언덕에 위치했다. 다행스럽게도 아이들은 건강하고 사랑스러웠고 매일 저녁, 매 주말에 그 아이들과 함께 놀 수 있어서 좋았다. 나의 가정생활이 나의 전문직 생활에 방해가 된다고 생각해본 적이 없다. 그러나 매릴린에게는 그렇지 않았을 것이 확실하다.

나는 3년간의 내 레지던트 생활을 즐겼다. 처음 시작할 때부터 모든 레지던트들에게는 입원 환자 병동과 외래 환자들을 돌보는 책임이 주어졌다. 홉킨스의 환경과 직원들은 남부 지방 특유의 점잖고 부드러움을 지니고 있었는데 이런 것은 지금은 마치 옛날 일처럼 느껴진다. 정신과 건물 필립스 클리닉은 6개의 입원 환자 병동과 하나의 외래 환자 병동으로 되어 있었다. 1912년에 개원한 외래 환자 병동은 아돌프 메이어가 감독했고 1940년에 존 화이트혼이 그의 뒤를 이어받았다. 4층으로 된 벽돌 건물은 견고했고 위엄이 있었다. 엘리베이터맨은 40년간 예의 바르고 친절했다. 그리고 간호사들은 젊었거나 나이 들었거나 관계없이 의사가 간호사실에 들어오면 벌떡 일어섰다 ─ 아, 그리운 옛날이여!

　수백 명의 환자들이 내 기억을 스쳐갔지만 내가 홉킨스에서 처음 만났던 환자들을 이상하리만치 생생하게 많이 기억하고 있다. 텍사스 오일 거부의 부인인 사라 B는 여러 달 동안 긴장성 분열증으로 입원해 있었다. 그녀는 말을 안 했고 여러 시간 동안 한 자세로 오래 앉아 있었다. 그녀에 대한 나의 치료는 전적으로 본능적인 것이었다. 슈퍼바이저들은 별 도움이 되지 않았다. 왜냐하면 이런 환자를 어떻게 처리해야 하는지를 아무도 몰랐기 때문이었다 ─ 이 여인의 치료는 그들의 능력 밖이라고 생각했다.

　긴 병동의 긴 복도 끝에 있는 나의 작은 사무실에서 그녀를 매일 만났는데 15분 이상을 넘기지 않았다. 그녀는 몇 달 동안 전혀 말을 하지 않았고 내가 하는 어떤 말에도, 어떤 질문에도 반응하지 않았으므로 주로 내가 말을 했다. 그녀에게 나의 일과에 대해서, 신문 헤드라인에 대해서, 병동에서의 집단 모임에 대한 내 생각 같은 것들, 내가 분석받을 때 탐색했던 주제들, 그리고 내가 읽고 있는 책들에 대해서 이야기했다. 때때로 그녀의 입술이 움직이기는 했으나 말로 되어 나오지는 않았다. 그녀의 표정은 절대로 변하지 않았고 그녀의 크고 애처로운 푸른 눈은 나의 얼굴에 고정되어 있었다. 그러다가 어느 날, 내가 날씨에 대해서 중얼거리고 있었을 때, 그녀는 갑자기 일어서서 나에게로 걸어오더니 내 입술에 키스를 했다. 나는 어리둥절해서 무슨 말을 해야 할지 몰랐으나 나의 자세는 지키고 있었다. 그녀는 왜 키스를 했을까에 대해서 깊이 생각하다가, 그녀를 병실로 데려다

주고 이 사건을 토의하려고 내 슈퍼바이저의 사무실로 갔다. 내가 슈퍼바이저에게 말하지 않은 것 하나는 내가 그 키스를 즐겼다는 사실이었다―그녀는 매력적이었고 그녀의 키스는 나를 흥분시켰지만 나의 역할은 그녀를 치료하는 것이라는 사실을 한순간도 잊지는 않았다. 그 사건 이후에도 몇 주간 상황은 여전했다. 나는 방금 시중에 나온 파카탈(Pacatal)이라는 중요한 신경안정제(오래전에 폐기되었음)를 써보기로 했다. 많은 사람들의 굉장한 놀라움 속에서 일주일 안에 사라는 변화된 사람이 되었다. 가끔 상당히 일관성 있는 이야기를 했다. 사무실에서 그녀가 병들기 이전의 스트레스에 대해서 오래 이야기하는 도중에, 내가 침묵 속에서 그렇게 오랫동안 그녀와 만났던 것에 대한 나의 느낌을 이야기했고, 내가 그런 세션에서 아무런 도움도 주지 못했다는 것에 대해서 이야기했다. 그러자 뜻밖에도 그녀는 즉시로 다음과 같이 대답했다. "아, 아니예요, 닥터 얄롬. 옳지 않아요. 그렇게 생각하지 말아주세요. 그때 선생님은 저의 빵과 버터였어요."

　내가 그녀의 빵과 버터였다라는 그녀의 말과 그 말을 했던 그 순간을 절대로 잊을 수가 없다. 가끔 환자와 함께 있으면서 무슨 이야기를 하고 있는지, 어디로 가고 있는지 진혀 모르겠고 도움이 될 수 있거나 일관성 있는 말을 할 수 없을 때 나는 이 사랑스러운 사라 B의 일을 생각한다. 그리고 치료자가 환자와 진정으로 함께 있고, 질문하고, 주의를 집중하는 것이 우리가 상상할 수 없을 만큼 여러 가지 좋은 역할을 한다는 것을 상기한다.

　나는 의사이면서 철학박사인 제롬 프랭크(Jerome Frank, M.D.)와 홉킨스의 정교수인 실험주의자이며 논리와 실제 상황에 의해서만 설득되는 닥터 화이트혼과 함께 주간 세미나에 참석했다. 닥터 프랭크는 나에게 중요한 사실들을 가르쳐주었다―방법론의 기초와 집단치료의 기본원리들. 그 당시에 집단치료는 유아기 상태였는데 닥터 프랭크는 그 주제에 대해서 아주 중요한 책 중 하나를 저술했다―우리 레지던트 8명이 그 책에 집중했다―매주 우리는 그가 외래 환자 집단치료를 리드하는 것을 그 당시 처음 나타난 양면 거울을 통해서 관찰했다. 벽에는 1제곱피트의 작은 구멍이 있었다. 집단 모임이 끝나면 그 세션을 토의하기 위해서 닥터 프랭크와 만났다. 그때 나는 집단 관찰이 아주 가치 있는 교수법이란 것을 알게 되었고, 몇 년 후에 나의 집단치료 강의에서도 이 관찰 방법을 사용했다.

다른 레지던트들이 이 코스를 마친 후에도 나는 매주 집단 관찰을 계속했다. 그해 말에, 닥터 프랭크는 그가 없을 때는 그 집단을 리드하라고 나에게 요청했다. 애초부터 나는 집단을 리드하는 것을 좋아했다. 치료 집단은 그들 자신의 사회생활에서 피드백을 주고받을 수 있는 풍성한 기회를 제공하는 것이 분명한 것 같았다. 집단 멤버들이 자신들의 대인관계 형태를 표현하고 동료로부터 자기 행동에 대한 반응을 볼 수 있기 때문에 집단이 독특하게 멤버들이 성장하는 데 충분한 역할을 한다고 생각되었다. 어디에서 누가 이렇게 동등한 신뢰로 뭉쳐진 사람들로부터 정직하고 건설적인 피드백을 제공하고 또 제공받을 수 있을 것인가? 외래 집단치료에서는 간단한 기본적인 규칙만 지켰다. 전적인 비밀 보장과 그에 더하여, 다음 모임에 반드시 참여해야 한다는 것이 규칙이었다. 개방적인 대화를 위하여 집단 밖에서 개별적으로 만나서는 안 되었다. 나는 집단에 참여하는 환자들이 부러웠고 나도 이런 집단에 하나의 멤버로 참가할 수 있었으면 하고 바랐다.

닥터 화이트혼과는 달리, 닥터 프랭크는 따뜻하고 가까이 하기 쉬운 분이었다—나의 레지던트 일차 년도의 끝에, 그는 레지던트들이 그를 '제리'라고 이름으로 불러도 좋다고 했다. 그는 훌륭한 교사, 좋은 사람, 성실함의 모델, 연구문제에 필요한 임상적인 실력을 갖추고 있는 교수였다. 홉킨스를 떠난 후에도 우리는 오랫동안 연락했고 그가 캘리포니아에 올 때마다 우리는 만났다. 그가 우리 가족들과 함께 자메이카에서 일주일을 보냈던 것은 잊을 수 없는 추억이다. 늙어가면서 그는 건강에 심각한 문제가 생겼다. 나는 동부에 갈 일이 있을 때마다 그의 집을 방문했다. 내가 그를 마지막으로 보았을 때, 그는 창문 밖에서 일어나는 재미있는 일을 바라보는 것으로 하루를 보낸다고 말했다. 매일 아침 그는 아무것도 적혀 있지 않은 백지 같이 되어서 일어난다고 했다. 그는 이마를 손으로 부비면서, "우쉬 — 전 날의 모든 기억은 다 없어졌구나. 완전히 가버렸어."라고 말하고는 웃으면서 그의 제자인 나를 올려다보면서, 마지막 선물을 주었다. "자네, 어브." 확신에 차서 그는 말했다. "그런데 이 백지 같은 상태가 그렇게 나쁘지만은 않다네. 그렇게 나쁘지만은 않아." 얼마나 다정하고 아름다운 사람인가. 나는 그를 생각할 때마다 미소를 짓는다. 십여 년 후에, 존스홉킨스에서 제롬 프랭크의 심리치료 강연을 하라는 초청을 받았을 때 나는 굉장히 영광스러웠다.

　제리 프랭크의 집단치료 방법은 인간관계 접근에 아주 적합하고 미국식 정신역동 이론에 적격이었다. 인간관계(또는 '신(新) 프로이트 학파') 접근은 오래된, 정통적인 프로이트 입장을 수정한 것이다. 이 접근은 개인의 일생을 통한 발달과정에서의 인간관계의 중요성을 강조한다. 반면에 오래된 접근방법에서는 아주 어린 시절의 일에 최대의 중점을 두고 있다. 이 접근법은 미국에서 기원되었고 정신과 의사인 해리 스택 설리반과 미국으로 이민 온 유럽 이론가들, 특히 카렌 호나이나 에리히 프롬 같은 분들에 의해서 상당히 강조되었다. 나는 인간관계이론에 관한 문헌을 많이 읽고 그 이론에 분명한 원리가 있다고 생각했다. 카렌 호나이의 신경증과 인간다운 성장(*Neurosis and Human Growth*)은 내가 레지던트 시절에 가장 밑줄을 많이 치면서 읽은 책이었다. 설리반은 가르칠 부분이 굉장히 많았지만, 불행하게도 그는 최악의 저자였기 때문에 그의 깊이 있는 아이디어들은 독자들에게서 제대로 대접을 못 받았다. 그러나 대체적으로, 설리반의 업적은 인간관계를 제대로 맺는 능력이 없고 그 관계를 충실히 이어갈 수 있는 능력이 없기 때문에 절망에 빠진 환자들을 이해하는 데 큰 도움이 되었다. 그리고 집단치료는 다른 사람과의 관계에 적응을 못하는 사람들이 자신의 행동을 탐색하고 변화시킬 수 있는 이상적인 영역을 제공한다는 것을 알게 했다. 나는 집단 과정에 매료되었고, 나의 레지던트 시절 전부를 입원 환자와 외래 환자 집단치료를 리드하는 데 집중했다.

레지던트 1년차를 거치면서, 나는 모든 데이터, 다양한 임상적인 조건들, 나의 슈퍼바이저들의 특이한 접근법들을 보고 압도당하기 시작했고, 이들을 포괄적으로 설명할 수 있는 어떤 방법을 갈망했다. 정신역동적인 접근이 그래도 가장 좋은 듯했다. 그 당시 미국에서는 대부분의 정신분석 수련 프로그램은 분석 지향적이었다. 오늘날의 정신의학계 수장들은 신경과학자들이지만 1950년대의 과장들은 대부분 정신분석적으로 훈련을 받은 사람들이다. 그러나 존스홉킨스는 상담 서비스를 실시한 것 이외에도 이 방면에서 중요한 예외였다.

그래서 나는 일주일에 네 번, 의무적으로 올리브 스미스를 만났고, 프로이트 책을 읽었고, 정신과의 상담 동(棟, consultation wing)에서 진행되는 분석 지향적 컨퍼런스에 참석했다. 그러나 시간이 지남에 따라 나는 점점 정신분석적 접근에 대해서 의심이 갔다. 나의 개인 분석가의 코멘트는 적절하지 않았고, 초점에서 벗어난 것 같다는 느낌을 갖게 되었다. 그녀는 도움이 되려고 노력했으나 분석가는 중립을 지켜야 한다는 칙령에 지나치게 얽매여서 그녀 자신의 진짜 모습을 나에게 보여주는 것을 꺼렸다. 더군다나, 나는 어렸을 때 경험과 원초적인 성적인 공격성을 강조하는 것은 심각하게 제한적이라는 것을 믿기 시작했다.

그 당시에 생리심리학적 접근은 인슐린 코마 전기충격치료(ECT) 등의 심인성 치료를 제외하고는 별로 쓰이지 않았다. 그러나 나는 개인적으로 여러 차례 이런 접근을 시도했고 때로 특별하게 회복되는 경우를 보았다. 이런 치료들은 우연히 발견된 전혀 별개의 접근법이었다. 예를 들면 임상가들은 몇 세기를 두고 발작(경련)은 여러 가지 이유, 열이나 말라리아 등 여러 가지 조건으로 일어나는 것이라고 관찰해왔는데, 이것은 정신병이나 우울증에 유익한 효과가 있었다. 그래서 그들은 저혈당 혼수상태와 경련을 둘 다 치료하는 화학적(Metrazol) 그리고 전기적(ECT) 방법을 찾았다.

나의 1년차 레지던트가 끝나갈 무렵 심리학자 롤로 메이가 쓴 실존 (Existence)이라는 제목의 새 책이 나의 주의를 끌었다. 이 책은 메이가 쓴 두 편의 길고 우수한 수필과 유럽 치료자들과 철학자들의 글, 예를 들면 루드비히 빈스방거, 어윈 스트라우스, 그리고 유진 민코프스키 같은 분들의 글을 번역한 것으로 되어 있었다. 이 책이 나의 인생을 바꾸어 놓았다. 많은 장(章)들에 있는 의미가 깊은 언어는 뜻을 밝혀주기보다는 뜻을 애매하게 만들기 위해서 일부러 그렇게 어렵게 쓴 것같이 느껴질 정도로 어려웠다. 그러나 메이의 에세이는 예외적으로 명쾌했다. 그는 실존 사상의 기본 명제를 설명하고 쇠렌 키르케고르와 프리드리히 니체, 그리고 다른 실존철학자들의 사상을 나에게 소개했다. 1958년에 발간된 롤로 메이의 책 실존에는, 내가 읽으면서 그의 생각을 인정하거나 또는 동의하지 않는다는 표기를 거의 모든 페이지에 적어 놓은 것이 그대로 있다. 그 책은 나에게 정신분석적 사상과 생리학적 모델의 대안이 되는 제3의 방법을 제시해주었다. 그 방법은 2,500년 진의 철학자들과 작가들의 지혜에서 비롯된 것이었다. 이 회고록을 쓰느라고 나의 옛 책을 다시 훑어보면서, 대략 40년 전에 롤로 메이가 그 책에 "내가 실존적 심리치료를 배웠던 동료, 어브에게"라고 사인을 한 것을 보고 대단히 놀랐고 내 눈에는 눈물이 고였다.

정신과 역사에 관한 시리즈 강의, 필립 피넬(정신이상자들을 인간적으로 치료하는 법을 소개한 18세기의 의사)로부터 프로이트까지의 시리즈 강의는 흥미로웠다. 그러나 나는 우리 분야가 18세기 피넬에 의해 시작되었다는 것은 잘못되었다고 생각했다. 강의를 하면서 나는 오래전에 인간의 행동과 인간의 고뇌에 대해서 쓴 사상가들을 생각하고 있었다—철학자들, 예를 들면 에피쿠로스, 마르쿠스 아우렐리우스, 몽테뉴, 그리고 존 로크의 생각들과 롤로 메이의 책이 이제야말로 철학 교육을 시작할 때라고 나를 설득했다. 그래서 2년차 레지던트 때에 나는 존스홉킨스대학교의 홈우드 캠퍼스, 바로 매릴린이 공부하고 있는 캠퍼스에서 1년간 서양 철학 역사 강의를 등록했다. 우리 교재는 버트런드 러셀의 인기 있는 책 서양 철학사(*History of Western Philosophy*)였다. 그리고 오랜 시간 동안 생리학적, 의학적, 외과적, 그리고 산과적 교과서들만을 공부해온 나에게 이 책은 신의 음식처럼 느껴졌다.

그 개론 강좌 이후에 나는 철학의 독학자가 되었다. 내 스스로 광범위하게 읽었고 홉킨스와 이후에는 스탠퍼드에서 청강을 하면서 철학을 공부했다. 그 당시 나는 어떻게 내 분야인 심리치료에서 그들의 지혜를 적용할 수 있을까에 대해서 아무런 아이디어도 없었다. 그러나 마음속 깊은 곳에서는 이것이 나의 일생 동안의 과업이 될 것임을 알고 있었다.

레지던트 생활이 끝나갈 무렵 나는 근처에 있는 정신병자 범죄자들을 수용하는 기관인 패턱센트 보호소(Patuxent Institute)에서 석 달간 일하면서 개인 환자를 치료했고 매일 진행되는 성 범죄자들을 위한 집단치료를 진행했다. 이 집단은 내가 진행했던 집단치료 중에서 가장 어려운 집단이었다. 집단 멤버들은 자기네들이 집단에서 다루는 문제보다는 훨씬 더 잘 적응할 수 있다고 나를 설득하는 데 많은 에너지를 쓰고 있었다. 그들은 법적 선고가 정해지지 않았기 때문에 — 정신과 의사들이 회복되었다고 선포할 때까지 감금되어 있어야 했다 — 그들이 자신을 노출시키기를 주저하는 것은 이해할 수 있는 일이었다. 나의 패턱센트 보호소 경험은 놀라운 것이었다. 그해 말에 나는 충분한 자료를 가지고 있었으므로 두 개의 논문을 쓰기로 결심하였다. 하나는 성도착자를 위한 집단치료, 다른 하나는 관음증에 대해서였다.

나의 관음증에 관한 논문은 그 주제에서는 처음으로 출판된 정신과 출판물이다. 그 논문에서는 관음증 환자는 단순히 나체 여인을 보는 것만을 원하지 않는다는 것을 지적했다. 만약 관음증 환자가 굉장한 희열을 맛보려면 금지된 것을 은밀히 본다는 느낌이 필수적이어야 하는데, 내가 연구한 관음증 환자는 그 누구도 스트립쇼나 매춘이나 춘화를 찾지 않았다. 둘째로, 관음증은 의례 괴롭고, 겁나는, 그리고 무해한 범법행위라고 생각되어졌으나, 나는 그렇지 않다는 것을 알았다. 내가 함께 일했던 많은 재소자들은 처음에는 관음증으로 나타나다가 나중에는 심각한 범죄, 부수거나 쳐들어가거나 성폭행으로 발전했다.

그 논문을 쓰면서 나는 의과대학 때 사례 컨퍼런스 발표에서 내가 뮤리엘 이야기를 했던 것이 떠올랐다. 그래서 내가 뮤리엘 발표를 이야기로 시작해서 청중의 흥미를 불러일으켰던 것과 똑같은 방법으로, 나의 관음증 논문을 '엿보는 톰(Peeping Tom)'의 원래 이야기로 시작했다. 박사학위 논문을 쓰고 있던 내 아내가 11세기의 귀족 여인 글로리아의 전설을 되새겨 보도록 나를 도와주었다. 글로리아는 그녀의 남편인 군주가 과도한 납세를 요구하는 것을 막고 마을 사람들을 구하기 위하여 벌거벗은 채로 말을 타고 거리를 질주하겠다고 자원했다. 모든 마을 사람들은, 톰을 제외하고, 그녀의 나체를 보지 않는 것으로 그녀에게 감사한 마음을 표시하기로 하였다. 그러나 가엾은 톰은 벌거벗은 귀족의 모습을 보고 싶은 마음을 억누를 수가 없어서 약속을 어겼고 장님이 되었다. 그 논문은 즉시로 **일반정신의학 기록지**(*Archives of General Psychiatry*)에 발표되었다.

그 후에 곧바로 성범죄자들을 위한 집단치료를 운영하는 기술에 대한 나의 논문도 **신경과 정신질환 저널**(*Journal of Nervous and Mental Disease*)에 발표되었다. 패턱센트에서의 일과는 관계없이 나는 노인성 치매의 진단에 관한 논문도 출판했다. 레지던트가 논문의 저자가 되는 것이 보통 있는 일이 아니었으므로 홉킨스 교수들은 나의 논문에 긍정적으로 반응했다. 그들의 갈채는 영광스러웠지만 나에게는 의외로 논문을 쓰고 발표하는 일이 너무 쉽게 이루어져서 약간 당황스럽기도 했다.

존 화이트혼은 언제나 흰 셔츠에 넥타이, 그리고 갈색 양복을 입었다. 우리 레지던트들은 그가 두세 벌의 똑같은 양복을 가지고 있을 것이라고 수군거렸다. 왜냐하면 그는 다른 양복은 절대로 입지 않았기 때문이었다. 모든 레지던트들은 매년 학기가 시작될 때 그의 연례 칵테일 파티에 참석해야 했는데 우리는 모두 그것을 두려워했다. 넥타이를 매고 정장을 하고 몇 시간씩 서 있어야 했고 셰리주 한 잔 이외에는 아무런 음료나 음식이 제공되지 않았기 때문이었다.

3차 연도 중에, 다섯 명의 레지던트 3년차 생들과 나는 매주 금요일을 온종일 닥터 화이트혼과 보내야 했다. 그가 입원 환자들과 인터뷰하는 동안 그의 사무실에 연결되어 있는 구석의 넓은 회의실에서 닥터 화이트혼과 환자가 등받이 의자에 앉아 있는 동안에, 우리들 여덟 명의 레지던트들은 몇 피트 떨어진 곳의 나무 의자에 앉아 있어야 했다. 어떤 인터뷰는 10분 내지 15분이었지만, 다른 인터뷰는 한 시간, 때로는 두세 시간씩 걸리기도 했다.

그의 저서 인터뷰 가이드와 임상적 성격연구(*Guide to Interviewing and Clinical Personality Study*)가 그 당시 미국에서 대부분의 정신과 수련 프로그램에 사용되었다. 그 책은 초보자에게 임상적 인터뷰의 조직적인 접근을 제공했으나 그 자신의 인터뷰 스타일은 결코 체계적이 아니었다. 그는 증상이나 스트레스 영역에 대해서는 거의 묻지 않았다. 대신에 "환자가 그대를 가르치게 하라."라는 계획에 따랐다. 지금, 거의 반세기가 지난 지금 몇 개의 예가 기억에 남아 있다. 어떤 환자는 박사학위 논문을 스페인 함대에 대해서 썼고, 다른 환자는 잔 다르크 전문가였고 다른 환자는 브라질의 부유한 커피농장주였다. 닥터 화이트혼은 각 사례마다 환자의 관심거리에 집중하면서 90분씩 긴 인터뷰를 진행했다. 우리는 스페인 함대에 대해서 많이 배웠고 잔 다르크에 대항하는 음모에 대해서, 페르시아 궁술의 정확성에 대해서, 전문 용접 기술학교의 교과과정에 대해서, 그리고 커피 빈의 질과 커피가 자라는 토지의 위도와의 관계에 대해서, 우리가 알고 싶어 하는 모든 것들에 대해서 (그리고 더 많이) 배웠다. 때때로 나는 지루해서 고개를 돌렸으나, 10분이나 15분 후, 적의에 차 있고, 경계하던 편집증 환자가 더 솔직하게 그리고 인간적으로 그 또는 그녀의 내적인 삶에 대해서 이야기하는 것을 보게 되었다. "당신과 환자 둘 다 이기게 되는 거지요." 존 화이트혼은 말했다. "환자의 자긍심은 의사인 당신이 그 환자에게 흥미를 가지고 그에게서 배우려고 하는 열의로 인해서 일어나게 되는 겁니다. 그리고 의사는 고양되고 결과적으로 환자의 병에 대해서 당신이 알아야 할 모든 것을 배우게 될 것입니다."

아침 인터뷰가 끝난 후에, 우리는 두 시간 동안 그의 넓고 편안한 사무실에서 훌륭한 본차이나로 남부 형식의 한가한 오찬을 했다. 풍성한 샐러드, 샌드위치, 대구(생선) 조각, 그리고 내가 지금까지도 좋아하는 치자피크 베이 크랩 케이크 등이 메뉴였다. 대화는 샐러드와 샌드위치에서 시작해서 디저트와 커피에 이르기까지 다양한 주제로 이어졌다. 우리가 어떤 특정한 주제로 그를 이끌어가지 않는 한 화이트혼은 원소의 주기율표에 대한 새로운 아이디어를 이야기하고 싶어 했다. 그는 칠판으로 걸어가서 인제나 사무실 벽에 걸려 있는 원소의 주기율표를 내렸다. 그는 하버드에서 정신과 트레이닝을 받고, 홉킨스에 오기 전에 세인트루이스에 있는 워싱턴대학교에서 정신과 과장을 지냈지만, 원래는 생화학자였다. 그리고 뇌의 화학에 대해서 상당한 조사를 했다. 편집증 사고의 근원에 대한 나의 질문을 받고 그가 긴 시간에 걸쳐 대답을 했던 것이 기억난다. 한번은 내가 인간 행동에 대해서 상당히 결정론적으로 쓰인 문장을 읽으면서 전적으로 개인에게 부과되는 모든 자극에 대한 총체적 지식이 그 또는 그녀의 생각과 행동의 반응을 예측할 수 있게 하지 않겠느냐는 이야기를 한 적이 있다. 나는 볼을 차는 것과 비교하면서 이야기를 했다—만약 우리가 그 힘, 각도, 그리고 스핀을 알기만 한다면 볼을 차는 반응을 알 수 있을 것이라는 이야기였다.

나의 이야기가 그에게 반대의 관점을 갖도록 자극했다. 그것은 곧 인간적인 조명, 그에게는 낯설고 불편한 관점이었다. 활발한 토론이 끝나자 닥터 화이트혼은 다른 사람들에게 이야기했다. "닥터 얄롬은 내 덕분에 재미를 보고 있는 게 분명하군." 내가 그 상황을 다시 요약해보면, 그가 옳았던 것 같다. 내가 늘 옹호해오고 있는 대단히 인간적인 관점의 방향으로 그를 조정했다는 것에 대해서 나는 즐거운 감정을 느꼈던 것이 생각나기 때문이다.

그에 대한 단 하나의 실망은 내가 그에게 카프카의 심판을 빌려드렸던 사실이다. 나는 그 책에서 신경증과 막연한 죄책감에 대한 은유적 표현 부분을 좋아했다. 그러나 닥터 화이트 혼은 며칠 뒤에 머리를 흔들면서 그 책을 나에게 돌려주었다. 그는 도저히 그 책을 이해할 수 없었고 차라리 진짜 사람들하고 이야기하는 것이 낫다고 말했다. 그때 이미 나는 정신과에서 3년 있었지만 그동안에 그 어느 의사도 소설가나 철학자의 통찰력에 관심을 가지고 있는 것을 보지 못했다.

오찬 후에 우리는 닥터 화이트혼의 인터뷰를 관찰하기 위해 방으로 놀아갔다. 4시에서 5시쯤 되자 나는 안절부절 안달이 났다. 이 방에서 벗어나서 나의 정규 테니스 파트너인 의과 대학생과 테니스를 치고 싶었다. 직원들을 위한 테니스 코트는 단지 200미터 떨어진 곳, 정신과와 소아과 사이의 공간에 있었다. 금요일 저녁마다 나는 늦은 저녁 햇살이 사라질 때까지 테니스에 대한 희망을 버리지 않고 있다가 어쩔 수 없이 한숨을 쉬면서 그 인터뷰에 주의를 집중하곤 했다.

수련기간 동안 닥터 화이트혼을 마지막으로 만난 것은 나의 레지던트 생활 마지막 달이었다. 어느 날 오후에 그는 나를 자기 사무실로 불렀다. 내가 사무실 문을 닫고 그와 마주 앉았을 때 그의 얼굴이 덜 심각해 보인다는 것을 알아차렸다. 내가 잘못 보았나, 또는 내가 그의 친절함을 알아차렸나, 얼굴에 미소까지? 화이트혼 특유의 침묵 후에 그는 나를 향해 몸을 구부리고 물었다. "자네 미래의 계획은 뭔가?" 내가 나의 다음 단계는 2년간의 군대 생활이라고 대답하자, 그는 얼굴을 찡그리고, "자네에게는 지금 우리가 평화시대에 살고 있는 것이 얼마나 행운인가. 내 아들은 2차 세계대전 때 벌지 전투에서 전사했다네―빌어먹을 그 궤멸작전(潰滅作戰)." 나는 죄송하다고 더듬거리며 말했다. 그러나 그는 눈을 감고 아들 이야기는 더 이상 하고 싶지 않다는 것을 암시하듯 머리를 흔들었다. 그는 나의 군 복무 후의 계획에 대해 물었다. 나는 미래에 대해서는 아직 확실하지 않으며 아내와 아이들을 부양할 책임이 있다는 말을 했다. 아마도 나는 워싱턴이나 볼티모어에서 개업을 하게 될지도 모른다고 말했던 것 같다.

그는 머리를 흔들면서 자신의 책상 위에 정갈하게 쌓여 있는 서류들 중에서 내가 쓴 논문을 꺼내 들고, "이런 논문들이 뭔가를 이야기하고 있다네. 논문들은 누구나 반드시 올라가야 할 학계의 사다리의 단계를 나타낸다네. 내 짐작에 만약 자네가 이런 식으로 생각하거나 논문을 계속해서 쓴다면 대학에서 가르칠 수 있는 밝은 장래가 반드시 있을 것이라고 믿네―하나 예를 들면, 존스홉킨스대학교 같은 데서…" 그의 마지막 말이 몇 년 동안 내 귓가에 맴돌았다. "자네가 학계의 커리어를 추구하지 않는다면 행운을 날려 보내는 꼴이지." 그는 그날의 만남을 끝내면서 그의 사신이 들어 있는 사진 액자를 내게 주었다. 그 사진 속에 그는 "닥터 얄롬에게, 사랑과 존경의 마음으로."라고 썼다. 그 사진 액자는 지금도 내 사무실에 걸려 있다. 나는 지금 이 글을 쓰면서, 희희낙락한 조 디마지오의 사진 옆에 불편하게 놓여 있는 그의 사진액자를 본다. "사랑과 존경의 마음으로"―지금 그 단어들을 생각하면서 나는 놀라움을 금할 수 없다. 그 당시에 나는 한 번도 그에게서 그런 감정을 느껴본 적이 없다. 이 글을 쓰고 있는 지금에야, 나는 그와 제롬 프랭크 역시 진실로 나의 멘토였음을 깨닫게 되었다―위대한 멘토들! 어쩌면 지금 나는 전적으로 내가 스스로를 만들어냈다는 생각을 없애버려야 할 때인 것 같다.

3년간의 레지던트를 끝냈을 때, 닥터 화이트혼도 존스홉킨스에서의 그의 긴 커리어를 끝내게 되었다. 나는 다른 레지던트들과 의과대학의 전체 교수들과 함께 그의 은퇴 파티에 참석했다. 나는 지금도 그가 고별인사를 어떻게 했는지 생생히 기억하고 있다. 리온 아이젠버그의 활발한 소개가 있었는데 아이젠버그 교수는, 나의 정신과 슈퍼바이저로 곧 하버드 정신과 과장으로 임명될 예정이었다. 소개가 끝나자 닥터 화이트혼은 자리에서 일어나서 마이크 앞으로 걸어갔다. 그리고 그는 계산된, 예의 바른 목소리로 시작했다. "한 사람의 성품은 그의 친구들의 성품에 의해 결정된다고들 합니다. 만약 그 말이 진실이라면…" 그는 잠시 멈췄다. 그리고 많은 청중을 왼쪽에서 오른쪽으로 아주 천천히 그리고 신중하게 훑어보았다. "그러면 나는 진실로 괜찮은 사람이었던 것 같습니다."

그 행사 이후에 나는 딱 두 번 그를 만났다. 내가 스탠퍼드에서 가르치기 시작한 지 몇 년 후에, 그의 가까운 친척 중 한 분이 나에게 연락을 해왔다. 닥터 화이트혼이 자기의 심리치료자로 나를 추천했다고 했다. 나는 몇 달 간 그를 치료할 수 있어서 기뻤다. 그리고 1974년에 그와 서로 얼굴을 맞내고 만난 지 15년 후에, 나는 한 번도 만난 적이 없는 존 화이트혼의 딸에게서 전화를 받았다. 그녀는 아버지가 뇌출혈을 일으켜서 거의 사망하게 되었으며, 아주 특별히 내가 그를 방문해주기를 요청했다고 했다. 나는 완전히 어안이 벙벙했다. 왜 나지? 내가 무슨 도움을 드릴 수 있을까? 그러나 물론 나는 주저하지 않았고, 다음 날 아침 대륙을 횡단해서 워싱턴으로 날아갔다. 그곳에서는 언제나처럼 나의 누나 진과 그녀의 남편 몰톤과 같이 지냈다. 나는 그들의 자동차를 빌려서, 언제나 차 타기를 좋아하는 어머니를 태우고 볼티모어 교외의 요양병원으로 향했다. 로비에 어머니에게 편안한 자리를 마련해 드리고 닥터 화이트혼의 병실로 가는 엘리베이터를 탔다.

그는 내가 기억하는 것보다 훨씬 작아보였다. 그는 몸 한쪽이 마비되었고 실어증이 와서 말하는 능력이 많이 손상되어 있었다. 내가 아는 한 가장 화려하고 정확한 언어를 구사하던 한 사람이 지금 침을 질질 흘리면서 단어를 찾느라고 애쓰는 모습을 보는 충격은 컸다. 몇 번 잘못 시작하다가 그는 마침내 더듬거리면 말했다. "나는… 나는… 나는 무서워… 정말로 무서워…" 나 역시도 두려웠다. 거대한 조각상이 무너져서 폐허에 누워 있는 것 같은 광경을 보면서 나는 두려웠다.

닥터 화이트혼은 두 세대에 걸쳐서 정신과의사들을 훈련시켰다. 그들 중 대부분이 지금 유명한 대학교의 과장으로 일하고 있다. 나는 나에게 물었다. "왜 나지? 내가 무슨 일을 해드릴 수 있단 말인가?"

나는 많은 일을 해드리지 못하고 말았다. 나는 여느 긴장한 방문객처럼 행동했다. 위로의 말을 애타게 찾으면서. 그와 함께 보냈던 홉킨스 시절을 생각하면서 우리의 금요일 저녁이 얼마나 귀중했는지, 환자를 어떻게 인터뷰하는지에 대해서, 그가 나에게 얼마나 큰 가르침을 주었는지, 내가 그의 충고를 어떻게 받아들였는지, 그래서 대학 교수가 되었고, 그의 가르침에 따라 내가 환자를 위엄 있게 그리고 흥미를 가지고 대하고 있다는 것을, 그의 충고에 따라 나는 환자가 나를 가르치게 한다는 것들을 이야기했다. 그는 소리는 내었으나 말로는 하지 못했다. 그리고 마침내 30분이 지난 후에 그는 깊은 잠에 빠졌다. 나는 충격으로 떨면서 그 자리를 떠났고, 왜 그가 나를 불렀는지 계속 의아했다. 내가 떠나고 이틀 후에 그가 세상을 떠났다는 소식을 그의 딸에게서 들었다.

그 의문 "왜 나지?" 이 의문이 몇 년 동안 나의 마음속에서 맴돌았다. 왜 수선스럽고, 자기의심이 많은 가난한 이민자 식료품 가게 아들인 나를? 아마도 나는 2차 세계대전에서 전사한 그의 아들의 대역인지도 모른다. 닥터 화이트혼은 몹시 외로운 죽음을 맞이했다. 내가 그에게 좀 더 많은 것을 드릴 수 있었다면… 여러 차례 나는 두 번째의 기회를 원하고 있었다. 그와 함께 했던 시간을 내가 얼마나 소중히 여기고 있었는지를 더 열심히 이야기했어야 했다. 그리고 내가 환자를 인터뷰할 때마다 얼마나 자주 그를 생각했는지를 이야기했어야 했다. 나는 그가 당했을 공포가 얼마나 컸을까를 이야기했어야 했다. 아니면, 나는 그의 손을 만져드렸어야 했고, 또는 뺨에 키스를 했어야 했다. 그러나 나는 그렇게 하지 못했다―나는 그를 너무나 반듯한 격식을 차리는 사람으로, 거리감이 있는 사람으로만 알고 있었다. 뿐만 아니라 그는 너무나 어쩔 도리 없이 약해 있었기 때문에 나의 부드러운 행동이 하나의 폭행으로 경험됐을지도 모른다.

약 20년이 흐른 뒤에, 데이비드 햄버그와 우연히 점심을 같이 먹게 되었다. 그는 내가 군복무를 마친 후에 나를 스탠퍼드로 데려갔던 사람인데 자기 집안 청소를 하면서 편지 한 장을 발견했다는 것이다. 그 편지는 존 화이트혼이 내가 스탠퍼드에 갈 때 나를 위해 쓴 추천서였다고 했다. 그는 그 편지를 나에게 보여주었다. 나는 화이트혼의 마지막 문장을 읽고 감동을 받았다. "나는 닥터 얄롬이 미국 정신과학계의 리더가 될 것이라고 확신합니다." 지금, 나는 존 화이트혼과의 관계를 다시 생각하면서, 그가 임종 시에 왜 나를 불렀는지를 이해하게 된 것 같다. 그는 나를 자신의 업석을 이어 받을 사람으로 생각했었음에 틀림없다. 바로 지금 나는 내 책상 위에 걸려 있는 그의 사진을 보려고 몸을 돌리면서 그의 시선을 붙잡으려고 애쓴다. 나를 통해서 자신의 업적이 미래에 파급효과를 낼 수 있으리라고 생각했던 그의 생각이 위로를 받았기를 소망한다.

낙원에 배치되다

1960년 8월, 존스홉킨스에서 레지던트를 마치고 한 달 후에 나는 군에 징집되었다. 그 당시에는 보통 입대제도가 있었지만, 의과 대학생들에게는 베리 플랜이라는 특별한 입대 지연 프로그램이라는 의과대학을 졸업하고 레지던트까지 마치고 나서 입대할 수 있는 특전이 있었다. 나는 이 프로그램에 사인을 했기 때문에 레지던트를 마치고 샌안토니오에 있는 샘 휴스턴 부대에서 6주간의 첫 기초 훈련을 받았다. 그곳에서 나는 앞으로 2년간 독일에 있는 부대에 있게 될 것이라는 통보를 받았다. 며칠 후에는 독일 대신 프랑스에 있게 될 것이라는 또 다른 통보를 받았다. 그리고 또 다시 두 주 후에는, 말하기도 이상스럽지만, 하와이 호놀룰루에 있는 트리플러 병원에 근무하라는 통지를 받았다. 그 통보에 나는 꼼짝 못하고 배치되었다.

나는 하와이에서의 처음 순간을 아주 생생하게 기억하고 있다. 비행기에서 내리자마자, 앞으로 2년간 나의 친구가 되도록 운명지어진, 군 심리학자 짐 니콜라스가 플루메리아 꽃으로 된 레이를 내 목에 걸어주었다. 그 향기는 내 코에 스며들었다. 달콤하고 강력한 향기, 그리고 바로 그 순간 나는 내 안에서 무언가가 변하고 있다는 걸 느꼈다. 나의 감각이 깨어났고 어디에서든지 풍겨 나오는 플루메리아 향기에 취하게 되었다. 비행장에서, 길거리에서, 그리고 짐이 마련해준, 식료품과 꽃까지 준비된 와이키키의 작은 아파트에 이르기까지 온통 플루메리아 향기가 풍겼다. 1960년의 하와이는 위대한 자연의 아름다움이 그대로 머물러 있는 곳이었다—아름다운 옷, 팜 트리, 하와이 무궁화, 붉은 점이 박힌 생강꽃, 흰 백합꽃, 극락조, 그리고 물론, 부드럽게 빛나는 백사장을 향해 암회색의 파도가 넘실거리는 바다. 모든 사람들이 이상하고 아름다운 옷을 입고 있었다. 짐은 꽃무늬가 있는 셔츠에 반바지를 입고, 조리라고 부르는 샌들을 신고 나를 와이키키 상점으로 데리고 갔다. 거기서 나는 군복을 벗고, 적어도 그날 하루만이라도, 조리를 신고, 바이올렛 색의 알로하 셔츠에 밝은 청색 반바지를 입고 거리로 나왔다.

매릴린과 세 아이들은 이틀 후에 도착했다. 우리는 다른 세상 같은 하와이 섬의 동부를 내려다볼 수 있는 팔리 전망대로 가서 우리를 둘러싸고 있는 검은 녹색의 톱날 모양의 산들을 바라보았다. 폭포와 무지개, 청녹색의 바다, 그리고 끝없이 펼쳐지는 비치 등을 보고 매릴린은 카이루아와 라나카이를 가리키면서 외쳤다. "여기가 낙원이네요. 나는 여기서 살고 싶어요."

나는 매릴린이 기뻐하는 것이 기뻤다. 지난 몇 주간이 그녀에게는 고통스러운 시간이었다. 샌안토니오에서 내가 6주간 기초 훈련을 받고 있을 때의 생활은 우리 둘 모두에게 힘들었는데, 특히 매릴린에게는 가혹했다. 우리는 샌안토니오에 아는 사람이 전혀 없었다. 매일 화씨 100도가 넘는 날씨였다. 나의 군 학교 스케줄은 몹시 요구가 많았기 때문에 일주일에 닷새나 엿새를 하루 종일 일해야 했고 매릴린 혼자서 세 아이를 돌보아야 했다. 내가 샌안토니오에서 몇 시간 떨어진 곳에서 일주일 동안 기초 훈련을 받아야 했을 때 최악의 상황이 벌어졌다. 기초 훈련을 통해 나는 매우 가치 있는 일들을 배웠다. 무기를 어떻게 다루어야 하는지(나는 적중사격 메달을 받았다), 그리고 머리 위에서 기계총이 조종되고 있는 가운데 가시 돋친 철망 밑을 어떻게 기어가는지(적어도 우리는 기계총에 장전된 총알이 실탄이라고 들었다－아무도 테스트해보지는 않았지만) 등을 배웠다. 아이폰이 없던 시절에 매릴린과 나는 이런 시간에 무슨 일이 생겨도 서로에게 연락할 길이 없었다. 기초 훈련에서 돌아왔을 때에야, 내가 떠난 바로 다음 날 매릴린이 급성 맹장염에 걸렸다는 사실을 알았다. 그녀는 군병원에 입원해서 맹장염 수술을 받았고 군 직원이 아이들을 돌봐주었다. 수술 후 4일이 지난 날 저녁에 외과 수석 레지던트가 집을 방문해서 매릴린의 병리검사에서 대장암 소견이 있으니 대장을 절제해야 할 것이라고 했다. 그는 나에게 보여주라고 매릴린이 절제해야 하는 장의 부분을 표시한 그림까지 그려놓고 갔다. 바로 다음 날 내가 집에 갔을 때, 나는 그 소식과 외과의사가 그려놓고 간 스케치를 보고 충격을 받았다. 나는 급히 군병원으로 달려가 매릴린의 병리 슬라이드를 받아서 동부에 있는 의사 친구에게 속달로 보냈다. 그들은 모두 매릴린이 아무런 처치도 필요 없는 양성 유암종양이 있다는 데 동의했다. 50년이 지난 지금도, 내가 이 글을 쓰고 있는 지금도 나에게 이런 사실을 알리지 않은 군대에게, 그리고 절대 양성인 상태를 보고 되돌릴 수 없는 대수술을 제안한 수석 레지던트에 대해서 크게 분노한다.

　이런 모든 것은 이제 다 지나간 일이다. 우리는 하와이의 새로운 환경에서 산과 밝은 청색의 물을 바라보고 있다. 생기 있고 발랄한 매릴린이 다시 나의 곁에 있다는 것이 너무나 다행스럽고도 기뻤다. 나는 다시 카일루아와 라니카이를 바라보았다. 그곳에서 산다는 것은 정말로 비현실적인 것이었다. 우리는 돈이 없었고, 군 본부에서는 스코필드 바락에 값이 싼 집을 제공해주었다. 그러나 며칠 사이에 매릴린이, 세계에서 가장 아름다운 비치 중 하나인 라니카이 비치에서 한 블록 떨어진 곳에 있는 작은 집을 빌렸을 때 매우 기뻤다. 라나카이 비치는 우리 둘의 마음에 영원한 집으로 남아 있다. 우리가 전에 한 번도 보지 못했던, 가장 아름다운 비치, 밀가루처럼 보드라우면서도 단단한 라나카이 모래, 그 이후로 우리는 그런 모래를 걸을 기회가 있을 때마다 서로를 쳐다보면서 "라나카이 모래"라고 말한다.

　하와이를 떠나고 한참 후에도, 우리는 정기적으로 그 비치에 다시 가곤 했다. 그러나 지금 그 비치는 말할 수 없이 침식되었다. 우리는 그곳에서 1년을 살았다. 그 후 해군 제독이 기대하지 않았던 남태평양으로 다시 발령을 받게 되어 카일루아 비치 옆에 있는 그의 집을 세 놓게 되었다는 말을 듣고 우리는 즉시로 그 집을 빌렸다. 비치에서 아주 가까웠기 때문에 나는 당직일 때도 파도타기와 스노클링을 할 수 있었다. 나를 찾는 전화가 오면 매릴린이 베란다에서 커다란 흰 타월을 흔들면서 신호를 보냈다.

　우리가 하와이에 도착한 지 얼마 안 되어서 하와이에 주둔하고 있는 독일, 프랑스 세 분의 장군들로부터 인사 편지를 받았다. 모두 내가 그들의 부대로 온 것을 환영한다는 내용이었다. 배치되는 장소에 대한 초기의 혼란 때문에 짐들은 오는 도중에 소실되었다. 그래서 우리는 살림을 정말로 새로 시작해야 했다—모든 가구와 침실용 생활필수품을 단 하루 동안에 창고 세일에서 샀다.

　나의 군 생활은 바쁘지 않았다. 하루의 거의 모든 시간을 태평양 부대에 있는 여러 곳에서 온 입원 환자 병동에서 보냈다. 1960년, 베트남 전쟁이 아직 일어나기 전이었으나 환자 대부분은 라오스에서 비공식적인 군 활동을 경험한 사람들이었다. 심각한 정신병 환자들은 이미 선별되어서 직접 주립 병원으로 옮겨진 상태였으므로 우리 병원에 있는 환자들은 대부분 군대에서 제대하기를 희망하는 환자인 체하는 거짓 환자들이었다.

　나의 첫 번째 환자 중 하나는 19년간 군인 생활을 한 은퇴에 가까운 병장인데 근무 중에 술을 마셔서 체포되었다—그것은 그의 은퇴와 연금에 영향을 줄 수 있는 엄중한 범법행위였다. 그가 검사를 받으려고 내게로 왔다.

그는 내가 물어보는 모든 질문에 틀린 답을 했으나 모든 대답이 정답에 가까웠으므로 마음으로는 정답을 알고 있을 것 같다는 느낌이 들었다. 6×7=41, 크리스마스는 12월 26일, 책상 다리는 5개 등으로 대답하는 것이었다. 나는 전에 이런 경우를 한 번도 본 적이 없었으므로, 동료들과 이야기를 하고 문헌을 찾아서 보니까 이것은 고전적인 간저 증후군(Ganser syndrome)이었다(또는 '대략의 답' 증상이라고 알려졌음). 환자가 정말 아프지는 않으면서 병을 흉내 내는 거짓 장애의 형태이다. 환자는 불법행동에 대한 책임을 회피하기 위해서 거짓 행동을 하는 것이다. 나는 4일 동안 그 환자와 오랜 시간을 (더 오랜 시간 입원을 해야 하는 환자는 본토 병원으로 보내야 했다) 보내기는 했으나 그의 진정한 자기 자신과는 연결을 할 수가 없었다. 오랜 시간 동안 간저병 환자에 대한 추후 연구 문헌을 통해 내가 배운 정말 이상한 부분은, 실제로 간저병 환자는 몇 년 후에 진짜로 정신병에 걸리는 확률이 높다는 것이었다!

매일 우리는 군인들이 정말로 정신적인 병을 앓고 있는지, 또는 의병제대를 하려고 가짜로 앓고 있는지를 결정해야 했다. 우리에게 오는 거의 대부분의 환자들은 육군 또는 해군 또는 해병내에서 세내하고 싶어서 오는 사람들이었다 — 우리는 군대의 모든 분야를 치료했다 — 나와 동료들은 우리의 결정 과정이 자유재량에 달려 있다는 사실에 대해 오히려 어려움을 겪었다. 결정 과정의 가이드라인은 불분명했고 우리의 추천서는 불일치할 때가 있었기 때문이었다.

군에서의 의무적인 요구사항은 인턴십이나 레지던트십의 요구사항에 비하면 굉장히 가벼웠다. 지난 4년 동안 저녁과 주말에 당직을 해야 했던 나로서는 군에 와서 2년간의 휴가를 하고 있는 듯했다. 우리 병원에는 세 명의 정신과의사가 있었으므로, 사흘 밤과 주말에 한 번씩 당직을 했다. 군 복무 기간 내내 나는 단지 몇 번만 밤에 병원에 가야 했을 뿐이었다. 우리 셋은 서로 잘 통했고 지휘관 폴 예슬러 대령은 부드럽고 식견이 탁월해서 우리들에게 전적으로 자율성을 부여했다. 규모가 큰 트리플러 병원에서 단지 300피트 떨어져 있는 작은 트리플러의 정신과 병동은 편안하고, 군대 같지 않은 분위기였다. 나는 큰 트리플러 병원에서 점심을 먹고 때때로 병원의 다른 일들을 협의했고 그렇지 않은 경우에는 그런 일에 관여하지 않았고 때때로 경례를 받지도 않고 경례를 하지도 않으면서 지내기도 했다.

이런 자유로움 속에서 나는 집단 작업에 대한 관심을 계속 가지고 다양한 치료 집단을 구성했다. 입원 환자를 위한 매일 집단, 문제가 많은 군인 부인들을 위한 외래 집단, 그리고 나의 자유시간에 진행하는 하와이 카네호에 있는 하와이 주립병원의 비(非)군인 정신과 레지던트들을 위한 집단 등을 구성했다.

나는 군인 아내들을 위한 집단이 가장 도움을 주었다고 느낀다. 아내들 대부분이 익숙한 환경에서 멀리 떠나온 것에 대한 이야기를 했고, 몇 사람은 외로움과 주위의 다른 사람과 잘 사귈 수 없는 무능력 등에 대해서 더 깊이 들어가기를 원했다. 레지던트 집단은 훨씬 더 어려웠다. 레지던트들은 치료 경험을 얻기를 원했는데, 그 경험의 내용은 개인적으로는 치료가 되고, 교육적으로는 장차 집단 리더가 될 때 어떻게 해야 하는지를 배우는 등의 두 가지였다. 그들은 내가 경험이 많은 집단치료자라는 말을 들었다고 하면서, 나에게 집단을 리드해 달라고 요구했으나 불편했다. 나는 이런 종류의 집단을 리드해본 적이 없었을 뿐만 아니라, 그들보다 겨우 1, 2년의 경험이 더 있을 뿐이었기 때문이었다. 그렇지만 레지던트들은 나에게 그런 요구를 할 만큼 동기가 충분하다고 생각되어 그렇게 하기로 했다. 그러나 곧 내가 어려운 상황에 놓이게 되었다는 사실을 알았다. 집단은 대체로 멤버들이 위험을 무릅쓰고 자신의 내면에 있는 진지한 생각과 느낌을 공개하면서 활발하게 참여하지 않으면 잘 운영되지 않는다. 그런데 이 집단은 그 단계를 거치는 데 극도로 주저했다. 서서히 나는 그 상황을 이해하기 시작했다. 치료자의 가장 중요한 도구는 그 또는 그녀 자신의 사람됨, 자기 개방이다. 그러므로 개인적인 약점으로 여겨지는 것들을 자기 개방하는 것이 위험했다. 이 단계를 거치면서 한 사람의 인격이 판단될 뿐만 아니라, 개인의 전문적 역량도 판단되기 때문이다. 이런 난제를 충분히 인식하게 되었음에도 불구하고, 나는 이 집단의 고착상태를 해결할 수가 없었다. 그래서 대체로 이 집단은 보통 수준으로만 성공적이었을 뿐이었다. 이 경험 후에 나는 이런 환경에서 효율적인 집단 리더가 되려면 집단에서 자신이 이런 개인적인 위험을 택하면서 기꺼이 자기 개방을 하는 모델을 보여주어야 한다는 것을 인식하게 되었다.

하와이에서의 2년간의 생활이 나의 일생을 변화시켰다는 사실을 의심하지 않는다. 그 이전 내 인생의 장기간 목표는 동부로 돌아가서, 어쩌면 닥터 화이트혼이 제시했던 대로 학계에서 일자리를 찾거나, 아니면 워싱턴에 있는 나의 친지들과 다시 만나는 것이었다. 그러나 햇빛 비치는 하와이에서 몇 달을 지내고 나자, 춥고, 우중충하고, 형식에 얽매인 동부는 점점 매력이 없어졌다. 게다가 몇 년 동안 매릴린은 워싱턴에서 멀리 떠나 살기를 원했으므로 우리는 하와이에 머물러 있거나, 아니면 가능한 한 하와이와 가까운 곳에 머물러 있기로 완전히 농의했다. 하와이 생활 이진의 내 일생 전체는 일에만 초점이 맞추어져 있었다. 내 아내와 아이들과 같이하는 시간은 거의 없었다. 그런데 하와이는 나로 하여금 환경의 아름다움에 눈을 뜨게 해주었다. 해변이 특별히 매력적이었다. 매릴린과 나는 우리가 고등학생이었을 때 그랬던 것처럼 손에 손을 잡고 해변을 몇 시간씩 걸었다. 나는 많은 시간을 따뜻한 바다에서 아이들에게 수영을 가르치며 스노클링을 했고 몸으로 파도타기를 하면서 시간을 보냈다. (나는 서핑보드를 타고 파도타기하는 것을 끝내 배우지 못했다-균형을 잡지 못했기 때문이었다.) 금요일 저녁에는 아이들을 데리고 근처에 있는 영화관에 가서 사무라이 영화를 보았다. 아이들은 그 지방 아이들과 마찬가지로 파자마 바람이었다.

군에서는 나의 람브레타를 하와이로 운송해주지 못하지만 나의 망원경은 기꺼이 운송해주겠다고 했기 때문에 아직 볼티모어에 있을 때 기계화된 8인치의 반사망원경과 람브레타를 교환했다. 어렸을 때부터 망원경 만드는 일은 내가 몹시 탐내던 일이었다. 하와이에서 몇 번 산꼭대기로 망원경을 가지고 가기는 했어도 하와이 밤하늘은 계속해서 안개가 끼었기 때문에 사용할 기회는 별로 없었다.

내 환자 중 한 사람은 공군 기지의 항공 관제관이었다. 그를 통해서 나는 주말에 필리핀과 일본으로의 깜짝 비행 특전을 누릴 수 있었다. 나는 필리핀 작은 섬의 아름다운 물에서 스노클링을 했고, 내 마음속 눈에 영원히 새겨진 아름다운 마닐라의 황혼을 보았다. 동경에서는 장교 클럽에 머물면서 시내를 탐색하기도 했다. 길을 잃을 때마다 택시를 불러서 주소가 일본어로 쓰인 클럽 명함을 보여주었다. 클럽 매니저는 명함을 보여줄 때 주의하라고 했다. 만약 운전기사가 그 카드를 보고 한숨을 쉬면, 택시에서 얼른 나와야 한다는 것이다. 왜냐하면 동경의 택시 운전기사는 그 주소를 모른다는 것으로 체면을 구기려 하지 않기 때문이라는 것이다.

하와이에 도착하고 난 후 곧바로, 매릴린은 하와이대학교 프랑스문학과에서 자리를 얻었다. 그녀는 많은 베트남 학생들에게 현대 프랑스문학을 가르치게 된 것을 특히 기뻐했다. 베트남 학생들은 프랑스어에 유창했으나 수업이 끝난 후 따뜻하고 푸른 바다에서 수영할 생각에 잠기느라 사르트르의 소외라는 개념을 이해하는 것을 지극히 어려워했다. 매릴린은 우리 차로 운전해서 학교에 가야 했으므로 나는 빨리 달리는 야마하 모터사이클을 한 대 사서 팔리 언덕을 넘어 30분간 트리플러 병원으로 매일 출근하면서 스릴을 즐겼다. 우리가 거기서 지내는 동안 산을 가로지르는 윌슨 터널이 개통되었기 때문에 직장 가는 길이 단축되었다. 나는 매일 밝은 햇볕 속으로 들어가는 경험을 했고 거의 언제나 따뜻하고 달콤한 하와이 소나기 속에 젖곤 했다. 카일루아에 있었던 나의 집 근처에는 잔디가 깔린 테니스 코트와 테니스 클럽이 있어서 주말에는 다른 팀과 대항해서 게임을 했다. 나의 친구 하나가 나에게 스노클링과 스쿠버 다이빙을 소개해주었다. 그 후 40년간 나는 하와이와 카리브해, 그리고 그 이외의 세계 여러 곳에서 대양의 밑바닥을 미끄러지면서 가는 희열을 상당히 즐겼다. 또한 한 지역에서만 서식하는 특수한 생물의 생태와 바다 생물들을 관찰하면서 감탄했다. 때때로 나는 야간 다이빙도 했다. 밤에는 야행성 동물들, 특히 거대한 갑각류 동물들이 돌아다니기 때문에 아주 특이한 스릴이 있었다.

나의 군 동료 중 하나이며 메닝거 클리닉에서 트레이닝을 받은 잭 로스가 자기 클래스메이트인 K. Y. 럼을 나에게 소개했다. 그는 호놀룰루에서 정신과를 개업하여 운영하고 있었다. K. Y. 럼과 나는 몇몇 하와이 정신과의사들과 월례 사례연구회를 만들었고 격주로 정신과의사들과 포커 게임을 시작했다. 그와 나는 일생 동안의 친구가 되었다—그 포커 게임은 30년간이나 계속되었다.

하와이에서의 첫 주간의 어느 날, 우리 집 근처에 사는 베트남 노인 안드레 타오 킴 하이가 그의 체스 세트를 가지고 우리 집에 와서 "선생님은 체스를 두시나요?"라고 물었다. 그것은 하늘에서 떨어진 만나(Manna)였다! 안드레와 나는 실력이 비슷했고, 우리는 수십 번 게임을 했다. 그는 유엔에서 베트남 대표로 일하다가 은퇴했으나 몇 년 후 베트남 전쟁이 일어나자 그 전쟁에 반대하면서 미국을 떠나 파리로 갔다가 다시 마데이라 섬으로 갔다. 우리의 우정은 계속되어서 후에 내가 그의 집 두 곳을 다 방문해서 그와 체스 실력을 겨루었다.

나의 부모님과 매릴린의 어머니, 나의 누나 진과 그의 가족이 하와이에 있는 우리를 방문했다. 매릴린은 대학교에서 친구를 사귀어서 처음으로 사교적인 생활을 시작했다. 여덟 명으로 구성된 친구들의 모임은 **고독한 군중**(*The Lonely Crowd*)의 공동 저자였던 사회학자 류엘 데니와 그의 아내 루스, 인도네시아의 철학자이며 시인인 탁디르 알리스야하바나와 그의 독일인 아내, 하와이안 심포니 오케스트라의 지휘자 조지 바라니우와 요가 열성분자였던 그의 아름다운 아내인 또 다른 루스로 이루어졌다. 우리는 그들과 여러 날 밤을 즐겁게 지냈다. 탁디르의 시를 번역해서 읽었고, 류엘의 책에 대해서 토론했고 음악을 듣고, 어느 날 밤에는 T. S. 엘리엇의 황무지(The Waste Land)를 테이프로 듣다가 모두 낙담했다. 오늘날까지도 나는 우리 소그룹이 해변에서 벌렸던 하와이식 파티를 기억한다. 하와이식 드링크와 구아바, 리치, 망고, 파인애플, 그리고 내가 제일 좋아하는 파파야를 즐겼던 것을 기억하고 아직도 인도네시안 피넛 소스에 찍어 먹던 탁디르의 비프꼬치 맛을 기억한다.

포커, 스노클링, 비치 걷는 일, 모터사이클링, 우리 아이들과 노는 일 그리고 체스, 나는 전보다는 훨씬 즐겁게 놀면서 생활을 했다. 나는 하와이의 격식 차리지 않는 일상이 좋았고, 샌들을 신고 비치에 앉아서 그냥 바다를 바라보는 것이 좋았다. 나는 변하고 있었다. 일만이 전부는 아니었다. 회색의 우중충한 동부, 끔찍하게 추운 겨울, 강압적으로 더운 여름 등은 더 이상 매력이 없었다. 나는 하와이에서 편안했고 내 여생을 이곳에서 보내고 싶다는 환상에 젖기도 했다.

2년간의 하와이 생활을 끝낼 무렵에 우리는 어디서 살까를 결정하는 문제에 직면했다. 나는 전문적인 논문을 두 편 더 발표했고 학계로 진출할 생각을 하고 있었다. 그러나 아뿔사, 하와이에 머무는 것은 선택사항이 아니었다. 의과대학에서는 처음 2년간은 임상 환자를 보지 않는 지위를 제공한다고 했으나 전임 정신과 교수가 없었다. 나는 나 자신에 대해서 깊이 생각했고 어떤 식으로라도 내가 가야 할 길에 대해 가이드라인을 줄 수 있는 멘토가 없다는 사실에 비애를 느꼈다. 그러면서도 한 번도 나의 존스홉킨스의 스승, 존 화이트혼이나 제리 프랭크를 떠올릴 생각조차 못했다. 지금, 그때를 생각해보면 나는 몽롱해진다. 왜 나는 그들에게 충고나 참고자료를 요청하지 않았단 말인가? 레지던트를 마쳤을 때 나는 그들의 마음에서 내가 완전히 잊혔다고 틀림없이 생각했던 것 같다.

그 대신에 나는 가장 바람직하지 않은 길을 택했다. 구인 광고! 나는 미국정신의학회의 뉴스레터에서 세 개의 구인 광고를 보았다. 스탠퍼드대학교 의과대학과 캘리포니아 샌프란시스코대학교 의과대학(UCSF)의 교수직, 그리고 위스콘신에 있는 멘도타주립병원(유명한 심리학자 칼 로저스가 그곳에서 일했다는 이유 때문에 흥미가 있었다)의 직원이었다. 나는 세 곳 모두에 지원했고 그들은 모두 나를 인터뷰하겠다고 했기 때문에 군 비행기를 타고 샌프란시스코로 갔다.

나의 첫 번째 인터뷰는 UCSF에서였다. 원로교수 제이콥 엡스타인과의 한 시간의 인터뷰 끝에 그는 임상교수직과 연봉 18,000달러를 제안했다. 나의 3년차 레지던트 연봉이 3,000달러였고 군에서의 연봉이 12,000달러였기에 그 직책이 많은 일을 요구할 것이라고 생각했다. 의과 대학생들과 정신과 레지던트들을 가르쳐야 할 뿐만 아니라 굉장히 바쁜 큰 규모의 입원 환자 병동을 운영해야 한다는 것이었다. 그 제안을 받아들이고 싶은 생각도 있었다.

다음 날, 스탠퍼드 정신과 새 과장인 데이비드 햄버그가 나를 인터뷰했다. 스탠퍼드 의과대학과 병원은 샌프란시스코에서 팰로앨토에 새로 건축한 빌딩으로 막 이사를 했고, 그는 새로운 과를 만드는 작업에 전적으로 책임을 지고 있었다. 나는 닥터 햄버그의 원대한 비전, 우리 전문 분야에 대한 그의 관심, 그리고 그의 지혜에 감동을 받았다. 그리고 그의 문장력에! 상대방의 말을 정중하게 듣고 그의 혀에서 복합적으로 이어져 울려나오는 문장들은 마치 아름다운 협주곡 같았다. 그에 더하여 그의 강한 멘토십은, 내가 필요로 하는 자원과 학문적인 자유를 나에게 보장해줄 것이라는 강한 느낌을 갖게 했다.

지금 그때를 회고해보면서, 그 당시에 나는 내 미래가 어떻게 될지, 무슨 일을 할 수 있을지에 대한 아이디어가 없었다고 믿는다. 나는 개업의가 어떻다는 것은 알았고 그것이 해볼 만한 일이라고도 생각했다. 그리고 개업을 하면 닥터 햄버그가 제안한 스탠퍼드 수입보다 아마도 세 배는 더 많은 돈을 벌 수 있을 것이라는 것도 알았다.

닥터 햄버그는 주니어 교수직(강의를 하는)과 연봉 11,000달러 — 나의 군 연봉보다 1,000달러가 적은 연봉을 제안하면서 스탠퍼드 정책을 분명히 이야기했다. 전임 교수직은 학자이면서 연구자라야 하며 개인 개업을 하면서 수입을 보충할 수 없다는 것이었다.

스탠퍼드와 UCSF의 연봉의 차이가 처음에는 나를 충격에 빠뜨렸다. 그러나 두 곳에서 제안하는 연봉을 곰곰이 생각해보니까, 그것은 문제가 아니었다. 우리는 저금한 돈이 한 푼도 없었고, 매달 월급으로만 살고 있지만, 돈은 중요한 문제가 아니었다. 데이비드 햄버그의 비전이 나는 인상 깊었고, 그가 세워가고 있는 대학교 정신과의 일원이 되기를 원했다. 내가 진정으로 원하는 것은 가르치고 연구하는 생활이었다는 것을 인식하게 되었다. 그 이외에, 만약 응급사항이 생기면, 우리 부모님의 재정 지원이 나를 안전하게 보호해줄 것이고 매릴린의 잠재적인 커리어에서 오는 수입도 있을 것이었다. 전화로 매릴린과 의논한 후에 나는 스탠퍼드의 직위를 수락했다. 그리고 멘도타 주립병원으로 가는 비행기를 취소했다.

17

육지로 올라오다

스탠퍼드에서 일한 지 3년이 지난 1964년에 나는 남부 캘리포니아 레이크 애로우헤드에서 진행되는 8일간의 NTL(National Training Laboratory Institute, 전국 수련실습학회)에 참석했다. 일주일간 계속되는 프로그램은 많은 사회심리학적인 활동을 제공했다. 그러나 그 핵심은, 그리고 내가 거기에 참석한 이유는, 매일 진행되는 세 시간짜리 소집단 모임에 참여하기 위해서였다. 나는 첫날 시작 몇 분 전에 일찍 도착했다. 원으로 놓인 열세 개의 의자 중 하나에 앉아서 리더와 다른 참석자들이 도착하는 것을 지켜보았다. 나는 치료 집단을 많이 리드한 경험이 있고, 집단치료에 관한 연구와 가르치는 데 깊이 관여하고 있었지만, 한 번도 집단의 한 멤버로 참여한 적은 없었다. 이제는 그것을 개선해볼 때가 되었다.

사람들이 들어와 자리에 앉으면서 아무도 이야기하지 않았다. 8시 30분에 리더인 도로시 가우드가 일어나서 자기소개를 했다. 그녀는 개업한 치료사로서 두 개의 박사학위(생화학과 심리학)를 소지하고 있었다. "1964년 레이크 애로우헤드의 NTL 학회에 오신 것을 환영합니다."라고 하면서 "이 집단은 매일 아침 이 시간에 모여서 세 시간씩 앞으로 8일간 계속될 것이며, 나는 여러분들이 우리가 말하는 모든 것을, 우리의 모든 발언을 지금-여기의 형태로 지켜나가기 바랍니다.”라고 말했다.

긴 침묵이 뒤따랐다. 나는 “그게 다야?”라고 생각하면서 당혹스러움으로 빛나는 열한 명의 얼굴과 당황함으로 흔들리고 있는 열한 명의 얼굴을 둘러보았다. 잠시 후에 구성원들이 반응하기 시작했다.

“그건 너무 간단한 오리엔테이션입니다.”

“이건 농담이지요?”

“우리는 그 누구의 이름도 몰라요.”

리더에게서는 아무런 반응도 없었다. 점차로 집단적인 불확실성이 그 자체로서 힘을 발휘했다.

“이건 한심합니다. 이런 것이 우리가 얻게 될 리더십입니까?”

“그 질문은 무례해요. 리더는 제 책임을 다하고 있는 겁니다. 이런 것이 집단의 과정이라는 걸 모르세요? 우리는 우리 자신의 과정을 점검해야 해요.”

“맞아요. 짐작되는 게 있어요. 아니 짐작 이상이지요. 선생님은 자기가 하는 일을 정확히 알고 있어요.”

“그건 맹신이에요. 나는 맹신 같은 걸 절대로 좋아하지 않아요. 진짜로 우리는 허둥대고 있는데, 선생님은 어디에 있는 겁니까? 우리를 절대로 도와주지 않는 겁니다.”

멤버들이 리더의 반응을 기다리면서 발언하는 사이에 몇 번 이야기가 끊긴 적이 있었다. 그러나 그녀는 미소를 지으면서 침묵을 지켰다.

다른 멤버들이 끼어들었다.

“그래서, 어쨌거나, 우리는 서로에 관해서 아무런 지식도 없는데 어떻게 지금-여기에 머물 수 있습니까? 우리는 오늘 처음 서로 만났을 뿐입니다.”

“나는 언제나 이런 침묵이 불편합니다.”

"네, 나도 그래요. 우리는 상당한 돈을 지불했는데 지금-여기에 앉아서 아무 일도 하지 않고 시간을 낭비하고 있어요."

"개인적으로, 나는 이 침묵이 좋아요. 여기에 조용히 앉아서 여러분들 모두가 나를 편안하게 만들어주고 있어요."

"나도 그래요, 나는 명상에 잠겼고, 집중된 것 같고 무슨 일이나 할 것 같아요."

이런 의견들이 서로 교환되면서 끼어들고 반응하는 것을 보면서 나는 직관적 통찰을 느꼈다—내가 후에 집단치료에 접근할 때 바로 그 핵심이 되곤 하는 그 무엇을 배웠다. 바로 그 단순하지만 특별히 중요한 특이 현상을 목격한 것이다. 모든 집단 멤버들은 단 하나의 자극에 노출된 것이었고(이 경우에는, 리더가 요구하는 것은 모든 발언이 지금-여기의 상태에서 진행되어야 한다는 것), 모든 멤버들은 그 자극에 대해 대단히 다른 방법으로 각각 반응했다. 단 하나의 고유한 자극과 11개의 각각 다른 반응! 왜일까? 이 수수께끼에는 단 하나의 가능한 해답이 있다. 거기에는 11개의 각각 다른 내면의 세계가 있다! 그리고 이 11개의 각각 디른 빈응이 그 이후로 다른 세계로 들어가는 왕도가 될 것이다.

리더의 보조 없이, 우리는 각자가 스스로를 소개하면서 전문적으로 무슨 일을 하고 있으며 왜 이곳에 왔는지에 대해서 이야기했다. 멤버들 중에서 내가 단 하나의 정신과의사였다. 한 사람은 심리학자, 그리고 나머지는 교육자 또는 사회과학자들이었다.

나는 리더를 향하여 직접 이야기했다. "나는 선생님의 침묵에 대해서 의아하게 생각하고 있습니다. 선생님이 여기서 어떤 역할을 하는지 좀 이야기해주실 수 있으세요?"

이번에는 리더가 대답했다(간략하게). "나의 역할은 이 집단의 리더로 멤버들이 리더에 대해서 가지고 있는 모든 느낌과 환타지를 끌어내는 것입니다."

우리는 7일간 이 모임을 계속 했고 서로서로에 대한 우리의 관계를 점검하기 시작했다. 이 집단의 멤버인 심리학자는 특별히 분노에 쌓인 인간이어서 가끔 내가 거만하고 고압적이라고 나를 비난했다. 며칠이 지나고, 그는 거인에게 추격당하고 있는 꿈을 꾸었다고 이야기했다―그러면서 그 거인은 나인 것 같다고 했다. 그러나 궁극적으로, 그와 나는 많은 작업을 같이 했다―나는 그의 분노에 대한 불편함에 대해서, 그는 나로 인해 그의 내부에서 일어나는 경쟁심에 대해서―그리고 우리들 각각의 전문직 사이에 있는 약간의 불신에 대해 깊이 이야기했다.

내가 이 컨퍼런스에 참가하고 있는 사람들 중에서 단 한 명의 의사였기 때문에 병에 대해서 자문해야 했다. 마침내는 다른 집단의 멤버가 그 집단에서 생긴 스트레스에 대해 신경증적인 반응을 보이는 바람에 그를 병원에 입원시키는 일도 해야 했다. 이 일로 나는 소집단의 힘에 대해서 더 많이 인식하게 되었다―그 힘은 멤버를 치유하는 힘이 될 수도 있을 뿐만 아니라 멤버에게 해를 끼치는 힘이기도 했다.

나는 도로시 가우드에 대해서 잘 알게 되었고 몇 년 후에는 그녀 부부와 우리 부부가 함께 마우이에서 아주 아름다운 휴가도 즐겼다. 도로시는 철저하게 자신을 억제하는 사람이었다. 그녀는 타비스톡 클리닉―런던의 큰 규모의 정신치료 훈련과 치료기관―에서 전통적인 훈련과 치료를 받았다. 타비스톡 클리닉의 트레이닝에서는 리더가 집단의 밖에 있어야 하며 모든 관찰 내용은 집단 현상 안에서만 제한하는 것이었다. 3년 후에 타비스톡 클리닉에서 안식년을 보내게 되었을 때 나는 레이크 애로우헤드에서 도로시가 왜 그런 리더십 태도를 취하게 되었는지 그 이론적 근거를 더욱 명료하게 이해할 수 있었다.

3년 전 군에서 제대한 후 우리 다섯 식구가 1962년에 팰로앨토에 처음 도착했을 때 매릴린과 나는 우리가 살 집을 찾고 있었다. 스탠퍼드 근처 교수 사택이 있는 지역에 집을 살 수 있었으나 우리는 하와이에서처럼 더 다양한 이웃들을 선택했다. 학교 캠퍼스에서 15분 거리에 있는 30년 된 집을 (캘리포니아 기준으로는 거의 고대에 속하는 집) 샀다. 그 당시의 경제는 지금과는 굉장히 달랐다. 적은 수입으로도 1에이커의 땅에 있는 32,000달러 짜리의 집을 사는 데 조금도 어려움이 없었다. 집 가격은 내 스탠퍼드 연봉의 세 배에 이르렀지만, 오늘날 팰로앨토 경제는 너무나 변했기 때문에 그에 상응하는 집은 젊은 교수 연봉의 30배 내지 40배에 이를 것이다. 우리 부모님이 7,000달러의 계약금을 내주셨다. 그것이 내가 부모님으로부터 받은 마지막 돈이었다. 내가 수련을 마치고 여섯 가족을 거느렸는데도, 아직 아버지는 항상 식당에서 음식 값을 당신이 지불하신다고 고집을 부리셨다. 아버지가 우리를 배려하는 것을 좋아하신다는 것을 알기 때문에 나는 건성으로 반항할 뿐이었다. 그리고 지금 나는 나의 장성한 자녀들(그들도 나처럼 건성 반항을 한다)에게 아버지와 똑같은 행동을 하면서 아버지의 너그러움을 이어가고 있다. 이런 것이 기억에 남는 길인 것이다. 우리 아이들을 위해 음식 값을 지불할 때 내 마음속에는 아버지의 얼굴이 떠오른다. (그리고 우리는 아이들이 처음 자신의 집을 살 때 계약금을 도와줄 수 있었다.)

내가 처음 우리 과에 인사를 했을 때, 새 스탠퍼드 재향군인병원(VA)의 의료 책임자로 임명되었다는 것을 알았다. 이 병원은 의과대학에서 10분 거리에 있었고 전적으로 스탠퍼드 교수진에 의해 운영되고 있었다. 레지던트들을 지도, 감독하고, 의과 대학생들을 위한 프로세스 집단(예를 들면 우리가 다른 사람과 어떻게 관계를 맺는지를 공부했던 집단)을 구성하면서도 정신과 강의와 연구 심포지엄에 참석할 수 있는 자유 시간이 있었다. 그럼에도 불구하고, 나는 VA 병원에서 행복하지 않았다. 너무 많은 환자들, 거의 모두가 2차 세계대전 참전 용사들인 이 환자들은 나의 치료 접근법을 받아들이려고 하지 않았고 오히려 부차적인 일들에 관심이 많았다. 무상의 의료보호, 무상의 숙소와 음식 혜택 그리고 편안한 거주지 등에 대한 일에 더 관심이 있었다. 첫해가 끝나갈 무렵, 데이비드 햄버그에게 VA에서 특별히 내가 관심 있어 하는 연구 기회를 보았다고 말했다. 그가 나에게 어디서 일하고 싶냐고 물었을 때, 나는 스탠퍼드 외래 병동이, 레지던트 훈련 프로그램의 중심지여서, 내가 집단치료 훈련과 연구 프로그램을 조직해볼 수 있는 곳이라고 제안했다. 나의 업적을 관찰하고 두어 번 나의 병례검토(grand rounds) 발표에 참석했기 때문에, 그는 내 요구에 동의할 충분한 자신감이 있었던 것 같았다. 그 이후로 아주 많은 시간 동안, 나는 행정적인 책임을 지지 않고 거의 완전히 자유롭게 나 자신의 임상과 교육, 관심 있는 연구에 몰두할 수 있었다.

1963년에, 매릴린은 존스홉킨스대학교 비교문학 프로그램 박사학위를 마쳤다. '프란츠 카프카와 알베르 카뮈 작품의 재판에 대한 주제(The Motif of the Trial in the Work of Frantz Kafka and Albert Camus)'가 박사학위 논문이었다. 매릴린은 볼티모어에 가서 구두시험에 통과했고, 우수한 성적으로 박사학위를 받아 스탠퍼드에서 자리를 잡을 수 있을 것이라는 희망을 가지고 집으로 돌아왔다. 그러나 스탠퍼드 프랑스 문학과 과장인 존 래프가 "우리는 교수 부인을 채용하지 않습니다."라고 하는 말을 듣고는 망연자실했다.

한 세대가 지난 후 여성 문제에 대한 나의 인식이 향상되고 나서야, 그때 우리는 매릴린 자체의 가치를 평가할 수 있는 넓은 아량을 가진 다른 대학교를 찾아볼 수도 있었겠다는 생각이 들었지만, 1962년에는 나나 매릴린은 그런 생각을 할 수조차 없었다. 나는 매릴린에게 미안했다. 우리는 그녀가 스탠퍼드 교수직을 받을 만하다고 생각했지만 그 상황을 받아들이고 그냥 다른 대안을 찾기로 했다. 그 후 얼마 안 되어서 헤이워드에 새로 생긴 캘리포니아 주립대학의 인문학 학장이 매릴린에게 연락을 했다. 스탠퍼드 동료로부터 매릴린에 대한 이야기를 들었다고 하면서 그는 우리 집까지 운전해왔다. 학장은 매릴린에게 외국어과의 조교수직을 제안했다. 헤이워드에서 가르치려면 우리 집에서 한 번 가는 데 한 시간 이상이 걸리는 통학을 일주일에 네 번을 해야 했는데도, 매릴린은 앞으로 13년간 계약을 하기로 수락했다. 매릴린의 초봉은 8,000달러 — 나의 스탠퍼드 초임 연봉보다는 3,000달러가 적은 액수였다. 그러나 우리는 두 사람의 월급으로 팰로앨토에서 편안하게 살 수 있었고, 풀타임 가사도우미를 둘 수 있었으며, 심지어 기억에 남는 여행까지도 여러 번 할 수 있었다. 매릴린은 캘리포니아 주립대학에서 충분한 커리어를 쌓아 종신부 교수직을 받고 이어서 정교수가 되었다.

스탠퍼드에서 15년간 나는 집단치료에 깊이 관여했다. 임상가로서, 교수로서, 연구자로서, 교과서 저자로서, 나는 외래 환자 병동에서 12명의 정신과 1년차 레지던트들을 데리고 치료 집단을 시작했다. 양면 거울 — 내가 학생이었을 때 제리 프랭크의 집단을 관찰했던 것과 똑같이 — 을 통해 관찰하였다. 처음에는 내가 다른 교수와 함께 이끌었고 다음 해에는 정신과 레지던트에게 집단을 시도하는 연습을 시키기 시작했다. 1년간 나와 함께 리드하였던 레지던트들은 다음 해에는 다른 레지던트들로 대치되었다.

나의 집단치료 접근 방식은 냉정한 전문가적 형태와는 아주 다르게 보다 인간적이고 투명한 형태의 리더십으로 탄탄하게 발전되어갔다. 집단 멤버는, 모두 형식을 차리지 않는 캘리포니아 사람들이었으므로 서로 이름을 부르면서 지냈다. 나도 점차 그들을 성 대신 이름으로 부르면서 그들이 나를 '닥터 얄롬'이라고 불러주기를 기대하는 내 자신이 이들과 어울리지 않는다고 느끼게 되었다. 드디어 전체 집단이 나를 '어브'라고 부르도록 하는 획기적인 단계에 이르렀다. 그러나 아직도 나는 나의 전문적인 정체성을 스탠퍼드 병원의 모든 다른 의사들처럼 하얀색 가운을 입는 것에서 찾으려고 하고 있다. 그러나 결과적으로, 나는 그 격식도 포기했다. 치료에서 문제가 되는 것은 인간적인 정직성과 투명성에 있는 것이지 전문가적인 권위에 있지 않다는 것을 믿게 되었다. (그러나 나는 절대로 하얀 가운을 집어던지지는 않았다. 그 가운은 우리 집 장롱 안에 아직도 걸려 있다 — 내가 의사라는 정체성의 기념품이다.) 그러나 내 분야의 제복을 버렸음에도 불구하고, 나는 아직도 의학에 대한 존경심과 히포크라테스 선서의 여러 문장들, 예를 들면 "나는 나의 전문직을 양심과 권위를 가지고 지킨다."와 "내 환자의 건강은 내가 우선적으로 생각하는 과업이다." 등을 굳게 지키고 있다.

　매번 집단치료가 끝난 후에는 나 자신을 이해하고 더 좋게 가르치기 위해서 집단 내용을 길게 요약하여 받아쓰게 한다.(스탠퍼드에서는 감사하게도 비서를 제공해주었다.) 어떤 면에서 — 나는 왜 그렇게 했는지 그 정확한 자극을 기억하지 못한다 — 그냥 그렇게 하는 것이 내가 요약한 글을 환자가 읽고 그 집단 후를 되돌아보는 데 도움이 될 것이라는 생각이 들었다. 이 방법은 치료자의 투명성에 있어서 매우 과감하고 특이한 실험이었다. 각 모임이 끝난 다음 날 나는 모든 멤버들에게 내가 쓴 집단 요약문을 우송했다. 각 회기의 요약은 회기에서 다루어졌던 중요한 주제(대체적으로 두세 가지 주제들)와 각 사람의 참여도와 행동에 대한 것이었다. 나는 집단에서 내가 했던 말의 숨겨진 이유에 대해서 부연 설명을 했고, 가끔 내가 했어야 했던 말과 내가 했기 때문에 후회하는 말들을 첨가하기도 했다.

　때때로 세션은 이전 미팅에 대한 나의 요약을 비판하는 것으로 시작되기도 했다. 어떤 멤버들은 나의 요약에 동의하지 않았고 삭제할 부분을 지적하기도 했다. 그러나 거의 대부분, 미팅은 그 전 세션보다 더욱 기운차고 활발한 상호작용으로 시작되었다. 나는 이 실습이 대단히 유용하다는 것을 알았기 때문에 내가 집단을 리드하는 한 계속 했다. 레지던트가 코리더를 할 때는 레지던트들이 격주로 요약문을 썼다. 요약문을 쓰는 것은 시간이 많이 걸렸고 자기 개방을 많이 해야 했다. 그래서 내가 아는 한 우리나라의 집단 지도자들 중에 아주 소수만이 이 방법을 따르고 있다. 어떤 치료자들은 나의 자기 개방에 대해서 비판적이기도 하지만, 나의 생각과 개인적인 느낌을 공유하는 것이 환자에게 도움이 되지 않았던 예는 하나도 기억하지 못한다. 왜 이런 자기 개방이 나에게는 그토록 쉽게 될까? 한 가지 이유는 나는 프로이트 주의나 융 주의 또는 라캉 주의적 분석 기관의 박사 후 트레이닝에 등록하지 않았다는 사실이다. 나는 지배적인 분석 원칙에서 완전히 자유롭고 내가 스스로 철저히 지켜보면서 만들어낸 나 자신의 결과에 따라서만 행동했다. 많은 주제들이 실제에서 비롯되었을 것이다. 나의 마음에 새겨진 인습타파적인 성향과, (나의 어렸을 적 종교 신앙과 의식에 대한) 표현을 안 하는 비인간적인 분석가에게서 개인 분석을 받으면서 생겨난 나의 부정적인 경험에 의해서일 것이다. 그리고 역사가 길지 않은 스탠퍼드 정신과의 실험적인 분위기, 개방적인 과장에게서 감독을 받아온 때문이라고 할 것이다.

정신과 주례모임은 나와는 맞지 않았다. 항상 참석은 했으나 발언은 거의 안 했다. 그 어느 주제—모금, 연구비 따오기, 공간 분배와 언쟁, 다른 과와의 관계, 학장의 리포트 능—도 나에게는 흥미가 없었다. 나에게 흥미있는 것은 데이브 햄버그가 하는 말을 듣는 것이었다. 나는 그의 사려 깊은 반응과 갈등 해결의 방법을 존경했고, 무엇보다도 그의 수사학적인 표현 능력에 감탄했다. 다른 사람들이 음악 공연을 좋아하는 것처럼 나는 사람이 하는 말을 듣는 속에서 기쁨을 느낀다. 진정으로 재능 있는 화자가 선택하는 단어에 매혹당한다.

나에게 행정적인 능력이 없다는 것은 분명하다. 그래서 나는 한 번도 어떤 일에 대해서 책임을 지겠다고 자원한 적도 없고 책임질 자리에 임명된 적도 없다. 솔직히 나는 나의 연구, 저술, 치료, 그리고 가르치는 일에 혼자 몰두하기를 원했다. 그리고 거의 즉시로 전문 학술지에 논문을 발표하기 시작했다. 이런 일이 내가 즐겨하는 일이고 내가 뭔가 공헌할 수 있는 분야라고 생각했다. 때때로 나는 내가 행정적인 서투름을 가장하는 것이 아닌가 의아해한다. 그럴지도 모른다. 아마도 과의 젊은 터크들(Turks; 수단방법을 가리지 않고 도전하는 사람들 – 역주)과 경쟁하면서 무력함을 느꼈을 것이니까. 그들은 모두 권력과 인정받는 일을 차지하려고 애쓰는 자들이니까.

내가 레이크 애로우헤드 컨퍼런스에 참석하기로 결정한 것은 집단 멤버로서의 경험을 얻고 싶어서뿐만 아니라 'T-group'에 대해서 많이 알고 싶었기 때문이기도 했다. T-group은 중요한 비의학적인 집단 현상으로 1960년대에 시작되어서 나라 전체에 퍼진 집단이었다.(T-group의 'T'는 'training'을 나타내는 것이다. 즉 대인관계와 집단 역동에서의 기술을 발달시키는 것이다.) 이 접근의 창시자들은 의사가 아니라 미국교육협회의 리더들이었다. 이들은 집단 역동의 학자들로서 조직 속에서의 개인의 태도와 행동을 변화시키려는 데 목적이 있었다. 후에는 개인들이 다른 사람들에게 좀 더 예민할 수 있게 도우려는 데 목적을 두었다. 그들의 조직인 NTL은 세미나를 열었고 또한 메인 주에 있는 베텔과 플리머스에서 며칠씩 계속되는 사회적 실습실을 열었다.

NTL 실습실은 소집단 기술 트레이닝, 토의와 문제해결 집단, 팀 빌딩 집단, 대규모 집단 등 여러 가지 활동들로 구성되었다. 그러나 곧 소(小) T-group은 멤버들이 서로 즉각적인 피드백을 주고받는 가장 다이나믹하고 주목받는 실습장이 되는 것이 분명했다.

몇 년이 지나면서, NTL group이 점차 서쪽으로 옮겨오면서 칼 로저스가 그 분야에 들어가고, T-group은 개인의 인간적인 변화를 강조하게 되었다. "인간적인 변화!" 상당히 치료적인 것처럼 들린다. 그렇지 않은가? 멤버들은 피드백을 주고받으라고 격려받는다. 멤버들은 실제적으로 참가하는 관찰자가 되고, 진실해지고, 위험을 무릅쓰게 된다. 그 기풍은 점차적으로 심리치료의 형태로 바뀌기 시작했으며 집단은 태도와 행동을 바꾸고 대인관계를 개선하는 것을 추구했다. 그리고 곧 "치료는 병든 사람에게만 제공되기에는 너무나 훌륭하다."라는 슬로건이 흔히 들리게 되었다. T-group은 무언가 새로운 방향, '보통 사람들을 위한 집단치료'의 방향으로 발전해 갔다.

후기의 T-group 발달이 정신과의사들에게는 위협이 되었던 것은 놀라운 일이 아니었다. 심리치료가 그들의 소유라고 여기고 있었던 정신과의사들에게 참 만남 집단은 거칠고 사회통념에 어긋나는 치료 방식이었고, NTL이 그들의 영역을 잠식한다고 생각했다. 그러나 나는 아주 다르게 느꼈다. 한 가지 이유는 내게는 그 분야의 창시자들의 연구 접근방식이 인상적이었기 때문이었다. 초기의 T-group 선구자의 한 사람은 사회과학자 커트 루인이었다. 그의 "행동이 없이는 연구도 없다. 연구가 없는 행동은 없다."는 격언은 광범위하고, 정교한 자료들을 형성하게 하는 것이었으므로 나는 의학적인 기반을 둔 집단치료 연구보다 이것이 훨씬 흥미 있다고 생각했다.

레이크 애로우헤드 집단 경험에서 내가 얻은 가장 중요한 사항은 지금-여기라는 단 하나에 초점을 둔다는 것이었다. 나는 이 개념을 나의 집단 작업에 강력하게 인용했다. 애로우헤드에서 배운 대로 십난 멤버들에게 지금-여기에 초점을 맞추라고 말하는 것으로는 충분하지 않았다. 이론적 근거와 로드맵을 마련해주어야 했다. 나는 멤버들이 집단에 들어오기 전에 환자들에게 알려줄 몇 차례의 간단한 사전 예비강의를 마련했다. 그 강의에서 나는 그들이 경험하고 있는 인간관계 문제의 대부분은 다시 집단에서도 문제가 될 수 있을 것이기 때문에 집단에서 그들 자신에 대해서 더 많이 배우게 되고 효과적인 변화의 기회를 놀랄 만큼 많이 제공받게 될 것이라고 강조한다. 집단에서의 그들의 과업은 가능한 한 집단에서 환자들과 리더들 사이의 관계에 대해서 모든 것을 많이 이해하는 것이다. 대개의 경우 새로 참여하는 많은 멤버들은 그 사전 예비강의에 어리둥절해하기도 한다. 그들의 문제는 그들의 상사와 그들의 배우자, 그들의 친구, 또는 그들 자신의 분노 때문인데 앞으로 만날 일도 없을 다른 집단 멤버들과의 관계에 집중하라는 것은 말이 안 된다고 반박하기도 한다.

이런 통상적인 질문들에 대한 답으로 나는 집단은 사회의 축소판이라고 설명한다. 치료 집단에서 일어나는 주제들은 애초에 멤버들이 들고 오는 인간관계 형태의 재현이거나 또는 그와 비슷한 형태이다. 그래서 이 처음 준비 단계는 아주 결정적이다. 후에 나는 집단에 들어오기 전에 효과적으로 준비된 환자들이 준비 안 된 환자들에 비해 훨씬 좋은 결과를 가져온다는 것을 밝힌 연구를 진행했고 그 결과를 출판했다.

나는 몇 년간 T-group 운동에 관여했다. 뉴햄프셔의 링컨에서 개최된 NTL 워크숍의 일부를 담당했고 오하이오의 샌더스키에서 있었던 일주일간의 CEO 워크숍에도 관여했다. 오늘에 와서 나는 T-group 개척자들이 나에게 대인관계에 기초를 둔 집단을 어떻게 리드해야 하는지를 보여준 데 대해서 감사한다.

그 후 몇 년간 나는 점차적으로 정신과 레지던트를 위해서 인텐시브 집단치료 훈련 프로그램을 다양하게 구성했다. 매주 내가 하는 강의와 리드하는 집단을 관찰하고 끝난 후에는 집단 토의를 하고, 레지던트가 집단을 리드하게 하면서 매주 슈퍼비전을 주었고, 마지막으로 매주 개인적인 프로세스 집단에 참여하는 것 등이 집단치료 훈련 프로그램 내용이었다.

과로에 시달리는 레지던트 1년차들은 집단치료에 이토록 많은 시간을 써야 하는 것에 대해 어떻게 반응했는가? 엄청난 불평으로! 바쁜 레지던트들은 특별히 매주 나의 집단을 두 시간씩 관찰해야 한다는 데 저항했다. 그 표시로 그들은 때때로 늦게 나타나거나 완전히 결석하기도 했다. 그러나 시간이 지나자, 기대하지 않았던 현상이 나타났다. 레지던트들은 집단 멤버들이 서로 깊이 관계를 맺고, 위험을 무릅쓰게 되는 것을 보게 되었고,

멤버들이 만들어내는 드라마가 그들 앞에서 전개되는 것을 보고 그 드라마에 흥미를 갖게 되었다. 자연스럽게 출석률이 현저하게 늘어났다. 레지던트들은 곧 이 집단을 '얄롬의 페이톤 플레이스(Yalom's Paton Place)'(1960년대의 TV 연속극 soap opera에서 따온 이름)라고 불렀다. 나는 이 결과를 마치 아주 잘 짜인 이야기 또는 소설에 몰두하는 것과 같다고 생각한다. 그리고 이것은 치료자가 다음에 무엇이 일어날까에 대해서 열정적으로 작업하기에 좋은 신호라고 생각한다. 반세기 동안 집단치료를 해오고 있는 지금도 나는 새롭게 시작하는 집단에 대해서는 개인에게든 집단에게든 어떤 새로운 발전이 일어날 것인가에 대해 항상 기대를 가지게 된다. 만약 그런 감정 없이, 만약 내가 별로 기대하지 않고 세션에 참여한다면, 집단 멤버들도 비슷한 감정을 갖게 될 것이다. 그렇게 되면 그 상황에 직면해서 변화하기 위하여 노력을 하지 않으면 안 되게 된다.

　학생들의 관찰이 환자들에게는 어떤 영향을 주는가? 집단 멤버들이 거울 뒤에서 학생들이 자기네들을 관찰하고 있다는 사실을 알고 나면 얼마나 날카로워지는지를 알고 난 뒤에 나는 이 큰 질문에 대해 많이 걱정했다. 나는 환자들에게 정신과 학생들도 치료전문가들과 마찬가지로 비밀 보장 원칙에 따라 움직인다고 확신시키려고 노력했다. 그러나 별로 도움이 되지 않았다. 그래서 나는 한 가지 실험을 했다. 그 성가신 관찰자들의 출석을 뭔가 긍정적인 것으로 전환하기 위해서 집단이 끝나기 20분 전에 집단 멤버들과 관찰 학생들의 위치를 바꾸도록 했다. 집단 멤버들은 관찰실로 옮겨가서 내가 학생들과 세션 후에 진행하는 토의를 관찰하게 했다. 이 단계가 치료과정과 가르치는 것 두 가지 모두를 즉시 생기 있게 만들었다! 치료 집단 멤버들은 관찰 학생들의 말을 주의 깊게 들었고, 관찰 학생들은 자기네들이 치밀한 조사를 받고 있다고 느꼈기 때문에 집단을 관찰하는 데 더욱 날카롭게 주의를 기울였다. 나는 거기에 또 다른 단계를 추가했다. 집단 멤버들은 관찰자들의 해설과 관찰자 자신들에 대해서(그들이 가끔 집단 멤버들보다 더 긴장하고 있다고 판단한다) 상당히 많은 느낌을 가지고 있기 때문에 그들이 관찰자를 어떻게 관찰했는지에 대해서 더 많이 이야기하고 싶어 했다. 그래서 나는 학생들이 관찰실로 돌아간 후에 20분을 더 늘렸다. 나는 집단 멤버들과 방으로 돌아가서 관찰자들의 이야기를 토의하게 했다. 이것이 매일의 과업으로는 너무나 많은 시간이 소요되어야 한다는 것을 알았으나 이러한 형식이 실제로 치료 집단과 학생들을 가르치는 교육의 효과를 질적으로 향상시킨다고 확신했다.

이런 모든 것들이 다 새로웠다. 이때가 나 자신이 전통적인 학파의 치료 멤버가 아니었다는 사실에 대해 감사한 때였다. 나 자신이 자유롭게 새로운 접근을 고안해냈고 나의 가정을 검증하는 연구 결과를 통해서도 많이 배웠다. 뒤돌아보면서 나는 나 자신에 대해서 놀라움을 금치 못한다. 대다수의 노련한 치료자들도 자신의 치료과정을 다른 사람이 관찰한다는 것을 불편하게 느낄 것이지만 나는 관찰에 대해서 완전히 편안하게 느낀다. 이 자신감은 나 자신의 내적 생각과 일치하는 것은 아니다—어딘가 불안하고, 편안하지 않고, 스스로를 의심하는 청소년기와 젊었을 때의 나는 나 자신에 대한 비전에 자신감이 없었다. 그러나 나는 심리치료, 특별히 집단치료에서, 위험을 선택하고 실수를 인정하는 것에 대해서는 완전히 편안하게 느꼈다. 나의 이런 변혁이 약간 불안하기는 했으나 불안은 이제 나에게는 옛날 감정이고 나는 그 불안을 참는 법을 배웠다.

나의 80번째의 생일에는 내가 스탠퍼드에서 보냈던 시기에 레지던트였던 모든 사람들을 우리 집으로 초대했다. 많은 사람들이 집단치료 경험과 트레이닝의 전 과정에 대해서 이야기했다. 그들은 나의 집단을 관찰한 것이 그들에게는 원로 의사들의 치료를 직접 관찰한 유일한 기회였다고 이야기했다. 이 이야기는 작은 거울 창문을 통해 집단치료를 관찰했던 나의 홉킨스에서의 트레이닝을 뚜렷이 생각나게 했다. 그래서 제리 프랭크에게 감사를 보낸다.

대학 교수들은 가르치는 일만으로는 승진이 되지 않는다. 출판(publish) 아니면 축출(perish)이라는 그 케케묵은 이야기는 농담이 아니다. 그것은 학문세계에서는 생활 그 자체이다. 나의 20개의 외래 환자 프로그램은 내 연구와 출판을 위해서 아주 훌륭한 역할을 했다. 나는 치료자가 집단치료를 위해서 가장 좋은 준비를 어떻게 할 수 있는가, 어떻게 집단을 구성할 것인가, 왜 어떤 멤버들은 초기에 집단에서 퇴장하는가, 그리고 가장 효과적인 치료요소는 무엇인가를 검토했다.

집단치료를 가르치면서, 통합적인 교과서가 몹시 필요하다는 것을 깨달 았고 나의 모든 경험들이—강의, 연구, 그리고 치료의 혁신—교과서에 잘 응용될 것이라고 여겨졌다. 스탠퍼드에서의 몇 년간, 나는 이런 책의 윤곽을 구상하기 시작했다.

이 기간 동안, 나는 정신건강연구소(Mental Reseach Institute, MRI)와 긴밀한 연락을 가졌다. 혁신적인 임상의사들과 연구자들, 예를 들면 그레고리 베이트슨, 돈 잭슨, 폴 바츨라 빅, 제이 헤일리, 버지니아 새티어 등과 1년 동안 매주 금요일 하루 종일 버지니아 새티어가 가르치는 연합가족치료 과정을 공부하면서 나는 가족치료의 효과에 대해 존경심을 가시게 되었다—가족의 모든 멤버들과 치료자가 함께 만나는 형식으로 알려진 오늘날의 연합가족치료는 그 당시에는 전혀 알려지지 않았다. 현재 팰로앨토에서는 적어도 12명 정도의 치료자들이 선별적으로 가족치료를 하고 있다는 걸 알고 있다.

나는 궤양성 대장염을 앓고 있는 환자를 치료하고 있었는데 가족 세션을 몇 번 하기 위해서 돈 잭슨에게 공동 치료자가 되어달라고 부탁했다. 그와 나는 우리의 치료 결과를 하나의 논문으로 함께 출판했다. 다음 해에 가족치료에서 몇몇 가족들을 만났으나 궁극적으로는 개인과 집단 치료가 좀 더 나의 호기심을 끌게 되었다. 그 이후로 나는 한 번도 가족치료를 하지 않았지만 환자들에게는 가족치료를 제안하기는 했다. 정신건강연구소의 다

른 멤버인 그레고리 베이트슨은 유명한 인류학자이며 조현병의 '이중구속·
(double-bind)' 이론을 세운 숨은 이론가 중 한 사람이다. 베이트슨은 이야기
를 아주 재미있게 하는 대단한 이야기꾼이었다. 그는 매주 화요일 저녁에
자기 집에서 공개적인 대화 모임을 가졌고 나도 가끔 참석하곤 했는데 대
단히 흥미로웠다.

스탠퍼드에서의 첫해에 나의 흥미를 끌었던 분야는 '성적(性的)장애'였다.
내가 레지던트였을 때 파턱센트 보호소에서 성범죄자들과 작업했을 때 이
미 성적장애에 대해 알게 된 바 있었다. 스탠퍼드에서, 나는 주말마다 아타
카스테로 주립병원에 감금되어 있는 성범죄자들을 정기적으로 치료해왔
다. 그다음 몇 년 동안 여러 명의 환자들, 주로 관음증 환자, 노출증 환자,
또는 다른 형태의 성적인 강박증 장애자들을 치료했고 때때로 동성애자도
치료했다. 되돌아보면, 이 환자들은 근본적으로 그들을 바라보는 사회의
시선 때문에 고통받고 있었다. 나는 이런 환자들에 대해서 스탠퍼드 그랜
드 라운드에서 발표를 했다. 그 이후 즉시로, 스탠퍼드 외과의 성형외과 의
사 돈 라웁이 나에게 그가 실제로 시작하려고 계획하고 있는 새 프로그램
의 고문이 되어달라고 부탁해왔다. 그 프로그램은 성전환을 위해 외과 수
술을 요구하는 성도착 환자들을 위한 시리즈 프로그램이었다. (트랜스젠더라
는 용어는 아직 존재하지 않았다.) 그 당시에 미국에서는 그런 외과 수술은 시행되
지 않았다—성전환을 원하는 환자들은 티후아나나 카사블랑카에 가서 수
술을 받았다.

외과에서는 몇 주 동안 약 10명의 환자들의 수술 전 평가를 내게 의뢰했
다. 환자들 중 지적장애를 가진 사람은 아무도 없었다. 나는 그들의 마음속
에 성전환에 대한 강력한 힘과 동기가 깊이 새겨져 있다는 사실에 충격을
받았다. 그들의 대부분은 가난했고 수술비를 모으기 위해서 몇 년 동안 일
을 했다. 모두 해부학적으로 남성이었고 이들 모두 여성으로 성전환하기를
원했다. 외과의사들은 좀 더 도전적인 여성에서 남성으로의 수술은 아직

제공하지 않았다. 외과에서는 남성에서 여성이 되는 연습을 시키기 위해서 수술 전 집단을 리드할 사회사업가들을 참가시켰으므로 나도 한 시간 참석 했다. 환자들은 바에 앉아 있었고 강사는 동전을 환자들의 무릎으로 굴렸 다. 강사는 그들의 스커트 속으로 들어간 동전을 잡기 위해서 무릎을 벌리 라고 가르쳤다. 그런 경우 남자들은 반사적으로 무릎을 모으기 때문이다.

이 프로젝트는 시대를 훨씬 앞서가는 것이었는데 몇 달 후에 문제가 생 겼다. 수술 후에 한 환자는 아랫도리를 벗은 나이트클럽의 댄서가 되었는 데 자신이 스탠퍼드의 창조물이라고 광고를 했다. 또 다른 환자는 남성 성 기를 없앤 것에 대해 병원을 고소하려고 했다. 그 프로젝트는 취소되었다. 스탠퍼드가 이런 수술을 다시 제공하기 훨씬 전의 일이었다.

나의 가족이 팰로앨토에서 살던 처음 5년 동안, 즉 1962부터 1967년까 지는 시민권 운동, 반전(反戰) 운동, 히피, 그리고 비트닉 운동(1950년대 이후 기존 질서를 거부한 미국의 문학예술 운동 – 역주)이 시작되던 때와 일치한다 – 그 모든 운동은 샌프란시스코만 지역에서 발화되었다. 버클리에서는 학생들 이 사유발언운동을 시작했고 10대의 가출 청소년들은 샌프란시스코의 하 이트-애쉬베리(Haight-Ashbury)로 떼지어 모여들었다. 그러나 30마일 떨어져 있는 스탠퍼드에서는 비교적 평온했다. 조안 바에즈가 근방에 살고 있었는 데, 매릴린은 그녀와 함께 반전 시위운동에 참여하기도 했다. 이 시기의 일 들 가운데 내가 가장 생생히 기억하고 있는 것은 산 조세에서 있었던 밥 딜 런의 거대한 콘서트에 갔던 일이다. 그 자리에 예상하지 않았던 조안 바에 즈가 무대에 올라와서 몇 곡을 불렀다. 나는 일생 동안 조안 바에즈의 팬이 었기 때문에 몇 년 후에 그녀의 카페 연주가 끝나고 그녀와 함께 춤을 추었 을 때 전율을 느꼈다.

다른 사람들과 마찬가지로, 우리들은 1963년 존 F. 케네디의 암살 소식 을 듣고 절망했다. 그 사건은 팰로앨토에서의 우리의 평화로운 삶이 바깥

가족 사진, CA. 1975.

세상의 악함 때문에 영향을 받지 않을 것이라는 우리의 생각을 흔들어 놓
았다. 우리는 케네디의 죽음에 관한 사건들과 장례 서비스를 두 눈으로 보
기 위해서 우리의 첫 번째 TV 세트를 샀다. 나는 모든 종교적인 믿음과 의
식을 피해왔다. 그러나 이 경우에는, 매릴린이 지역사회와의 의식이 필요
하다고 느꼈기 때문에 우리 두 아이들 — 8살 이브와 7살 레이드 — 을 데
리고 스탠퍼드 메모리얼 교회의 종교적인 예배에 참석했다. 그 예식의 전
부를 이해하지는 못했지만 우리는 유월절 밤 축제를 우리 집에서 식구들
과 친구들과 지냈다. 내가 히브리어를 절대로 배우지 못했으므로, 나는 항
상 친구에게 의식 기도를 읽어달라고 부탁했다. 나의 어렸을 적의 불행했
던 기억에도 불구하고, 내가 그때 먹었던 음식은 계속해서 좋아하고 있다.
다만 동유럽 음식, 돼지고기는 안 먹는다. 그러나 매릴린은 아니었다. 내가 집에 없을 때, 아이들은 엄마가 포크찹을 요리할 것이라는 걸 알았다. 나는 예식적인 행사는 지킨다. 나는 아이들에게 할례를 받게 했고 친구들과 식구들과 기념식사도 했다. 나의 세 아들들 중 장남인 레이드는 바르 미츠바도 하기로 했다. 이런 몇 가지 유대인 전통 이외에도 아이들을 위해 크리스마스 트리도 세우고 스타킹에 선물도 채우고, 크리스마스 축제도 크게 벌린다.

　가끔 내가 종교적 신념이 부족하기 때문에 나의 삶에서 문제가 되거나 또는 나의 정신과 치료에 문제가 되지 않느냐는 질문을 받기도 하지만 나의 대답은 언제나 '아니요'이다. 첫째, 나는 '반종교적'이라기보다는 오히려 '비종교적'이라고 말할 수 있다. 나의 입장은 절대로 이상한 것이 아니다. 나의 스탠퍼드 공동체의 압도적인 다수, 나의 의학과 정신과 동료들에게는 종교가 그들의 삶에서 하는 역할이 거의 없거나 전혀 없다. 나의 몇몇 독실한 친구들(예를 들면, 도그핀 포레달. 가톨릭 노르웨이 철학자 친구)과 만남을 가질 때, 나는 항상 그들의 신앙의 깊이에 놀라운 존경심을 갖는다. 나는 나의 세속적인 관점이 거의 한 번도 치료에 영향을 끼친 적이 없다고 말한다. 그러나 치료 기간 중에, 소수의 종교적인 소명감을 가진 한자들이 니를 배척했나는 것을 인정하지 않을 수 없다. 나와 가장 빈번히 연락하는 독실한 사람들은 죽어가는 환자들을 데리고 나에게 온다. 나는 어떤 경우에서든지 그들을 환영하고 그들이 찾고 있는 종교적인 위안을 주고 있다.

1960년에 나는 내 일에 완전히 몰두해 있었고, 비정치적이었지만 문화적인 변화는 피할 수 없었다. 나의 의과대학 학생들이나 정신과 레지던트들은 그들의 지위에 '합당한' 구두 대신에 샌들을 신기 시작했고 해마다 머리칼은 길어졌고 거칠어졌다. 몇몇 학생들은 나에게 그들의 집에서 구운 빵을 선물로 가져오기도 했다. 교수 파티에도 마리화나가 스며들었고, 성적인 도덕적 관습은 급격히 변화하고 있었다.

바퀴 위의 가족들, 팰로앨토, 1960.

이런 변화가 일어나고 있을 때 나는 이미 늙은이라고 느꼈으면서도, 처음으로 레지던트가 빨간 격자무늬의 바지, 또는 표현하기도 어려운 이상한 옷을 입은 것을 보았을 때 충격을 받았다. 그러나 여기는 캘리포니아이고 이런 변화를 멈추게 할 수 있는 것은 아무것도 없었고 서서히 나도 느슨해졌다. 넥타이를 매지 않게 되었고, 어떤 교수 모임에서는 마리화나도 즐겼고 나팔바지 입었다.

1960년대에 우리의 세 아이들─네 번째 아이 벤자민은 1969년까지 태어나지 않았다─은 자기들의 일과에 얽매이게 되었다. 아이들은 집에서 걸어갈 수 있는 거리에 있는 동네 학교에 다녔고 친구를 사귀고, 피아노와 기타를 배우고, 테니스와 야구를 했고 승마를 배웠고 블루버드와 4H에 참가했고, 두 마리의 새끼 염소들을 위해서 집 뒷마당에 목장도 지었다. 작은 집에서 사는 아이들의 친구들이 우리 집으로 놀러 왔다. 우리 집은 옛날 스페인 식의 장식 벽돌로 지은 집이었고 문은 밝은 바이올렛 색의 부겐빌리

아로 둘러싸였고 작은 연못과 분수가 있는 뜰이 있었다. 길가로 나아가는 길은 위풍당당한 목련이 피어 있었다. 그 주위를 어린아이들이 세 발 자전거를 타고 놀았다. 우리 집에서 반 블록 떨어진 테니스 코트에서 나는 일주일에 두 번씩 이웃 사람들과 복식 테니스를 쳤고, 그들이 나이가 들어가자 세 아들들과 쳤다.

1964년 6월에 우리는 워싱턴 DC의 가족들을 방문했다. 우리는 세 아이들과 누나의 집에 있었고 부모님들이 그리로 오셨다. 나는 소파에 앉아서 딸 이브와 아들 레이드를 무릎에 앉히고 아들 빅터와 사촌 허비는 마루에서 놀고 있었다. 옆 의자에 앉아 있던 아버지가 나에게 머리가 아프다고 말했다. 그러고 나서 2분 후에, 아버지는 갑자기, 말도 없이 의식을 잃고 푹 쓰러지셨다. 맥박이 없었다. 나의 매부인 심장내과 의사는 자기 의사 가방에 주사기와 아드레날린을 가지고 있었기 때문에 아버지의 심장에 아드레날린을 주사했다. 그러나 소용없었다. 다만 조금 후에 아버지가 숨을 거두기 전 그의 눈이 왼쪽으로 고정되어 있었던 것을 본 기억이 있다. 그것은 아버지의 왼쪽 뇌에 뇌출혈이 왔다는 임시였고 심장마비는 아니었다. 어머니는 방으로 달려와서 아버지에게 매달렸다. 지금 이 순간에도 나는 어머니가 '나의 사랑 벤'을 계속 외치면서 우셨던 울음소리를 듣고 있다. 나의 눈에서도 눈물이 흘렀다. 나는 놀랐고 깊이 감동을 받았다. 그것은 내가 어머니의 부드러움을 처음으로 직접 목격한 순간이었다. 처음으로 나는 어머니와 아버지가 서로를 얼마나 사랑했는지를 인식했다. 응급차가 왔을 때, 어머니는 계속 울고 있으면서도 나와 나의 누이에게 "아버지의 지갑을 챙겨라."라고 말했다. 누나와 나는 어머니의 부탁을 무시했고 이런 시간에도 돈에 관심을 두는 어머니가 못마땅해서 어머니를 비판했다. 그러나 물론 어머니가 옳았다. 아버지의 지갑, 카드, 그리고 돈은 앰뷸런스 안에서 사라졌고 우리는 다시는 그 지갑을 보지 못했다.

나는 전에도 시신을 보았다 — 의과대학 1학년 때, 해부학 시간에 시체안 치소의 시체 — 그러나 내가 사랑하는 사람의 시체를 본 것은 이번이 처음 이었다. 이런 일은 그 이후로 몇 년간 롤로 메이의 죽음이 있기까지는 다시 일어나지 않았다. 아버지의 장례는 메릴랜드의 아나코스티아에서 치러졌 다. 장례식이 끝나고 가족들은 의례적으로 관 위에 한 삽 가득 모래를 뿌렸 다. 내가 모래를 뿌렸을 때 나는 머리가 텅 빈 것처럼 느꼈다. 나의 매부가 내 팔을 잡고 나를 안정시켜주지 않았더라면 무덤 위로 쓰러졌을 것이다. 아버지는 그가 살았던 방식대로 돌아가셨다. 조용하게, 드러나지 않게. 지 금까지도 나는 아버지에 대해서 더 잘 알지 못했던 것을 후회한다. 내가 후 에 공동묘지로 돌아갔을 때 나의 아버지와 어머니 그리고 작은 유대인 마 을 씨엘쯔에서 온 그들의 전체 공동체가 누워 있는 묘비의 줄을 따라 걸으 면서 나와 나의 부모 그리고 아무 말이 없는 모든 사람들과 나 사이에 놓여 있는 간격을 생각하면서 나의 심장은 고통스러웠다.

때때로 매릴린이 자기 아버지의 손을 잡고 공원을 산책했던 아름나운 기 억을 이야기하면 나는 상실감과 사기당한 것 같은 느낌을 받는다. 나의 산 책과 나의 아버지의 사랑은 어디에 있는가? 나의 아버지는 열심히 일했다. 아버지의 가게는 일주일에 닷새를 밤 10시까지, 그리고 토요일에는 자정까 지 열었다. 아버지는 일요일에만 자유로웠다. 내가 아버지와 함께 했던 단 하나의 부드럽고 따사로운 기억은 일요일 우리가 체스 게임을 했던 것과 연결이 된다. 아버지는 항상 나와의 게임을 즐거워했다. 내가 열 살 또는 열한 살 때부터 아버지를 이기기 시작했을 때도 기뻐하셨다. 나와는 달리, 아버지는 절대로, 단 한 번도 게임에 지는 것으로 속상해하지 않으셨다. 아 마 이것이 내가 일생 동안 체스를 즐기게 된 이유인지도 모르겠다. 아마도 열심히 일하고 점잖은 나의 아버지, 내가 더 성숙한 어른이 된 모습을 절대 로 보지 못한 나의 아버지와 내가 연결될 수 있는 자락을 체스 게임이 제공 하기 때문에 나는 체스 게임을 즐기는 것인지도 모르겠다.

나의 아버지가 돌아가셨을 때 나는 막 스탠퍼드에서의 생활을 시작했다. 그 당시에 나는 나의 특별히 좋은 행운을 깊이 고마워하지 못했던 것 같다. 나는 위대한 대학교의 교수직을 얻었고, 완전히 독립적으로 일했고, 축복받은 거주지, 아마도 세상에서 가장 좋은 기후를 가진 곳에서 살고 있다. 나는 그 이후로 다시는 눈(雪)을 한 번도 보지 못했다(스키장에서는 제외하고). 나의 친구들, 스탠퍼드에 있는 대부분 나의 동료들은 편안하게, 긴장하지 않고 사는 사람들이고 모두 식견이 높다. 나는 단 한 번도 유대인을 배척하는 말을 듣지 못했다. 우리는 부자는 아니지만, 매릴린과 나는 우리가 원하는 것은 무엇이나 할 수 있다고 느꼈다. 우리가 좋아하는 휴양지는 바하다. 캘리포니아 주에 있는 물레헤라 불리는 수수하지만 다채로운 지역이었다. 어느 해 크리스마스엔가 그곳에 우리는 아이들을 데리고 갔다. 아이들은 또띠야와 피냐타를 마음껏 먹고 멕시칸 분위기를 만끽했다. 아이들은 스노클링과 스피어피싱(스킨 다이빙을 하며 스피어 총으로 물고기를 잡는 스포츠─역주)을 하면서 흥청거리며 놀았고 스피어피싱은 몇 번의 맛있는 식사를 마련해주었다.

1964년에 매릴린은 프랑스로 갔고 온 가족이 유럽 여행을 할 수 있기를 간절히 소망했다. 결과는 더 좋았다. 온 가족이 일 년을 런던에서 보낼 수 있게 되었던 것이다.

런던에서의 일 년

19 67년 나는 국립정신보건원(National Institute of Mental Health)이 교수에게 부여하는 상을 받았다. 그 상은 런던에 있는 타비스톡 클리닉에서 일 년을 보낼 수 있는 상이었다. 나는 타비스톡 클리닉 집단치료 방식을 공부하고 집단치료 교과서 집필에 열정을 모두 쏟기로 했다. 우리는 클리닉에서 가까운 햄스테드의 레딩톤가에 집을 구해서 다섯 식구(우리 막내아들 벤은 아직 태어나기 전)가 천국 같은, 잊을 수 없는 외국 생활을 시작했다.

스탠퍼드에서 일 년을 보내고 있는 타비스톡 클리닉의 유명한 영국 정신과의사 존 볼비와 사무실을 서로 교환해서 쓰기로 했다. 그의 런던 사무실은 클리닉의 중앙에 있어서 교수들과 연락하기가 좋았다. 그 일 년 동안 나는 집에서 열 블록 떨어져 있는 클리닉까지 매일 아침 아름다운 18세기 교회를 지나서 걸어다녔다. 이 작은 교회의 안마당에는 20개의 묘석이 있었는데 그중 여러 개는 삐뚜름하게 서 있었고 묘비에 새겨진 이름은 너무나 오래되어서 읽을 수가 없었다. 길 건너 좀 넓은 묘지는 19세기와 20세기의 유명했던 인물들, 예를 들면 작가 대프니 듀 모리에 같은 분의 영원한 휴식처였다. 드골 장군이 프랑스 점령시대에 살았던 기둥이 있고, 위엄이 서려 있는 저택 앞도 매일 지났다. 그 저택은 100,000파운드에 팔겠다고 내놓았는데 매릴린과 나는 가끔 우리가 이 저택을 살 수 있는 돈이 있다면 좋겠다는 환상에 젖곤 했다. 한 블록 더 가면 영화 '메리 포핀스'에서 줄리 앤드류스와 반 다이크가 지붕 위에서 춤을 추었던 넓은 집이 있다. 그리고 핀칠리 로드에서 벨사이즈 레인까지 가서 타비스톡 클리닉이 있는 4층짜리 별 특징이 없는 건물로 들어간다.

　타비스톡 원장 존 서더랜드는 친절하고 가장 상냥한 스코틀랜드 사람이었다. 출근 첫날, 그는 직원들에게 나를 우아하게 소개했고, 클리닉에서 열리는 모든 세미나에 참여할 수 있게 초대해주었고 스태프들이 진행하는 집단치료를 관찰할 수 있도록 해주었다. 나는 집단과 관계되는 일을 하는 정신과의사들에게도 소개되었고, 일 년 동안 삐에르 터퀘이트, 로버트 고슬링과 헨리 에즈리엘 같은 분들과 교분을 맺었다. 그들이 빈틈없고 친절하다고 느낀 반면 기괴하다고 할 만큼 거리를 두고 냉정하게 집단을 리드하는 방법에는 충격을 받았다. 타비스톡 집단 리더들은 어떤 특정한 참가자들에게도 절대로 직접 말하지 않았으나 '집단'에 대해서만 100% 말하도록 자신들을 철저히 통제했다. 어느 날 저녁, 리더 중 한 분인 삐에르 터퀘이트가 "만약 이 집단의 모든 참가자들이 런던의 먼 구석에서 무서운 빗속을 헤치고 여기까지 와서 크리켓에 대해 이야기를 하기로 선택한다고 하면, 그렇게 된다 하더라도 나에겐 그것도 괜찮아요."라고 말했던 것을 기억한다. 타비스톡 집단 리더들은 집단 전체를 무의식 과정이라고 간주하고 리더십과 권위에 관계되는 것 이외에는 개인적인 인간관계에 전혀 관심을 두지 않는 윌프레드 비욘의 아이디어를 따르고 있었다. 그러므로 코멘트는 언제나 집단을 전체로 보고 행해졌고 치료자들은 개인 환자들에 대한 이야기는 절대로 하지 않았다.

　개인적으로 타비스톡 정신과의사들, 특별히 로버트 고슬링은 그의 런던에 있는 집과 시골에 있는 집에 나를 초청해주었다. 그를 좋아하긴 했으나, 몇 달이 지나자 이 집단치료가 굉장히 비효율적이고, 많은 환자들이 이런 치료에 반대하며 퇴장하는 것을 보았다. 출석률은 현저하게 나빴다. 여기서는 최소한 네 명의 참석자가 없으면, 그 집단은 취소되는 법칙이 있어서 그런 사례가 빈번했다.

그 일 년의 후반부에 나는 리즈에서 일주일 동안 계속되는 타비스톡 집단 컨퍼런스에 참석했다. 거기에는 교육, 심리학, 비즈니스 분야에서 온 100명의 다른 참석자들도 있었다. 나는 그 컨퍼런스가 어떻게 시작되었는지 지금도 생생히 기억하고 있다. 참석자들은 무작위로 다섯 집단으로 나뉘어서 지정된 방으로 가라는 지시를 받았다. 시작을 알리는 종소리와 함께 참석자들은 방으로 들어갔다. 어떤 사람들은 리더십 때문에 싸웠고, 어떤 사람들은 집단이 너무 커지지 않게 문을 닫아야 한다고 요구했으며 어떤 사람들은 집단 과정의 규칙을 주장했다. 워크숍은 소집단으로 계속되었다. 각 소집단에는 집단 과정을 지켜보는 상담원이 배정되었고 대집단 모임은 모든 교수와 참가자들이 참여해서 집단 역동을 공부할 수 있었다.

타비스톡 집단은 개인이 집단 역동과 조직 행동에 대한 트레이닝을 받을 수 있는 기구로 계속 활용되고는 있지만, 집단심리치료 접근으로는, 내가 아는 한에는, 다행스럽게도 사라지게 되었다.

일주일에 대략 한두 개의 소집단을 관찰했고 컨퍼런스나 강의에도 참석하기는 했으나 그 일 년 동안 나는 나의 연구와 집단치료 교과서를 집필하는 데 완전히 몰두했다. 타비스톡 교수들은 내가 그들의 접근에 대해서 흥미 없어 했던 것과 마찬가지로 나의 접근법에 대해서도 흥미 없어 했다. 내가 많은 수의 성공적인 집단치료 환자들을 인터뷰한 내용을 기초로 해서 쓴 논문 '치료적 요소'를 발표했을 때, 영국 직원들은 나의 전형적인 미국식 '고객만족'에 대한 집착을 비웃었다. 그곳에서 단 한 명의 미국인이었던 나는 소외되고 지지받지 못한다고 느꼈다. 일 년 후에 내가 존 볼비를 일대일로 만났을 때, 그는 자기도 타비스톡 직원들에게서 비슷한 경험을 했다고 하면서 때때로 그는 그 청중 속에 폭탄을 던지고 싶은 환상에 젖기도 했다고 말했다. 나도 굉장히 고립되고 환영받지 못한다고 느꼈기 때문에 일 년 동안 불편했다. 나를 위해서 심리치료사가 필요하다고 느낄 만큼 내 일생에서 다양한 어려움을 겪은 시기였다.

그 당시 영국에는 굉장히 많은 치료 학파가 있었다. 잘 알려진 영국 정신과의사, R. D. 랭이 곧 마음에 떠오른다. 그의 저술을 통해 보면 그는 아주 매력적이고 창의적으로 생각하는 사람 같았다. 최근에 그는 정신과 환자들과 치료자들이 함께 사는 힐링 커뮤니티, 킹슬리 홀을 설립했다. 더구나 그는 환자들을 평등주의적 방식으로 치료했다. 그것은 타비스톡 접근과는 많이 달랐다. 그의 타비스톡 강의에 참석했을 때, 나는 그의 지성적인 면에 깊은 인상을 받았고, 과거 업적을 흔드는 그의 관점을 어떤 면으로는 즐겼으나 그가 약간 비조직적이라고 느꼈다. 많은 청중들이 왜 그가 최근에 현장에서 사용하고 있는 LSD 약을 그 자신도 사용하고 있다고 이야기하는지 쉽게 이해할 수 있었다. 그럼에도 불구하고, 나는 개인적으로 그와 만나서 내가 개인 치료를 시작하는 것에 대해 의논하려고 생각했다. 나는 그가 캘리포니아 빅서의 에살렌에서 했던 경험과 그곳에서 진행되었던 나체 마라톤 집단 강의에 대한 그의 코멘트를 물었던 것을 기억한다. 그는 나의 질문에 수수께끼처럼 대답했다. "나는 내 카누를 저었고 그들은 그들의 카누를 저었지요." 그래서 나와 그는 전혀 맞지 않는다고 결론지었다. (나는 그때 몇 년 후 에살렌의 나체 마라톤 집단에 내가 참여하리라는 생각을 거의 하지 않았다.)

다음에는 런던 클라인파 분석학파의 대표와 의논을 했다. 나는 그가 내 생애의 처음 2년간의 경험을 철저하게 캐묻는 것에 대해서 의문을 가졌던 것과, 왜 클라인 분석학파에서는 대체적으로 7년에서 10년간이나 분석이 계속되는지를 질문했던 것이 기억난다. 두 시간 동안 의논한 끝에 그는 그의 접근에 대해서 내가 너무나 거창하게 의심한다고 결론지었다. (나도 동의했다.) 그는 "당신의 배경 음악의 부피는(예를 들면 나의 저항) 분석의 진정한 화음을 모호하게 할 것입니다."라고 말했다. 그대들은 영국인들의 달변을 존경하지 않을 수 없으리로다!

결과적으로 나는 랭의 분석가였던 찰스 라이크로프트와 작업을 하기로 결정했다. 그는 영국 분석가 페어베른과 위니코트의 영향을 받은 '중도학파(middle school)'를 리드하는 런던의 정신분석가였다. 그 후 열 달 동안 나는 일주일에 두 번 라이크로프트를 만났다. 그는 50대 중반이었고, 굉장히 사려 깊고 친절했으며, 약간 현실감이 없는 듯했다. 두꺼운 페르시안 양탄자, 하나의 카우치, 두 개의 편안한 안락의자 등으로 꾸며진 디킨스의 소설에 나올 법한 분위기에 쌓여 있는 할레이가의 그의 사무실에 갈 때마다 그는 세션과 세션 사이에 피우고 있던 담배를 급히 비벼 껐다. 그리고 악수하면서 나를 맞았고, 예의 바르게 카우치가 아니라 그와 마주 보는 의자로 나를 안내했다. 한마디로 그는 예의 바른 태도로 나를 대했다. 나는 그가 특별히 정신분석 사회에서 축출된 마수드 칸의 역할을 하는 것 같았던 것을 기억한다―그 내용을 나의 소설 **카우치에 누워서**(*Lying on the Couch*)에서 다시 재현하였다.

우리의 세션에서 나는 이익을 얻기는 했다. 그러나 그가 좀 더 적극적으로 나와 상호작용을 하기를 바랐다. 그의 복합적인 해설은 한 번도 도움이 된다는 생각이 들지 않았으나, 몇 주가 지난 후 나의 불안은 나아졌고, 좀 더 효과적으로 글을 쓸 수 있게 되었다고 느꼈다. 왜? 어쩌면 그의 믿음직스러운 수용과 공감 때문이었을 것이다. 누군가가 나의 편이라는 것을 아는 것은 매우 중요한 일이었다. 근래에 런던에 갔을 때 나는 인사차 그를 방문했고 우리의 치료를 되돌아보았다. 그가 단지 해석만을 제공해야 한다는 원칙에 집착했던 자기의 치료를 후회한다고 말했을 때, 나는 그의 솔직함에 감사했다.

런던에서 나는 집단치료 교과서를 쓰는 데 집중했다. 이것이 나의 첫 번째 저서이므로, 나는 독창적인 방법을 만들어야 했다. 그 독창적인 방법은 내게 있는 세 개의 중요한 자원으로부터 충실히 끌어내야 한다고 결론을 내렸다. 세 개의 자원은 전에 내가 레지던트를 가르쳤던 교재, 내가 직접 써서 집단 멤버들에게 보냈던 수백 개의 집단 요약문, 그리고 집단치료에 관한 연구논문들이었다. 이 논문들은 탁월한 타비스톡 클리닉 도서관에서 모두 얻을 수 있었다. 나는 타이핑할 줄을 몰랐기 때문에(그 당시의 전문가들 대부분은 타이핑할 줄 몰랐다) 매일 3, 4페이지를 손으로 써서 개인적으로 고용한 타비스톡의 타이피스트에게 주었다. 그 타이피스트는 매일 저녁 내가 쓴 글들을 타이핑해서 다음 날 내가 다시 읽어볼 수 있도록 해주었다.

　이 교과서를 어디서부터 시작해야 하나? 나는 집단치료자가 처음으로 부딪치게 되는 질문부터 시작했다. 집단치료자가 처음 부딪치게 되는 질문은 어떻게 환자를 선택하고 어떻게 집단을 구성하는가였다. 선택은 특정 환자가 특정 집단치료에 적합한지 여부를 결정하는 것을 의미한다. 집단 구성은 또 다른 질문을 낳는다. 어떤 환자에게 적합한 집단이 여러 개 있다고 가정하자. 그러면 그중에서 어떤 집단이 그에게 가장 적합할까? 또는 다른 (전혀 다른) 시나리오를 생각할 수도 있다. 12개의 집단을 형성할 만큼의 100여 명의 환자 명단을 가지고 치료자는 가장 효율적이 될 수 있도록 어떻게 집단을 구성할 것인가? 이런 질문들을 마음에 두고, 나는 문헌들을 조사했고, 학자적인 꼼꼼함과 엄격한 세밀함으로 지독하게 지루한 몇 장(章)을 썼다.

　환자 선택과 집단 구성에 관한 두 개의 장을 완성하고 난 후에, 스탠퍼드의 나의 과장 데이비드 햄버그가 런던을 방문하여 기대하지도 않았던 놀라운 뉴스를 전해주었다. 스탠퍼드 테뉴어 위원회에서 나에게 종신 교수직을 부여하기로 했다는 소식이었다. 앞으로 일 년을 더 있은 후에 받도록 되어 있었는데, 일찍 종신 교수직을 받게 되었다는 소식은 이제 그 결정을 기다리는 불안에서 벗어날 수 있다는 것이어서 나의 기쁨은 대단했다. 후에 나의 동료들이 그 어려운 기간을 고통스럽게 지내는 것을 보면서 나는 나의 행운을 더욱 깊이 감사하게 되었다.

이 소식은 나의 저술 프로젝트에 극적인 효과를 주었다. 나는 더 이상 심사 테이블에 앉아 있을 엄격하고 경험주의적인 원칙에 근거한 까칠한 교수들의 구미에 맞추어서 글을 쓰지 않아도 되었다. 나는 기쁘게 그 제약에서 벗어나 전적으로 독자들을 위한 교과서를 쓰기 시작했다. 자신이 치료하는 환자들에게 어떻게 도움이 될 수 있을까를 배우려고 애쓰는 학생 실습생들을 위해서 썼다. 그래서 앞의 그 지루한 두 장에 뒤따르는 모든 장들에는 더욱 생기 있고 임상적인 짤막한 임상적 소회문을 덧붙였다. 그중 몇 장은 단 몇 줄이었고 다른 것들은 3, 4페이지에 달하는 것도 있었다. 그러나 처음 두 장은 마치 시멘트와 같았다. 그 장들은 나를 초조하게 만들었으나 그 내용을 더 활기 있게 할 방법을 찾지 못했다. 25년 후에 **집단치료의 이론과 실제**(*Theory and Practice of Group Therapy*)의 다섯 번째의 증보개정판을 출판했다. 네 번이나 증보개정판을 낼 때마다 매번 2년에 걸쳐서 철저하게 문헌 리뷰와 편집을 했음에도 불구하고, 종신재직권을 받기 전 런던에서 쓴 두 개의 장(현재는 8장과 9장)은 마치 다른 사람이 쓴 글처럼 지나치게 격식을 차린, 죽은 문장이어서 책 전체와 어울리지 않는 것처럼 느껴진다. 내가 여섯 번째의 증보개정판을 쓰게 된다면 나는 이 두 개의 장을 다시 쓸 각오가 되어 있다.

나의 9살, 12살, 13살 세 자녀들은 처음에는 물론 팰로앨토 학교 친구들을 떠나기를 꺼렸으니 궁극적으로는 런던에서 지낸 일 년을 사랑하게 되었다. 우리 딸 이브는 영어 쓰기(penmanship) 성적이 좋지 않아서 근처에 있는 팔리아멘트 힐 학교에 입학이 안 되고 대신에 함스테드 핼스 여학교에 다녀야 했는데 그 일을 오히려 가치 있게 여겼다. 거기서 좋은 친구들을 사귀고 일 년이 지난 후에는 덧없는 것이지만, 영어 쓰기에서 우수 성적을 받았다. 우리 아들 레이드는 근처에 있는 유니버시티 칼리지 스쿨에 다녔다. 거기서 그는 붉은색과 검은색 줄무늬가 있는 재킷과 모자를 자랑스럽게 입고 다녔다. 이브보다 더 못한 레이드의 영어 쓰기는 당연히 지적받았지만, 그 것을 완전히 무시했다. 왜냐하면 교장 선생님이 여러 차례 나에게 말해주 었던 것처럼, 그는 '유쾌하고 멋진 럭비 선수'였기 때문이었다. 여덟 살 난 빅터는 영국의 지방 학교에서 잘 자랐다. 매일 학교에서 낮잠을 자야 하는 것을 불행하게 생각했지만, 집에 오는 길에 사탕가게에서 군것질하는 것을 좋아했다.

　유럽에서 우리는 자동차를 사기는 했으나, 런던에서는 별로 사용하지 않 았고 어디를 가든지 지하철을 타고 다녔다. 로열 국립극장, 지역의 시 낭송 회, 대영 박물관, 로열 앨버트 홀에 들어갈 때 지하철을 이용했다. 프랑코-아메리칸 문학잡지인 아담(Adam)과 관계를 맺고 있는 매릴린을 통해서 우리 는 알렉스 컴포트를 만났다. 알렉스 컴포트와는 그가 2000년에 세상을 떠 날 때까지 친한 친구로 지냈다. 알렉스는 내가 가까이 지냈던 두 명의 천재 중 하나였다 — 다른 천재는 스탠퍼드 노벨 수상자인 분자생물학자 조시 레 더버그였다. 그 당시에 알렉스는 아내와 정부, 두 여인 사이에서 시간을 나 누어 썼고 각각의 집에 자신의 옷으로 가득 찬 옷장이 있었나. 백과사전적 인 정신을 가진 그는 어떤 종류의 주제에 대해서든지 끝없이 자신의 지식 을 드러냈고 또 드러낼 수 있었다 — 영국, 프랑스 문학, 인디언 신화, 그리 고 예술, 전 세계적인 성행위들, 그의 전문 분야인 노인학, 17세기의 오페 라. 그는 자기 아내에게 크리스마스 선물로 무엇을 받고 싶은지 물은 적이 있었다고 한다. 그랬더니 아내는 "정보 말고 아무것이나!"라고 하더라는 이야기를 언젠가 우리에게 들려주었다.

　나는 언제나 알렉스와 이야기하는 것을 즐겼다 — 그토록 신기하고, 풍요 롭고, 모든 것에 관심이 있는 사람인 그가 매릴린에게 매혹되어 있다는 것 을 알았다. 그러나 그와 나는 런던에서뿐만 아니라, 후에 그가 팰로앨토에 있는 우리 집을 방문했을 때도 우정을 맺고 있었다.

저자와 가족, 런던, 1967~1968 겨울.

알렉스는 마침내 아내와 이혼했고, 그의 정부와 결혼을 하고는 역대 베스트셀러의 하나인 성의 즐거움(*The Joy of Sex*)을 썼다. 그리고 주로 영국의 세금을 피하기 위해 팰로앨토에서 몇 시간 거리에 있는 산타바바라의 싱크탱크, '민주제도 연구센터(Center for the Study of Democratic Institution)'로 옮겼다. 성의 즐거움이 알렉스의 알려진 베스트셀러이지만, 알렉스는 노인학에서부터 시와 소설에 이르기까지 50여 권의 다른 책들도 썼다. 나는 빠른 속도로 편안하게 글을 쓰는 그의 능수능란함에 감탄했고 기가 죽었다. 그의 초고가 때로는 그의 최종본이 되곤 했다. 그에 비해 내가 출판한 모든 책들은 내가 10번에서 20번을 고쳐 쓰곤 했다. 우리 아이들은 그를 만나기 전부터 그의 이름을 알았다. 왜냐하면 알렉스의 시 몇 편은 팰로앨토 학교에서 교과서로 사용하던 현대 시집에 포함되어 있었기 때문이었다. 그와 함께 우리 동네를 걷는 것은 큰 행운이었다. 알렉스는 새 소리를 알아차리고, 그 새의 이름을 알고, 아무런 어려움 없이 그 새 소리를 그대로 흉내 냈다.

런던이 우리를 환영했음에도 불구하고 우리는 캘리포니아에 심취하였고 캘리포니아의 햇볕을 몹시 그리워했다. 여행사에서 우리 가족에게 튀니지 해변에 있는 섬 제르바에서 한 주일 동안 휴가를 보낼 수 있게 해 주었다. 그 섬은 오디세이를 좌초시켰던 로터스 이터스(Lotus Eaters) 섬이었다는 전설이 있다. 우리는 옛날 시장, 로마의 유적들, 2,000년 된 시나고그를 방문했다. 내가 들어섰을 때 아랍 옷을 입은 관리인이 나에게 그 종족의 한 사람이냐고 물어서 그렇다고 고개를 끄덕이자, 나의 팔짱을 끼고 비마(Bimah; 시나고그의 중앙 제단-역주)로 데리고 갔다. 그는 옛 성경을 나의 손에 놓았으나 고맙게도 나의 히브리어를 테스트하지는 않았다.

엔카운터 그룹, 참 만남 집단에서의
짧았던 소란스러운 생활

1960년대 중반과 1970년대 초반에 캘리포니아
를 위시하여 미국 내의 여러 곳에서는 참 만
남 집단이 널리 퍼져 있었다. 참 만남 집단은 모든 곳에 있었다―그 집단
의 몇몇은 치료 집단과 대단히 비슷했으므로 나는 굉장히 깊은 관심을 갖
게 되었다. 스탠퍼드대학과 인접한 멘로 파크에 있는 프리대학에서는 열두
개나 되는 개인 성장 집단 광고를 내걸고 있었다. 스탠퍼드 기숙사의 거실
에서도 다양한 참 만남 집단을 주최하고 있었다. 24시간의 마라톤 집단, 사
이코드라마 집단, T-group, 인간 잠재력 개발 집단뿐만 아니라 많은 스탠퍼
드 학생들은 근처에 있는 에살렌(캘리포니아 주 빅 서에 있는 대안 교육기관-역주) 또
는 국내에 널려 있는 수백 수천여 개의 EST와 라이프스프링 집단에 참여했
다. 이 두 집단은 둘 다 큰 규모의 집회를 하다가 가끔 소그룹인 참 만남 집
단 형태로 나누어지기도 했는데, 학생들은 이와 같은 성장 집단 경험을 찾
았다.

다른 사람들과 마찬가지로 나도 참 만남 집단의 확산에 어리둥절했다.

많은 사람들이 두려워하는 것처럼, 이들 집단은 위협적인 존재이며 사회 분열의 좋지 않은 조짐을 보이는 집단들인가? 아니면, 그 반대인가? 그들이 개인적인 성장을 효과적으로 고양시키고 있는가? 이런 점들에 대해 나도 의아했다. 참 만남 집단 욕구가 과장되면 될수록 열성분자들은 더 요란해지고 보수주의자들의 반응은 더 날카로워졌다. 나는 훈련을 잘 받은 리더들이 진행하는 T-group들을 관찰했다. 많은 멤버들이 도움을 받는 것처럼 보였다. 또한 내가 염려하고 있는 좀 거칠고 들락날락하는 멤버들이 오히려 심리적인 상처를 받았을 것 같은 의심이 가는 사이코드라마 집단에도 참여했다. 나는 에살렌에서 24시간 동안 계속되는 나체 마라톤에도 참여했다. 그러나 그 집단에서 받은 영향에 대한 추후 조사는 없었다. 내 생각에 그 집단의 15명 중에 몇 명쯤은 도움을 받았을 것 같았으나 말하지 않는 멤버들에게는 어떤 영향이 있었는지를 알 길이 없었다. 많은 사람들은 이 새로운 실험집단을 칭송했고, 반면에 다른 많은 사람들은 저주했다. 이런 상황들에 대해서는 실험적인 평가가 절실히 요구되었다.

　시카고에서의 집단치료 컨퍼런스에서 나는 시카고대학교 교수인 몰트 리버먼의 강연을 듣고 그의 업적에 많은 감동을 받았다. 나는 그와 함께 밤새도록 긴 이야기를 나누면서, 참 만남 집단의 효과에 대해서 야심찬 연구를 공동으로 해보자고 의견을 모았다. 그러고 보니 우리의 관심은 오버랩되었던 것이다. 그는 자기가 사회과학 연구자임을 자랑스럽게 생각하고 있을 뿐만 아니라 T-group 리더로, 집단치료자로도 훈련을 받은 사람이었다. 그는 일 년간 스탠퍼드에서 지낼 계획을 하고 있어서 우리는 곧 컬럼비아대학교의 교육심리학 교수이자 연구자이며 통계 전문가인 매트 마일스를 우리의 연구에 참여시키기로 했다. 우리 세 사람은 참 만남 집단(엔카운터 그룹)의 효과에 대한 야심찬 연구를 디자인했다. 엔카운터 그룹은 스탠퍼드 캠퍼스에서는 분명한 현상이었고 많은 교수들은 학생들이 참 만남 집단에서 행하고 있는 강력한 직면(直面), 걸러지지 않고 나오는 피드백, 기성세대에 반발하는 태도 등으로 인해 상처를 받았을 것이라고 염려하고 있었다. 실제로, 대학교 행정당국에서는 캠퍼스에서 자행되는 이런 집단에 대해서 너무나 염려하고 있었다. 그렇기 때문에 대학교 행정당국에서는 우리에게 즉각적으로 엔카운터 그룹에 대해서 연구하라고 했다. 다량의 샘플을 확보하기 위하여 대학교에서는 학생들이 집단에 참여하는 것에 학점까지 주기로 했다.

우리의 최종 연구 디자인은 210명의 학생들을 통제집단이나 20개의 집단에 무작위로 배치되게 하는 것이었다. 각 집단은 총 30시간의 세션 모임을 가지고, 참가하는 학생들은 3학점을 취득하게 했다. 우리는 당시 인기 있는 10개의 참 만남 집단 방법을 선택해서 각 방법에 2개의 그룹을 안배했다.

Traditional NTL T-groups(전통적인 NTL T-집단)

Encounter (or Personal growth) groups(참 만남 (또는 개인 성장) 집단)

Gestalt therapy groups(게슈탈트 치료 집단)

Esalen(sensory awareness groups)(에살렌 감수성 지각 집단)

TA(transactional analytic) groups(교류분석 집단)

Psychodrama groups(사이코드라마 집단)

Synanon(confrontational "hot seat") groups(시나논 (직면적 "열정의자") 집단)

Psychoanalytically oriented groups(정신분석지향 집단)

Marathon groups(마라톤 집단)

Leaderless type-led groups(지도자 없이 진행되는 집단)

다음으로 우리는 이런 방법에서 잘 알려진 집단 지도자들을 뽑았다. 몰트 리버먼은 멤버들과 리더들의 행동 변화를 측정하는 많은 도구들을 개발했고, 우리들은 관찰자 팀들을 훈련시켜서 각 만남에서의 멤버들과 리더들을 연구하도록 했다. 대학교의 인간 연구소 위원들이 우리의 연구계획을 인정하자—이 프로젝트는 이 방면에서 진행되었던 연구 중에서 가장 방대하고 가장 열정적인 연구가 되었다.

연구를 끝내고 우리는 500페이지의 학술서를 베이직 북스에서 **참 만남 집단: 첫 번째 사실들**(Encounter Groups: First Facts)이라는 제목으로 출판했다. 그 전반적인 결과는 인상적이었다. 쿼터제(10주 정도의 과정 – 역주)의 학부 과정을 택한 약 40%의 학생들은 특별한 긍정적인 개인 변화를 경험했고 그것이 약 6개월간 계속되었다. 그러나 16명의 '피해자들(casualties)' 또한 있었다—그들은 자기들의 집단 경험 이후에 6개월간 더 나빠진 것을 느꼈다고 보고했다.

나는 각 집단의 임상적인 발달과 변화, 리더들의 행동, '많은 것을 배운 자들'과 '피해자들'에 미치는 영향에 대해서 서술했다. '피해자들'을 쓴 장은 엔카운터 운동에 반대하는 사람들로부터 엄청난 호응을 얻었고 국내에서 수백 개의 신문에서 인용했다. '피해자들'을 쓴 장은 보수주의자들이 원하는 바로 그 탄약과 같은 것을 제공했던 것이다. 그 반면에, '많은 것을 배운 자들, 큰 변화를 겪은 학습자들'을 쓴 장에서는 12개의 그룹 미팅 결과로 개인의 실질적인 변화를 보고한 많은 학생이 그 어떤 관심도 받지 못했다. 이것은 가장 애석한 일이었다. 왜냐하면 나는 항상 이런 집단을 적절하게 리드하면 많은 것을 얻을 수 있으리라는 것을 진정으로 느끼고 있기 때문이다.

10년 후에 엔카운터 그룹 운동은 사라졌다. 대신에 그 운동은 스탠퍼드 기숙사에서 성경공부 그룹으로 대치되었다. 엔카운터 그룹의 종말과 더불어 우리들의 책 **참 만남 집단: 첫 번째 사실들**은 그 프로젝트에서 사용한 연구 도구가 유용하다는 것을 발견한 학자들을 제외하고는 독자들을 잃었다. 나의 모든 책들 중에서 이 책만이 절판되었다. 나의 아내는 이 프로젝트에 한 번도 호의적이지 않았다. 왜냐하면 이 프로젝트는 내 시간을 너무 많이 빼앗았고, 스태프 미팅은 지독해서 매릴린이 스탠퍼드 병원에서 우리의 네 번째 아이, 벤자민 블레이크를 출산한 후에 그녀를 집으로 운전해 데려갈 시간조차 허락하지 않았기 때문이었다. 매릴린은 그 책 리뷰어 중 한 사람이 "이 저자들은 굉장히 열심히 일한 것이 분명하다. 왜냐하면 문장들이 모두 지쳐 있기 때문이다."라고 한 것을 기억하고 있다.

　는 나의 집단치료 교과서 집단치료의 이론과 실제를 2년간 더 손질했다. 탈고했을 때, 데이비드 햄버그가 연락해 놓은 출판업자를 만나려고 뉴욕으로 날아갔다. 베이직 북스의 창업자인 인상적인 아서 로젠달과 점심을 같이 했고 다른 출판사의 제안이 있었음에도 불구하고 그와 출판하기로 결정했다. 지금 나의 일생을 되돌아보는 이 책을 쓰면서 데이비드 햄버그가 나의 연구를 도와주었을 뿐만 아니라 출판 관계의 일에도 촉진적인 역할을 했던 것에 감사한다.

집단치료의 이론과 실제는 즉각적인 성공을 거두었다. 1, 2년 사이에 국내의 대부분의 심리치료 수련 프로그램 교과서로 채택되었고, 후에 다른 여러 나라에서도 채택되었다. 집단치료자들을 위한 수련 도구로서 이 교과서는 다섯 번의 증보 교정판이 출판되었고 100만 권 이상이 팔렸다. 그것이 매릴린과 나에게 새로운 수준의 재정적인 안정을 주었다. 대다수의 젊은 정신과 교수들과 마찬가지로 나도 주말에 다양한 정신과 병원에서 컨설팅을 하는 것으로 나의 수입을 늘렸다. 그러나 교과서가 출판된 이후로는 주말 컨설팅을 그만두고 대신에 집단치료에 관한 강의만을 수락하였다.

나의 보수(報酬)에 대한 태도는 어느 날 갑자기 완전히 바뀌었다. 내 책이 출판되고 5년쯤 후에, 뉴욕시의 포드햄대학교에서 많은 청중 앞에서 강의를 하게 되었을 때였다. 언제나와 마찬가지로 나는 강의할 때 사용하기 위해 전 주에 했던 집단치료 비디오테이프를 만들어서 가지고 갔다. 그러나 포드햄대학교의 비디오테이프 플레이어는 작동이 되지 않았고 기술자들은 플레이어를 고치려다가 마침내 두 손을 들고 말았다. 그 아침 시간을 비디오테이프 없이 내가 주도적으로 이끌어가야 하는 그 어렵고 스트레스 받는 과업은 내 몫이 되었다. 나는 준비한 두 개의 강의를 오후에 했고 긴 시간 동안 청중들과 Q&A 시간을 가졌다. 끝날 무렵 나는 완전히 지쳐 있었다. 청중들이 빠져 나가고 난 후에, 우연히 인쇄된 프로그램을 자세히 읽게 되었는데 그 워크숍 참가비가 40달러(1980년대였다)였다는 사실을 알게 되었다. 강당을 둘러보고 나는 600여 명의 청중이 있었을 것이라고 추측했다. 빠른 계산으로도 이 강의를 주최한 측에서는 2만 달러 이상의 수입이 있었을 것인데 나에게는 겨우 400달러를 지불한다는 것을 알았다! 그 시간 이후로 나는 각 컨퍼런스마다 들어오는 자금을 공평하게 공유하도록 계약을 한다. 나의 강의 수입은 곧 나의 대학 교수 월급을 왜소하게 만들었다.

비엔나 거주

비엔나는 언제나 나의 의식 속에 아련하게 큰 자리를 차지하고 있다. 왜냐하면 비엔나는 프로이트가 태어난 곳이며 심리치료의 요람이기 때문이다. 프로이트의 여러 가지 전기들을 읽었기 때문에 이런 종류의 이야기가 많이 새겨진 비엔나에 내가 좋아하는 작가들, 스테판 츠바이크, 프란츠 베르펠, 아르투어 슈니츨러, 로버트 무질, 그리고 요세프 로트 등이 살았었다는 것을 알고 굉장한 친근감이 느껴졌다. 그리하여 1970년에 스탠퍼드대학교에서 여름 학기 동안 비엔나에 있는 스탠퍼드대학교 학부생들을 가르치라는 제언을 했을 때 빨리 받아들였다. 그곳으로의 이사는 여러 가지로 복잡했다. 나에게는, 그때 나이로 15세, 14세, 11세 그리고 한 살짜리까지 총 네 명의 자녀가 있었다. 딸의 친구이자 이웃에 살고 있는 20세의 여성이 막내 벤을 돌봐주기로 하고 우리와 함께 학생 기숙사에서 살기로 했다. 나는 스탠퍼드 학부생들과 더불어 생활할 수 있는 기회를 환영했고, 매릴린은 언제나처럼 유럽에 거주할 수 있어 좋아했다.

프로이트가 살았었던 비엔나의 중심에서 산다는 것은 경이로웠다. 나는 프로이트의 세계에 빠져들어, 그가 걸었던 거리를 걸으며, 그가 갔던 카페에 들르고, 표시는 없지만 그가 49년간 살았다는 베르크가세 19번지에 있는 커다란 5층짜리 아파트를 정신없이 바라보았다. 몇 년 후에 지그문트 프로이트 재단에서 이 빌딩을 구입하고 프로이트 박물관으로 만들었고 커다란 붉은색 배너를 눈에 띄게 내걸고 방문객들을 맞이했다. 하지만 내가 갔을 때는 이곳에 프로이트가 살았고 연구했다는 아무런 표시도 없었다. 비엔나 시에는 모차르트의 집을 포함하여, 여기서 살았던 유명한 사람들, 또는 그렇게 유명하지 않았던 사람들이 살았던 집이라는 표시를 한 수십 개의 놋쇠 명판(名板)이 있으나 지그문트 프로이트가 일생 동안 살았던 집이라는 표지는 아무것도 없었다.

　프로이트의 집을 보고, 그가 걸었던 비엔나 거리를 걸어본 것이 30년 후에 내가 나의 소설 니체가 눈물을 흘릴 때(When Nietzsche Wept)를 집필할 때 많은 도움을 주었다. 나는 이 기억들을 끄집어내고 그때 내가 찍었던 사진들을 믿을 만한 가시적 자료로 하여 니체가 유명한 비엔나 의사이며 프로이트의 멘토였던 요셉 브로이어를 만나는 장면을 상상으로 창작하였다.

　비엔나의 스탠퍼드 학부생들을 위한 강의의 애초 목적은 지그문트 프로이트의 생애와 업적에 관해서 가르치는 것이었다. 그때 내가 준비한 40회 강의가 그 후 15년간 정신과 레지던트를 가르쳤던 '프로이트 감상' 과정의 기초가 되었다. 나는 항상 학생들에게 프로이트는 단지 정신분석만의 창시자가 아니라(오늘날에는 모든 치료의 1% 미만인 것을 생각하면서), 심리치료의 전 분야를 만들어냈다는 사실을 강조한다. 프로이트 이전에 심리치료는 어떤 형태로든 존재하지 않았다. 나는 현대의 정통적인 프로이트식 분석에 대해서 비판적이기는 하지만, 항상 프로이트의 창의성과 용기에 대단한 존경심을 가지고 있다. 내가 치료를 할 때마다 프로이트는 자주 내 마음속에 떠오른다. 예를 들면, 최근에 나는 자기 가족에 대해서 음란한 집착으로 고통받고 있는 새 환자를 만났다. 즉각적으로 그러한 고집스러운 집착에는 분노가 있다는 프로이트의 관점을 생각했다. 나는 프로이트가 지금 유행에서 벗어 났다는 사실이 안타깝다. 나의 책 치료의 선물(The Gift of Therapy)에서 나는 "프로이트가 언제나 틀린 것은 아니다."라고 분명히 말했다.

스탠퍼드에서 비엔나로 떠나기 바로 전에, 나는 두 가지 엄청난 사건으로 고통받고 있었다. 첫째로는 부신암으로 세상을 떠난 내 친구 알 봐이스 때문이었다. 나는 그가 스탠퍼드 레지던트였을 때 만났고, 그는 나의 스피어피싱 친구였고 함께 바하 여행도 다녀왔던 친구였다.

다른 하나는 내가 떠나기 바로 전날에 있었던 치과 약속이었다. 치과의사는 내 잇몸에서 의심이 가는 병변을 발견했다면서 조직검사를 했고 내가 비엔나에 도착했을 때 그 병리 결과를 받게 될 것이라고 했다. 그 당시 프로이트의 치명적인 구강암, 심한 시가 담배 흡연 때문에 생긴 그의 구강암에 대해 읽으면서 나의 흡연에 대해 걱정하고 있었다. 나는 하루의 많은 부분 파이프 담배를 피우고 있었다. 내가 수집한 각각 다른 파이프를 매일 새롭게 골라서 발칸 소브레니 타바코 향기를 한껏 즐기면서 뿜어내곤 했다. 비엔나에 와서 나의 조직검사 결과를 기다리면서, 나도 곧 프로이트를 죽게 한 그 똑같은 암에 걸릴지도 모른다는 생각으로 극도로 불안해했다.

그래서 나는 비엔나에 온 첫 주에 단호하게 담배를 끊었다. 결과적으로 잠을 자기가 어려웠다. 나의 구강 욕구를 잠재우기 위해서 커피 맛이 나는 딱딱한 캔디를 먹고 또 먹었다. 드디어 치과의사로부터 나의 조직검사가 음성이라는 사실을 알리는 전보를 받았다. 하지만 나는 여전히 내 친구의 죽음을 애도하면서 가족이 도착하기를 기다리고 있었다. 나는 일에 집중하려고 노력했다—40회 강의를 준비하기 위해 비엔나에 일찍 도착했던 것이다—그러나 너무나 불안해서 도움을 찾기로 결정하고 비엔나의 유명한 치료자, 세계적으로 널리 읽히는 책 죽음의 수용소에서(Man's Search for Meaning)의 저자인 빅터 프랭클과 상의하려고 했다. 그러나 그의 전화 응답기는 그가 강의 때문에 외국 여행 중이라고 알려주고 있었다.

아내와 아이들이 도착했을 때, 나는 안정되었고 점점 편안해졌다. 스탠퍼드 학생들과 함께 했던 석 달간의 비엔나 생활은 우리들 모두에게 잊을 수 없는 긍정적인 경험이 되었다. 특히 위의 두 아이들은 매일 스탠퍼드 대학생들과 만나는 일에 흥분했다. 우리는 모든 식사를 학생들과 함께 했다. 우리 막내 아들 벤의 첫 돌잔치도 학생들과 함께 했다. 우리 테이블에 커다란 생일 케이크가 나타났고 학생 전원이 "해피 버스데이"를 합창했고 우리 딸 이브가 참석자들을 향해 아기를 들어올렸다. 매릴린은 아이들을 자허 호텔로 따로 따로 데리고 가서 잘 맞는 이름을 붙인 유명한 자허토르테를 사주었다. 그건 내가 맛 본 최고의 페스트리였다.

우리는 학생 여행에 두 번 동행했다. 하나는 보트로 다뉴브 강을 따라 한 여행이었다. 다뉴브강은 반짝이는, 활짝 핀 해바라기로 뒤덮여 있었다. 해바라기는 하늘을 가로지르는 태양을 향해 얼굴을 돌리고 있었다. 그날은 부다페스트의 여행으로 마쳤는데, 러시아 점령하의 부다페스트는 회색빛으로 꾸밈이 없었으나 여전히 매력적이었다. 또 한 번은 그 학기가 끝나기 바로 전에 기차로 갔던 자그레브 여행이었다. 거기서 우리는 학생들과 헤어졌다. 우리 아이들을 스탠퍼드 기숙사 보모에게 맡겨 놓고 왔기 때문에 매릴린과 나는 며칠 동안 차를 렌트해서 말할 수 없이 아름다운 두브로브니크의 달마시안 해변을 지나서 평화로운 세르비아의 시골을 드라이브했다.

비엔나에서의 내 생활은 집중적으로 학생들과의 수업활동으로 바빴지만 문화적인 보물을 감상하는 일을 안 할 수는 없었다. 매릴린은 벨베데르 뮤지엄으로 나를 안내했고 구스타프 클림트와 에곤 쉴레의 작품을 내게 소개했다. 그 이후로 이들은 반 고흐와 함께 내가 좋아하는 화가가 되었고 나의 독일어판 출판업자들에게 내가 클림트 이야기를 한 적이 없는데도, 몇 년 후에 나의 독일어 번역판 책 겉표지는 언제나 클림트의 그림으로 선택해주었다.

아이들은 신록의 도시 비엔나 공원을 산책했다. 잔디를 밟지 않으려고 조심하면서 — 안 그러면 늙은 비엔나 여인들이 그들을 책망했다 — 도시 둘레의 숲속을 거닐었고, 숲속에서는 만나는 사람마다 서로 친절하게 "Gruss Gott(안녕하세요)"라고 인사를 나누었다. 잊을 수 없는 오페라 '호프만 이야기(Tales of Hoffman)' 공연에도 갔다. 비엔나는 나치로부터 회복된 전설적인 세계의 풍요로움을 최근에야 우리에게 보여주었다. 꿈도 꿀 수 없는 일이었지만 40년이 지난 후, 비엔나는 영광스럽게도 나의 책 한 권을 선택해서 100,000권을 무료로 시민에게 나누어 주었고 일주일에 걸쳐서 나를 위한 축제행사를 벌이는 특별한 상을 베풀어주었다.

우리의 비엔나 생활이 끝나갈 무렵 마침내 빅터 프랭클과 전화 연결이 되었다. 나는 내가 스탠퍼드의 정신과 교수이며 개인적인 일로 고통을 겪고 있어 도움이 필요하다고 했다. 그는 대단히 바쁘지만, 그날 오후에 나를 만날 수 있다고 했다.

키가 작고 머리가 하얀 매력적인 프랭클이 문 앞에서 나를 정중하게 맞았다. 그러고는 곧바로 나의 안경에 관심을 가지고 곧 어느 회사의 제품이냐고 물었다. 나는 전혀 아는 바가 없어서 안경을 벗어서 그에게 주었다. 안경테는 싸구려였고 포 아이스라는 캘리포니아 체인점에서 산 것이었다. 그는 내 안경을 잠시 훑어보고 나더니 흥미를 잃었다. 나는 그의 두터운 금속테 안경이 상당히 멋이 있다고 그에게 말했다. 그는 미소를 지으면서 그의 책 죽음의 수용소에서가 여러 나라의 언어로 번역된 번역판으로 가득 찬 거대한 책장을 손으로 가리키면서 거실로 나를 안내했다.

우리는 햇볕이 비치는 그의 거실 구석에 앉았다. 프랭클은 지금 영국 여행에서 막 집에 돌아왔고 새벽 4시까지 팬레터에 답을 해야 했기에 나와 오랫동안 이야기할 수는 없을 것이라고 말했다. 나는 좀 이상하다고 생각했다. 그는 마치 나에게 깊은 인상을 주려고 애쓰는 것 같았다. 게다가 그는 내가 왜 그를 보러 왔는지 묻지도 않았다. 그 대신에 스탠퍼드의 정신과 커뮤니티에 큰 관심을 보이면서 여러 가지 질문을 하더니 즉시로 그의 공헌을 인정하지 않는 비엔나의 정신의학계의 경직됨을 이야기하면서 슬쩍 화제를 돌렸다. 나는 매드 해터(Mad Hatter; 이상한 나라의 앨리스에 나오는 모자 장수-역주)의 티 파티에 있는 것처럼 느끼기 시작했다. 나는 나의 치료에 대해 의논하려고 그를 찾아왔으나, 그는 오히려 비엔나의 정신과 전문 분야에서 그가 받은 불경스러운 대접에 대해서 나에게서 위로를 찾고 있었다. 그의 불평은 우리 세션의 끝까지 계속되었다. 그 시간 동안 그는 내가 왜 왔는지에 대해서 전혀 묻지 않았다. 그 다음 날 만났을 때, 스탠퍼드 정신과 스태프들과 캘리포니아 레지던트에게 특강을 할 수 있도록 자기를 초청할 수 있는지를 나에게 물어서 노력해보겠다고 약속했다.

죽음의 수용소에서는 1946년에 쓴 감동적이고 영감을 주는 책이다. 전 세계 수백만 명이 읽었고 지금도 심리학에서 베스트셀러로 남아 있는 책이다. 그 책에서 프랭클은 자신이 겪은 홀로코스트의 경험과 그의 이야기를 전 세계 사람들과 공유하고자 하는 결심이 그가 생존할 수 있었던 이유라고 설명하고 있다. 나는 그의 인간의 의미에 대한 기본 강의를 몇 차례 들었다. 그는 훌륭한 연사였고 인제나 영감을 불러일으키는 강언을 했다.

몇 달 후 그의 스탠퍼드 방문은 많은 문제를 일으켰다. 그가 그의 아내와 같이 우리 집을 방문했을 때 그는 캘리포니아의 형식을 차리지 않는 문화를 불편하게 느끼고 있는 것이 분명했다. 한 예로 우리 아이들을 돌봐주면서 우리 집에 함께 살고 있는 스위스에서 온 젊은 여성 도우미가 프랭클에게서 책망을 들었다고 눈물을 흘리면서 우리에게로 왔다. 그가 차를 달라고 했는데 도자기 컵이 아니라 세라믹 컵으로 가져갔기 때문에 그에게서 책망을 들었다는 것이었다.

프랭클이 스탠퍼드 레지던트들에게 시연한 임상 사례는 재앙이었다. 그의 로고테라피(logotherapy, 의미치료; 삶의 가치를 깨닫고 목표를 설립하도록 하는 것에 목적을 둔 실존적 심리치료 기법-역주)의 대부분은 그가 10분 내지 15분간 환자의 삶의 의미가 어떠해야 하는가에 대해 단호하게 묻고 권위적인 자세로 환자에게 지시하는 것으로 채워졌다. 시연 인터뷰 동안에 장발에, 샌들을 신고 있는 정신과 레지던트가 일어서서 큰 소리로 반항하면서 "이건 비인간적이야!"라고 중얼거리면서 방에서 나갔다. 이것은 모두에게 끔찍한 일이었다. 아무리 사과를 해도 빅터를 진정시킬 수가 없었다. 그는 계속해서 그 레지던트는 이 프로그램에서 제외되어야 한다고 요구했다.

나는 그에게 피드백을 주려고 노력한 때가 여러 번 있었다. 그러나 그는 거의 언제나 그것을 상처 주는 비평이라고 해석했다. 그가 캘리포니아를 떠난 다음 우리는 여러 차례 연락을 했다. 일 년 후에 그는 나의 비평을 요구하면서 그의 논문을 보냈다. 논문의 한 페이지에는 하버드에서의 그의 강연이 아주 자세하게 묘사되어 있었다. 그는 그의 강연 도중에 다섯 차례나 청중이 기립박수를 보냈다고 했다. 나는 진퇴양난에 빠졌다. 그는 나에게 논평을 청했으나 나의 논평에 오히려 괴로워할 그를 생각하면서 나는 진실되기로 결정했다. 나는 가능한 한 아주 점잖게, 그 박수에 그렇게 많이 초점을 맞추다 보면, 어떤 독자들은 그가 그 자리에 있다는 사실보다는 그 박수에 너무 많이 투자하고 있다는 결론을 내릴 수가 있을 것이라고 했다. 즉시로 그는 답장을 보냈다. "어브, 당신은 이해를 못하고 있습니다―당신은 그곳에 없었으니까요. 청중들은 자리에서 일어서서 다섯 차례나 박수를 보냈어요." 우리가 우리의 최상의 상태에 있을 때라도 때로 우리는 우리의 상처와 칭찬받고 싶어 하는 요구 때문에 장님이 될 수도 있다.

가장 최근에 나의 스탠퍼드 동료이며 친구인 한스 스타이너 교수가 쓴 자서전적인 글을 읽었다. 그가 1960년대에 비엔나 의과 대학생 시절의 이야기를 쓴 부분이 프랭클에 대한 다른 관점을 보여주었다. 비엔나의 학생이었을 때 한스는 빅터 프랭클에게서 극도로 긍정적인 경험을 얻었다고 한다. 한스는 프랭클을 아주 우수한 교사로 묘사하면서, 프랭클의 창의적인 접근을 비엔나의 다른 정신과의사의 엄격함과 비교했을 때 신선한 공기를 호흡하는 것과 같다고 했다.

　몇 년 후에 빅터 프랭클과 나는 큰 규모의 심리치료 컨퍼런스에서 강연을 했다. 나는 **죽음의 수용소에서**에 대한 그의 강연에 참석했다. 언제나처럼 그는 청중을 전율케 했고 천둥번개와 같은 기립박수를 받았다. 그 후에 우리가 만났을 때, 나는 그와 그의 아내 엘레노어로부터 큰 포옹을 받았다. 몇 년 후에 내가 **실존주의 심리치료**(*Existential Psychotherapy*)를 쓰고 있을 때, 나는 그의 논문들을 철저하게 읽었고, 우리 분야에 헌신한 그의 혁신적이고 기초적인 공헌에 대해서 그전보다 훨씬 더 깊이 알게 되었다. 더 최근에 나는 모스크바에 있는 심리치료 대학원을 방문했다. 그 대학원에서는 로고테라피 박사학위를 수여하고 있었다. 나는 빅터 프랭클의 실물 크기의 사진을 바라보면서 매료되었고 새삼스럽게 그의 용기와 그의 고통의 거대함을 인식하게 되었다. 그의 책을 통해서 그가 아우슈비츠에 갇혀 있으면서 얼마나 치명적인 공포를 느꼈는지를 알고 있었으나 비엔나와 스탠퍼드에서 만났을 때 나는 그와 충분히 공감할 준비가 되어 있지 않았고, 내가 주었어야 할 지지를 그에게 줄 준비가 되어 있지 않았다. 후에 이 분야의 거물들과, 예를 들면 롤로 메이와 같은 인물들과 관계를 맺으면서는 그와 같은 실수를 범하지 않으려 했다.

21

매일 조금 더 가까이

이 회고록을 쓰면서 작가로서의 내 일생의 작품 시대를 돌아보게 되었다. 어떤 면에서 보면, 나는 학문을 위한 연구 논문을 쓰는 것으로부터 좀 더 일반적인 사람들을 위한 치료에 대한 글을 쓰는 것으로 바뀌었다. 나의 이런 변신을 있게 한 처음의 동기가 무엇일까 추적하다가 1974년에 출판된 이상한 제목의 책 매일 조금 더 가까이(Every day gets a little closer)에 이르렀다. 이 책에서 나는 양적 연구의 언어에서 멀리 벗어나서 내가 일생 동안 읽어오고 있는 이야기꾼에 견줄 만한 언어를 찾았다. 그 당시 나는 장차 네 권의 소설과 세 권의 단편소설집을 가지고 심리치료에 대해서 가르치게 될 것이라고는 전혀 생각도 하지 않았다.

나의 변신은 1960년 후반에 시작되었다. 나의 치료 집단에 지니 엘킨스(가명)가 참여했다. 지니는 스탠퍼드 창작 강의의 스테그너 펠로우였다. 그녀의 치료는 문제투성이었다. 왜냐하면 그녀는 극도로 수줍어했고 집단에서 받게 되는 질문이나 관심을 받아들이는 데 주저했기 때문이었다. 몇 달후 그녀는 펠로우십이 끝났고 저녁 시간에 가르치는 직업을 얻었는데 그 시간과 집단이 만나는 시간이 맞지 않았다.

지니는 나하고 개인치료를 계속하고 싶어 했지만 그녀는 스탠퍼드의 치료비를 지불할 수가 없었기 때문에 나는 좀 색다른 제안을 했다. 그녀가 각 세션이 끝날 때마다 우리가 함께 있었을 때 말로 나타내지 못했던 모든 느낌과 생각을 글로 쓴다면 치료비는 없는 것으로 하겠다고 제안했다. 나의 편에서도, 그녀와 똑같은 일을 하기로 했다. 우리가 쓴 글을 봉투에 넣고 봉해서 나의 비서에게 넘겨주기로 했고 몇 주간의 치료 후에 우리는 서로의 요약문을 읽기로 했다.

왜 이런 특별하고 이상한 제안을 했는가? 하나의 이유는 지니가 나를 심리치료 용어로 비현실적으로 보고 있었기 때문이다—그녀는 나에 대해 하늘로 치솟는 듯한 긍정 전이를 가지고 있었다. 그녀는 나를 이상화하고, 끝없이 차별화하고, 내 앞에서는 어린애처럼 굴었다. 우리의 각 세션이 끝난 후에 지니가 나의 생생하고, 다른 꾸밈이 전혀 없는 생각을 읽어보게 하면 그것이 유용한 현실-검증이 될 수 있을 것이라고 생각했다. 다른 이유는, 그녀를 어떻게 도울까에 대한 나의 특별한 의심과 불확실성에 대해 알기 위해서였다. 그런 이유로 나는 의도적으로 더 자기 개방적으로 행동했고 그녀도 그렇게 해주기를 격려하고 바랐다.

그러나 그 이면에는 좀 더 개인적인 이유가 있었다. 나는 작가가 되기를 소원했다—진짜 작가. 나는 학자적인 글로 500페이지의 교과서를 썼고 곧 이어서 엔카운터 그룹에 대한 500페이지에 달하는 합작 연구보고서를 쓰고 나서 질식할 것 같았다. 나는 지니와의 이 계획을 글쓰기의 특별한 연습으로 삼고 싶었다. 나는 이 시도가 나의 전문적인 속박에서 벗어날 수 있는 기회, 내 마음속에 일어나는 그 어떤 것을 즉시로 표현하는 나의 목소리를 찾을 수 있게 해줄 기회가 될 수 있을지도 모른다는 상상을 했다. 더구나 지니는 언어를 잘 다루는 전문가였다. 나는 지니가 말로 하는 대화보다 글로 쓰는 소통을 더 편안하게 느낄지도 모른다는 생각을 했다.

우리들이 몇 개월마다 각자의 기록물을 교환하는 작업은 상당히 유익했다. 참가자들이 자신의 대인관계에 대해서 알게 되면 그들은 자신의 입장에 더욱 깊이 빠져 들어간다. 지니와 내가 서로의 요약문을 읽을 때마다, 우리의 치료는 풍요로워졌다. 더구나 그 기록은 라쇼몽(Rashomon; 인간은 각자의 시각에서 어떤 사건을 바라본다는 것을 주제로 한 1950년 일본 영화감독 구로가와 아카리가 만든 영화에서 유래된 용어-역주)과 같은 뜻밖의 경험을 하게 했다. 우리는 같은 시간에 살고 있었음에도 불구하고, 그 시간을 다르게 경험했고 세션의 다른 부분에 더욱 가치를 두었다. 나의 우아하고 명석한 해석은? 아뿔사, 그녀는 그 해석을 듣지도 않았다! 대신에 그녀는 눈에 띄지도 않는 아주 사소한 나의 개인적인 행동에 가치를 두고 있었다. 내가 그녀의 의상과 모습을 칭찬한 것, 내가 1, 2분 늦게 온 것에 대해 지나치게 사과를 한 것, 내가 그녀의 냉소적인 모습에 대해서 웃었던 것, 내가 그녀에게 어떻게 긴장을 푸는지를 가르쳤던 것 등에 더 가치를 두었다.

그 후 몇 년간, 나는 우리의 요약문을 심리치료 강의의 성신과 레시던트를 위해서 이용했다. 나는 학생들이 우리들의 서로 다른 목소리와 다른 관점에 대해서 진지한 관심을 갖는 것을 보고 충격을 받았다. 내가 매릴린에게 이 요약문을 보여주었더니, 그 글들이 서간문체의 소설처럼 읽힌다고 하면서 하나의 책으로 출판하라고 제안했고 즉각적으로 그 글들을 자기가 편집하겠다고 자청했다. 얼마 후에 매릴린과 아들 빅터는 스키 여행을 떠났고 빅터가 매일 아침 스키 강습에 들어가 있는 동안 매릴린은 그 요약문을 더 간결하고 더 명료하게 만들었다.

지니는 책으로 출판한다는 프로젝트에 열정적이었다. 이 책은 그녀의 첫 번째 책이 될 것이고 우리는 로열티를 동등하게 나누어 가질 것이며 매릴린은 20%를 받기로 하는 데 동의했다. 1974년에 베이직 북스는 매일 조금 더 가까이(Every Day Gets a Little closer)라는 제목으로 책을 출판했다. 회상해 보면, 매릴린이 제언한 부제, 두 번 이야기된 치료(A Twice-Told Therapy)(호손에서 인용)가

훨씬 더 좋았을 것이다. 그러나 지니는 옛날 버디 홀리의 노래 'Everyday'를 좋아했고 그 노래를 자신의 결혼 축가로 하고 싶다고 항상 원했기 때문에 지니의 의견을 따랐다. 몇 년 후에, 버디 홀리 영화가 상영되었을 때 나는 그 노래 가사를 아주 주의 깊게 들었다. 그리고 지니가 그 가사를 잘못 알고 있었다는 사실을 발견하고 매우 당황했다. 실제로 그 가사는 '매일 그것은 더 가까워지고 있다(Every day it's a-gettin' closer)'였다.

　지니와 나는 각각 서문과 후기를 썼다. 나는 내 것을 쓰면서 있었던 잊을 수 없는 기억을 가지고 있다. 정신과 외래 병동에 있는 나의 사무실에서 많은 전문적인 글들을 써 왔지만 그곳이 작가다운 영감을 갖기에는 너무 바쁘고 시끄럽다고 생각했다. 그 당시에 정신과는 스탠퍼드 병원의 서쪽 건물을 차지했고, 과장과 교수들과 많은 치료실이 있었다. 그 건물에 바로 연결된 곳은 칼 프리브람이 차지하고 있었다. 그는 원숭이에 관한 연구를 진행하는 교수였다. 원숭이들 중 한 놈은 때때로 울타리에서 도망나와 클리닉 복도와 대기실을 혼란 속으로 몰아가곤 했다. 프리브람의 실험실 바로 밑은 환자들의 기록을 저장하는 파일 룸이었다. 그곳은 먼지 투성이었고 창문이 없었으나 조용해서 완전히 시적인 넓은 공간이있다. 그 공간은 내가 나의 생각과 영감의 속도를 맞추고, 복잡한 문장들을 구성하고 그것을 나 자신을 위해 큰 소리로 읽어보기에는 적당한 장소였다. 나는 기분이 섬뜩해지는 이 방이 좋았다. 이 방은 내가 청소년이었을 때 수없이 많은 시간 공부하고, 오직 내 귀에만 들리는 시를 쓰면서 지냈던 지하실을 생각나게 했다.(때때로 매릴린을 위해서도 시 몇 편을 읽어주기는 했지만)

　나는 그 먼지투성이의 방에서 올바른 문장을 찾느라고 보내는 시간을 즐겼다. 그것이 결정적인 전환점이었다 — 데이터도 없이, 사실도 없이, 통계도 없이, 교육도 없이 — 그냥 나의 생각이 떠돌아다니게 하였다. 나는 노래를 할 줄 모른다. 그러나 이곳에서 나 자신을 위해 노래한다. 이 방에서 내가 맡은 머리말을 쓰기 시작하면서 내 주위에 있는 산더미 같은 차트들과

수천 명 환자들의 이야기가 나의 의식 속으로 확실히 스며든다는 것을 믿
었다.

> 반쯤 잊어버린 옛날 환자들의 이름이 가득 적혀 있는 약속 노트를 발견할 때
> 마다 나는 몸이 움츠러드는 것 같은 느낌을 받는다. 이들과 나는 가장 따사
> 로운 경험을 했다. 그토록 많은 사람과 그토록 아름다운 순간들, 그들에게
> 무슨 일이 있었을까? 나의 겹겹이 쌓여 있는 캐비닛 첩첩이 쌓인 녹음 테이
> 프는 가끔 넓은 묘지를 생각하게 한다. 삶은 임상서류철 속으로 들어간다.
> 목소리는 전기 녹음 테이프로 소리 없이 감겨진다. 그리고 영원한 그들의 드
> 라마를 연출한다. 이런 기념물들과 함께 사는 것은 덧없음에 대한 예리한 감
> 각으로 나를 가득 채운다. 나는 부패라는 스펙트럼이 주시하고 기다리는 것
> 을 느낀다—부패, 그것은 결국 살아온 경험을 사라지게 할 것이고, 그러나
> 바로 그 냉혹성 때문에, 날카로움과 아름다움을 부여하는 것이다. 나의 경험
> 을 지니와 연결시켜보려는 나의 욕심은 아주 강렬한 것이다. 나는 그 부패
> 를 늦추려는 기회에 매료당하고 있다. 우리가 함께 살고 있는 이 짧은 인생
> 을 연장하고 싶다. 이런 것이 읽히지 않고 버려진 저장소에 있는 임상 노트
> 와 들려지지 않는 전기 녹음 테이프에 있는 것이 아니라 독자의 마음에 존재
> 할 것이라는 것을 아는 것은 얼마나 좋은 일인가.

이런 머리말을 쓰는 것은 나의 글쓰기가 변이(變移)되는 생생한 순간이다.
나는 좀 더 시적인 나의 목소리를 찾는 동시에 나의 글쓰기의 변이의 상태
로 주의를 돌리고, 나의 입장을 실존의 세계관으로 옮겨갔다.

치료를 통해 지니와 만나는 동안 나는 또 다른 문학적인 만남을 가졌
다. 매릴린의 동료 한 분이 1961년에 자살한 어니스트 헤밍웨이의
숨겨진 아주 귀한 모습을 우리에게 보여주었다. 대학교 도서관에서 그는
헤밍웨이가 노르망디 연합군의 지휘관이었던 그의 친구 벅 렌헴에게 보냈

던 출판되지 않은 숨겨둔 편지들을 발견했다. 그 편지를 복사하도록 허락 받지는 않았지만, 매릴린의 동료는 몰래 그 편지들을 작은 녹음기에 구술 하고 그것들을 복사하고, 그 복사된 것들을 우리에게 며칠 동안 빌려주었 다. 우리에게 문장을 바꾸어 표현하는 것은 좋지만 그대로 인용하지는 말 라고 했다.

그 편지들은 헤밍웨이의 심리 상태를 상당히 잘 조명하고 있었다. 나는 워싱턴 DC로 벅 랜햄을 만나 좀 더 많은 정보를 수집할 수 있었다. 그 당시 제록스의 임원이 친절하게도 그와 헤밍웨이의 우정에 관해서 내게 이야기 해주었기 때문이었다. 헤밍웨이의 많은 작품들을 다시 읽고 나서 매릴린과 나는 베이비시터를 고용하고 합작 논문을 쓰기 위해서 사라토가에 있는 빌 라 몬테발로 아트센터로 주말 여행을 떠났다.

우리의 합작 논문, "헤밍웨이: 정신병리적 관점"은 1971년에 미국 정신의 학회저널(*Journal of the American Psychiatric Association*)에서 출판되었다. 이후 즉시 전 세 계 수백 개의 신문에서 이 논문을 채택했다. 그 전이나 후에 우리가 쓴 그 어떤 글도 이 논문만큼 주의를 끈 것은 없었다.

그 논문에서 우리는 헤밍웨이가 어울리지 않게 호통치는 겉모습의 밑에 깔려 있는 부적합한 감정을 탐색했다. 그는 거칠고 혹독하게 남성적인 노 력으로 자신을 몰고 갔다. 예를 들면 복싱, 깊은 바다 낚시, 맹수 사냥 등이 었다. 그는 자신의 상처받기 쉽고 어린애 같은 모습을 랜햄 장군에게 편지 로 보냈다. 그는 자신의 진짜 모습을 나타내는 일을 선망했다―강하고 용 기 있는 군인다운 리더―그러면서도 자기 자신을 '비겁한 작가'라고 말했 다. 작가로서 나는 그를 깊이 이해하지만, 헤밍웨이의 공적인 페르소나는 존경하지 않는다―너무 거칠고 지나치게 남성적이고, 공감 능력이 없고, 알코올에 너무 빠져 있었다. 그의 편지를 읽으면서 더 부드럽고, 자기비난 적인 어린아이가 세상에서는 진정으로 거칠고 용기 있는 성인으로 드러났 음을 알았다.

우리는 그 논문에서 애초에 우리가 의도했던 것을 이렇게 썼다.

> 헤밍웨이가 마주했던 위험과 죽음에서 비롯된 실존적인 사려에 감동하면서
> 도 우리는 톨스토이와 콘라드와 카뮈에서와 같은 우주성과 시간의 초월성을
> 발견하지 못했다. 우리는 우리들 자신에게 묻는다. 왜 그런 것일까? 왜 헤밍
> 웨이의 세계관은 그토록 제한되어 있는가? 우리는 헤밍웨이의 비전이 그의
> 개인적인 심리적 한계와 관계가 있을 것이라고 추측한다… 그가 대단히 재
> 능 있는 작가라는 데에는 의심의 여지가 없고, 또한 그는 대단히 상처가 많
> 은 사람이라는 것에도 의심의 여지가 없다. 일생 동안 자신을 가차없이 몰아
> 붙인 피해망상적인 우울증 정신병자가 62세의 자신을 죽인 것이다.

매릴린과 나는 언제나 밀접하게 공동작업을 하고 있지만─각각 서로의
초고를 읽어준다─이 글이 우리가 함께 쓴 유일한 논문이다. 우리는 지금
도 함께 논문을 썼던 경험을 기쁜 마음으로 기억한다. 어쩌면 우리는 더 늙
은 나이에 이르러서도 다른 프로젝트를 발견할 수 있을 것이다.

22

옥스퍼드와 미스터 스피카의
매혹적인 동전들

스탠퍼드에서 보낸 여러 해 동안의 일들은 기억 속에 희미하게 얽혀 있지만 안식년에 있었던 일들은 내 마음속에 명백하게 새겨져 있다. 나는 1970년대 초에 의과 대학 생들과 레지던트들을 계속 기르쳤고 그들 중 많은 사람을 내 심리치료 연구논문에 이름을 올렸다. 알코올 중독자들을 위한 집단치료와 배우자를 잃은 사람들을 위한 집단치료에 관한 논문을 학회 학술지에 실었다. 언젠가 출판업자는 나에게 집단치료 교과서의 제2증보 교정판을 내라고 요청했다. 이 프로젝트는 온 정신을 집중해야 한다는 것임을 알고 있었으므로 6개월간의 안식년을 지원했다. 1974년에 매릴린과 나는 다섯 살 난 아들 벤을 데리고 옥스퍼드로 떠났다. 그곳에서 나는 원포드 병원 정신과에 사무실을 갖게 될 것이었고 딸 이브는 웨슬리언대학교에, 그리고 두 아들들은 팰로 앨토 집에 남아서 학교를 마치기로 했고 우리의 옛 친구들이 우리 집에 머물면서 아이들을 돌보아주기로 했다.

우리는 옥스퍼드 중앙에 있는 집을 빌리기로 했는데, 우리가 도착하기 직전에 영국 항공기가 추락하여 우리가 빌린 집의 가장을 포함한 모든 승객들이 사망했다. 그래서 마지막 순간에 옥스퍼드에서 다른 집을 구하기 위해 급히 서둘러야 했으나 아무런 집도 구할 수 없었다. 그래서 옥스퍼드에서 30분 거리에 있는 작은 마을 블랙버튼, 술집이 하나밖에 없는 마을에서 짚으로 지붕을 이은 멋진 조그마한 오두막 집을 빌렸다.

블랙버튼은 따로 떨어져 있는 작고, 대단히 영국적인 마을이었다. 글을 쓰기에는 완벽한 조건이었다! 교과서를 개정하는 일은 손이 많이 가고 재미없는 작업이기는 하지만 교과서가 제대로의 역할을 할 수 있으려면 필요한 작업이다. 나는 막 완성한 나의 연구를 분석했고, 치료에서 무엇이 환자에게 진정으로 도움이 되는지를 이해하려고 열심히 공부했다. 나는 성공적인 집단치료 환자들 다수의 샘플을 가지고 55개의 문항(카타르시스, 이해, 서포트, 가이던스, 보편성, 집단 응집력 등등과 관련되는 것)으로 된 설문지를 돌렸다. 마지막 순간에 떠오른 생각으로 5개의 비정통적인 문항, 내가 '실존적 요소들'이라고 이름 붙인 문항들을 덧붙였다―"다른 사람에게 아무리 가깝게 다가가더라도, 결국 삶을 나 혼자서 마주해야 한다는 것을 인식하기", 또는 "인생의 고통이나 죽음으로부터 도망가는 길은 없다는 것을 인식하기" 등 한 군(群)의 서술문을 넣고 환자들에게 아주 적게 도움받은 정도에서부터 가장 도움을 많이 받은 것까지를 분류(Q sort)하도록 했다. 덤으로 집어넣은 실존적 요소들의 카테고리가 내가 기대하고 있었던 것보다 훨씬 높게 평정된 것을 보고 놀랐다. 효과적인 집단치료에서는 실존적인 요소들이 우리가 알고 있는 것보다 분명히 더 대단한 역할을 한다는 것을 알게 되어 나는 이 사실을 명확하게 하여 이 부분을 하나의 장에 넣기로 했다.

이 아이디어를 쓰기 시작할 무렵에 권위 있는 스트렉커상의 정신과 분야 수상자로 내가 선정되었다는 소식을 미국에서 전화로 알려왔다. 나는 물론 매우 기뻤으나, 그 기쁨은 아주 잠시 동안이었다. 이틀 후에 이 상에 관한 자세한 내용이 담긴 사무적인 편지를 받았기 때문이었다. 지금부터 일 년 안에 펜실베이니아에서 많은 청중에게 연설을 해야 한다는 것이다. 그것은 아무 문제도 없었다. 그런데 그다음이 문제였다. 연설할 내용의 논문을 제출해야 한다는 것이었다. 그 논문은 펜실베이니아대학교에서 한정판으로 발간하는 책에 게재될 것이라고 했다. 논문을 쓰는 일은 내가 세상에서 제일 하기 싫은 일이다. 나는 한 번 논문을 쓰기 시작하면 완전히 외곬으로 거기에 집중해서 다른 모든 일은 제쳐놓게 된다. 그 상을 받지 않을 생각도 했으나 동료들은 나를 설득했고, 결과적으로 타협하기로 했다. 나는 집단치료에서의 실존적인 요소에 대해서 논문을 쓸 것이다. 그러면 그것이 스트렉커 논문으로도 되고 나의 교과서 증보교정판의 장으로도 되는 이중의 목적을 이루게 될 것이었다—내가 지금 그 순간을 되돌아보면서, 이것이 나의 교과서 **실존주의 심리치료**(*Existential Psychotherapy*) 마무리 작업의 시작이었다고 믿는다.

블랙버튼은 북부 영국의 전원지대인 코츠월드에 있다. 봄과 여름에는 꽃들로 불타는 듯한 생기 있는 푸른 초원으로 잘 알려진 곳이다. 아들 벤이 다니는 지방의 유치원은 훌륭했고 전체적으로 그곳에서의 삶은 최상이었다. 한 가지만 빼고—그곳의 기후. 우리는 캘리포니아의 아름다운 햇빛이 비치는 기후에 길들여져 있었기 때문이었다. 6월 중순에 매릴린은 두툼한 양가죽 코트를 샀다. 7월 하순에는 너무나 습한 기후 때문에 햇빛에 목말랐던 우리는 비가 내리는 어느 아침에 우리도 의식하지 못한 가운데 옥스퍼드 여행사로 달려가서 가장 가까운 곳에 있는 햇빛이 있으면서도 가격이 저렴한 곳을 알려달라고 청했다. 직원은 우리의 사정을 다 알고 있다는 듯이 웃었다—그 직원은 전에도 어린애처럼 보채는 캘리포니아 여행객들을 상대한 적이 있었던 것 같다—그녀는 그리스 여행 예약을 해주면서 "당신과 그리스는 베스트프랜드가 될 것입니다."라고 장담했다.

막내 아들 벤은 윈체스터에 있는 적합한 여름 캠프에 등록시켰고, 6월에 학기를 끝내고 우리에게로 온 빅터는 아일랜드로 청소년 자전거 여행을 떠났다. 매릴린과 나는 아테네행 비행기를 탔다. 거기서부터 그다음 5일간, 영원한 햇빛이 보장되어 있는 펠로폰네소스로의 버스 여행을 시작하게 되었다.

우리는 가벼운 마음으로 아테네 공항에 내렸다. 탐험을 시작할 준비가 되었는데 짐이 도착하지 않았다. 우리에게는 책만 가득 든 휴대용 가방만 있었다. 우리가 머물 아테네 호텔 근처에 저녁 늦게까지 영업하는 자그마한 잡화가게가 있어 여행에 필요한 잡다한 물건들을 샀다. 면도칼, 세이빙 크림, 칫솔, 치약, 속옷, 그리고 매릴린을 위해서 검은색과 붉은색의 줄무늬가 있는 여름용 드레스를 샀다. 다음 닷새 동안 우리는 같은 옷을 입었고, 매릴린은 수영을 하고 싶을 때는 그녀의 단 하나의 티셔츠를 입고 나의 속옷을 입었다. 잃어버린 짐으로 당황했던 우리 마음은 곧 증발되었고 가벼운 짐만 들고 여행하는 일에 익숙해졌다. 실제로 시간이 지남에 따라 동료 여행객들이 짐을 가득 넣은 커다란 수트 케이스를 버스에 싣느라고 불평을 하는데 우리는 새처럼 자유롭게 버스에 올라타면서 속으로 웃음을 짓고 있었다. 장애물 없이, 우리가 방문하는 지역에 더욱 깊이 관여하게 된다고 느꼈다. 올림푸스산, 2,500년 전에 처음으로 올림픽 게임이 있었던 곳, 에피다우로스의 고대 극장, 델피 신탁이 있었던 산, 이곳을 매릴린은 가장 사랑했다. 그 아름다움과 영적인 풍요로움을 프랑스의 베즐레와 비교하면서 여행을 끝내고 공항에 돌아왔을 때, 우리의 가방 두 개가 텅 빈 수하물 컨베이어 벨트를 빙빙 돌고 있는 것을 보면서 경악했다. 약간의 양가감정을 느끼면서 가방을 찾았고 다음 도착지인 크레타행 비행기에 탑승했다.

크레타 공항에서는 작은 차를 렌트해서 다음 주말 동안 한가하게 섬을 돌았다. 40년이 지난 지금은 기억의 조각들만이 남아 있지만 매릴린과 나는 크레타의 작은 타베르나(그리스 지방의 자그마한 음식점 – 역주)에서 우리 테이블에서 몇 피트 떨어져 흐르는 운하의 물에 반사되는 달빛을 바라보면서,

전에 한 번도 보지 못했던 애피타이저에 감탄하면서 보냈던 첫날 밤을 기억한다. 바바 가누쉬, 차지키, 타라마 살라타, 돌마데스, 스피나코피타, 티로파타, 케프테데스, 나는 이런 애피타이저를 너무나 좋아했기 때문에 크레테에서는 메인 요리를 한 번도 주문하지 않았다.

"나는 아무것도 원하지 않는다. 나는 아무것도 두려워하지 않는다. 나는 자유다." 니코스 카잔차키스의 이 말들은 내 살갗에 소름이 끼치게 했다. 다음 날 크레타의 수도인 이라클리온시의 주위를 둘러싸고 있는 베니스 풍벽의 외각에 있는 그의 묘비에 쓰인 이 글들을 읽으면서였다. 카잔차키스는 그리스도 최후의 유혹(The Last Temptation of Christ)이라는 책을 썼기 때문에 그리스 정교회로부터 파문을 당하고, 시내 안에 매장되는 것이 금지되었다. 나는 그리스로 오는 비행기 안에서 그 책을 읽었다. 나는 그의 묘비 앞에 무릎을 꿇고 이 위대한 정신에 경의를 표했다. 그리고 여행의 많은 시간을 그의 오디세이아, 현대적 속편(Modern Sequel to the Odyssey)을 읽으며 보냈다.

크노소스의 광대한 궁전에 들어서면서 거대한 가슴을 드러낸 여성들이 어사제들에게 희생 제물을 봉헌하는 프레스고 그림들과 마주쳤다. 매릴린을 알고 지내온 시간 동안 언제나 그랬던 것처럼 그녀는 나에게 여행안내를 자세히 해주었다. 특별히 이들 여성의 압도적인 신체에 대해서 세심하게 알려주었다. 20년 후인 1997년에 매릴린은 자신의 책 유방의 역사(The History of the Breast)에서 이 프레스코화에 대해서 썼다.

우리는 산 속으로 드라이브해서 금욕적인 생활을 하는 크레타의 수도원에 갔다. 점심 초대를 받기는 했으나, 수사들의 명상을 방해하지 않으려고 수도원의 극히 일부분만을 볼 수 있도록 허락을 받았다. 그 이외에도, 여성들은 수도원의 주 건물에 들어가는 것이 허락되지 않았다. 심지어 암탉을 포함해서 동물들의 암컷들도 허락되지 않았다!

이라클리온에 있는 동안, 맏아들 레이드의 고등학교 졸업 선물을 사려고 옛날 그리스 동전을 구경하러 나섰다. 제일 처음 들어간 가게에서 여행객들에게 옛날 동전을 파는 것은 불법이라는 말을 들었다. 그러나 동전을 파는 모든 상인들은 그 금언을 무시하고 이의 없이—아니면 은밀하게—개인적인 동전 은닉처를 보여주었다. 모든 동전 가게 중에서 국립박물관 바로 건너편에 있는 미스터 스피카의 가게가 가장 인상적이었다. 스피카 가게의 앞 유리창에는 금으로 그린 벌 그림이 있었다. 유능하고 유식한 스피카 씨와 오랜 시간 의논한 끝에 우리는 레이드를 위해 그리스의 은 동전 하나를, 그리고 나와 매릴린이 펜던트로 쓰려고 다른 동전 두 개를 샀다. 그는 그것이 우리 마음에 들지 않으면 언제든지 환불해주겠다고 확실히 말했다. 그다음 날 노쇠한 유대인 골동품 상인이 운영하는 작은 지하상가를 방문하고 거기서 비싸지 않은 로마시대의 동전들을 샀다. 흥정을 하는 동안, 바로 전날 스피카에게서 산 동전들을 그에게 보여주었다. 그는 그 동전들을 잠시 살피더니, 꽝장한 권위를 가지고 말했다. "가짜들—훌륭한 모조품들이네요. 그래도 가짜는 가짜지요."

그 말을 듣고 우리는 스피카의 가게로 돌아가서 환불해줄 것을 요구했다. 그는 마치 우리를 기다리고 있었다는 듯이, 아무 말 없이 금전 계산기로 걸어가서, 꽝장히 위엄 있게 우리의 돈이 들어 있는 봉투를 뽑아냈다. 그 봉투를 주면서, "나는 약속했던 대로 이 돈을 돌려드립니다. 그러나 한 가지 조건이 있습니다. 당신네들은 다시는 이 가게에 오면 안 됩니다."라고 말했다.

이 섬 주위를 계속 여행하면서, 우리는 다른 동전 가게에도 들렀고 여러 번 스피카와의 만남에 대해서 이야기했다. 그러면 가게 주인들은 "무엇이라고요?"라고 모두 이렇게 물었다. "당신이 스피카에게 모욕을 주었다고요. 스피카, 그는 국립박물관의 공식 감정사입니다." 손을 관자놀이에 올려놓고 옆으로 흔들면서 그들은, "당신은 그에게 사과를 해야 합니다."라고 말하는 것이었다.

동전을 대신할 적당한 다른 선물을 찾을 수 없었고, 동전을 환불한 것에 대해 의문을 갖기 시작했다. 크레타에서의 마지막 날 밤 우리는 옥스퍼드의 동료가 준 휴가 선물인 마리화나를 함께 피웠다. 스모킹에 익숙지 않은 우리는 불을 붙이고 시장 근처의 야외 식당으로 가서 몇 시간 동안 마술 같은 음식, 음악, 춤을 즐겼다. 식사 후에 이라클리온 거리를 산책하다가 정신이 혼미해지기 시작했다. 그러고는 약간 편집증적으로 되었다. 경찰이 우리를 쫓아오고 있다고 생각했다. 택시를 잡을 수가 없어서, 우리의 호텔을 찾으려고 미로 같은 길을 달리기 시작했고, 어떻게 했는지, 밤늦게, 창문에 커다란 벌 그림이 그려져 있는 가게―스피카의 동전 가게! 그 앞 텅 빈 길거리로 왔다. 우리가 벌 그림을 멍하니 바라보고 서 있을 때, 빈 택시가 기적처럼 나타났다. 우리는 택시를 향해 손을 흔들고 호텔로 안전하게 돌아왔다.

런던으로 돌아오는 비행기는 오후까지 떠나지 않았다. 매릴린과 나는 아침 식사로 크레타 치즈케이크를 천천히 먹으며 전날 밤에 있었던 일을 이야기했다. 의심스럽긴 했지만 나는 우리가 스피카의 가게 앞에 멈추어 서게 된 것이 어떤 신비스러운 메시지를 전달받은 것이 아닌가 하는 의구심을 가지지 않을 수 없었다. 우리가 이야기를 더 하면 할수록 우리가 엄청난 실수를 했고, 미스터 스피카에게 비굴하게 사과를 하고 그 동전을 다시 사야만 그 실수를 만회할 수 있다는 확신이 들었다. 우리는 그 가게로 갔다. 스피카의 금지령을 거역하고 가게 안으로 들어가서 스피카를 만났을 때, 우리는 몇 마디 사과의 말을 더듬거렸다. 그러나 그는 손가락을 입술에 대면서 사과의 말을 끊었다. 그러고는 아무 말도 하지 않고 그 세 개의 동전을 돌려주었고 우리는 그 전과 똑같은 돈을 지불했다. 몇 시간 후, 런던으로 돌아가는 비행기 안에서 나는 "만약 스피카와 크레타에 있는 모든 동전 딜러들이 공모했다면, 그리고 그가 똑같은 가짜 동전을 두 번씩이나 내게 팔았다면, 나는 모자를 벗고 미스터 스피카에게 경례를!"이라고 말할 거라고 매릴린에게 말했다.

옥스퍼드로 돌아오는 길에, 애슈몰린 미술관에 동전을 가지고 가서 공식적 감정을 요청했고 일주일 후에 감정서를 받았다. "작은 로마 동전 이외의 모든 동전은 다 가짜다." 로마 동전은 작은 지하 가게의 노쇠한 유대인 딜러에게서 산 것들이다! 이렇게 그리스에서의 일생일대의 모험이 전개된 것이다.

실존치료

정신과 레지던트 초기에 롤로 메이의 실존 (*Existence*)을 읽고, 홉킨스에서 처음으로 철학 강의를 들은 이래로 나는 어떻게 하면 과거의 지혜를 나의 심리치료 분야에 융합할 수 있을지 궁금해하고 있었다. 철학을 많이 읽으면 읽을수록 얼마나 많은 심오한 아이디어를 정신과에서는 무시하고 있는가를 더욱더 깨닫게 되었다. 나 자신이 철학과 인문학 전반에 대해서 빈약한 기초만을 가지고 있는 것에 후회하고 있었기 때문에 공부를 해서 이런 틈을 메꾸기로 결심했다.

스탠퍼드 학부의 현상학과 실존주의 과목을 청강하는 것으로부터 나의 교육을 시작했다. 많은 과목들은 명료한 사상가이며 강연자인 다그핀 펠레스달 교수가 강의했다. 나는 그 강의가 황홀하다고 느꼈고, 치밀하고 난해한, 특별히 에드문트 후설과 마르틴 하이데거를 이해하려고 애를 썼다. 하이데거의 존재와 시간(*Being and Time*)은 이해하기 어렵지만 동시에 호기심을 자극했기 때문에 다그핀의 하이데거 강의를 두 번이나 계속해서 들었다. 그와 나는 일생 동안의 우정을 키워갔다. 그 이외에 스탠퍼드에서 나의 관심 분야를 가르치는 교수는 반 하베이였다. 그의 견고한 불가지론에도 불구하고 그는 오랜 기간 스탠퍼드 종교학과 과장을 지냈다. 그의 강의 시간에 나는 맨 앞줄에 앉아서 그의 키에르케고르와 니체 강의를 완전히 넋을 빼놓고 들었다. 그것은 내가 들은 강의 중에서 가장 잊을 수 없는 두 개의 강의였다. 반 하베이 역시 나의 절친한 친구가 되었고, 오늘날까지 우리는 정기적으로 만나 점심을 같이 하면서 철학에 관해 이야기한다.

나의 전문적인 생활은 총체적으로 변하고 있었다. 정신과 멤버들과의 과학적인 프로젝트 공동연구는 점점 줄어들었다. 심리학 교수 데이비드 로젠한이 안식년으로 떠났을 때, 나는 그의 이상심리학 학부 대형 강의를 맡았다. 그러나 그것이 나의 마지막 강의 — 내가 가르쳤던 그와 같은 심리학 과목의 마지막 강의였다.

점차적으로 나는 의학과와의 원래의 제휴에서 멀어졌고 인문학으로 자리를 잡아가기 시작했다. 이것은 흥분되는 시기였지만 또한 자기의심의 시기이기도 했다. 나는 가끔 아웃사이더처럼 느껴졌다. 정신과의 새로운 발전에 대한 감각을 잃었고, 철학과 문학에 대해서는 물장난을 치는 정도 밖에 안 되는 것처럼 느껴졌다. 점차 나는 내 분야에 가장 적합하다고 생각되는 사상가들을 선택했다. 니체와 사르트르, 카뮈와 쇼펜하우어, 그리고 에피쿠로스/루크레티우스를 선택했고 칸트와 라이프니츠와 후설과 키에르케고르는 지나쳤다. 왜냐하면 그들의 아이디어를 임상적으로 적용하는 것이 그리 탐탁지 않게 느껴졌기 때문이었다.

나는 또한 훌륭한 문학 비평가이며 소설가인 영문과 교수 앨버트 게라르의 강의에 참여할 수 있는 행운을 가졌고 나중에는 그와 공동으로 강의도 했다. 그와 그의 아내, 매크린 — 역시 작가 — 은 나의 다정한 친구가 되었다. 1970년대 초에 게라르 교수는 현대 사상과 문학의 새로운 박사과정 프로그램을 시작해서 매릴린과 나는 자문 위원으로 일했다. 나는 인문학 강의를 좀 더 많이 했고 의과대학의 강의는 줄였다. 초기에 개설되었던 현대

사상과 문학 강좌로 '정신의학과 전기(傳記)'가 있었는데 나는 스탠퍼드 영문학과 과장인 톰 모셔와 공동으로 이 강좌를 강의했다. 그 역시 나의 좋은 친구가 되었다. 매릴린과 나는 공동으로 '소설 속에서의 죽음'을 강의했고 '철학과 정신과학'을 다그핀 펠레스탈과 공동으로 강의했다.

나의 독서는 이제 철학과 소설에서의 실존사상가에게로 열정적으로 넘어갔다. 도스토예프스키, 톨스토이, 베케트, 쿤데라, 헤세, 무티스, 함순은 사회계급, 구애, 성적 추구, 신비, 또는 복수 같은 문제를 우선적으로 다루지 않았다. 그들의 주제는 훨씬 더 심오하고 실존의 한계에 대해서 다루는 것이었다. 그들은 의미 없는 세상에서 의미를 찾기 위해 투쟁하고 있었고 피할 수 없는 죽음과 메울 수 없는 고독에 대해서 공개적으로 직면하고 있었다. 나는 이러한 인간의 운명적인 진퇴양난에 관심이 갔다. 나는 그들이 나의 이야기를 하고 있다고 느꼈다. 나의 이야기일 뿐만 아니라, 그것은 나하고 상담을 했던 모든 환자들의 이야기였다. 나는 내 환자들이 투쟁하고 있는 많은 문제—나이 듦, 상실, 죽음, 직업 선택, 결혼 등 일생에서의 중요한 선택—을 점점 더 깊이 파악하게 되었다. 내 전문 분야 동료들보다 소설가나 철학자들이 더욱 설득력 있게 이야기하고 있었다.

나는 내가 책을 쓸 수 있다는 확신을 갖기 시작했다. 내가 쓸 책은 실존주의 문학을 심리치료로 가져갈 수 있게 할 것이라고 생각했으나 동시에 이런 책을 쓰려는 나의 자만심이 염려도 되었다. 진정한 철학자들이 나의 얄팍한 지식을 꿰뚫어 보지 않을까? 그러나 나는 이러한 꺼림직함을 뒤로하고 작업을 시작했다. 그러나 나의 마음속에서 일어나는 간절한 위장-불안(pretender-anxiety; 불안하다고 엄살하는 감정-역주)을 결코 무시하지 않았고, 이런 작업이 만만치 않은 장기 프로젝트가 될 것임을 알고 있었다. 그래서 집 차고 옆에 있는 나의 작은 서재에서 매일 아침 4시간씩 독서를 하면서 기록을 하고, 정오에는 20분씩 자전거를 타고 스탠퍼드까지 가서 학생, 환자들과 나머지 시간을 보내기로 정리했다.

학문적인 문헌을 훑어보는 데 덧붙여서, 나는 환자들의 두툼한 임상 기록을 보았다. 나는 매일매일의 근심에서 벗어나려고 마음을 반복해서 맑게 하고 단순화할 수 없는 존재의 경험을 명상하려고 시도했다. 가끔 죽음에 대한 생각이 나의 깨어 있는 의식 속에 떠오르고 나를 꿈속으로 흘러가게 했다. 이 회고록을 쓰기 시작했을 때, 나는 강력한 꿈을 꾸었다. 그 꿈은 마치 어젯밤에 꾼 꿈처럼 생생하게 마음에 남아 있다.

> 나의 어머니와 어머니의 친구들, 친척들, 지금은 모두 죽은 사람들이 아주 조용히 계단에 앉아 있다. 나는 나의 어머니가 내 이름을 부르는 목소리를 듣는다—떨리는 목소리. 나는 특별히 미니 고모를 주의 깊게 본다. 계단의 꼭대기에 꼼짝없이 앉아 있다. 그러더니 움직이기 시작한다. 처음에는 천천히, 그리고 점점 더 빠르게, 그러다가 벌보다도 더 빠르게 몸을 떨고 있다. 바로 그 시점에서 계단에 앉아 있는 모든 사람들, 나의 어린 시절에는 모두 거대한 인물이었던, 그러나 모두 죽은, 그들이 더욱 빠르게 빠르게 몸을 떨고 있다. 에이브 삼촌이 팔을 뻗고 나의 뺨을 꼬집으면서 혀를 끌끌 차며 그가 언제나 했던 것처럼 "귀여운 아들."이라고 했다. 그리고 나더니 모든 사람들이 내 뺨으로 다가왔다. 처음에는 애정 어린 것이었으나 점점 심해졌고 고통스러워졌다. 나는 공포 속에서 잠이 깨었다. 뺨이 욱신거렸다, 새벽 3시였다.

그 꿈은 죽음과 나의 만남이었다. 우선, 돌아가신 나의 어머니가 나를 부른다. 그리고 죽은 나의 가족들이 계단 위에 조용히 앉아 있는 것을 본다. 다음으로 그들이 모두 움직이기 시작한다. 나는 특별히 미니 고모를 주시한다. 미니 고모는 전신마비 증세로 일 년을 지내다가 돌아가셨다. 이 병은 고모를 몇 달 동안 눈을 제외하고는 몸의 어떤 근육도 움직일 수 없는 마비 상태로 만들었다. 나는 고모의 그런 상태를 생각하는 것만으로도 소름이 끼쳤다. 그런 미니 고모가 꿈에서는 움직이기 시작하더니 재빨리 광분 상태로 방향을 바꾸었다. 나는 돌아가신 분들이 나의 뺨을 사랑으로 꼬집는다고 상상하는 것으로 나의 두려움을 없애려고 노력했다. 그러나 꼬집는 행위는 맹렬해지더니 악의로 바뀌었다. 나는 그들에게 끌려갔고 죽음은 나에게도 올 것이다. 나의 고모가 벌처럼 떨고 있는 잔상은 여러 날 동안 나를 홀렸다. 나는 그것을 떨쳐버릴 수가 없었다. 고모의 전신마비는, 그녀의 죽음을 감당하기가 너무나 두려웠기 때문에 나는 꿈속에서 그녀를 떨게 하는 것으로 나의 두려움을 없애려고 했던 것이다. 나는 가끔 폭력이나 죽음에 대한 영화, 특히 홀로코스트 영화 때문에 악몽에 시달릴 때가 있다. 죽음이라는 폭력에 대처하는 나의 주된 방법은 의심할 것도 없이 회피이다.

나는 언제나 나의 아버지처럼 69살에 죽게 될 것이라고 믿어왔다. 나는 어렸을 때부터 친척들이 얄롬 가의 남자들에 대해서 하는 두 가지 이야기를 들었던 것을 기억한다. 얄롬 가의 남자들은 언제나 점잖고 언제나 젊은 나이에 죽는다는 것이다. 아버지의 두 남동생은 50대에 관상동맥 질환으로 세상을 떠났고, 나의 아버지도 47세 때 관상동맥 질환으로 거의 세상을 떠날 뻔했다. 의과대학에서 생리학에 대해 많이 배우면 배울수록 관상동맥에는 식습관이 매우 중요하다는 것을 알고 나는 급작스럽게, 그리고 영원히 나의 식사습관을 고쳤다. 동물성 지방을 적게 먹었고 붉은색 고기를 피했고 서서히 채식주의자로 바꾸어 갔다. 몇십 년간 콜레스테롤 저하제인 스타틴을 복용하고 있으며, 주의 깊게 체중을 주시하고, 규칙적으로 운동을 해왔다. 내가 69살을 넘기고 이렇게 오래 살고 있음에 스스로 놀라고 있다.

여러 달 동안 연구하고 심사숙고한 후에 나는 죽음과의 대면은 실존 치료에서는 중요한 초점이 된다는 결론에 도달했다. 우리의 죽음에 대한 공포가 격렬하면서도 보편적이기 때문이다. 그 결론을 되새겨보면서, 개인적인 죽음에 대한 불안 때문에 나의 관점은 균형이 잡히지 않았을 수도 있을 것이라는 가능성을 배제할 수가 없다. 몇 달 동안 내가 발견할 수 있는 죽음에 관한 모든 책을 읽었다. 플라톤부터 레프 톨스토이의 이반 일리치의 죽음(Death of Ivan Illich), 자끄 쇼롱의 죽음과 서양사상(Death and Western Thought), 그리고 어네스트 베커의 죽음의 부정(Denial of Death)에 이르기까지.

죽음에 대한 학문적인 문헌은 너무나 광범위하고, 너무나 불규칙하고 때때로 보통 사람들이 이해하기에는 너무나 난해해서 정신과에서는 떨어져 나갔다. 그래서 나는 환자들과 죽음 문제에 대해 직접 작업을 하는 것이 내가 유일하게 정신과에 공헌할 수 있는 업적이 될 수도 있을 것이라고 인식하게 되었다. 그 당시 임상적인 문헌에서는 죽음에 대한 글은 거의 쓰이지 않았기 때문에 나 자신의 방법을 스스로 찾아서 작업하지 않으면 안 되었다. 그러나 내가 심리치료 환자들과 죽음에 대해서 토의하려고 어떤 노력을 해도 그들을 죽음에 관한 주제의 토의에 끌어들일 수가 없었다. 대개 몇 분간은 죽음을 주제로 이야기를 시작한다. 그러나 곧 어디론가 그 주제는 사라진다. 그 시절을 지금 다시 생각해보면, 나 자신이 죽음에 대해서 이야기할 준비가 아직 되어 있지 않다는 것을 무의식적으로 환자들에게 이야기한 것 같다.

그때부터 나는 앞으로 10년간의 임상에 대해서 아주 중요한 결정을 내리고 결행을 하기로 했다. 나는 죽음에 대해서 이야기하지 않으면 안 되는 환자들과 작업을 하는 것이다. 왜냐하면 그들은 절박하게 죽음에 직면할 수밖에 없는 환자들이기 때문이었다. 그래서 스탠퍼드의 종양학과에서 불치의 암이라고 진단을 받은 환자들과 이야기하기 시작했다. 그때 죽음에 대한 연구의 선구자인 엘리자베스 큐블러 로스의 강의에 참석했는데 그녀가 심각하게 아픈 환자에게 처음으로 한 질문이 "얼마나 아프세요?"라는 것을 듣고 충격을 받았다. 왜냐하면 나는 이 질문이 대단한 가치가 있음을 발견했기 때문이었다. 이 질문은 너무나 많은 것을 전달한다. 말하자면, 이 질문은 의사인 내가 개방적이므로 환자가 원하는 곳이라면 어디든지, 가장 어두운 곳에까지 갈 준비가 되어 있다는 것을 환자에게 전달하고 있다.

나는 말기 환자들이 직면해야 하는 엄청난 고립감에 특히 충격을 받았다. 그 고립감은 양방향이었다. 첫째는 환자들은 가족과 친구들이 우울해하는 것이 두려워서 그들의 병이나 무서운 생각들을 이야기하지 않는다. 둘째는 환자와 아주 가까운 사람들은 분명히 환자를 불쾌하게 하는 주제들을 피하려는 입장에 있다. 암 환자들을 더 많이 볼수록, 나는 치료 집단에서는 이런 고립감을 완화시켜야 한다는 생각이 더욱 굳어졌다. 나의 이런 계획을 듣고 종양학 학자들은 처음에는 대단히 비협조적이었다. 이런 비협조는 1970년대 초까지 여전했다. 그들은 이런 집단에 대해 거부감을 느끼고 심지어 유해하다고 느꼈다. 그것은 전례가 없는 일이었기 때문이었다. 암 환자들을 위한 집단에 대한 보고서는 과학 문헌에 단 한 편도 없었다.

그러나 나는 죽음에 직면하고 있는 환자들과의 작업을 통해 경험을 쌓았다. 이런 집단이 환자들에게 상당히 많은 것을 제공할 수 있다는 확신이 전보다 더 깊어졌다. 나는 스탠퍼드 의학 공동체 안에 나의 이런 확신의 말들을 퍼뜨리기 시작했다. 오래지 않아, 전이성의 유방암 환자 폴라 웨스트가 내 사무실로 찾아왔다. 그녀는 암 환자들과 일하는 나에게 매우 중요한 사람이 되었다. 폴라는 고통스러운 척추전이 치료를 받고 있었으나, 탁월한 우아함으로 그 고통을 견디어냈다. 후에 나는 그녀와의 관계를 나의 소설 **엄마, 그리고 삶의 의미**(*Momma and the Meaning of Life*, 국내에는 폴라와의 여행으로 출간됨-역주)에 수록된 여섯 가지 이야기 중 '폴라와의 여행'이라는 제목으로 실었다. 그 이야기는 이렇게 시작된다.

> 그녀가 내 사무실에 들어섰을 때, 나는 즉각적으로 그녀의 겉모습에 매료당했다. 그녀에게서 풍겨나는 그녀의 품위, 나를 그녀에게로 집중시키는 그녀의 빛나는 미소, 생기에 가득 찬 소년 같은 짧은 머리에 대한 충격, 광채 나는 하얀 머리칼, 내가 재기발랄함이라고밖에 표현할 수 없는 그 무엇, 그것

은 그녀의 지혜롭고 강렬한 푸른 눈에서 나오는 것 같았다.

"내 이름은 폴라 웨스트예요."라고 그녀는 말했다. "나는 말기 암을 가지고 있어요. 그러나 나는 암 환자는 아니에요." 그리고 진정으로, 그녀와 몇 년간 함께 작업하는 동안 나는 한 번도 그녀를 환자라고 생각해보지 않았다. 그녀는 딱 부러지게 묘사하기 시작했다. 분명한 병력 : 5년 전에 유방암 진단, 유방 절제 수술, 다른 쪽 유방암, 그 유방 역시 절제, 그리고 나서 항암요법. 익숙한 끔찍한 증세 : 구역질, 토하기, 머리카락이 전부 빠짐. 그러고 나서는 최대한 허용되는 한도까지 방사선 치료를. 그러나 아무것도 암이 퍼지는 것을 막지 못했다―두개골, 척추 그리고 그녀의 시력 범위에 이르기까지 폴라의 암은 먹이를 요구했고, 외과의사들이 희생 제물―그녀의 유방, 임파절, 자궁, 부신―을 바쳤음에도 불구하고 암은 게걸스럽게 남아 있었다.

내가 폴라의 나체를 상상하면, 상처투성이인 흉부, 그리고 유방과 살과 근육이 없는, 난파된 선박의 뼈대 같은 모습이 보인다. 그리고 그녀의 가슴 아래로는, 수술한 흉터가 남아 있는 배, 두툼하고 볼품없는 스테로이드로 굳어진 엉덩이가 받치고 있다. 요컨대 유방, 부신, 난소, 자궁, 그리고 단언컨대 성적 충동(libido)도 없는 55세의 여성이었다.

나는 언제나 단단하고 우아한 여성의 몸을 좋아한다. 언제나 풍만한 가슴, 감각적인 외양을 나타내는 여성을 좋아한다. 그러나 내가 폴라를 처음 보았을 때 매우 이상한 느낌이 나에게 있었다. 그녀가 굉장히 아름다웠고 그녀와 사랑에 빠지게 되었다.

폴라는 죽어가는 환자 세 명의 소집단 치료에 참가하기로 했다. 우리 다섯 명은 90분간 정신과 병동의 안락한 방에서 만났다. 나는 모든 멤버들이 암 치료를 받고 있으며, 우리들은 서로의 생각과 느낌을 공유하면서 서로 도울 수 있을 것이라고 간단히 말했다.

멤버 중 하나는 휠체어를 타고 있는 30세의 남자 샐이었다. 그는 폴라와 마찬가지로 실제 삶보다 훌륭한 인물이었다. 그는 복합 골수암(많은 골절을 일으키는 통증성 침습성 뼈암)으로 온몸을, 목에서부터 넓적다리까지 깁스를 하고 있었다. 그러나 그의 정신은 불굴이었다. 죽음의 절박함이 오히려 그에게 삶의 의미에 대한 새로운 느낌과 더불어 그의 삶 전체에 홍수처럼 넘쳐흘렀고, 그를 변화시켰기 때문에 지금 그는 자신의 병이 그의 소명이라고 생각하고 있다. 그는 나의 집단에 참여하는 데 동의했고 다른 사람들도 그와 비슷한 구원을 얻을 수 있도록 돕고 싶어 했다.

그러나 샐은 6개월 먼저 너무 일찍 들어왔다—그의 생각을 제공하기에는 우리 집단이 아직 너무 소규모였다—그는 다른 강단에서 고등학교에서 문제를 일으키고 있는 10대들에게 강연했다. 나는 그가 천둥번개 같은 목소리로 자신의 메시지를 전달하는 것을 들었다.

여러분들은 마약으로 자기 몸을 망가뜨리고 싶습니까? 술을 퍼마시며 몸을 죽이고 싶습니까? 대마초로, 코카인으로? 자동차 사고로 몸을 부수어버리고 싶어요? 골든게이트 다리에서 몸을 던져 버리고 싶어요? 몸을 원치 않으세요? 그렇다면, 여러분의 몸을 나에게 주세요. 나는 몸이 필요해요. 내가 가질게요—나는 살고 싶어요!

나는 그가 말하는 것을 들으면서 몸을 떨었다. 그의 연설하는 힘은 죽어가는 사람에게 있는 특별한 영향력으로 항상 더욱 강화되었다. 고등학교 학생들은 침묵 속에서 그의 연설을 들었다. 내가 느꼈던 것처럼, 학생들은 그가 진심으로 이야기한다고 느꼈고, 그들은 이제 게임을 하거나 쓸데없이 허비할 시간이 없다는 것을 알아차렸다.

다른 환자 에벌린은, 백혈병을 심하게 앓고 있었다. 그녀는 샐에게 또 다른 사명의 기회를 마련해주었다. 에벌린은 수혈을 받는 과정에 있으면서, 휠체어를 타고 집단에 들어와 멤버들에게 말했다. "나는 내가 죽어가고 있다는 걸 압니다. 나는 그 사실을 받아들일 수 있습니다. 죽음이 더 이상 문제가 되지 않습니다. 그런데 문제가 되는 것은 내 딸입니다. 그 애는 나의 마지막 날에 독을 뿌리고 있습니다!" 에벌린은 그녀의 딸을 "앙심을 품은, 사랑하지 않는 여성"이라고 묘사했다. 몇 달 전에, 모녀는 비참하고 어리석은 싸움을 했다. 에벌린의 고양이를 맡은 딸이 고양이에게 음식을 잘못 먹였다는 것이다. 그 이후로 그 모녀는 서로 말을 하지 않는다고 했다.

그녀의 이야기를 듣고 나서 샐은 에벌린에게 열정적으로 간단하게 이렇게 말했다. "내가 말하는 것을 잘 들으세요. 나도 역시 죽어가고 있어요. 내가 물어볼게요. 당신의 고양이가 무엇을 먹든 그게 왜 문제가 되나요? 누가 먼저 사과를 하는 것이 무엇이 문제가 되나요? 당신에게 시간이 얼마 남지 않았다는 것을 알고 있잖아요? 잘난 체하지 맙시다. 당신 딸의 사랑이 이 세상에서 당신에게는 가장 중요한 일입니다. 죽지 마세요, 제발 죽지 마세요, 당신 딸에게 이런 말을 하지 않은 채로 죽지 마세요! 그렇게 하지 않으면 그것이 당신 딸에게 독이 될 겁니다. 딸은 절대로 회복되지 못할 겁니다. 그리고 당신 딸은 그 독을 다시 그녀의 딸에게 전할 겁니다! 그 악순환을 깨어버리세요. 에벌린!"

샐의 애원이 효과가 있었다. 며칠 후에 에벌린은 죽었으나 그 병동의 간호사들이 전하는 말에 의하면, 샐의 제언에 감동을 받은 에벌린은 그녀의 딸과 눈물을 흘리면서 화해를 했다고 한다. 나는 샐이 매우 자랑스러웠다. 이것이 우리 집단의 첫 번째 승리였다!

몇 달이 지난 후, 나는 큰 집단에서 작업을 할 수 있을 만큼 충분히 배웠다고 생각했다. 나는 동질로 구성된 집단이 더 효과적일 것이라고 생각했다. 협의 중에 만난 대다수의 환자들은 전이성 유방암 환자들이었으므로 나는 전적으로 유방암 환자들로만 집단을 구성하기로 결정했다. 폴라는 열정적으로 멤버를 모집했다. 우리는 인터뷰를 하고 7명의 새 환자를 받아들이고 공식적으로 일을 시작했다. 폴라는 옛날 하시딕 이야기로 집단의 첫 세션을 시작해서 나를 놀라게 했다.

한 랍비가 천국과 지옥에 대해서 주님과 이야기하고 있었다. "내가 지옥에 대해서 이야기해드리겠습니다." 주님이 말했다. 그리고 그는 랍비를 커다란 원탁이 있는 큰 방으로 안내했다. 원탁에 둘러앉은 사람들은 굶주리고 절망적이었다. 원탁 가운데에는 스튜가 담긴 엄청난 냄비가 있고 맛있는 냄새가 나서 랍비의 입에 침이 고였다. 원탁 주위에 있는 각 사람은 긴 손잡이가 달린 숟가락을 가지고 있었다. 긴 숟가락은 냄비에 닿기는 했지만 식사를 하려는 사람의 팔보다 너무 긴 손잡이 때문에 음식을 그들의 입술에 가져 올 수가 없어서 아무도 먹을 수가 없었다. 랍비는 그들의 고통이 끔찍했다.

"지금, 나는 천국에 대해서 이야기하겠습니다." 주님이 말했다. 그들은 첫번째 방과 아주 똑같은 다른 방으로 갔다. 그곳에도 똑같은 커다란 원탁이 있었고 똑같은 스튜 냄비가 있었다. 사람들은 똑같은 긴 손잡이 숟가락을 가지고 있었다—그런데 이곳 사람들은 영양 상태가 좋아서 통통하고 웃으면서 말하고 있었다. 랍비는 이해할 수가 없었다. "이것은 간단합니다. 그러나 어떤 기술이 필요합니다." 주님이 이야기했다. "이 방에서는, 당신이 보는 것처럼, 그들은 서로 먹여주는 법을 배웠습니다."

집단을 몇십 년 이끌어오고 있었지만, 나는 이렇게 영감을 주는 시작을 한 번도 경험하지 못했다. 집단은 빨리 응집되었고 멤버들이 죽으면 새로운 멤버를 데려왔다. 10년 동안 집단을 이끌어온 후에, 나는 정신과 레지던트들에게 일 년 동안 공동으로 집단을 리드해보기를 청했다. 그래서 새 정신과 교수 데이비드 스피겔이 여러 해 동안 나와 함께 일했다.

이런 집단들은 굉장히 많은 환자에게 큰 위로를 제공했을 뿐만 아니라, 나에게도 심오한 가르침을 주었다. 무수히 많은 예 중에서 하나만 뽑는다면, 나는 한 여성을 꼽는다. 이 여성은 매우 지치고 낙담한 표정의 눈으로 집단에 들어왔다. 그래서 우리는 그녀에게 위안을 주려고 열심히 노력했으나 허사였다. 그러다가 갑자기 어느 날 그녀는 눈에 빛을 띠며 밝은색 옷을 입고 나타났다. "무슨 일이에요?" 우리는 물었다. 그녀는 우리에게 감사하다고 하면서 그 전 주일에 있었던 집단 토의가 그녀의 중요한 결정에 도움이 되었다고 했다. 그녀는 자녀에게 우아함과 용기를 가지고 죽음을 맞이하는 모델을 보여주기로 결심했다고 말했다. 삶의 의미가 어떻게 삶의 행복을 만들어내는지에 대해 이보다 더 좋은 예를 나는 아직 접해본 적이 없다. 이것은 또한 '파급효과'라는 개념을 설명하는 두드러진 예가 되기도 한다. 파급효과는 많은 사람들이 죽음의 공포를 약화시키는 데 도움이 된다. 파급이란 우리들 자신의 어떤 부분을 다른 사람에게, 심지어 우리가 알지도 못하는 다른 사람에게도 전달한다는 것을 의미한다. 파급은 연못에 던진 자갈이 눈에 보이지 않을 때까지만 파문을 일으키는 것처럼 보이는데, 사실 아주 미세한 수준까지도 파문은 계속 퍼져간다는 것이다.

맨 처음부터 나는 스탠퍼드 레지던트, 의과 대학생, 또 때때로 학부생들도 양면 거울을 통해 집단을 관찰하라고 초대했다. 나와는 대조적으로 스탠퍼드의 전통적인 집단에서는 관찰을 불편하게 여기고 있으나, 암 환자들은 관찰에 대해서 놀랄 만큼 다른 태도로 반응한다. 환자들은 학생들을 환영하고 원했다. 환자들이 죽음에 직면하는 것을 관찰하는 것은 학생들에게 삶에 대해서 가르치는 것이고, 환자들은 이 사실을 다른 사람에게 열정적으로 전달하고 싶어 한다.

폴라는 퀴블러 로스의 슬픔의 단계(부정, 분노, 타협, 우울, 수용의 5단계 – 역주)에 대해서 대단히 비판적이다. 대신에 그녀는 죽음에 직면하면서 성장하고 배우게 되는 점을 더 강조한다. 그리고 그녀가 살았던 지난 3년간을 가끔 '황금기'라고 말한다. 다른 몇 명의 집단 멤버들이 그녀의 그런 경험을 공유했다. 집단 중 한 사람이 말했듯이 "지금까지 어떻게 살아야 할지에 대해서 알려고 기다려왔는데, 이제 내 몸이 암 때문에 구멍이 숭숭 뚫릴 때에 이르러서야 겨우 어떻게 살아야 하는지를 배운다는 건 얼마나 애석한 일인가." 이 구절은 내 마음속에 영원히 자리 잡고 있다. 그리고 이 구절이 실존치료 집단을 어떻게 이끌어갈 것인가에 대해서도 도움을 준다. 나는 가끔 이렇게 쓴다. "죽음의 현실은 우리를 파괴할 수도 있으나, 죽음에 대해서 생각하는 것은 우리를 구원하기도 한다." 이 말은 인생은 단 한 번의 기회만을 가지고 있기 때문에 우리의 삶을 전적으로 완전히 살다가 가능한 한 가장 적은 후회를 남기고 인생을 끝내야 한다는 본질적인 인식을 깨닫게 한다.

　인생의 종결 단계에 있는 사람들과의 나의 작업은 점차적으로 건강한 환자들로 하여금 그들이 살아왔던 방식을 바꾸도록 하기 위해서 피할 수 없는 죽음에 대면할 수 있도록 이끌어간다. 이런 과정은 종종 환자들의 유한한 삶에 대한 인식을 경청하고 그것을 격려하는 것과 함께 이루어진다. 이런 경우에 나는 환자들에게 분명한 연습을 시킨다. 환자들에게 종이 위에 줄을 그으라고 하고 나서 "한쪽 끝은 출생을 나타내고 다른 쪽 끝은 죽음을 나타냅니다. 그 줄 위에 당신이 지금 어디에 있는지 표시하고 그 그림에 대해서 명상을 해보세요."라고 말한다. 이 연습은 삶의 유한성이라는 귀중한 사실을 더 깊이 인식하게 하는 도구로 활용되는데, 거의 실패하지 않는다.

롤로 메이와 함께 죽음에 직면하기

우리가 이끌었던 암 환자 집단을 거쳐간 남녀 50명은 모두 암으로 세상을 떠났다. 폴라만이 예외였다. 폴라는 암에서는 살아남았으나 후에 낭창(결핵성 피부병의 하나-역주)으로 사망했다. 만약 내가 죽음이 인생에서 어떤 역할을 하는지에 대해서 정직하고 효과적으로 쓰게 된다면, 임박한 죽음에 직면하고 있는 사람에게서 배워야 하기도 하겠지만, 나 자신이 많은 대가를 치르지 않으면 안 될 것이다. 나는 때때로 이런 집단을 끝낸 후에 심각한 불안에 쌓인다. 나의 죽음을 생각하느라 잠을 잘 못 자게 되고 가끔 악몽에 시달리기도 한다.

관찰실의 학생 관찰자들도 어려움을 당하게 되는 것이 이상한 일이 아니어서 세션이 끝나기 전에 어떤 학생은 울음을 터뜨리고 흐느끼기도 한다. 오늘까지도 나는 이런 학생들을 위해 적당한 경험을 하게 하거나 치료를 준비해주지 못한 것이 안타깝다.

나 자신이 죽음에 대한 불안감이 커지면 내가 과거에 받았던 모든 심리치료를 생각하게 된다—내가 레지던트 때 받았던 길고 긴 분석, 런던에서의 치료, 패트 비움가르트너와 함께 받았던 일 년간의 게슈탈트 치료, 몇 차례의 행동 치료, 단기간의 생체 역학 코스 등, 그 모든 치료 시간들을 돌아보아도, 그 과정에서 죽음의 불안에 대해서는 단 한 시간도 공개적으로 토의한 기억이 없다. 이게 정말일까? 불안의 근원인 그 죽음이 심리치료에서 한 번도 거론되지 않았다니－내가 받았던 그 어떤 치료에서도?

만약 앞으로 내가 죽음에 직면하고 있는 환자와 계속 일하게 된다면, 나는 치료 중에 환자가 경험하고 있는 그 암흑 속을 함께 동행하는 사람처럼 행동할 것이다. 실존(Existence)의 저자 롤로 메이가 뉴욕에서 캘리포니아로 왔다는 말을 들었다. 그는 스탠퍼드에서 약 80분 거리에 있는 티뷰론에서 환자를 본다고 했다. 나는 일주일 후에 샌프란시스코만이 보이는 슈가로프 로드에 있는 그의 아름다운 집에서 그를 만나기로 전화로 약속을 했다.

롤로는 키가 크고 당당한, 60대 후반의 미남이었다. 그는 대체로 베이지색이나 흰색의 터틀넥 스웨터에 얇은 가죽 재킷을 입곤 했다. 사무실은 거실 바로 옆에 있는 그의 서재였다. 그는 훌륭한 예술가였다. 그가 젊었을 때 그린 몇 개의 그림이 벽에 걸려 있었다. 나는 그가 그린 프랑스의 몽 생 미셸의 높은 첨탑 그림이 특별히 좋았다. (그가 세상을 떠난 후에 그의 미망인 조지아가 그 그림을 나에게 주었다. 나는 그 그림을 나의 사무실에서 매일 보고 있다.) 그와 단 몇 세션을 하고, 나는 그를 만나러 가는 80분의 시간을 바로 그 전 세션의 녹음 테이프를 듣는 시간으로 잘 활용할 수 있을 것이라는 생각이 들었다. 나는 이 생각을 그에게 제안했고 그는 즉시 동의해주었다. 또한 내가 우리의 세션을 녹음하는 일도 편안해하는 것 같았다. 그에게로 가는 자동차 안에서 지난 세션 녹음을 들은 후에 곧바로 치료를 시작하는 것이 나의 초점을 상당히 분명하게 해주었고, 우리의 작업을 가속화시켜 주었다고 믿는다. 그 이후로, 나도 긴 시간 운전해서 내 사무실로 오는 환자들에게 이런 형식을 제안했다.

지금 이 글을 쓰면서 나는 그 당시의 그 녹음 테이프를 들을 수 있다면 얼마나 좋을까 간절하게 원하고 있다. 그러나 아뿔싸, 그것은 불가능한 일이 되어버렸다. 나는 그 모든 테이프들을 우리 집 트리 하우스 사무실에 있는 낡은 책상 서랍에 간직하고 있었다. 트리 하우스는 수리가 몹시 필요한 상태였기 때문에 나와 우리 가족이 1974년 옥스퍼드로 가 있는 동안에 사무실을 재건축하기로 했다. 그래서 상냥하고 나이가 지긋한, 중서부의 팔방미인 격인 세실이란 이름의 사나이와 계약을 맺었다. 그는 몇 년 전에 우리 집 현관에 나타나서 일을 맡겨달라고 했던 사람이다. 우리는 그에게 맡길 일이 아주 많았다. 나는 집안을 돌보는 일에 전혀 재주가 없었기 때문이었다. 오래지 않아, 세실과 통통하고 상냥하며 애플 파이를 굽는 아내 같은, 영화 '메리 포핀스'에서 막 튀어나온 듯한 모습의 그의 아내 마사가 작은 트레일러를 우리 집 눈에 띄지 않는 숨겨진 구석으로 옮기더니 거기서 살면서 몇 년간 우리 집에서 당장 해야 할 일들을 돌보아주었다. 우리가 안식년에서 돌아왔을 때 세실은 나의 사무실을 훌륭하게 리모델링해 놓았다. 그러나 곧 부서져버릴 듯한 낡은 가구들, 롤로와 나의 세션을 녹음한 테이프로 꽉 채워진 오래된 책상 등 모든 가구가 리모델링 과정에서 사라져 버렸다는 것을 알았다. 결국 나는 그 테이프를 찾지 못했다. 때때로 그 모든 자료가 인터넷 어디에선가 나타나리라는 놀라운 환상을 아직도 가지고 있다.

40년이 지난 지금 우리 세션의 자세한 부분을 회상하기는 상당히 어렵다. 그러나 나는 그때 죽음에 대한 생각에 집중해 있었고, 롤로는 편안하게 느끼지는 않았겠지만 나의 대단히 병적인 생각들을 피하지 않고 토의했다. 그 당시 나는 죽어가는 환자들과 작업하다 보니 강력한 악몽을 꾸곤 했는데 그 꿈은 깨어나는 즉시로 사라져 버리곤 했다. 어느 날, 아침에 나의 꿈이 사라지기 전에 첫 번째로 롤로 메이에게 꿈 이야기를 할 수 있도록 그의 집 근처 모텔에서 지내겠다고 그에게 제안했다. 그는 동의했고 나의 꿈이 생생한 상태에서 그와의 세션을 가졌다. 그것은 특별한 에너지가 필요한 세션이었다. 나는 나의 아버지가 돌아가신 나이인 69살에 나도 죽을 것 같다는 두려움을 그에게 이야기했다. 그는 이상하다고 하면서 나의 미신적인 자세를 합리적으로 바로잡아 주었다. 나는 죽어가는 환자들과의 작업, 환자들의 죽음에 대한 불안을 어떻게 불러일으키게 되는지에 대해서 그에게 이야기했다. 그는 나에게 그런 일을 하는 것이 용감하다고 말하면서 내가 죽음에 대해 불안을 느끼는 것은 놀라운 일이 아니라고 했다.

맥베스의 문장, 즉 주인공 맥베스가 하는 말, "인생은 걸어 다니는 그림자에 불과하다. 가련한 배우는 무대에서 뽐내기도 하며 초조해하기도 하면서 그의 시간을 보내다가 이제 그만 끝내라는 소리를 듣는 것이다."를 읽을 때마다 내가 얼마나 감동하는지를 롤로에게 이야기했던 기억이 난다. 그리고 청소년 시절에, 내가 동경하는 삶을 살다 간 모든 거인들─프랭클린 루스벨트, 해리 트루먼, 리처드 닉슨, 토머스 울프, 미키 버논, 샤를르 드 골, 윈스턴 처칠, 아돌프 히틀러, 조지 패튼, 미키 맨틀, 조 디마지오, 마릴린 먼로, 로렌스 올리비에, 버나드 맬러머드─그들도 모두 뽐내기도 하고 초조해하기도 하면서 이 세상에서 역사를 만들어 주었으나, 지금은 죽어서 모두 먼지가 되어버렸다. 그들에게서도 역시 아무것도 남겨지지 않았다는 사실을 새삼 인식했다는 이야기를 했다. 모든 것, 진정으로 모든 것은 지나간다. 우리는 모두 귀중하고, 축복받은, 현재 이 순간만을 가지고 있는 것이다. 나는 이런 생각 속에서 살고 있고 이런 생각은 언제나 나를 일깨워주고 있다.

내가 롤로에게 절대로 직접 묻지는 않았지만, 나와의 이런 세션들이 롤로를 개인적으로 불편하게 했을 것이다. 나보다 22년 연상인 그는 죽음에 더 가까이 있다는 것을 알고 있었으면서도 내가 인간의 유한성에 대한 가장 어두운 질문을 했을 때 한 번도 움찔하거나 거절하지 않았고 나와 함께 그 질문에 동행해주었다. 그와의 세션에서 내가 "아하" 하는 중요한 통찰의 순간을 가졌다는 기억은 없지만, 점차 나는 변하기 시작했고 죽어가는 환자들과 작업하는 것이 좀 더 편안하게 느껴지기 시작했다. 그는 **실존심리치료** 최종판을 비롯한 나의 글들을 많이 읽었고, 항상 나를 너그러운 태도로 대해주었다. 나는 그에게 깊은 감사의 마음을 지니고 있다.

　나는 롤로가 매릴린을 처음 만났던 때를 기억한다. 내가 그와의 치료를 끝낸 후였다. 그가 영국 정신과의사 R.D. 랭(내가 런던에서 의논했던 의사)을 위해 마련한 디너 파티에 우리가 도착했을 때였다. 롤로는 현관문을 열고 나를 맞이했고, 매릴린을 향하여 두 손을 벌렸다. 매릴린이 "나는 선생님께서 이토록 따뜻하리라곤 생각하지 못했어요."라고 말하자마자 한순간도 주저하지 않고 롤로가 대답했다. "그리고 나는 당신이 이토록 아름다우실 줄은 생각지 못했어요."

　치료가 끝난 후에 환자와 치료자가 사회적인 관계를 시작하는 일은 보통 있는 일이 아닐 뿐만 아니라 때로는 상당히 문제가 되는 일이기도 했으나 이번 경우는 두 사람 모두를 위해서 잘된 일이었다. 우리는 대단히 좋은 친구가 되었고, 우리의 우정은 그가 세상을 떠날 때까지 계속되었다. 때때로 나는 롤로가 티뷰론에서 가장 좋아하는 식당 카프리에서 그와 함께 점심을 하면서, 우리가 같이했던 치료를 여러 차례 되돌아보곤 했다. 우리는 둘 다 그가 나에게 도움을 주었다는 것을 알았으나 그 도움의 기제가 무엇이었는지는 신비스러운 것으로 남아 있었다. 그는 여러 번 나에게, "치료 중에 당신이 나에게서 무언가를 얻기를 원하고 있다는 것을 알고는 있었는데, 나는 그것이 무엇인지를 몰랐고 또 그것을 어떻게 당신에게 주어야 하는지를 몰랐다."라고 이야기했다. 지금 그가 했던 이야기를 다시 생각해보면서, 나는 롤로가 그 자신 전부를 나에게 주었다고 믿는다 — 그는 주저하지 않고 나와 함께 어두운 죽음의 영역으로 동행했고 나에게 아주 필요한 좋은 아버지 역할을 다시 해주었다. 그는 나를 이해하고 받아준 어른이었다. 나의 실존주의 심리치료의 원고를 읽고서 그는 나에게 그 책은 좋은 책이라고 말했고, 책 겉장에 강력한 안내문을 써 주었다. 그가 나의 책 나는 사랑의 처형자가 되기 싫다(*Love's Executioner*) 겉장에 쓴 "얄롬은 우리를 포위하고 있는 악마에 대한 이야기를 천사처럼 썼다."는 내가 받은 최고의 찬사였다.

이런 즈음에 매릴린과 나는 결혼생활에서 심각한 문제가 생기기 시작했다. 그녀는 헤이워드에 있는 캘리포니아주립대학교의 종신 교수직을 사임하고 스탠퍼드에서 창립하여 새로 운영하는 여성연구소 자리로 옮기려고 하고 있었다. 그녀는 그 연구소에서 새로 시작하는 여성학 분야에서 자신의 커리어 전체를 새로 쌓아 가려고 했다. 그녀는 젊은 학생들을 가르치고 스탠퍼드의 지도적인 여성학자들과 친분을 맺고 있었다. 그 일이 마음의 중심에 자리잡고 있었기 때문에, 그녀가 우리의 결혼을 무시하고 있다고 나는 심각하게 느꼈다. 그녀는 전혀 새로운 사회적인 친분을 가지게 되었다. 나는 그녀를 자주 보지 못했고 우리는 서로가 멀어지고 있다고 느꼈다. 나는 매릴린과 샌프란시스코의 리틀 시티 안티파스토에서 했던 거창한 저녁 식사를 생생하게 기억하고 있다. 저녁 식사를 하면서, 나는 그녀에게 말했다. "당신의 새 생활은―당신의 새 지위와 여성 문제에 대한 당신의 활동은―당신에게 참 좋은데 나에게는 참 좋지 않아. 당신이 그 일에 너무 많은 시간을 할애하기 때문에 나는 우리 관계에서 더 이상 아무것도 얻지 못하고 있어. 우리는 별거…를 생각해봐야 하지 않을까." 그러자 매릴린이 큰 소리로 울부짖는 바람에 나는 그 말을 채 끝내지 못했다. 매릴린의 소리가 너무 컸기 때문에 세 명의 웨이터가 우리 테이블로 달려왔고 레스토랑의 모든 손님들 얼굴이 우리 쪽으로 쏠렸다.

이것이 우리 결혼생활이 최저점에 달했을 때였다. 그리고 이때가 매릴린과 내가 롤로와 조지아와 가끔 만나곤 하던 때였다. 어느 날 저녁, 롤로는 자신이 언제나 실험해보기를 즐기는 환각제를 같이 복용해보자고 하면서 그가 선물로 받은 고급 엑스터시(환각제) 복용에 우리를 초대했다. 조지아는 기권하고 그날 저녁의 보호자 역할을 했다. 매릴린이나 나는 한 번도 엑스터시를 써보지 않았으나 롤로, 조지아와 함께였으므로 안심했다. 그런데 그 실험 결과는 이상하게 느긋하고 치유적이었다. 엑스터시를 복용하고 우리는 이야기하고, 식사를 하고, 음악을 들었다. 바로 그날, 우리는 어쩐 일

롤로 메이와 함께 한 저자, CA. 1980.

인지 우리의 결혼생활 문제가 산난하게 해결된 것같이 느꼈다. 우리는 번했다. 우리는 부정적인 감정을 흘려버리고 그전보다 더 깊이 서로를 소중히 여기게 되었다. 더 나아가 그 변화는 영원할 것이라는 것이 증명되었다! 우리는 둘 다 그 이유를 완전히 이해하지 못했다. 그리고 어떤 이유에선가 우리는 그 환각제를 다시 쓰지 않았다.

1990년대 초, 롤로 메이가 80대에 들어섰을 때 그는 일과성 허혈발작(TIAs)으로 인한 혼란스럽고 불안한 느낌 때문에 몇 시간씩, 어떤 때는 하루나 이틀씩 고생을 했다. 때때로 조지아는 롤로의 증상이 심해지면 나에게 전화를 했다. 나는 롤로를 방문하고 그의 집 뒤에 있는 언덕을 그와 함께 걷고 이야기하면서 시간을 보내곤 했다. 85살이 된 지금에 와서야 나는 롤로의 불안을 완전히 이해할 수 있다. 내게도 뭐가 뭔지 모르게 혼란스러운 순간과 내가 어디에 있는지 또는 내가 무엇을 하고 있는지 순간적으로 잊어버리는 때가 있다. 이런 것들이 롤로가 경험한 일들일 것이다. 순간적으로가 아니라, 한 번에 몇 시간씩 또는 며칠씩. 그런 혼란 속에서도 어쨌거나 그는 마지막까지 일을 했다. 그의 노후에 그가 하는 일반 강연에 참석한 적이 있었다. 그의 강연은 예전처럼 힘이 있었고, 목소리는 듣기 좋았고 마음을 진정시켜주는 것이었다. 그러나 끝에 가서, 그는 바로 몇 분 전에 했던 말을 다시 반복했다. 그것을 들으면서 나는 움찔했다. 그런 이유로 가끔 나는 내 친구에게 내가 강의를 그만두어야 할 때를 정직하게 말해 달라고 부탁한다.

어느 날 저녁 조지아가 전화로 롤로가 임종에 가까운 것 같다면서 우리더러 빨리 좀 와달라고 했다. 우리 세 사람은 순서를 정해서 롤로의 곁을 지켰다. 그는 의식을 잃고 폐부종으로 힘들게 호흡하고 때때로 깊고 긴 숨을 쉬었다가 짧고 얕은 숨을 쉬었다. 마침내, 내 차례가 되어서 그의 옆에 앉아 그의 어깨를 잡고 있을 때 그는 마지막으로 발작적인 호흡을 하고는 운명했다. 조지아는 다음 날 아침 장의사가 그를 화장장으로 데려가기 위해 그의 몸을 씻는 일을 나에게 도와달라고 청했다.

그날 밤, 롤로의 죽음과 그의 임박한 화장 때문에 떨고 있던 나는 강력하고 잊을 수 없는 꿈을 꾸었다.

　　나는 부모님과 누나와 함께 쇼핑몰에 있었는데, 우리는 위층으로 올라가기로 결정했다. 나는 엘리베이터에 탔는데 혼자였다―나의 가족은 사라졌다. 그것은 길다란 올라가는 엘레베이터였다. 엘리베이터에서 내렸을 때, 거기는 열대지방의 해변이었다. 그러나 나는 가족을 찾을 수 없어서 계속해서 두리번거리고 있었다. 아름다운 환경이었지만―나는 스며드는 두려움을 느꼈다.
　　다음으로 나는 잠옷을 입었는데, 잠옷에는 귀여운 미소를 짓는 스모키 베어의 얼굴이 있었다. 셔츠의 얼굴이 점점 더 밝아지더니 빛을 내고 있었다. 곧 그 얼굴은 내 꿈 전체의 핵심이 되었다. 꿈의 모든 에너지가 귀엽게 미소 짓는 작은 스모키 베어의 얼굴로 변해버리는 듯했다.

그 꿈이 나를 깨웠다. 굉장한 두려움에서가 아니라 잠옷에서 빛나는 이미지의 광채 때문에 깨어났다. 그것은 마치 갑자기 밝은 조명등이 내 침실에서 켜지는 것 같았다.

빛나는 스모키상의 뒤에는 무엇이 놓여 있는가? 그것은 롤로의 화장과 관계가 있다고 나는 확신한다. 그의 죽음은 나 자신의 죽음을 직면하게 했다. 내가 가족으로부터 고립되어 있는 꿈을 통해 나의 죽음을 그려주었다. 그리고 위층으로 올라가는 끝이 없는 엘리베이터. 나는 내 무의식이 잘 속아 넘어간다는 사실에 충격을 받았다. 열대 해변으로 꾸며진 할리우드 버전의 영원한 하늘나라의 파라다이스를 나의 어떤 부분이 믿는다는 사실이 얼마나 당황스러운가.

나는 그날 밤 롤로의 죽음과 임박한 그의 화장에 떨면서 잠자리에 들었다. 나의 꿈은 그 충격적인 경험을 그다지 공포스럽지 않게, 더 부드럽게, 견딜 만하게 하려는 시도였다. 죽음은 엘리베이터 여행으로 위층 열대 해변으로 가는 것으로 부드럽게 가장되었던 것이다. 그 무서운 화장은 죽음의 잠을 준비하는 잠옷으로 변형되어서, 귀여운 아기 곰의 이미지를 담고 있었기에 공포는 포함될 수 없었다. 그래서 스모키 베어의 이미지가 나를 깨우려고 번쩍거렸던 것이다.

죽음, 자유, 고립, 그리고 의미

1970년대의 몇 년 동안 실존심리치료 교과서를 어떻게 쓸 것인가에 대한 생각은 항상 내 마음 한 구석에 스며들어서 떠나지 않았다. 그러나 그 작업은 너무나 광범위하고 압도적이어서 나는 알렉스 컴포트가 방문했을 때까지 책 쓰는 일을 시작하지 못하고 있다. 일렉스와 나는 우리 집 재건축된 트리 하우스 스튜디오에 마주 앉아 이야기하고 있었다. 그는 나의 독서와 내가 쓰고자 하는 책에 대한 아이디어를 한 시간 반쯤 열심히 듣고 나더니 나에게 "어브, 나는 들었어, 자네의 모든 것을 아주 잘 들었네. 나는 자신 있게, 자네가 이제는 책은 그만 읽고 책을 써야 할 때가 왔다고 판단하네."라고 말했다.

바로 그 말이 내게 필요한 것이었다! 그 말이 아니었다면, 나는 몇 년 더 우물거렸을 것이다. 알렉스는 책 쓰는 일에 대해서 알고 있다ㅡ그는 이미 50여 권의 책을 출판했기 때문이다ㅡ그의 강요하는 듯한 어떤 어조와 나에 대한 믿음이 주저하고 있는 나의 생각들을 깨끗하게 정리해주어서 글쓰기를 시작하게 되었다. 시기 또한 완벽했다. 그때 마침 나는 스탠퍼드 행동과학 선진연구소에서 일 년 동안 연구년을 보내기로 되어 있었다. 몇몇 환

평론가 알프레드 카진 스탠퍼드 법학교수 존 카프란과
함께 한 저자, 행동과학 선진 연구센터, 1978.

자들을 계속 만나기는 했지만 나는 1977~1978년의 학기를 거의 하루 온
종일 글을 쓰면서 보냈다. 불행하게도, 그 바람에 미래의 대법원 판사 루스
베이더 긴스버그를 포함한 30명의 위대한 학자들을 만날 수 있는 좋은 기
회를 놓쳤으나, 사회학자 신시아 엡스타인과 우정을 맺을 수 있었고 오늘
날까지 친구로 남아 있다.

글쓰는 일은 상당히 순조롭게 잘 진행되어 일 년 후에 그 책을 완성할 수
있었다. 나는 내 책을 에포리아 카차도우리안이 가르치는 아메리칸 요리
강습교실에서 있었던 일화를 예로 들면서 쓰기 시작했다. 에포리아는 나의
좋은 친구이며 동료인 헤란트 카차도우리안의 어머니이다. 그녀는 훌륭한
요리사이지만 영어를 잘 못하기 때문에 시범을 보여주는 것으로 요리를 가
르쳤다. 그녀가 요리를 준비할 때 나는 모든 음식 재료들을 적고 요리하는
순서를 최선을 다해 따라 했는데도 내가 한 요리는 그녀의 요리만큼 맛있
지가 않았다. 그러나 나는 확실히, 이것은 풀 수 없는 문제는 아니라고 생
각했다. 나는 그녀를 보다 더 가까이에서 관찰하면서 그 문제를 풀 수 있을

것이라고 믿었다. 다음 강습 시간에는 그녀가 요리를 준비할 때 모든 단계를 더 자세히 관찰했다. 그녀는 준비한 요리를 오븐에 넣으라고 보조자 루시에게 넘겼다. 나는 루시를 주시하고 있다가 무언가 특이한 것을 보았다. 오븐으로 가면서 루씨는 아무렇지도 않게 한 줌의 다양한 양념들을 그 접시에 던져 넣었는데 그것이 그녀의 요리를 화려하게 만드는 것이었다! 식재료 이외에 따로 집어넣는 양념이 요리 맛의 차이를 만들어낸다는 것을 나는 절대적으로 확신했다.

나는 이 일화를 실존심리치료를 소개하는 자료로 이용했다. 실존심리치료는 소수에만 적용되는 새롭고 이상한 접근법이 아니라 가장 경험이 많은 치료자들이 언제나 던져 넣는 그 무엇, 아무도 이야기한 적은 없으나 가치 있는 그 어떤 형태로 나타나는 것이라는 사실을 독자들에게는 확고하게 설명하기 위해서 그 일화를 썼다.

이 책의 4개의 부분 ─ 죽음, 자유, 고립, 의미 ─ 들에 대해서 내가 가지고 있는 자료들을 설명하고, 나의 임상적 관찰과 내가 실존심리치료 과정에서 인용하는 작품의 저자들인 철학자들과 작가들에 대해서 썼다.

책의 네 부분 중에서, 죽음에 대한 부분이 가장 길다. 나는 죽음에 직면하고 있는 환자들에 대한 전문적인 논문을 여기저기 많이 썼다. 그러나 이 책에서는 죽음에 대해 인식하는 것이 신체적으로 건강한 환자들의 치료에서도 요긴한 역할을 할 수 있다는 점에 초점을 맞추었다. 나는 죽음을 우리 삶의 여행에서 멀리 떨어져 있는 천둥쯤으로 생각하고 있지만, 인간의 유한성에 대해 순수하게 직면하는 것이 삶의 방식을 변화시킬 수 있다고 믿는다. 이렇게 죽음과 직면하게 되면 사소한 일을 사소한 것으로 생각할 수 있도록 도와주며, 후회를 쌓아 두지 않으면서 살 수 있도록 격려하기도 한다고 생각한다. 상당히 많은 철학자들이, 암으로 죽어가는 내 환자들의 비탄에 이런저런 방법으로 어떤 울림을 준다. "내가 오늘까지 어떻게 사는지를 알려고 기다려 왔는데, 이제 암으로 내 몸에 구멍이 숭숭 뚫린 상태에 와서야 어떻게 살아야 할지를 알게 되었으니 얼마나 안타까운가."

자유는 많은 실존 사상가들이 가장 중심적으로 생각하는 인간의 궁극적인 관심 주제이다. 내가 이해하는 자유의 의미는 내재하는 설계도가 없는 우주에 살고 있는 우리는 반드시 우리 자신의 삶과 선택과 행동의 작가로 살아야 한다는 것이다. 이런 자유는 상당한 불안을 불러일으키게 되므로 우리들은 이런 짐에서 벗어나기 위해 신이나 독재자들을 의지하게 된다. 만약 사르트르의 말대로 우리가 경험한 모든 것에 대해서 '저항하지 않는 작가(the uncontested author)'라면, 우리의 가장 소중한 아이디어들, 가장 고상한 진실들, 우리 신념의 가장 핵심적인 것들은, 우주 안에 있는 모든 것은 우연이라는 사실의 인식으로 인해 제 구실을 못하게 되는 것이다.

세 번째 주제인 고립은 인간관계에서의 고립감을 의미하는 것이 아니라 (예를 들면 고독), 보다 기본적인 고립감이다. 우리는 각자 홀로 이 세상에 던져진 존재이고 혼자 죽어야 한다는 고립감을 가지고 있다. '모든 사람'이라는 고대 이야기에는 죽음의 천사가 방문한 한 사람이 등장한다. 죽음의 천사는 그에게 그의 마지막이 가까웠음을 알리면서 심판을 받기 위해 길을 떠나지 않으면 안 된다고 한다. 그는 여행할 때 누군가를 데리고 가게 해달라고 간청한다. "얼마든지 — 만약 당신이 당신과 기쁘게 동행해줄 누군가를 만날 수만 있다면."이라고 죽음의 천사는 대답한다. 나머지 이야기는 그의 성공적이지 못한 의도를 묘사한다. 예를 들면, 사촌은 발가락의 종기 때문에 못 간다고 한다. 마침내 그는 동행해줄 누군가를 만난다. 그러나 이 기독교 윤리 이야기에서, 동행하는 것은 다른 사람이 아니라, 사람의 선행이다. 우리가 죽어갈 때 우리가 접하는 단 하나의 위로는 우리가 선행을 하면서 인생을 잘 살아왔다는 인식뿐이라는 것이다.

고립감에 대해서 나는 치료자-환자 관계, 다른 사람과 친해지고 싶은 우리의 소원, 개별화에 대한 우리의 두려움에 상당히 초점을 두었다. 죽음이 다가올 때, 많은 사람들은 그들이 사라질 때, 전적으로 고유하고 독립된 세계도 함께 사라진다는 것을 인식하게 된다—아무에게도 알려지지 않은, 심지어 배우자들에게도 알려지지 않은 한탄과 신음과 경험들도 함께 사라진다. 80대에 이르게 되니 나는 고립감을 더욱더 날카롭게 경험한다. 나는 나의 어린 시절의 세계를 생각한다—루바 고모 집에서의 일요일 저녁 모임, 부엌에서 퍼져나오는 냄새, 구운 닭 가슴살, 고기와 야채로 만든 스튜인 지메스와 촐른트, 모노폴리 게임, 아버지와 나의 체스 게임, 우리 어머니의 페르시안 양털 가죽 코트 냄새—나는 이 모든 것들이 지금은 다만 나의 기억 속에서만 존재한다는 사실을 인식하고 전율한다.

　네 번째의 궁극적인 관심, 의미 없음에 관한 토의에서는 이런 질문을 다룬다. "왜 우리는 여기에 있는가? 만약 아무것도 존재하지 않는다면, 인생에는 무슨 의미가 있는가? 인생의 초점은 무엇인가?" 나는 알렌 윌리스가 그의 개 몬티에게 던지는 막대기 이야기에서 늘 감동을 받고 있다. 몬티의 이야기를 하자면,

　만약 내가 허리를 구부리고 막대기를 잡으면, 몬티는 즉각적으로 내 앞으로 온다. 위대한 일이 지금 막 벌어지고 있는 것이다. 그에게는 미션이 있다… 그는 미션을 평가할 생각은 아예 하지 않는다. 그의 헌신은 오로지 미션의 완성에 있을 뿐이다. 그는 어떤 거리라도 뛰거나 수영을 한다. 어떤 장애물이라도 넘어서, 막대기를 집어 오기 위해서.

　그리고 막대기를 잡으면, 그것을 가져온다. 그의 미션은 단순히 막대기를 잡는 것에 그치지 않고 그것을 돌려주는 것이다. 그러나 그가 내게로 가까이 오면서, 그는 더 천천히 움직인다. 그는 그 막대기를 나에게 주기를 원하나 그의 과제가 끝나는 것이, 즉 그의 미션을 끝내는 것이 싫다. 다시 기다리는 위치에 있게 되는 것이 싫은 것이다.

　몬티는 그에게 막대기를 던져줄 내가 있는 것이 행운이다. 나는 신이 나의 막대기를 던져주기를 기다린다. 오랜 시간을 기다려 오고 있다. 누가 아

는가, 언제, 그런 일이 일어날 리는 없겠지만 신이 다시 그의 주의를 나에게 돌리고 마치 내가 몬티에게 허락한 것처럼, 미션에 대한 나의 기분을 허락할 것인지?

신이 우리를 위한 목적을 가지고 있다고 믿는 것은 안심이 되는 일이다. 보통 사람들은 자신의 막대기를 자신이 던져야 한다는 사실을 불편하게 여길 것이다. 어디엔가 진정한, 뚜렷한 생의 목적이 존재한다는 것을 알 수 있다면, 막연하게 생의 목적에 대해서 느끼고 있는 것보다는 얼마나 안심되는 일이겠는가? 오비드의 말이 마음에 떠오른다. "신이 반드시 존재하니까 우리는 신이 있다고 믿자."

나는 가끔 나의 실존주의 심리치료(Existential Psychotherapy) 책이 존재하지도 않는 과목의 교과서로 쓰이지 않나 하는 생각이 들기도 하지만, 그렇다고 내가 실존심리치료라는 새로운 치료 분야를 만들 의도는 전혀 없다. 나의 의도는 다만 치료자들이 환자의 삶에서 실존의 문제가 점점 더 증가하고 있다는 사실을 인식하게 되기를 바라는 데 있다. 최근에 실존심리치료자들의 전문적인 조직이 생기고 있다. 2015년에 나는 런던에서 개최된 대규모의 제1차 실존심리치료자 국제회의 비디오 컨퍼런스에서 강의했다. 치료에서 실존문제가 강조되는 것을 환영하기는 했지만, 실존치료를 독립된 분야로 해야 한다는 포괄적인 개념을 형성하는 데에는 어려움을 느낀다. 국제회의를 조직한 사람들은 그 학파의 정체성을 규명하는 데 엄청난 어려움을 겪었다. 치료의 주된 목표는 인간관계, 자존감, 성문제 또는 중독을 치료하는 것이고 이런 환자들은 항상 존재할 것인데 이들에게는 실존 문제가 긴급한 문제로 되지는 않을 것이기 때문이다. 이런 점이 실존치료 훈련에서는 고려해야 할 문제이다. 학생들이 나에게 어디에서 실존심리치료자로 훈련받을 수 있느냐는 질문을 하지 않고 지나가는 주(週)는 거의 없다. 나는 항상 그들에게 처음에는 일반 치료자로 훈련을 받고, 졸업 후 프로그램이나 슈퍼비전을 통해서 실존심리치료의 특수한 자료에 대해서 스스로 익숙해지라고 충고한다.

입원 환자 집단과 파리

$19$79년에 나는 스탠퍼드 정신과 입원 환자 병동의 임시 의학 디렉터로 일해 달라는 요청을 받았다. 그 당시 정신과에 입원하는 일은 전국적으로 혼란스러웠다. 보험회사는 정신과 입원비 지급을 중단했고 환자들을 될 수 있는 대로 값이 싼 병동과 치료 시설로 빨리 옮기라고 강요했다. 대부분의 입원 환자들은 일주일 또는 그 이내에만 병원에 있게 했으므로 각 집단의 구성은 연이어 두 세션을 계속할 수가 없었다. 집단 모임은 혼란스럽고 비효율적으로 되어갔다. 이런 혼란으로 인해서 스태프의 사기는 대부분 저조했다.

나는 다른 집단치료 프로젝트를 계획하고 있지는 않았지만, 불안했고 도전을 기다렸다. 실존주의 심리치료(*Existential Psychotherapy*) 책을 완성했기 때문에 내 책상은 말끔히 정리되었고 새 프로젝트를 시작할 준비가 되어 있었다. 나는 집단치료 접근의 효과에 대해서 깊은 확신을 갖게 되었고 입원 환자 집단을 리드할 새로운 방법을 만들어내는 데 유혹적인 도전을 받고 있었으므로 2년간 디렉터 자리를 맡기로 동의했다. 나는 병동의 약물치료를 담당할 스탠퍼드 프로그램(정신약리학은 절대로 나의 강점이나 관심 분야가 아니었다.)을 이

수한 정신과의사를 충원했다. 입원 환자 병동의 변화를 위해서 우선적으로 새로운 집단치료 접근법을 디자인하는 것에도 집중했다. 나는 우리 주위에서 잘 나가고 있는 정신과 병원의 입원 환자 병동 집단 모임을 방문하는 일부터 시작했다. 어느 곳에서나 혼란을 발견했다. 심지어 학문적이고 교육적으로 가장 잘 알려진 병원에도 효율적인 입원 환자 집단 프로그램이 없었다. 이렇게 빠른 변화에도 집단 리더들은 집단을 시작할 때마다 한두 명의 새로운 멤버들을 소개하고, 그들이 왜 병원에 있는지를 설명해야만 할 것 같은 강박감을 느끼고 있었다. 이런 일들은 어김없이 일어났다 —이어서 치료자들은 다른 집단 멤버에게 구스르는 반응을 하도록 했고 —이런 설명들로 전체 모임의 내용이 채워졌다. 아무도 이런 집단에서 큰 도움을 받는 것 같지 않았고 마찰은 잦았다. 전적으로 다른 책략이 필요했다.

　스탠퍼드 응급 병동에는 20명의 환자가 있었다. 나는 이들을 기능이 상대적으로 괜찮은 집단과 그렇지 못한 집단으로 분류하고 각 집단을 6명 내지 8명으로(남은 환자들은 대개 새로 입원한 심각한 환자들로 너무 정리가 안 되었기에 입원한 후 처음 며칠은 나의 집단에 참여하기는 어려웠다.) 몇 번의 시도를 거친 후에 나는 이들과 일할 수 있는 형식을 개발했다. 환자들의 빠른 회전율 때문에, 나는 한 모임에서 다음 모임으로 계속적으로 옮기는 새로운 패러다임 아이디어는 완전히 포기했다. 각 집단의 생명은 한 번의 세션으로 끝나게 될 것이다. 리더의 책임은 그 각 한 번의 모임을 최대한 효율적이고 효과 있게 만드는 것이었다. 나는 좀 나은 집단 환자들을 위해 하나의 도식을 만들었다. 그 도식에는 4개의 단계가 있다.

1. 각각의 환자들은 차례대로 집단 모임에서 다룰 수 있는 자신의 인간관계 문제의 어젠다를 만든다.(모임 시간의 적어도 1/3이 이 과업에 소요된다.)
2. 집단 모임의 그 나머지 시간은 각 환자의 어젠다를 완성하는 데 쓴다.
3. 집단 모임이 끝나면, 관찰자들(일방경으로 집단과정을 관찰한 의학, 심리학, 또는

카운슬링 학생들, 레지던트들, 간호사들)이 방으로 들어와서 관찰한 내용을 토의한다. 그동안 환자들은 바깥 쪽에서 관찰한다.

4. 마지막으로, 나머지 10분 동안 집단 멤버들은 관찰자들의 모임 후 토론에 대해서 반응한다.

첫 번째 단계, 어젠다를 만드는 것이 환자와 치료자에게는 가장 어려운 과업이다. 내가 정의한 대로 어젠다는 환자가 왜 병원에 입원한 것인지에 대한 것이 아니고―예를 들면, 그들이 들을 수 있는 두려움에 잠긴 목소리가 아니고, 향정신성 약물의 부작용도 아니고, 그들 삶에서의 트라우마적 사건에 대한 것도 아니다. 진정으로, 그 어젠다는 다른 사람과의 인간관계에서 생길 수 있는 문제들만―예를 들면, "나는 외로워요. 나는 친구가 필요한데, 아무도 나와 같이 있고 싶어 하지 않아요." 또는 "나는 사람들이 나를 불쾌하고 골치 아픈 사람이라고 생각한다는 걸 알아요. 그래서 나는 그것이 정말인지를 알아내고 싶어요." 같은 것에 관한 것이다.

치료자의 다음 단계는 그 문제들을 여기-그리고-지금의 형태로 전환하는 것이다. 멤버가, "나는 외로워요…"라고 말할 때 치료자는 "이 집단에서 당신이 외롭다고 느끼는 것에 대해서 이야기할 수 있어요?" 또는 "이 집단에서 당신은 누구와 가깝게 지내고 싶어요?" 또는 "이 집단을 진행해 가면서 오늘 당신이 외롭다고 느낄 역할을 했는지 탐색해봅시다."라고 말한다.

치료자는 굉장히 적극적이지 않으면 안 된다. 그러나 진행이 잘될 때는 집단 멤버들이 서로서로 그들의 인간관계 행동을 개선하도록 도와주게 되고, 그 결과는 왜 환자들이 입원하게 되었는지를 토의할 때보다 훨씬 좋게 나온다.

나는 관찰자들―간호사, 정신과 레지던트, 의대생―이 적극적인 역할을 하도록 하기 위해 노력하며, 그것이 치료 집단 세션을 의미 있게 만드는 결과를 가져온다. 어떤 조사에 의하면, 환자들이 마지막 20분의 모임(관찰자들과의 토의)이 집단에서 가장 가치 있는 부분이라고 했다! 실제에 있어서, 어떤 환자들은 집단이 시작하기 전에 습관적으로 관찰실을 엿보기도 한다. 만약 관찰자가 없으면, 그날은 집단에 참여하는 강도가 약해진다. 이런 반응은 외래 집단의 반응과 비슷하다. 만약 멤버들이 관찰자들에게 주의를 돌리고 그들에게서 피드백을 받게 되면 치료는 촉진된다.

기능을 잘 못하는 환자들의 매일 진행되는 집단을 위해서도 나는 안전하고 구조화된 자기 개방, 공감, 사회적 기술, 그리고 바람직하다고 생각하는 개인적인 변화 등을 연습하는 일련의 모델을 만들었다.

그리고 마지막으로, 스태프들의 줄어드는 사기를 올리기 위해서 주간 과정 집단을 마련했다. 즉 스태프(의학 디렉터와 수간호원을 포함)들이 서로의 관계에 대해서 토론하는 집단이다. 이런 집단은 이끌어 가기가 어렵기는 하지만, 결국에는 스태프의 긴장감을 개선하는 값진 과정이 된다.

2년간 입원 환자 집단을 매일 리드하고 난 후에, 나는 안식년을 택하기로 했다(스탠퍼드 교수들은 매 6년마다 봉급 전액을 지불받으면서 6개월의 안식 기간을 가지거나 봉급 반액을 지불받으면서 12개월간의 안식년을 가질 수 있다). 입원 환자 집단치료의 접근에 관한 책을 쓰기 위해서였다. 나의 애초의 계획은 다시 런던으로 가는 것이었다. 그곳이 글쓰기에는 분위기가 매우 좋았기 때문이었는데 매릴린은 파리로 가자고 했다. 그래서 1981년 여름에 우리는 12살 난 아들 벤을 데리고 프랑스로 떠났다.(그 당시에 딸 이브는 의과대학에, 레이드는 스탠퍼드대학교를 마쳤고 빅터는 오벌린 칼리지에 다니고 있었다.)

우리는 핀란드 해안의 섬에 사는 우리의 좋은 친구 스티나와 헤란트 카차도우리안을 방문하는 것으로 여행을 시작했다. 헤란트는 몇 년 동안 스탠퍼드 정신과 멤버였는데 행정력이 뛰어난 그는 대학교 옴부즈맨(행정감찰관)과 학생처장으로 임명되었다. 그는 재능 있는 강사였고, 그의 담당 과목인 성(性)은 전설이 되었다. 지금까지 스탠퍼드 역사상 가장 수강생이 많이 몰리는 과목으로 기록되어 있다. 그의 아내 스티나는 기자이자 번역가이며 작가여서 매릴린과 공유하는 관심사가 많았고, 그들의 딸 니나는 우리 아들 벤과 일생 동안의 친구가 되었다.

험악한 대양에 둘러싸인 그 섬은 소나무와 블루베리로 가득한 동화 같은 휴식처였다. 우리가 방문하는 동안, 헤란트의 권유로 나는 사우나에서 갑자기 얼어붙은 북해로 뛰어들어가 보기는 했으나, 단 한 번뿐이었다. 핀란드에서 우리는 코펜하겐으로 가는 야간 페리를 탔다. 원래 나는 배의 그림만 보아도 멀미를 하는데 소량의 마리화나 덕분으로 코펜하겐까지 차분하게 갔고 거기서 하루 동안 덴마크 치료자들과 워크숍을 진행했다. 우리는 또한 아시스텐스 공동묘지에 나란히 묻혀 있는 쇠렌 키르케고르와 한스 크리스티안 안데르센의 묘소도 방문했다.

파리에 도착하고 나서, 우리는 제5구 센강에서 세 블록 떨어진 생 앙드레 데자르 거리에 있는 엘리베이터가 없는 5층의 아파트에서 살았다. 매릴린의 도움으로 나는 외국 학자들을 위해 프랑스 정부에서 확보해둔 무페타르 거리에서 한 블록 떨어져 있는 곳에 사무실을 얻었다.

파리의 생활은 놀라웠다. 벤은 매일 아침 국제 2개 국어 학교로 가는 파리 메트로를 타기 전에 아침 크로아상과 인터내셔널 헤럴드 트리뷴을 사려고 5층을 날아가듯이 오르내렸다. 매릴린은 새 책, 모성애, 죽음, 그리고 광기의 문학(*Maternity, Morality, and the Literature of Madness*)을 준비했다. 이 책은 심리학적인 문학 비평서였다. 나는 매릴린의 많은 친구들을 만났고 그들로부터 수없이 저녁 초대도 받았지만 대화는 어려웠다. 몇 사람만이 영어를 했고 나는 프랑스 선생님과 열심히 공부했음에도 불구하고, 프랑스어를 잘하지 못했다. 사교적인 모임에서 나는 언제나 시골 바보처럼 느꼈다.

나는 고등학교와 대학에서 독일어를 선택했다. 독일어가 우리 부모님들이 쓰시던 이디시와 비슷했기 때문인지 독일어는 꽤 잘했다. 그러나 프랑스어의 색다른 억양은 나를 혼란스럽게 만들었다. 아마도 그것은 내가 멜로디를 배우지 못하고 노래도 부르지 못하는 것과 관계가 있는 것 같다. 언어의 악성 유전자는 어머니에게서 온 것인지도 모른다, 어머니는 영어에 대해서 꽤 심각한 문제가 있었다. 그러나 프랑스 음식은! 나는 특히 아침 크로아상과 오후 5시의 스낵을 학수고대했다. 우리 동네 거리는 활기찬 보행자들의 시장이었다. 다른 세상처럼 달콤한 딸기를 파는 야외 상점, 그리고 닭 간 파이, 토끼 찜 요리 등을 파는 고급 상점이 있었다. 빵집과 과자집에서 나와 매릴린은 타르트 오프레즈 드 부아를, 벤은 팽 오 쇼콜라를 샀다.

　나의 프랑스어 실력은 매릴린과 같이 극장에서 프랑스어 대사를 이해할 수 있을 만큼 되지 못했지만 매릴린과 콘서트 — 생트 샤펠 성당에서의 잊을 수 없는 카운터 테너, 그리고 샤틀레에서의 열정적인 오펜바흐 — 에 동행했다. 그러나 무엇보다도 박물관을 즐겼다. 특히 벤, 매릴린과 기차로 지베르니에 있는 모네의 시골집에 가서 수련이 물에 떠서 피어 있는 정원을 빙빙 돌아가는 층층으로 된 일본식 다리 그림을 보고 나서, 모네의 수련을 좋아하지 않을 수 없었다. 나는 루브르를 거닐면서 관람했고, 특별히 이집트와 페르시아 예술품과 장엄한 수사의 유약을 칠한 벽돌에 새긴 사자 조각을 소장하고 있는 방들에서 오래 머물렀다.

　이런 6개월 동안의 놀라운 파리 생활 동안에 나는 입원환자 집단심리치료(Inpaitient Group Psychotherapy)를 썼다. 내가 썼던 그 어떤 책보다도 훨씬 더 빨리 완성했다. 또한 이 책은 내가 구술로 완성한 유일한 책이기도 하다. 스탠퍼드는 너그럽게도 내 비서 베아 미첼을 우리와 함께 파리로 보내주었다. 매일 아침 내가 2, 3페이지의 초고를 구술하면 베아는 그것을 적고, 오후 시간에 나는 그것을 편집하고 다시 편집하면서 다음 날의 글쓰기를 준비했다. 베아 미첼과 나는 좋은 친구였다. 매일 우리는 무프타르까지 두 블록을 산책했고, 어느 때는 길거리에 있는 많은 그리스 식당 중 한 곳에서 점심도 같이 했다.

입원 환자 집단심리치료는 1983년에 베이직 북스에서 출판되었고 그 책은 곧 다른 많은 입원 환자 병동에서 진행되는 집단치료에 영향을 주었다. 더구나 다수의 경험적 연구에서 이 접근법의 효과를 지지했다. 그러나 나는 입원 환자와의 작업으로는 돌아가지 않았다. 대신에 실존사상에 대한 지식을 넓혀나가기 위한 길로 다시 돌아갔다.

나는 내가 동양사상에 지독히 무식하다는 것을 알고 동양사상을 더 많이 공부하면서 나의 철학 교육을 계속하기로 결심했다. 그리고 실존심리치료에서는 완전히 떠나 있었다. 파리를 떠나기 전 마지막 몇 달 동안 동양사상 분야의 책들을 읽기 시작했고 나의 레지던트 중 하나인 제임스 텐젤을 포함한 스탠퍼드 학자들과 이야기를 했다. 제임스 텐젤은 인도 이갓푸리의 담마 기리에 있는 유명한 불교 선생인 고엔카의 아시람(ashram; 힌두교인들이 수행하며 거주하는 곳 – 역주) 수련에도 참여했던 사람이다. 내가 의논했던 모든 전문가들은 동양사상 책을 읽는 것만으로는 충분하지 않으므로 개인적인 명상에 참여하는 것이 중요하다고 나를 설득했다. 그래서 나는 12월, 파리 생활의 끝자락에 파리에게 작별을 고하고 인도의 고엔카를 방문하기 위해서 혼자서 인도로 떠났다.

인도로 가는 길

이 여행에는 특이한 사건이 많았다. 35년이 지난 지금도 그때 있었던 세세한 일들이 내 마음속에 상당히 많이 남아 있다. 최근에 내가 명상에 대해 관심이 많아지고 더욱 존경하게 되면서 이 여행의 사건들이 초자연적인 생생함으로 되살아난다.

지금의 뭄바이(그당시엔 봄베이)에 내렸을 때 차투르디(Chaturthi; 힌두 달력의 매달 네 번째 날-역주) 연례 축제로 많은 군중들이 코끼리 머리를 한, 가네시(Ganesh) 신(Ganapati라고도 하는 코끼리 머리를 한 신. 지혜와 학습의 신으로 장애를 물리쳐주는 행운을 상징하는 신-역주)의 엄청난 조각상 앞에서 기념식을 하고 있었다. 오랫동안 혼자서 여행을 해보지 않았던 나는 이런 새로운 세계와 새로운 모험에 스릴을 느꼈다. 다음 날 나는 뭄바이에서 이갓푸리까지 2시간 걸리는 여행을 시작했다. 기차에서 밝은색의 샤프란과 마젠타 가운을 입은 세 명의 아름다운 인도 자매들과 같이 앉았다.

세 명의 자매 가운데서 가장 아름다운 여성이 내 바로 옆에 앉았는데, 나는 그녀에게서 풍겨나오는 취할 듯한 계피 향과 카르다몬 향기를 코로 들이마시고 있었다. 다른 두 여성은 나와 마주 앉았다. 나는 나의 여행 동행자들을 남모르게 훔쳐보았다 — 그들의 아름다움에 내 숨이 멎을 것 같았다 — 하지만 대부분은 놀라운 바깥 풍경에 더 주목했다. 기차는 여러 무리의 사람들이 물속으로 걸어가 자그마한 가네시 상을 물에 적시면서 노래하는 강둑을 따라 달렸다. 많은 사람들이 종이 반죽으로 만든 공을 가지고 있어서 내 옆의 여인에게 창문을 가리키면서 물었다. "실례지만, 무슨 일이 일어나고 있는지 이야기해주실 수 있어요? 무슨 노래를 하고 있어요?"

그녀는 고개를 돌리고 내 눈을 똑바로 바라보면서 인도식의 정교한 영어로 대답했다. "사람들은 '사랑하는 카나파티님이시여, 내년에 다시 오소서.' 라고 하고 있습니다."

"카나파티?" 내가 물었다.

다른 두 여인이 자기들끼리 소근거렸다.

나의 옆자리 동행자가 "우리 언어와 풍습은 굉장히 혼란스럽습니다. 저도 알아요. 그러나 아마도 이 신의 보통 이름이 가네시라는 것은 알고 계시겠지요." 라고 대답했다.

"감사합니다. 한 가지만 더, 사람들은 왜 신을 강물에 적시고 있나요?"

"그 의식(儀式)이 우주적인 법칙을 가르쳐주고 있습니다. 형태가 있는 것으로부터 형태가 없는 것으로 순환하는 것은 영원합니다. 가네시 상은 진흙으로 되어 있는데, 물속에서 진흙은 형태가 없는 것으로 녹아버리지요. 육체는 사라지지만 그 속에 살고 있는 신은 계속 남아 있음을 나타냅니다."

"참 흥미롭네요. 감사합니다. 그리고 마지막 질문 한 가지, 왜 사람들은 노란색 종이로 만든 둥근 공을 들고 있습니까?"

세 명의 여인 모두가 그 질문에 소근거렸다. "그 공은 모두 달을 표현하는 겁니다. 가네시에게는 그가 너무 많은 라두스를 먹었다는 오래된 전설이 있습니다."

"라두스?"

"라두스는 밀가루에 카르다몽 시럽을 넣고 둥글게 빚어서 기름에 튀긴

우리 나라의 과자이지요. 가네시는 라두스를 너무나 좋아해서 어느 날 밤
에 그걸 너무 많이 먹고 쓰러져서 배가 터졌어요. 이 사건을 지켜본 단 하
나의 증인인 달은 그 광경이 매우 우스꽝스러워서 웃고 또 웃었어요. 분노
에 찬 가네시는 우주에서 달을 쫓아냈어요. 그러나 곧 모든 사람들이, 심지
어 신들까지도 달이 너무나 보고 싶어져서 함께 모여서 가네시의 아버지인
시바 님에게 가네시가 노여움을 풀도록 설득하라고 탄원을 했어요. 달까지
도 합세해서 가네시에게 사과했지요. 가네시는 승복하고 달의 벌을 감해주
었어요. 달은 한 달에 한 번만 완전히 눈에 보이지 않았다가 나머지 날에는
부분적으로 눈에 보이도록 해주었습니다."

　"고맙습니다." 내가 말했다. 얼마나 놀라운 이야기인가. 그리고 코끼리
머리를 한 가네시 신은 또 얼마나 우스꽝스러운가!

　나의 동행자는 잠시 생각하더니 덧붙여 말했다. "제가 말한 것 때문에 종
교의 엄숙함을 과소평가하지는 말아주세요. 가네시의 생김새를 보면 재미
있습니다─그 각각의 모양에는 의미가 있습니다." 그녀는 자기 옷 밑 목
둘레에 걸려 있는 가네시 브로치를 풀어서 내가 볼 수 있게 했다. "가네시
를 자세히 보세요." 그녀는 말했다. "그의 모든 모습에는 중요한 메시지가
담겨 있습니다. 커다란 머리는 크게 생각하라는 것이고, 넓은 귀는 잘 들으
라는 것이고, 작은 눈은 열심히 집중하라는 것이지요. 오, 그리고 또 한 가
지는, 작은 입은 말을 적게 하라는 것이에요. 그런데 이렇게 말하고 보니까
갑자기 내가 너무 말을 많이 하지 않았나 의아해지는군요."

　"오, 아닙니다. 얼토당토않습니다." 그녀는 너무나 아름다워서 때때로
나는 그녀의 말에 집중하기가 어려웠다. 물론 그 말은 하지 않았다. "계속
해 주세요. 그런데 왜 그는 단 하나의 상아만 가졌나요?"

　"우리에게 나쁜 것은 버리고 좋은 것 하나만 지켜야 한다는 것을 기억하
게 하려고요."

　"그리고 그는 무엇을 들고 있나요? 도끼처럼 보이는데요."

"네, 도끼예요. 우리는 집착을 끊어버려야 한다는 의미이지요."

"꼭 부처님 말씀처럼 들리는군요." 내가 말했다.

"부처님이 시바의 대양(大洋)에서 나타나셨다는 것을 잊어서는 안 됩니다."

"마지막 질문, 그의 발 밑에 있는 쥐는? 모든 가네시 상에는 다 있더군요."

"아, 그것이 모든 것 중에서 가장 재미있는 특징이지요." 그녀가 말했다. 그녀의 눈이 나에게로 들어왔다. 나는 마치 내가 그녀의 시선 속에서 녹고 있는 것처럼 느꼈다. "쥐는 '욕망'을 나타냅니다. 가네시는 우리는 반드시 욕망을 조절해야 한다고 가르치고 있습니다."

갑자기 기차가 속도를 늦추면서 날카로운 브레이크 소리가 들렸다. 나의 동행자, 이름은 모르지만, 그녀가 말했다. "아, 우리는 이갓푸리에 다 와 가고 있어요. 물건을 챙겨서 내릴 준비를 해야겠어요. 나와 동생들은 여기서 위파사나(Vipassana) 명상 수련에 참가할 겁니다."

"저도 거기에 참가합니다. 나는 우리가 나누었던 대화를 굉장히 즐겼습니다. 어쩌면 수련장에서 만나서 이야기를 계속할 수도 있겠지요ー티타임이나 점심은?"

그녀는 고개를 끄덕이면서 말했다. "어쩌나, 거기서는 말을 해서는 안 되는데요…"

"나는 헷갈리네요. 당신은 말로는 '노'라고 하면서 머리로는 '예스'라고 끄덕이고 있네요."

"네, 네, 우리가 고개를 끄덕이는 것이 항상 미국 사람들에게는 문제가 된답니다. 우리가 고개를 위아래로 끄덕일 때는 '노'를 의미하고 우리가 좌우로 머리를 흔들 때는 '예스'를 의미합니다. 선생님 나라와는 반대라는 걸 알고 있어요."

"그러니까 당신은 '노'라고 했군요. 그런데 왜죠? 왜 더 이상 말하면 안 됩니까?"

"수련장에서는 말을 해서는 안 됩니다. 묵언(默言, noble silence)이 규칙이고 법이지요. 위파사나 수련원에서는—앞으로 열하루 동안 절대로 말을 해선 안 됩니다. 그것 역시 허락되지 않습니다." 그녀는 내 무릎 위에 있는 책을 가리키면서 말했다. "가까이에 있는 것으로부터는 아무런 방해도 없어야 합니다."

"자, 안녕히." 내가 말하면서 희망을 가지고 덧붙였다. "어쩌면 우리는 수련이 끝나고 기차에서 다시 이야기하게 될지도 모르겠네요."

"아닙니다. 그것에 대해서 우리는 생각해서는 안 됩니다. 고엔카는 우리는 현재에만 살고 있어야 한다고 가르칩니다. 과거의 기억들과 미래의 소망은 불안만을 낳을 뿐입니다."

나는 가끔 그녀가 작별하면서 했던 말을 생각한다. "과거의 기억들과 미래의 소망은 불안만을 낳을 뿐이다." 굉장히 많은 진리가 그 말속에 있다. 그러나 그렇게 많은 대가를 치러야 하다니, 나는 그런 대가를 치르는 게 가능하지도 않을 뿐더러 그 대가를 즐겁게 치르지도 않을 것이라고 생각한다.

이 갓뿌리에서 명상 센터까지의 짧은 거리는 택시를 탔다. 나는 센터에 등록을 했고 수련을 위해서 기부금을 좀 내달라는 요청도 받았다. 내가 참석자들의 참가비가 얼마냐고 물었을 때, 대부분의 참석자들은 가난하기 때문에 참가비를 전혀 내지 않는다고 했다. 나는 200달러를 기부했다. 그 금액이면 보통 수준의 열하루 동안의 숙식비가 포함된 수련비로는 적당할 것이라고 생각했다. 그런데 등록을 맡아보는 직원은 나의 너그러움에 놀란 듯했고 내가 그들을 쳐다보자 모든 사람들이 수긍한다는 뜻으로 고개를 흔들었다. 나는 나를 돌아보고는 조금 염려하는 마음이 들었다. 대략 200명가량의 등록한 참가자들 중에서 나만이 서양인이었다!

한 직원이 나의 책을 모두 사무실 앞에 있는 락커에 넣었고 잠 잘 장소로 나를 안내했다. 아마도 내가 꽤 괜찮은 기부금을 냈기 때문인지 나는 단 네 사람이 있는 방으로 배치되었다. 우리는 조용히 서로 인사했다. 한 사람은 맹인이었는데, 그는 혼란스러워하면서 서너 번 나의 침상에 누우려고 했기 때문에 그의 자리로 안내했다. 열흘 동안을 전혀 말을 하지 않고 지냈다. 고엔카만이, 경우에 따라서 그의 보조자들만이 말했다.

스케줄을 보고 난 다음에야 나는 내가 사인한 일이 얼마나 엄격한 일인지를 파악하기 시작했다. 하루 일과는 새벽 5시에 가벼운 아침 식사로 시작되었고, 곧 이어서 명상 지도, 노래, 그리고 하루 종일 강의였다. 하루 중 단 하나의 진짜 식사는 한낮의 채식 점심이었다. 그러나 곧 나는 식욕을 잃었고 음식에 대해서 생각하지 않게 되었다 — 수련에서는 보통으로 일어나는 현상이다.

아침 식사 후에 우리는 큰 홀에 모였는데 그 홀에는 고엔카를 위한 약간 높은 강단이 있었다. 홀에는 매트가 깔린 마루가 있고 물론 가구는 전혀 없었다. 200명의 참석자들은 침묵 속에서 고엔카가 나타나기를 기다렸다. 짧은 시간 동안 침묵이 흐른 뒤에 네 명의 참석자들이 고엔카를 강단으로 모셔왔다. 무시무시한 구릿빛 피부의 미남, 흰 옷을 입고 팔리어로 쓰인 고대의 불교 교재를 노래하는 것으로 그는 가르치기 시작했다. 팔리어는 현재는 쓰지 않는 인도-유럽 언어로, 테라바다 불교(Theravada, 소승불교(小乘佛敎))의 예식 언어이다. 고엔카는 수련원에서 매일 아침 이 일을 하게 되어 있었다. 그가 특별히 풍성한 바리톤으로 부르는 노래는 나를 얼어붙게 만들었다. 어떤 일이 닥쳐와도, 매일 아침 고엔카의 노래는 어려운 이 과정을 가치 있는 것으로 만들어주었다. 나는 매일 밤 뜨거운 물속에 몸을 담그면서 이 노래를 들었다.

왜 그 노래가 나의 마음을 이토록 움직이는가에 대해서 생각했을 때 제일 처음 떠오른 생각은 그의 목소리가 나의 아버지의 목소리와 비슷하기 때문이라는 것이었다. 아버지가 축음기에서 나오는 이디시 가수들의 노래를 따라 부를 때의 목소리. 그리고 고엔카의 노래는 시나고그에서 성가대의 선창자가 노래 부르던 것을 생각나게 해주었다. 나의 사춘기 시절에, 내가 오로지 원했던 것은 가능한 한 빨리 시나고그에서 도망 나오는 것이었다. 그러나 지금 뒤돌아보면, 선창자의 좋은 목소리를 듣는 기쁨도 조금은 있었다. 나는 다만 거기에 나의 깊이 숨겨진 황홀감에 대한 갈망과, 의식과 권위를 통해 분리되는 고통을 완화시키려는 나의 소원이 있었다는 것을 짐작만 할 뿐이다. 이런 갈망이 없는 사람은 없다고 생각한다. 나는 벌거벗은 임금님을 보았었고, 높은 직책에 있는 너무 많은 개인들의 비밀을 들었고, 절망과, 하늘 권좌를 향한 소망에 영향을 받지 않은 사람은 아무도 없다는 것을 알았다.

고엔카는 처음 이틀 동안 우리에게 강의를 했다. 호흡에 어떻게 집중하는가를 가르쳐 주었다. 숨을 쉴 때 어떻게 찬 공기를 경험하고 내뱉을 때 어떻게 폐에서 흔들리고 있던 공기의 따뜻함을 경험할 수 있는지를 가르쳤다. 바로 첫날 몇 시간이 지난 뒤에, 나는 결가부좌로 앉아 있어야 하는 데 심각한 문제가 생겼다. 한 번도 마루에서 편안하게 앉아 본 적이 없는 내 무릎과 등이 아파오기 시작했다. 점심시간에 내 문제를 고엔카의 보조원에게 이야기했다. (우리는 서로 침묵을 지켜야 했으나 만약 상황이 진짜로 위급할 때는 보조자에게 말할 수 있도록 허락이 되었다.) 그는 나를 이상하게 바라보더니 큰 소리로 내가 전생에 틀림없이 잘 협조하지 않는 등을 타고날 어떤 일을 했을 것이라고 하면서 나에게 간단한 나무 의자 하나를 주었다. 그래서 나머지 수련 기간 동안 엄숙하게 결가부좌로 앉아 있는 200명의 사람들 가운데에서 나 혼자만이 의자에 앉아 있었다. 보조자가 말한 나의 전생은, 어쨌거나 내가 전 수련 기간 동안 초자연적인 것에 대해서 들은 단 한 번의 유일한 언급이었다. 어느 날 저녁, 어떤 사람이 방귀를 크게 뀌는 바람에 눈에는 보이지 않았으나 실제로 존재했던 이곳의 엄격한 징계가 드러났다. 방귀를 뀐 그 순간에 한두 사람이 크게 웃었고, 곧 여덟에서 열 명 가까운 사람들이 몇 분 동안 웃음 폭발에 끼어들었다. 그러자 고엔카는 그날의 강의를 짧게 마치고 다음 날 아침 나는 청중의 숫자가 줄어든 것을 발견했다. 웃었던 참석자들은 더 이상 출석하지 않았고 틀림없이 쫓겨났을 것이다.

셋째 날에, 고엔카는 정식으로 위파사나 명상을 가르치기 시작했다. 우리의 두피에 집중하라고 지시하면서 거기서 무슨 감각, 어쩌면 가렵거나 짜릿한 고통을 느낄 때까지 집중하고 나서 다음으로는 얼굴로 주의를 집중하고 거기서 어떤 감각을 느끼게 되면 그것을 신호로 우리 몸의 다른 부분, 목으로, 어깨로, 우리 발바닥에 이르기까지 집중하면서 그동안 우리의 호흡과 무상함을 항상 알아차리라고(mindful) 했다. 그 이후의 모든 강의는 이 위파사나 명상 기술에만 초점이 맞추어졌다. 고엔카는 반복해서 이것이 부다 자신의 개인적인 명상법이었다고 이야기했다.

강의와 노래에 덧붙여서 고엔카는 몇 번의 동기를 부여하기 위한 강의를 했는데 나에게는 실망스러운 것이었다. 그는 우리가 지금 우리의 시간을 의미 있게 쓸 수 있는 기술을 가진 부자라는 사실을 확실하게 인식시키려고 했다. 예를 들면, 가령 버스를 기다릴 때 우리는 위파사나 명상법을 써서 마치 정원사가 정원에서 잡초를 뽑아내듯이 우리의 마음을 청결하게 변화시킬 수 있다는 것이다. 그리하여, 그는 우리가 버스를 기다리면서 그냥 시간을 허비하는 다른 사람들에 비해 많은 이득을 가진다는 것이다. 이 마지막 아이디어, 즉 위파사나가 다른 사람보다 이득을 더 얻게 해준다는 것은 가치 없는 것이라고 생각되어서 이 말은 고엔카의 영적 호소력에는 어울리지 않는다고 느꼈다.

며칠간 고엔카의 끊임없는 강의를 듣고 나서 나에게는 위파사나 훈련의 본질을 전적으로 변화시키는 직관적인 통찰(epiphany)이 있었다. 나에게서 '쓸어버리기'가 시작되었다. 마치 꿀을 내 머리에 부은 것처럼 그 꿀이 천천히 스며들어서 내 몸 전체가 그 느낌을 가지기 시작했다. 내 몸은 윙윙거리고 진동하지만 그것은 달콤했고, 갑자기 번뜩이는 통찰을 얻었다. 나는 왜 그 많은 위파사나 명상 애호가들이 이런 상태에서 몇 주간, 또는 몇 년간 머물러 있는지 그 이유를 충분히 이해할 수 있었다. 아무런 걱정 없이, 아무런 불안 없이, 자신이나 이별에 대해서 아무런 느낌 없이, 오직 그 천당 같은 윙윙거림과 따뜻함이 몸 전체를 쓸어내리는 느낌 때문일 것이다.

아뿔싸, 이런 달콤하고 딴 세상 같은 상태는 단지 하루 반 동안만 계속되었다. 나는 다시 그 속으로 들어갈 수가 없었다. 무엇보다도 나는 내가 위파사나 명상에서 낙제 점수를 받게 될까 봐 두려웠다. 이런 생각이 나의 잠을 완전히 방해했다 — 나는 수련원에서 4시간, 때로 5시간 이상을 자지 못했다. 이것은 부분적으로는 명상의 영향 때문이기도 했고, 부분적으로는 나의 장님 동행자가 착각하고 내 침대로 오기 때문이었고, 부분적으로는 도둑을 쫓기 위해서 경찰이 호루라기를 불면서 밤새도록 수련원 주위를 순찰하기 때문이었다. 시간은 너무나 느리게 흘렀고 나는 점점 지루해졌다. 내 옷을 빠는 것 외에는 할 일이 없었으므로 나는 가끔 빨래할 필요가 있거나 없거나 간에 옷을 빨았다. 심지어는 옷이 얼마나 빨리 마르는가를 자주 체크하기도 했다.

때때로 나의 아름다운 기차 동행자를 멀리서 보곤 했다. 그러나 물론 우리는 말을 할 수가 없었다. 그랬음에도 불구하고 나는 가끔 그녀가 나의 눈을 깊숙하게 들여다보았다고 확신했다. 그녀는 미래의 생각이 평정을 방해한다고 경고했지만, 수련이 끝난 후에 나는 그녀와 내가 그녀의 자매들 없이 기차에서 다시 만나는 상상을 했다. 나는 이런 달콤한 판타지를 떨쳐버리려고 무진 애를 썼다 — 확실히 이런 판타지들은 평정으로 가는 길을 방해했다.

그리고 무엇보다도 가장 견딜 수 없는 것은 책이 없다는 것이었다! 나는 소설책 한두 장을 읽지 않고 잠드는 날이 거의 없는데, 이곳에 들어올 때 내 모든 읽을거리들을 떼놓아야 했다. 나는 마치 중독자가 단절될 때 느끼는 금단현상처럼 안절부절못했다. 나의 가방에서 구겨진 백지를 발견하고 그걸 꼭 붙들었고 연필 한 자루로 나의 이야기를 쓰려고 기쁨에 찼다. 나의 기차여행 동반자의 말을 떠올렸다. "과거의 기억들과 미래의 소망은 불안만을 낳을 뿐이다." 지금, 연필을 손에 들고, 나는 그 생각의 재앙적인 결과를 생각했다. 나는 셰익스피어가 그 구절을 지키느라고 리어왕을 쓰지 않는 것을 상상했다. 그렇게 했더라면 리어왕뿐만 아니라 문학의 온갖 위대한 인물들은 사산(死産)되었을 것이다. 그렇다, 평정의 예찬은 놀라울 정도로 안정을 주기는 하지만, 그 대가는, 그 대가는!

　수련이 끝나고 나는 뭄바이로 돌아가는 기차를 탔으나 인도인 자매들은 다시 보지 못했다. 인도를 떠나기 전에 사실 나는 인도의 정신적 수도인 바라나시를 방문하고 싶었다. 그 길은 캘커타를 거쳐야 했다. 캘커타에서 전에는 한 번도 본 적이 없는 극심한 인간의 빈곤을 보았다. 비행장에서 시내까지 택시를 타고 가는 동안 끝없이 이어지는 비참한 판잣집, 각 집의 석탄 스토브에서 뿜어져 나오는 연기가 목구멍을 찔렀고 오후 2시밖에 안 되었는데도 그 연기는 태양을 가리고 있었다. 야윈 거지들, 장님들, 나병 환자들, 그리고 내가 호텔에서 나올 때마다 기다리고 있는 말라빠진 아이들의 눈길. 나병 환자들은 내가 구호품을 주지 않으면 자기 상처를 내 몸에 닿게 하겠다고 위협하면서 몇 블록씩 나를 쫓아왔다. 나는 항상 주머니 가득 동전을 넣고 외출했으나 가난과 구걸은 끈질겼다. 나는 최선을 다해서 내가 방금 배운 위파사나 기술을 사용해보려고 했으나 평정을 찾는 데는 실패했다. 나의 초보 명상은 현실적인 동요(動搖)에 대해서는 무력했다.

　캘커타에서 3일을 지낸 후에, 기차를 타고 성시(聖市)인 바라나시에 밤 늦게 도착했다. 나는 텅 빈 기차역의 단 한 명의 여행객이었다. 한 시간 후에 인력거 꾼이 기차역에 도착해서 활발한 흥정 끝에 나를 바라나시까지 데려다 주고 숙소를 찾도록 도와주겠다고 동의했다. 그러나 시내는 불교 순례자들로 만원이었기 때문에 빈 방은 거의 없었다. 두 시간가량 지난 후에 마침내 티베탄 수도원의 작은 방을 하나 찾을 수 있었다. 그 방은 적당했으나 시끄러웠다. 그날 밤새도록 큰 소리로 흥겹게 부르는 탄트릭(tantric; 불교나 힌두교의 독특한 동작—역주) 노래 때문에 거의 잠을 이루지 못했다. 그 후에는 수도원에서 행하는 다양한 세미나와 요가 수업과 명상 훈련에 참석했다. 나는 명상에서는 실패했지만, 세미나와 강의는 굉장히 흥미로웠다—불교 전통에는 굉장한 지혜가 있다는 것을 한순간도 의심하지 않았다. 그러나 더 이상의 명상 훈련에는 참가할 생각도 하지 않았다. 그 당시에 그것은 나에게 유아론적(唯我論的)으로 보였다—그곳이 아닌 다른 곳에 나의 온전한 삶이 있었다. 내가 깊이 사랑하는 아내와 가족이 있었고, 나의 일이 있었고, 다른 사람과 어울리는 나만의 방법이 있었다.

나는 갠지스 강에서 보트를 타고 강둑에서 매일 거행되는 화장(火葬)과 나무와 지붕에 있는 수많은 원숭이 떼를 보면서 모터사이클을 탄 대학생 가이드를 따라 주위를 탐험했다. 다음으로는 많은 성지(聖地)가 있는 불교 성시(聖市) 사라나드로 갔다—예를 들면, 붓다가 그를 따르던 제자들에게 첫 설법을 했다는 녹야원(鹿野園). 붓다가 보리수 아래에서 각성(覺性)했다는데 그 원래의 뿌리를 자른 데에서 자랐다는 보리수 등을 보았다.

캘커타로 돌아가는 표를 사려고 기차역에 갔을 때 매표원은 며칠 동안 기차표를 살 수 없을 것이라고 했다. 캘커타에서 태국을 거쳐 미국에 가는 비행기를 탈 계획이었던 나는 그 기차역이 상당히 한산하다고 느꼈기 때문에 표가 없다는 말에 당황했다. 호텔로 돌아가서 매니저에게 도움을 청했더니, 그는 미소를 지으면서, 그 수수께끼를 푸는 것은 아주 간단하다고 하면서 내가 아직 인도의 방식을 배우지 못한 것 같다고 했다. 그는 기차역 뒤로 나를 안내하고 5달러짜리 지폐를 달라고 하더니 그 지폐를 매표원에게 슬그머니 밀어넣었다. 매표원은 예의 바르게 즉각적으로 표를 만들어주었다. 기차에 탔을 때 나는 내가 이등칸의 단 하나의 손님이란 걸 알았다.

나는 캘커타에서 태국으로 갔다. 거기서 수상 시장과 불교 성지들을 보았다. 내가 미국에서 미리 친구를 통해 만나기로 했던 불교 학자와 흥미로운 대화도 했다. 저녁에 나의 사촌 제리가 통상적인 시내 관광을 안내했다. 우리가 들어가서 식사를 했던 볼품없이 뻗어 있는 해산물 식당에서는 종업원이 메뉴도 보여주지 않더니 식당 주위를 둘러싸고 있는 어장으로 우리를 안내하고 우리에게 생선을 고르라고 했다. 그는 긴 손잡이가 달린 그물을 들고 야채가 담긴 커다란 통으로 데리고 갔다. 거기서 우리는 사이드 디시를 선택했다. 나는 웨이터에게 내가 알고 있는 단 한 마디의 태국 말로 "매운 고추는 빼고(Phrik rxn)."을 최선을 다해서 전달하려고 했으나, 아마 내가 그 단어들을 뒤죽박죽으로 했는지 그들은 상당히 신나게 웃음을 터뜨려서 다른 웨이터들도 이 즐거운 해프닝에 모여들었다. 식사 후에 내 가이드는 나의 처음이자 마지막인 태국식 전신 안마 시술소로 나를 안내했다. 나는 도우미의 안내로 어떤 방으로 갔다. 그녀는 나에게 옷을 벗고 목욕을 하라고 하더니 그것이 끝나자 내 머리부터 발끝까지 기름을 발랐다. 어느 순간에 특별히 아름다운 나체의 여자 마사지사가 들어오더니 나를 마사지하기 시작했다. 잠시 후 곧 나는 내가 전신 마사지(full-body massage)라는 단어를 잘못 이해했다는 것을 알았다 — 그것은 나의 몸 전체를 마사지한다는 뜻이 아니라 그녀의 몸 전체로 나를 마사지한다는 의미였다. 마사지를 끝내고 나더니 그녀는 웃고, 절을 하고, 아주 미묘한 태도로, "선생님이 원하시는 것은 더 없으십니까?"라고 물었다.

　방콕에서부터 버스로 치앙마이를 여행했고 거기서는 코끼리들이 삼림을 청소하는 것을 보았다. 오스트리아에서 온 여행객을 만나서 매콕강까지 우리를 안내해줄 가이드를 고용했다. 남자들이 둥글게 앉아서 그날의 아편을 피우고 있는 동안에 물론 여자들이 그 시중을 들고 있는 한 민속촌에 머물렀다. 내가 거기서 한 번 경험한 아편은 드라마틱하지는 않았다. 그저 마음속에 감미로운 상태가 몇 시간 계속되었을 뿐이었다. 우리는 언제라도 날아갈 듯한 총알 구멍이 있는 많은 절이 있는 동화 같은 곳을 거쳐서 치앙 레이로 계속 여행했다. 치앙 레이에서는 다른 여행객들과 함께 태국과 미얀마를 연결하는 다리 위를 걷고 있었다. 반쯤 걸어 갔을 때 우리는 엄격한 미얀마 육군 경비병을 만났다. 그는 우리가 버마에 갔었다고 이야기할 수 있도록 단지 몇 분 동안만 그 경계벽을 만져보는 것을 허락한다고 했다. 다음으로 푸켓으로 날아가서 며칠 동안 해변을 걷고, 스쿠버 다이빙을 했고, 그러고 나서 캘리포니아 집으로 향했다.

이 여행을 즐기기는 했으나, 결국 나는 그 대가를 치루어야 했다. 집에 돌아오고 얼마 지나지 않아서, 나는 이상한 병에 걸렸다. 피로, 두통, 머리가 텅 빈 것 같고, 식욕을 잃고 몇 주일 동안 고통스러웠다. 스탠퍼드 병원의 모든 걸출한 의사들은 내가 열대병에 감염되었다고 동의했으나 아무도 그것이 무엇인지는 밝혀내지 못했다. 몇 달 후 내가 완전히 회복되었을 때, 우리는 카리브해 섬으로 짧은 축하 여행을 갔다. 거기서 우리는 2주일 동안 배의 객실을 빌렸다. 그곳에서의 첫날, 나는 카우치에서 낮잠을 자다가 벌레에 물려서 잠에서 깨어났다. 그다음 날 나는 인도에서 집으로 돌아왔을 때보다도 더 심하게 아프기 시작했다. 우리는 집으로 날아왔고 스탠퍼드 병원에서 뎅기열(모기를 통해 감염되는 열대병의 하나-역주)과 다른 열대 질병을 체크하느라고 몇 주일을 썼다. 병원에서는 진단을 위해서 가능한 모든 현대 의술을 사용했으나 내 병의 수수께끼를 풀지 못했다.

나는 16개월간 병석에 있었다. 매일 겨우 스탠퍼드에 갈 수 있었고 상당한 휴식을 필요로 했다. 매릴린의 친구는 많은 사람들이 내가 뇌출혈로 고생하고 있다고 말한다는 이야기를 그녀에게 했다. 결국 나는 내 몸을 내가 다시 회복시키기로 결심했다. 체육관에 가서 매일 운동을 하기로 했다. 내가 얼마나 힘든지와는 상관없이, 내 몸에서 핑계나 구실을 일체 찾지 않고 체육관에서 알려준 나의 식이요법을 지키면서 지냈다. 그랬더니 결과적으로 나는 건강을 되찾았다. 지금 그때를 되돌아보면서 나의 열두 살 아들 벤이 자주 내 침대 옆으로 와서 나와 함께 조용히 앉아 있었던가 생각했던 것이 기억난다. 2년 동안 나는 벤과 같이 테니스를 하지 못했고 체스를 가르쳐주지 못했고, 그와 함께 자전거를 타지도 못했다[그러나 벤은 우리가 주사위 게임을 했고 스테판 도널슨의 토마스 커브넌트의 연대기(*The Chronicles of Thomas Covenant*)를 큰 소리로 읽었다는 것을 기억하고 있다].

그 이후로 나는 이상하고 진단이 불가능한 질병, 예를 들면 만성 피로 증상이나 섬유근육통(fibromyalgia) 등으로 고통받고 있는 환자들에게 엄청난 공감을 느끼게 되었다. 그 기간은 내 일생의 암흑의 장이었다. 그 당시의 모든 기억들은 지금 거의 대부분 사라졌다 — 그러나 그것이 궁극적으로는 나의 인내심을 테스트하는 것이었음을 알고 있다.

몇 년간 명상을 다시 하지는 않았지만, 나는 명상에 대해서 더 높이 평가하게 되었다. 부분적으로는 많은 사람들에게 명상은 고통에서 벗어나게 해주고 자비로운 삶으로 인도하는 길을 제공하기 때문이라는 것을 알기 때문이다. 지난 3년간 나는 명상에 관한 책을 많이 읽었고, 명상에 대해서 동료들과 이야기를 했고, 다른 접근방법을 실험하기도 했다. 가끔 저녁에 불안함을 느끼면, 인터넷에서 얻을 수 있는 수없이 많은 수면 명상곡 중 하나를 듣는다. 대개의 경우 명상곡이 끝나기 전에 잠이 든다.

인도는 나에게 아시아 문화를 심도 있게 소개해준 첫 나라였다. 그것이 마지막은 아니었다.

28

일본, 중국, 발리, 그리고
사랑의 처형자

1987년 가을, 도쿄 호텔에 체크인을 하고 있을 때 통역을 하려고 뉴욕에서 날아온 영어권의 심리학자인 나의 일본인 호스트를 만났다. 그는 내 옆 방에 투숙하고 있었으므로 자문 기간 내에 언제든 만날 수 있었다.

"내가 정확하게 무슨 일을 하게 되는지 말해줄 수 있어요?" 내가 물었다.

"하세가와 병원 프로그램 책임자는 이번 주에 선생님의 스케줄에 대해서 특별히 말해준 게 없습니다."

"왜 그런지 궁금하군요. 나도 질문했지만 대답을 받지 못했어요. 의도적으로 모든 걸 비밀로 하려는 것 같아요."

그는 그저 어깨를 들썩 하면서 나를 쳐다보았다.

다음 날 아침, 우리가 하세가와 병원에 도착했을 때 뜻하지 않게 병원 입구 안에서 나를 기다리는 많은 정신과의사와 행정 직원들로부터 커다란 꽃다발과 우아한 인사를 받았다. 그들은 나의 첫날은 특별한 행사라고 했다.

병원의 전 직원이 나의 입원 환자 집단치료 강연에 참석할 것이라고 하면서 400명가량이 모여 있는 넓은 강당으로 안내했다. 집단 모임에 대해서 셀 수 없을 만큼 많은 강연을 해왔기 때문에 나는 긴장하지 않았고 느긋이 앉아서 집단 모임에 대해서 설명하는 말이나 또는 비디오 영상을 기대하고 있었다. 그러나 생각과는 달리 직원들이 집단 모임을 드라마로 재창작해서 정성스럽게 준비한 것을 보고 놀랐다. 그들은 지난 달 병원에서 있었던 세션을 녹음해서 그 녹음을 재생하고 다양한 직원들에게 각 역할을 맡겼다. 그 드라마를 연습하는 데 많은 시간을 들였을 것은 분명했다. 그것은 세련된 공연이었다. 그러나 아뿔싸, 그것은 내가 한 번도 본 적이 없는 가장 겁나는 집단 모임을 보여주었다. 집단을 둘러싸고 있는 리더들은 각각의 멤버들에게 충고하면서 차례로 다양한 문제를 설명하고 있었다. 집단 멤버 중 그 누구도 다른 멤버에 대해서는 한마디도 하지 않았다―내 생각에 이런 것은 집단치료에서는 분명히 하지 말아야 할 행동의 본보기였나. 만약 이것이 단순히 진짜 집단 세션의 녹음이었더라면, 나는 아무런 문제 없이 중단시키고 다른 방법을 설명해줄 수 있었을 것이다. 그러나 이처럼 조심스럽게 고안한 작품, 연습하는 데 분명히 셀 수 없이 많은 시간을 썼을 이 작품을 어떻게 내가 중단시킬 수 있단 말인가? 그렇게 하면 그들에게는 무시무시한 모욕이 될 것이다. 그래서 나는 조용히 앉아서 그 공연 전체를 보았다. (내 통역자는 내 귀에 대고 속삭였다.) 그리고 나서 내가 토의할 때, 대단히 점잖게 인간관계에 중점을 둔 기술들을 제안했다.

　도쿄에 머무는 동안 나는 그들에게 도움을 줄 수 있는 교사가 되려고 최선을 다했으나 나의 노력이 효율적이라는 생각이 전혀 들지 않았다. 그 주간에 나는 일본 문화에는 서양 문화, 특별히 집단심리치료에 반대하는 무언가가 깊숙이 자리 잡고 있다는 것을 깨달았다. 예를 들면, 일본 문화는 자신을 드러내는 일이나 집안 비밀을 다른 사람과 공유하는 것을 수치스러워하는 문화라는 것을 알았다. 나는 치료자들을 위해서 집단 과정을 진행하겠다고 자청했으나 그 아이디어도 거절당했다. 그러나 솔직히 말하면 그 과정을 하지 않게 되어서 오히려 좋았다. 거기에는 강력한 침묵의 저항이 있기 때문에 거의 진전을 보이지 못했을 것이다. 그 주간에 내 강연을 들은 모든 청중들은 정중하게 내 강의를 경청했다. 그러나 아무도 코멘트를 하지 않았고 그 누구도 단 한마디 질문도 하지 않았다.

매릴린도 이 여행에서 비슷한 경험을 했다. 매릴린은 일본여성연구소의 아름다운 강당의 많은 청중들 앞에서 20세기 미국의 여성 문학 강의를 했다. 그 행사는 잘 기획되어서 강의에 앞서 훌륭한 댄스 공연이 있었고, 청중들은 정중하고 집중했다. 그러나 매릴린이 코멘트나 질문이 없느냐고 했을 때 청중은 조용했다. 두 주일 후에 매릴린은 똑같은 강연을 베이징 외국어 대학교에서 했는데 강의가 끝날 무렵에 중국 학생들은 질문 공세를 퍼부었다.

도쿄에서 우리는 우리가 상상할 수 있는 모든 대접을 받았다. 나는 7단으로 된 일본 점심 도시락 상자를 좋아했고 놀라울 정도로 섬세하게 잘 정돈된 코스가 좋았다. 나를 위해서 사치스러운 파티가 여러 번 있었고, 나의 호스트는 너그럽게도 주위 경치를 360도 각도로 볼 수 있는 하와이에 있는 그의 콘도미니엄으로 내가 원하는 때 언제든 오라고 초대했다.

나의 강연이 끝난 후, 일본의 어디를 여행하든지 간에 우리는 호스트에 게서는 물론, 알지도 못하는 사람에게서도 후한 대접을 받았다. 도쿄에서 어느 날 저녁 카부키 극장에 가려고 나섰다가 길을 잃었다. 우리는 건물 층계를 청소하는 여인에게 티켓을 보여주면서 방향을 물었다. 그녀는 즉시로 자기가 하던 일을 멈추고 네 블록이나 걸어서 극장 문 앞까지 우리를 안내해 주었다. 교토에서는 어느 날 버스에서 내려서 시내를 산보하고 있었는데 우리 뒤에서 숨찬 발소리가 들렸다. 나이 든 한 여인이 숨을 몰아쉬면서 우리가 버스에 놓고 내린 우산을 들고 우리에게로 오고 있었다. 잠시 후에 우리는 절에서 대학 교수인 낯선 사람과 우연히 대화를 나누게 되었다. 그는 즉시로 우리를 자기 집으로 저녁 초대를 했다. 그러나 그들의 문화는 나의 치료 방법을 환영하지는 않았다. 그래서 일본어로 번역된 내 책은 아주적다.

일본은 내가 안식년에 첫 번째로 간 곳이다. 집단치료 교과서를 다시 교정하는 그 어려운 작업을 막 끝낸 후였다. 나처럼 교과서를 처음 쓴 사람들은 일반적으로 교과서가 성공적이면 그 교과서를 일생 동안 계약한다는 사실을 알지 못한다. 교과서는 몇 년마다 한 번씩 개정되어야 한다. 특별히 새로운 리서치나 그 분야에 변화가 있는 경우에는—나의 집단치료 교과서는 바로 그 경우에 해당되는 것이었다. 만약 개정을 안 하면, 교사들은 더 새로운 교과서를 찾아서 채택한다.

1987년 가을에, 우리는 빈 둥지를 경험했다. 막내 벤이 스탠퍼드대학교에 가면서 집을 떠났다. 개정된 교과서를 출판사로 보내고 매릴린과 나는 발리와 파리에서 장기간 글 쓰던 것을 중단하고 우리의 자유를 기념하기위해 일 년간 해외여행을 가기로 했다.

오랫동안 나는 상당히 다른 종류의 책을 쓰려고 생각하고 있었다. 일생 동안 나는 서사적인 글을 사랑해왔고 가끔 나의 치료 이야기를 슬쩍 인용해왔다. 어떤 것은 단 몇 줄로, 어떤 것은 몇 페이지에 걸쳐서 나의 전문적인 글에 치료 이야기를 이용했다. 몇 년간에 걸쳐서 내 집단치료 교과서를 읽은 많은 독자들은 재미없는 이론을 쓴 여러 페이지의 글을 그래도 기쁘게 읽을 수 있었던 이유는 모퉁이를 돌면 또 다른 교육적인 이야기가 나올 것이라고 믿었기 때문이라고 말했다. 그래서 56세의 나이에 나는 내 일생의 중요한 변화를 가지기로 했다. 내 글을 통해 젊은 심리치료자들을 계속해서 가르치기로 했다. 그 이야기 부분을 독자들이 가장 잘 읽을 수 있는 부분에 넣기로 했다—치료 이야기를 먼저 쓰고 그 이야기를 나의 주요 교재도구로 사용하기로 한 것이다. 나는 내 안에 있는 이야기꾼을 해방시켜야 할 때가 왔다고 느꼈다.

　일본으로 떠나기 전에 최신식 도구를 반드시 사용할 줄 알아야 할 의무가 있었다. 그것이 노트북이었다. 우리는 오리건의 애슐랜드에서 3주간 작은 집을 하나 빌렸다. 애슐랜드는 특별한 연극 축제 때문에 우리가 여러 번 방문했던 도시였다. 우리는 저녁에는 연극을 보고 낮에는 부지런히 노트북으로 글 쓰는 연습을 했다. 내가 노트북을 사용하는 것이 편안하게 느껴졌을 때 첫 번째 목적지로 떠났다. 도쿄에서의 자문을 위해서였다.

　그 당시에 나는 한 손가락으로 타이핑을 했다. 내가 전에 썼던 모든 책과 논문들은 손으로 썼다(한 번은 받아쓰게 했다). 그러나 이 새로운 컴퓨터를 쓰기 위해서 나는 타이핑 하는 법을 배워야 했는데 이상한 방법으로 배우는 데 성공했다. 일본으로 가는 긴 비행 시간에 나는 초창기의 비디오 게임을 했다. 나의 우주선이 알파벳 모양의 미사일을 발사하는 외계인의 항공기에게 공격을 받는 게임인데 키보드에서 올바른 키를 눌러야만 이길 수 있었다. 아주 특별하게 교육적으로 고안된 게임이었다. 이 게임 덕분에 나는 일본에 착륙할 즈음에 타이핑하는 법을 알게 되었다.

　　도쿄 방문 후에 우리는 베이징으로 날아갔다. 거기서 우리는 네 명의 미국 친구를 만났고, 가이드의 안내로 그 시기에는 의무처럼 되어 있었던 2주간의 중국 여행을 했다. 우리는 만리장성과 자금성으로 갔고 배를 타고 계림으로 갔다. 계림에서는 멀리서 연필처럼 보이는 산들이 마음을 사로잡았다. 이런 모든 여행을 하면서 나는 어떻게 치료 이야기들을 모아서 글로 써야 할지를 계속해서 심사숙고했다.

　상하이에서 어느 날, 날씨 때문에 몸이 좀 좋지 않아 다른 사람들의 단체 관광에 끼지 않고 오전에 휴식을 취했다. 서류 가방에 꽉 차 있는 25개의 세션 기록 중에서 무작위로 서류 하나를 끄집어냈다. 그것은 내가 65세의 생화학 연구자 사울과 했던 75번의 세션을 요약한 것이었는데 그것을 전부 읽었다.

그날 오후, 상하이 뒷거리를 혼자서 거닐면서 나는 크고, 멋진, 오래전에 버려진 가톨릭 성당까지 갔다. 열린 문을 통해 안으로 들어가서 좌석들을 지나 고해성사를 하는 곳을 발견했다. 내가 혼자라는 것을 확인한 후에 내가 언제나 하고 싶었던 일을 해보기로 했다. 나는 고해성사를 하는 곳으로 들어가서 신부님의 자리에 앉았다. 여러 세대를 거치면서 이 자리에서 수없이 많은 신도들의 고해성사를 들었을 신부님을 상상했다—상당히 많은 후회, 상당히 많은 수치심, 상당히 많은 죄, 이런 고해를 듣는 이들, 신의 사람들이 부러웠다. 나는 고통받는 사람들에게 "당신은 용서를 받았습니다."라고 선언할 수 있는 그들의 능력이 부러웠다. 얼마나 엄청난 치유적인 힘인가! 나의 능력이 왜소하게 느껴졌다.

한 시간가량 그 옛날의 권위의 자리에 앉아서 명상을 한 후에, 아주 놀라운 일이 발생했다. 나는 백일몽 속으로 들어가서 하나의 이야기의 줄거리를 완성했던 것이다. "뜯지 않은 세 통의 편지(Three Unopened Letters)" 갑자기 나는 그 이야기의 모든 것을 알게 되었다—등장인물, 전개 과정, 그리고 서스펜스의 순간들. 나는 그 생각이 사라지기 전에 기록해두어야겠다는 절박감에 젖어 있었으나 연필과 종이가 없었다.(이때는 아이폰 이전 시대였다.)—내 생각들을 기록할 방법이 없었던 것이다. 교회를 샅샅이 뒤지다가 빈 서가에서 1인치 정도의 연필은 찾았으나 종이는 한 장도 없었으므로 나에게 가능한 단 한 장의 종이를 꺼냈다. 나의 여권의 빈 공간—나는 거기에 이야기의 핵심만을 적어 놓았다. 이것이 사랑의 처형자가 되기 싫다(Love's Executioner)라는 제목의 소설집에 첫 번째로 수록된 소설이었다.

며칠 후에 우리는 친구들과 중국에 작별을 고하고 두 달간 머물려고 빌려놓은 이국적인 집이 있는 발리로 날아갔다. 그곳에서 나는 열심히 쓰기 시작했다. 매릴린 역시 글 쓰는 프로젝트를 가지고 있었다.[그 프로젝트는 그녀의 책 피로 맺어진 자매들: 여성들의 기억 속에 프랑스 혁명(Blood Sisters: The French Revolution in Women's

Memory)으로 출판되는 결실을 맺었다.] 우리는 네 아이들을 지극히 사랑하기는 했으나, 우리의 자유도 만끽했다. 이 여행은 우리가 33년 전 프랑스 신혼여행 이후로 아이들을 동반하지 않고 우리끼리만 오래 머문 최초의 여행이었다.

우리의 발리 집은 우리가 전에 경험했던 것과는 아주 다른 집이었다. 바깥에서는 풍성한 열대 꽃들로 가득 찬 넓은 토지를 둘러싸고 있는 높은 벽만 보이지만, 집에는 벽이 없었다. 단지 방을 구분하는 가리개가 천장에 매달려 있을 뿐이다. 침실은 위층에 있고 화장실과 욕실은 별도로 되어 있다. 우리의 첫날 밤에 잊을 수 없는 일이 있었다. 한밤중에 날아다니는 벌레 떼가 우리에게로 날아왔다. 수백만 마리의 벌레에 너무나 놀라서 우리는 시트를 머리끝까지 올리고 수트 케이스를 주시했다. 아침이 되면 가능한 한 재빨리, 가능한 한 더 멀리 이곳을 떠날 계획이었다. 그러나 해가 뜰 무렵이 되자 모든 것은 조용해졌다. 단 한 마리의 벌레도 보이지 않았다. 하인은 이 흰개미 떼의 짝짓기는 일 년에 단 하룻밤에만 일어나는 것이라고 단언했다. 무지개처럼 다양한 색깔의 새들이 복잡하게 뒤엉킨 정원의 나무에 당당하게 앉아서 기이한 멜로디로 노래를 불렀다. 낯선 꽃봉오리에서 흘러나오는 향기가 우리들을 홀렸고 부엌 안은 이상하게 생긴 여러 종류의 과일들로 채워져 있었다. 이 사유지의 임시 숙소에서 살고 있는 여섯 명의 스태프들은 하루 종일 청소하고, 요리하고, 정원을 가꾸고, 노래를 부르고, 꽃과 과일을 차려놓고 빈번한 종교 축제를 준비하면서 지냈다. 뒷문에서 3분 거리에 있는 모랫길은 장엄한 쿠타 비치였다—그 당시에 그곳은 아직 완전한 자연 그대로인 채로 버려져 있었다. 이런 모든 임대료는 우리의 팰로앨토 집의 임대료보다 훨씬 쌌다.

내 여권의 여백에다 적어놓았던 사울에 대한 이야기인 '뜯지 않은 세 통의 편지'를 완성한 후에는 다음 이야기를 구상하려고 나의 사례 메모를 훑어보면서 정원 벤치에서 아침 시간을 보냈다. 오후에는 매릴린과 함

발리, 1988.

께 비치를 따라 몇 시간씩 산보하고 있노라면, 그때, 거의 알아차릴 수도 없는 사이에, 하나의 이야기가 뿌리를 내리고, 마치 나에게 다른 모든 기록들은 제쳐놓고 그 한 가지 특별한 이야기에만 자신을 집중하라고 강요하는 듯한 강력한 탄력으로 이야기는 발전된다. 일단 글을 쓰기 시작하면, 이 이야기가 나를 어디로 이끌 것인지, 어떤 모양으로 이루어질 것인지에 대해서는 아무런 아이디어도 없게 된다. 나는 그 이야기가 뿌리를 내리고 가지를 뻗어서 곧 뒤엉키는 것을 바라보면서 나 자신을 거의 방관자처럼 느꼈다.

가끔 작가들이 이야기는 저절로 써진다고 말하는 것을 듣기는 했으나 그때까지 나는 그 말을 이해하지 못했다. 두 달 후에 나는 매릴린이 몇 년 전에 19세기 영국 소설가 윌리엄 태커리에 대해 해주었던 일화를 아주 새롭고, 더 깊게 음미할 수 있었다. 어느 날 저녁 태커리가 서재에서 나왔을 때, 그의 아내는 그날의 글쓰기가 어땠느냐고 물었다. 그때 그는 이렇게 말했다고 한다. "아, 끔찍한 하루였다오! 펜데니스(등장인물 중 하나)가 바보짓을 하는 바람에 나는 그를 멈추게 할 수가 없었다오.”

곧 나도 내 이야기의 등장인물들이 서로 주고받는 이야기를 듣는 것에 익숙해졌다. 나는 언제나 엿들었다－심지어 하루의 글쓰기를 마친 후, 매릴린과 팔짱을 끼고 끝없이 부드러운 해변을 산보할 때도 나는 그들의 대화를 엿들었다. 얼마 후에 나는 또 하나의 작가적인 경험을 했다. 그것은 내 일생의 절정 경험 중 하나였다. 하나의 이야기에 깊이 빠지게 되면, 즉각적으로, 내가 인식하기도 전에 다른 이야기에 쏠리려는 나의 변덕스러운 마음을 관찰하게 된다. 나는 이것을 내가 쓰고 있었던 이야기가 끝나가고 있고 다른 이야기가 태어나려고 하는 신호－묘하게 나 자신으로부터 나 자신에게로 보내는－로 여긴다.

모든 나의 단어들은 오직 이 낯선 컴퓨터 안에만 존재했기 때문에 이 이야기들을 종이에 복사해 놓지 못한 것이 점점 더 불편해졌다－플래시 드라이브스(flash drives), 타임머신, 보관함(drop box) 같은 것은 아직 생겨나기 전이었다. 불행하게도 나의 휴대용 코닥 프린터는 여행을 즐기지 않아서인지, 발리에서 단 한 달을 지난 후에 멈춰버렸다. 내 작품이 컴퓨터의 깊은 내장 속으로 사라져 버릴지도 모른다는 생각에 놀라서 나는 도움을 청했다. 발리 전체에는 딱 한 군데에만 프린터가 있다는데, 그곳은 발리의 수도 덴파사에 있는 컴퓨터 학교였다. 어느 날 나는 내 컴퓨터를 그 학교에 가지고 갔다. 학교가 끝날 때까지 기다려 애걸하고 뇌물을 주면서－내가 어떤 행동을 했는지 잊었으나 어쩌면 두 가지 행동을 다 했을 것이다－선생님에게 내가 그때까지 작업한 그 귀중한 하드 카피를 프린트해줄 것을 요청했다.

발리에서는 영감이 빨리 온다. 메일이나 전화나 또는 다른 방해가 없어서 그 어느 때보다도 더 빨리 글을 잘 썼다. 그곳에 있는 두 달 동안에 나는 10개의 이야기 중에 4개를 썼다. 각 이야기에서 환자의 신분을 감추는 데 많은 시간을 할애했다. 환자의 겉모습, 직업, 나이, 국적, 결혼 여부, 그리고 심지어 성(性)까지도 변화시켰다. 아무도 완전히 그들을 알아볼 수 없게 하려고 최선을 다했다. 그리고 물론, 나는 완성된 이야기를 환자에게 보내고 서류로 허가를 받았다.

작업을 하지 않는 시간에는 매릴린과 함께 섬을 탐색했다. 우리는 우아한 발리 사람들을 좋아했고 그들의 예술, 댄스, 인형극, 조각, 그림들을 존경했고 그들의 종교적인 퍼레이드에 감탄했다. 비치를 걷고 스노클링을 하는 것은 천국 같았다. 어느 날 우리 기사가 두 개의 자전거를 가지고 우리를 발리의 최고봉 중 하나인 곳으로 데려갔다. 우리는 시골 마을을 통과하면서 잭푸르트와 두리안을 파는 노점을 지나 수 마일의 언덕을 내려갔다. 놀랍게도, 발리에서는 체스가 인기였다. 어느 곳에서나 체스 게임이 있었다. 나는 가끔 웨이터와 체스를 하기 위해 일찍 동네 식당에 가기도 했다.

내가 매릴린과 합의를 본 것은 안식년의 반은 유럽에서 보내기로 한 것이었다. 나는 열대섬을 사랑했고, 매릴린은 프랑스를 사랑했기 때문이었다. 우리는 결혼생활 전체를 서로 타협하며 지내왔다. 매릴린은 스탠퍼드에서의 그녀의 행정직을 공식적으로 떠났다.(그러나 그녀는 오늘날까지 원로 교수로 남아 있다.) 그러나 매릴린에게는 아직 직업적인 책무가 있어서 유럽에 가는 도중에 팰로앨토에 들러야 했다. 나는 하와이에 내려서 오아후에 있는 나의 일본 호스트의 아름다운 콘도에 머물면서 두 개의 소설을 썼다. 5주 후에 마침내 매릴린이 벨을 눌렀다. 우리의 여행을 다시 계속할 시간이 되었음을 알리는 종이었다.

다음 기착지는 이탈리아의 벨라지오. 일 년 전에 우리 각자는 벨라지오에 있는 록펠러 재단 센터에 거주지를 지원해서 허락을 받았다. 매릴린은 프랑스 혁명의 여성의 회고에 대해서, 나는 심리치료 이야기 책을 쓰기 위해서였다.

벨라지오에 있는 거주지는 분명히 학계의 가장 큰 특전의 하나이다. 레이크 코모에서 조금 떨어진 록펠러 단지에는 아름다운 정원, 최고의 요리사가 있었다. 요리사는 매일 밤 손수 만든 파스타와 다른 다양한 음식으로 우리를 대접해주었다. 30명의 학자들이 살고 있는 멋진 센트럴 빌라는 각자에게 독립된 서재를 마련해주었다. 학자들은 식사 시간과 저녁 시간에 만난다. 그 시간에 우리들 각자는 자기의 연구를 발표한다. 매릴린과 나는 매일 아침 각각 글을 쓰고 오후에는 가끔 훼리 보트를 타고 레이크 코모에 있는 작고 매력적인 섬에 가곤 했다. 나는 학자들 중의 한 분, 스탠리 엘킨스와 함께 많은 시간을 보냈다. 그는 놀라운 만화가였다. 스탠리는 소아마비 장애 때문에 휠체어를 사용했다. 매일 밤 그는 정기적으로 라디오 토크를 들으며 이야기의 줄거리와 등장인물들을 건진다고 했다.

벨라지오 생활 후에 나머지 넉 달간의 안식년을 파리에서 보냈다. 포트 루아얄 대로에 있는 아파트를 빌렸다. 매릴린은 집에서 글을 썼고 나는 판테온 근처에 있는 야외 카페에서 글을 썼다. 거기서 나머지 네 개의 이야기를 썼고 또 다시 나는 매일 프랑스어 공부를 했다 — 아뿔싸, 그러나 언제나처럼 실패였다 — 그리고 늦은 오후와 저녁에 시내를 산보했고 매릴린의 프랑스 친구들과 저녁 식사를 했다.

야외에서 글을 쓰는 것이 나와 잘 맞아서인지 이상하리만치 효율적으로 잘 써졌다. 후에 집에 돌아와서도 노스 비치에 있는 샌프란시스코 야외 카페를 발견했고 그곳의 좋은 분위기에서 글쓰기를 계속했다. 나는 젊은 치료자들을 교육시키기 위해서 이 소설들을 쓰는 것이라고 생각하고 있었기 때문에 모든 이야기의 끝에 그 이야기 속에 들어 있는 이론적인 요점을 설명하는 몇 문장을 첨가했다. 그러나 그 아이디어는 거추장스러워서 대신에 책의 끝에 실을 60페이지에 달하는 교육용 후기를 쓰느라 몇 주를 보냈다. 그리고 그 원고를 대단히 흡족한 마음으로 출판업자에게 보냈다.

2, 3주 후에 내 책을 맡게 된 베이직 북스 편집자인 피비 호스에게서 연락이 왔다. 피비는 지옥(또한 천국)에서 온 편집자였다. 우리는 운명적으로 장대한 전쟁을 시작했다. 내 기억에, 피비는 내 소설에 대해서 오직 사소한

편집만을 했다. 다만 뚱뚱한 여인 이야기에 대해서 '살덩어리'라는 문구를 끼워 넣었을 뿐이었다. 그 문구가 내 마음속을 찔렀다. 왜냐하면 그 문구는 어떤 편집자도 첨가하지 않았던 불필요한 (나는 종종 더 많은 것을 원하기는 했지만) 것이었기 때문이었다. 그러나 나의 긴 분량의 후기를 읽은 후에 피비는 펄펄 뛰면서 그것 전체를 손질해야 한다고 고집했다. 그녀는 이야기 그 자체가 이론을 말하고 있기 때문에 최종적인 이론 설명은 절대적으로 불필요하다고 했다. 피비와 나는 몇 달 동안 본격적인 싸움을 했다. 나는 하나씩 하나씩 후기를 다시 써서 보냈다. 그런데 그 문장들은 잔인하게 짤려서 내게로 돌아왔다. 몇 달 후에 피비는 나의 60페이지짜리 글을 10페이지로 줄이고 그 글이 책의 앞부분에 와야 한다고 고집했다. 오늘 그 책의 간결한 전기(前記)부터 다시 읽어보니 나의 맹렬했던 저항이 기억나서 분개한다. 피비, 축복받은 편집자, 다시는 마주치고 싶지는 않지만 그녀는 절대적으로 옳았다.

그 책이 출판되었을 때 출판사의 출판 기념 파티에 참석하려고 매릴린과 뉴욕으로 날아갔다 ― 지금은 이런 행사가 드물지만 그 당시에는 흔했다. 그 파티는 월요일 저녁에 하기로 되어 있었다. 그러나 뉴욕타임스 일요판이 그 책에 대해서 부정적인 리뷰를 내놓았기 때문에 모든 사람의 기분에 찬물을 끼얹었다. 그 책의 형식은 거의 전례가 없는 것이었다. 다만 프로이트의 사례사(事例史)와 로버트 린드너의 50분의 시간(*The Fifty-Minutes Hour*), 최면요법 환자들에 대한 것 등이 그에 가까운 예였다. 아동 정신과의사인 뉴욕타임스 비평가는 그 형식에 대해서 모욕감을 느낀다고 하면서 자신의 사례 이야기라면 그것을 전문적인 저널에서 읽는 것이 더 나을 것 같다는 말로 신랄한 리뷰를 끝맺었다.

그러나 일요일 저녁 한밤중이 조금 지난 후에, 출판업자로부터의 기쁨에 넘치는 전화를 받고 나는 잠에서 깨어났다. 그는 뉴욕타임스 수요판에서는 유명한 작가이면서 비평가인 에바 호프먼이 나의 책을 극찬하는 글을 실을 예정이라고 했다. 오늘날까지도 나는 에바 호프먼에게 감사하고 있다. 몇 년 후에 그를 만나는 기쁨도 누렸다. 나는 뉴욕과 다른 여러 도시 서점에서 그 책의 독서회를 가졌다. 이런 독서회는 국내의 독서 여행 가이드 직업과 더불어 이제는 대부분 옛날 일이 되어버렸다. 독서 여행 가이드는 비행장에서 작가를 만나고 그들을 강의 장소로 데려다주는 역할을 했다. 거의 모든 서점에서 나보다 조금 앞질러서 올리버 색스의 최신작 **아내를 모자로 착각한 남자**(*The Man Who Mistook His Wife for a Hat*)를 홍보하고 있었다. 우리의 행보는 너무 많이 교차되어서 그가 마치 아는 사람인 것처럼 느껴졌으나 불행하게도 우리는 서로 만나지 못했다. 나는 그의 업적을 상당히 존경했고 그의 감동적인 마지막 책, **움직임에 대하여**(*On the Move*)를 읽고 그가 세상을 떠나기 직전에 그에게 팬레터를 보내기도 했다.

책이 출판되고 몇 주가 지나지 않아, 너무나 놀랍게도, 나는 **사랑의 처형자가 되기 싫다**는 뉴욕타임스의 베스트셀러 리스트에 올랐고 몇 주간이나 계속되었다. 나에게 곧 인터뷰와 강연 요청이 쇄도했다. 베닝턴 칼리지 글쓰기 워크숍의 강사였고 훌륭한 수필가인 필립 로페이트와 점심을 하면서 내가 피로감과 스트레스를 불평하던 것이 기억난다. "침착하세요, 인기를 즐기세요 — 베스트셀러 작가는 아무나 되는 게 아니에요, 누가 알아요, 다시는 그런 기회가 안 올지도 몰라요."라고 했다. 그렇다, 아아, 그는 정말 잘 알고 있었다.

25년 후에, 책 출판인은 나는 **사랑의 처형자가 되기 싫다**의 표지를 바꿔서 출판하기로 결정했다면서 나에게 새로운 후기를 부탁했다. 나는 그 책을 다시 읽었다 — 여러 해 만에 처음으로 — 그리고 강렬함을 느꼈다. 자랑스러움과 내 나이에 대한 아쉬움을 동시에 느끼면서 젊었을 때의 나 자신이 부러웠다. '이 녀석이 나보다 훨씬 글을 잘 쓰네'라는 느낌을 떨쳐버릴 수가 없었다. 나의 친애하는 옛 환자들을 다시 방문해보는 것도 기쁨이었으나 그들 중 많은 사람들이 세상을 떠났다. 그러나 한 가지 예외가 있었다.

'뚱뚱한 여인' 이야기. 나는 그 이야기를 파리 어느 카페에서 쓰면서 처음 시작하는 문장을 쓰느라고 몇 시간이나 고민했다. 그것은 역전이의 개념을 소개하는 글이었다. 역전이는 치료자의 환자에 대한 뜻밖의 정서적인 반응이다.

> 베티가 내 사무실에 들어온 날, 그녀의 육중한 250파운드, 5피트 2인치의 체격이 나의 잘 정돈된 하이테크 사무실 의자로 향해 오는 순간, 나는 거대한 역전이가 내게 닥쳐올 것이라는 걸 알았다.

이 이야기는 치료자들을 교육하기 위해 쓰인 것이다. 그래서 환자보다 내가 오히려 더 중요한 등장인물이다. 이 이야기는 치료자가 환자에게 느끼는 비이성적이고, 혐오스러운 느낌, 그 느낌이 치료에서 무서운 장애를 구성할 수도 있다는 이야기이다. 치료자는 환자에게서 극단적으로 강한 매력을 느낄 수도 있고, 또는 무의식적인 원인에서 오는 강력한 부정적인 느낌을 가질 수도 있다. 그것은 어쩌면 치료자가 자기의 과거 부정적인 모습과 만났기 때문일 수도 있다. 나는 뚱뚱한 여인에 대해서 부정적인 느낌을 가질 이유가 없었음에도 불구하고 나와 어머니와의 관계가 어떤 역할을 했을 것이라는 것은 확실하다고 느낀다. 그리고 내가 그 감당할 수 없는 느낌을 극복하기 위해 상당히 애써야 한다는 것과 환자와는 인간적으로 긍정적인 상태에서 관계를 맺어야 한다는 것을 알고 있었다. 그것이 내가 하고 싶은 이야기였다. 그렇게 하려고 나의 역전이를 과장했는지도 모른다. 그리하여 베티에 대한 나의 부정적인 역전이와 내가 베티를 도우려는 욕심 사이의 갈등이 이 드라마의 핵심을 이루고 있다.

이 소설에는 나에게 특별히 강렬한 공감을 불러일으키는 하나의 사건이 있다. 베티는 지방 신문의 개인 광고를 통해서 데이트를 하려는 계획을 세우고(pre-Match.com 그 시절에 흔히 있는 일이었다.) 자신을 표시하기 위해서 장미를 머리에 꽂고 나갔으나 그 남자는 나타나지 않았다. 베티는 이런 일을 처음 경험한 것이 아니었고 이와 비슷한 경험을 여러 번 했기 때문에 그 남자가 자기를 멀리서 쳐다보고 실망하고 사라졌을 것이라고 생각했다. 그때 나의 심장은 그녀에게로 쏠렸고 그녀가 자신의 자존감을 지키려고 애쓰면서 손님으로 꽉 찬 바에서 혼자 술을 마셨다는 이야기를 들으면서 눈물을 삼켜야 했다.

이야기의 대단원에서 그녀가 작별의 뜻으로 나에게 안아달라고 했을 때 나는 기뻤다. "우리가 포옹했을 때, 내 팔이 그녀를 감싸 안을 수 있다는 사실에 놀랐다."

비만에 대한 나의 부끄러운 생각을 잔인하게 폭로하면서 이 이야기를 쓰기로 했던 것이다. 아니 사실은 그보다 더했다. 문학의 힘을 빌려서, 나에게 있는 반감을 크게 확대하고 그것을 이중으로 펼치려고 했다. 치료자로서의 나의 역할과, 이면으로는 그 괴로운 생각을 맹공격하는 역할을 정교하게 엮어보려고 했다.

약간의 두려움을 느끼며, 나는 베티에게 이 이야기를 읽어보고 그녀가 허락해줄 것을 요청했다. 물론 나는 그녀의 모든 자세한 신분을 변경해 놓았고, 그 이외에도 그녀가 원하는 것이 있으면 변화시켜주겠다고 했다. 나는 학생들을 더 효과적으로 가르치기 위해 어떻게 내 느낌을 과장했는지를 그녀에게 이야기했다. 베티는 이해한다고 하면서 이 이야기를 출판하는 데 동의한다고 글로 써주었다.

이 특별한 이야기에 대한 반응은 열정적이었고 방대했다. '뚱뚱한 여인' 은 상처받고 격분한 여인들의 부정적인 반응을 폭발시켰다. 그러나 그것은 또한 환자들에 대해서 자신의 부정적인 느낌을 가지고 작업하려고 노력 하는 젊은 치료자들을 안심하게 해주기도 했다는 긍정적인 편지들이 엄청나게 흘러나오게 했다. 그들이 부정적인 느낌을 품게 되었을 때 나의 정직함이 그들로 하여금 자존심을 유지하는 것을 쉽게 만들어주었고 그들의 느낌을 슈퍼바이저나 동료들에게 공개적으로 말할 수 있게 해주었다고 했다.

　인기 있는 PBS 라디오 프로그램, 프레시 에어에서 테리 그로스가 나를 인터뷰했을 때, 그녀는 뚱뚱한 여인에 대해서 내게 질문했는데 그것은 질문이라기보다는 '맹비난'이 더 정확한 용어였을 것이다. 마침내, 나는 나의 자기 방어를 위해 외쳤다. "당신은 그 이야기 끝을 읽지 않았어요? 당신은 그 이야기를 이해하지 못했어요? 그 이야기는 내가 부정적인 편견을 가지고 환자를 치료해 가다가 끝에 가서는 변화되었고 치료자로서 성숙해가는 나의 치료 과정을 그린 이야기예요. 그것을 이해하지 못했어요? 내가 바로 그 이야기의 주인공이에요. 환자가 주인공이 아니고." 나는 그녀의 프로그램에 절대로 다시 초대되지 않았다.

　베티가 나에게 직접 말할 수는 없었다고 하더라도, 그 이야기는 베티에게 고통을 주었을 것이다. 나는 너무나 의욕적이었고, 너무나 무모했고, 작가적인 욕망을 분출시키는 데 너무 집착해 있었기 때문에 눈가리개를 써버렸던 것이다. 나는 지금 그것을 후회한다. 그 이야기를 지금 쓴다면 나는 비만을 전혀 다른 조건으로 변형시키고 치료 사건을 좀 더 철저히 꾸밀 것이다.

　나는 새로 편집한 나는 사랑의 처형자가 되기 싫다에 들어갈 후기를 젊었을 때의 내가 보았다면 놀랐을 만한 관찰과 연결하여 다음과 같이 썼다. 말하자면, 나의 80대의 관점이 기대했던 것보다 좋다. 그렇다, 나는 노후의 삶이 그냥 하나씩 하나씩 상실해가는 빌어먹을 과정이라는 것을 부정할 수는 없다. 그렇다고 하더라도 나는 더 위대한 평정심을 발견했고, 내가 가능하리라고 생각지도 못했던 나의 70대와 80대 그리고 90대의 행복을 발견했다. 그리고 보너스 한 가지 더, 너 자신의 작품을 읽는 것은 더욱 신나는 일이 될 수 있다! 기억 상실은 기대하지 않았던 이익을 가져온다. 나는 '뜯지 않은 세 통의 편지', '잘못된 자의 죽음' 그리고 책 표제작인 '사랑의 처형

자'의 페이지들을 다시 넘기면서 그 이야기의 끝이 어떤지 궁금해서 나 자
신의 호기심이 불타는 것을 느낀다!

니체가 눈물을 흘릴 때

19 88년에 나는 강의와 임상, 그리고 전 스탠퍼드 정신과 레지던트 소피아 비노그라도프와 아메리카 정신과학 프레스에서 하는 간추린 집단정신치료를 협업하기 위해 학교로 돌아왔다. 곧 익숙한 불편함에 젖게 되었다. 나는 문학 프로젝트로 작업하던 것이 그리워서 표류하는 기분이었고 오래지 않아 니체의 작품 속으로 빠져 들어가고 있었다. 나는 언제나 니체의 작품 읽는 것을 좋아했고 곧 그의 강력한 언어에 취해서 이 기이한 19세기 철학자를 마음속에서 떨쳐버릴 수가 없게 되었다 — 말할 수 없이 명석하지만 고립되어 있고 절망에 차 있는 남자 니체, 그는 많은 도움이 필요했다. 그의 초기 작품에 빠져서 몇 달을 보내고 난 후에, 이미 나는 무의식적으로 다음 작품을 선택하고 있었다.

나는 그때 두 개의 욕망으로 분리되어 있다고 느꼈다. 스탠퍼드에서 연구와 강의를 계속하는 삶, 아니면 거기에서 벗어나 소설을 쓰는 길을 택하는 삶, 이 두 개의 욕망. 나는 이 내적 갈등에 대해서 어려워했던 기억은 별로 없고 이 별개의 두 욕망을 함께 묶는 방법을 알아냈다는 것이 확실하다.

나는 교육에 쓰일 수 있는 소설을 쓰고, 학생들을 19세기 말의 비엔나로 데리고 가서, 심리치료가 어떻게 발생하게 되었는지를 관찰할 수 있도록 하는 것이 해결책이라고 생각했다.

　왜 니체인가? 니체는 프로이트가 심리치료를 탄생시킨 시대에 살기는 했지만, 그는 한 번도 정신의학과 연관되어 있다고 느껴진 적이 없다. 그러나 심리치료가 생겨나기도 전에 니체가 쓴 많은 작품들과 그 작품들을 통해 퍼져나간 여러 가지 선언들은 치료자들을 교육하는 데 매우 적절하다. 이 구절들을 생각해보자.

> "의사여, 그대 자신을 돕도록 하라. 그리하면 그대는 그대의 환자도 돕게 될 것이다. 환자가 스스로를 치료하는 사람을 자기 눈으로 직접 보는 것─그것이 환자에게 최선의 도움이다."

> "그대는 그대 자신을 뛰어넘을 정도로 커져야 한다. 그러나 우선 그대부터 스스로 커져야 한다. 육체와 정신에 있어서 수직으로. 그대는 그대 자신을 생산할 뿐만 아니라 더 높은 무엇을 생산해야 한다."

> "그것이 속속들이 나의 모습이다. 잡아당기고 끌어올리고 들어올리면서, 한때 스스로에게 조언을 했던 키우는 자, 경작자, 훈육자, 부질없는 일이 아니었다. 있는 그대로의 네가 되어라."

> "인생에서 '왜'를 아는 자는 '어떻게'를 견뎌 낼 수 있다."

> "때때로 우리는 욕구의 대상보다 욕구를 더 사랑한다."

> "사람들은 그들 자신의 쇠사슬을 풀 수 없다. 그럼에도 불구하고 그들의 친구를 구할 수는 있다."

나는 니체가 심리치료의 발전에서 주역일 수도 있었을 것이라는 획기적인 허구의 역사를 상상했다. 심리치료의 탄생과 관계되는 익숙한 등장인물들—지그문트 프로이트, 요제프 브로이어(프로이트의 멘토), 그리고 브로이어의 환자 안나 오(정신분석적 방법으로 치료된 최초의 인물)와 니체가 상호작용하는 것을 상상했다. 그랬다면 치료의 양상이 어떻게 달라졌을까? 만약 니체가 철학자로서 심리치료 탄생의 주역 역할을 했다면 어땠을까? 나는 궁금했다.

이런 구상을 하는 동안에, 나는 앙드레 지드의 소설 라프가디오의 모험(Lafcadio's Adventures)을 우연히 읽게 되었고, 그 소설에서 아주 적절한 구절이 내 눈에 들어왔다: "역사는 일어났던 소설이고, 그런 반면에 소설은 일어날 뻔 했던 역사다." 그 단어들이 나의 마음을 기쁘게 했다. 그 표현이 바로 내가 하고자 하는 일들을 정확하게 묘사했다—일어날 뻔한 일들을 소설로 쓰는 것, 나는 심리치료의 창세기를 쓰고 싶었다. 만약 역사가 축을 중심으로 약간 회전한다면 그것은 얼마든지 가능한 일일 것이다. 나는 내 소설의 사건들이 실제로 있었던 가능한 일이었기를 바랐다.

소설을 쓰기 시작했을 때, 나의 등장인물들이 마치 다시 살아나고 싶어 하는 것처럼 움직이는 것을 감지할 수 있었다. 그 등장인물들은 내가 그들에게 완전히 주의집중을 해주기를 바랐다. 그러나 스탠퍼드에서 내가 할 일은 많았다. 레지던트와 의과대학생들을 가르쳐야 했고, 학과 미팅에 참석해야 했고, 환자들을 개인으로 또는 집단치료로 만나야 했다. 이 소설을 쓰기 위해서는 이런 모든 방해물들에서 해방될 필요가 있음을 알았다. 그래서 나는 1990년에 넉 달간의 안식을 얻었다. 언제나처럼, 매릴린이 안식의 반을 선택했고 나머지 반은 나의 차지였다. 나는 가장 조용하고 이 세상에서 가장 동떨어진 섬인 세이셸을 선택했다. 매릴린은 언제나 그랬던 것처럼 파리를 선택했다.

우리는 첫째 달을 세이셸 제도(諸島)의 주 섬인 마헤에서 보냈고 둘째 달에는 좀 작은 섬인 프랄린에서 보냈다. 둘 다 장관의 비치로 둘러싸인 자연 그대로의 모습이었고 거의 무시무시할 정도로 조용했다 — 신문도, 인터넷도, 전화도 없었다 — 내가 만났던 곳 중에서 글쓰기에 가장 적합한 곳이었다. 우리는 오전에는 글을 썼다. 나는 나의 소설, 매릴린은 **피로 맺어진 자매들**(*Blood Sisters*), 프랑스 혁명을 증언하는 여성들에 관해서 프랑스어로 쓴 책을 영어로 증보해서 다시 쓰는 것이었다. 오후에 우리는 섬을 탐험했다. 해변가를 걸었고, 스노클링을 했다 — 이런 일을 하는 동안 나의 등장인물들은 나의 마음속에서 살아 움직이고 있었다. 저녁에는 독서하고, 스크래블 게임(단어 작성놀이 – 역주)을 하고 저녁식사는 동네 레스토랑에서 했고 다음 날의 글쓰기를 위해서 그 구성을 심사숙고했다.

나는 가능한 한 주의 깊게 역사적인 사실에 가깝게 쓰려고 했으므로 우선 결정해야 할 것이 그 시기였다. 병으로 고통받는 니체를 치료받게 하고 싶었기 때문에 여러 차례 고심 끝에 그 시기를 1882년으로 지정했다. 그해에 니체는 자살을 시도했고 가장 심각하게 도움을 필요로 했다. 그 시기에 쓴 그의 편지에는 일 년 중 300일을 극심한 고통, 두통, 쇠약함, 심각한 시력 문제, 그리고 소화불량으로 고통받고 있다는 것이 쓰여 있다. 이런 허약 체질인 탓에 그는 1870년에 바젤대학교의 교수직을 사임하고 여생을 정처없이 지냈다. 유럽 전역을 이 게스트하우스에서 저 게스트하우스로 전전하면서 그의 고통을 가라앉힐 수 있는 조건을 갖춘 곳을 찾아다녔다.

그의 편지들에는 심각한 우울증이 묘사되어 있다. 1882년에 그의 좋은 친구인 프란츠 오버베크에게 보낸 전형적인 편지에는 "…가장 근본적인 밑바닥에는 요지부동의 검은 우울… 나는 더 이상 살아야 할, 심지어 반년이라도 더 살아야 할 아무런 목적도 없다. 모든 것은 꽉 찼고, 고통스럽고, 혐오스럽다. 나는 포기한다. 그리고 너무 많이 고통받는다… 나는 아무런 좋은 일도 더 이상 하지 않을 것이다. 왜 무슨 일을 할 것인가!"라고 썼다.

1882년에 니체에게는 재앙 같은 일이 발생했다. 그와 루 살로메와의 열정적인 관계(미수에 그쳤지만)가 끝난 것이었다. 사랑스러운 젊은 러시아 여인

루 살로메는 운명적으로 다른 남성들을 얼빠지게 하는 여인이었다. 그 남성들 중에는 프로이트와 라이너 마리아 릴케도 있었다. 니체와 그의 친구 파울 레는 둘 다 루 살로메와 사랑에 빠졌고 그들 세 사람은 파리에서 함께 살기로 계획을 세웠다. 그러나 그 계획은 1882년에 폭발하고 말았다. 파울과 루가 성적인 관계를 시작했기 때문이었다. 니체는 광분했고 깊은 우울증에 빠졌다. 나의 책에는 이 모든 일들이 1882년에 집중되었다. 1882년은 니체의 삶에서 최악의 해였다 ― 그에게 최고의 도움이 필요한 때였다. 그리고 그때는 또한 나의 중요한 등장인물들, 니체, 브로이어, 프로이트(의과 대학생으로), 그리고 루 살로메에게도 매우 중요한 해였다.

소설로 말하면 나는 소설의 한 독자로서 일생을 살아왔으나 소설을 쓰는 데 있어서는 아마추어 수준이었다. 나는 1882년에 있었던 역사적인 사실을 변화시키지 않으면서 그 안에 내가 상상으로 구성한 이야기들을 어떻게 적용시키느냐를 깊이 생각했고 단 하나의 해결책을 얻을 수 있었다. 1882년에 상상 속으로 열세 번째 달을 만들어서 소설 전체의 이야기를 넣는 것이다. 어쩌면 나는 지나치게 조심스러웠는지도 모른다. 그러나 나는 한 발은 현실에 놓고 용감하게 허구 속으로 뛰어 들어가서 안전하게 이야기를 진행했다. 나는 허구적인 인물을 만들어내는 대신에 역사적인 인물과 사건을 활용하였다. 심지어 니체의 편지에서 니체의 대화까지도 이용했다. 나는 내가 보조 바퀴를 이용하여 자전거를 타는 법을 배우는 것처럼 느꼈다.

궁극적으로 나는 내 소설의 기초가 될 다음과 같은 일들을 생각 실험으로 마음속에 그렸다. 만약 프리드리히 니체가 그의 저작물에서 우리가 유추할 수 있는 것처럼 그 자신이 심리치료를 발견했을, 그 역사적인 순간에 있었다면, 그것이 그 자신의 치유를 위해서 사용될 수 있었다면 무슨 일이 일어날 수 있었을 것인가를 상상했다.

그 소설 이야기를 10년 후에 일어난 일로 만드는 것은 불가능하다는 것이 얼마나 안타까운 일인가라고 나는 가끔 생각하면서 우뚝 솟은 두 천재

들, 철학자 니체와 정신분석가 프로이트의 사이에 있었음직한 치료적인 만
남을 상상하였다. 그러나 역사는 협조하지 않았다. 1882년, 프로이트는 아
직 젊은 의과 대학생이었고, 그는 또 다른 10년이 지날 때까지 유명한 의사
가 되어 있지 않았다. 그때의 니체는 재앙적인 뇌 질환으로 고통받았고(제3기
매독임이 거의 확실함), 그 때문에 여생을 심한 치매로 시달렸다.

　만약 프로이트가 아니었다면, 1882년 니체는 누구에게서 도움을 청했을
까? 나의 역사적인 조사에서는 비엔나에서 개업한 치료자의 이름은 발견할
수 없었을 뿐만 아니라, 그 문제에 관한 자료는 세계 어디에도 없었다. 심리
치료 분야는 아직 태어나기 전이었다. 앞에서도 언급했듯이, 우리는 가끔 프
로이트가 정신분석의 아버지라고 생각하는데, 그는 그 이상이다. 그는 심리
치료 그 자체의 아버지였다.

　마침내 나는 니체가 요세프 브로이어 박사에게 자문을 받도록 만들었다.
브로이어는 프로이트의 스승이며 멘토였다. 당대의 저명한 의사인 브로이
어는 불가해한 질환으로 고통받고 있는 귀족들을 포함해서 훌륭한 인사들
의 치료를 해오고 있었다. 더구나 1880년에 브로이어는 히스테리아로 고통
받고 있는 안나 오로 알려진 환자를 치료하기 위해 그 독특한 심리학적인
치료를 발전시켰다. 독특한 심리학적인 치료는 정신분석의 선구였다. 브
로이어는 안나 오의 이 혁신적인 치료에 대해서 아무에게도 이야기하지 않
았고 단지 그의 의과 대학생이며 가족의 친구인 프로이트에게, 그리고 어
쩌면 몇 명의 그의 다른 의학도들에게만 이야기를 했을지도 모른다. 그는
안나의 이야기를 12년 후에야 프로이트와 함께 저술한 책 **히스테리아 연구**
(*Studies in Hysteria*)에 발표했다.

　그러나 어떻게 브로이어와 니체를 연결시킬 것인가? 나는 편리한 1882년
의 역사적 사실을 이용했다. 루 살로메의 오빠는 브로이어가 가르치고 있
는 의과대학의 1학년 학생이었으므로 나는 다음과 같은 시나리오를 상상
했다. 루 살로메는 그녀가 니체에게 가했던 심리적인 고통으로 인한 죄책

감에 충격을 받고 그녀의 슬픔을 오빠에게 이야기한다. 오빠는 브로이어의
수업에 참석해서 안나 오의 치료에 대해서 토의를 한다. 그는 누이 동생에
게 브로이어를 찾아가라고 촉구한다. 더 경험 있는 소설가라면 이런 사실
들을 허구화하는 데 아무런 어려움도 없겠지만, 나는 나의 만트라(mantra, 呪
文)에 매달렸다. "소설은 일어날 뻔 했던 역사이다."

　결과적으로, 줄거리의 처음 파트는 자리를 잡았다. 루 살로메를 통해서
니체는 브로이어에게 자기의 신체적인 고통에 대한 도움을 청하러 왔다. 브
로이어는 니체의 심리적인 고통들을 말로 표현할 수 있게 하는 방법을 찾아
주기 위해 노력했다. 그러나 니체는 너무 자존심이 강해서 순종하기를 거
절했다. 브로이어는 그가 알고 있는 모든 기술을 동원했으나 성공하지 못했
다. 그 치료는 완전한 교착상태에 빠졌다. 이 점에서, 니체와 브로이어의 성
격적 특성에 충실하려고 나는 궁지에 빠져 가면서 글을 쓰려고 시도했다.
나는 이것을 어떻게 진전시킬까로 며칠을 고민했다. 많은 자가들이 소설을
쓰기 전에 먼저 자세한 윤곽을 만든다는 것을 안다. 그러나 나는 이 작업을
나의 무의식으로 던져버리고, 등장인물들과 사건들이 내 마음속 무대에서
조직적으로 뒤섞이게 내버려 두었다. 그러면서 나는 그저 그 일들을 기록하
고 그 작품을 조정했다. 이번 경우에는 그 전개가 더 불투명했다.

　매릴린과 나는 사람들이 자주 방문하지 않는 마헤 근처의 아름다운 섬
실루엣에 대해서 들었기 때문에 우리는 주말에 페리를 타고 그곳으로 갔
다. 우리가 도착하고 나서 곧 열대 폭풍이 내려왔다. 엄청난 바람과 비가
양동이로 내리 붓듯이 쏟아져서 방 안에서 글을 쓸 수밖에 없었다. 바로 이
곳에서 나는 니체와 브로이어의 문제를 풀어내는 영감을 얻었다.

　나는 나의 해결방법에 너무나 흥분해서 비가 쏟아지는 밖으로 나가 비에
흠뻑 젖은 채로 매릴린을 찾았다. 마침내 작은 호텔 라운지에서 매릴린을
발견하고, 바로 그곳에서 마지막 장의 몇 문장을 큰 소리로 읽었다. 니체가
다시 한 번 그를 치유하려는 브로이어의 시도를 거절한 뒤에 브로이어가

자기 집으로 걸어가는 장면이었다.

> 그는 바람소리에, 그의 발자국 소리에, 발 밑에서 얼음 같은 눈덩이가 부서
> 지는 소리에 귀를 기울였다. 갑자기 그는 방법을 알았다−단 하나의 방법!
> 집으로 가는 동안 그는 눈을 밟았고, 매번 발자국을 뗄 때마다, 혼자 중얼거
> 렸다, "나는 방법을 알아! 나는 방법을 알아!"

다음에 무엇이 일어날 것인지에 대한 매릴린의 호기심이 발동했고, 이것이 훌륭한 사인이 되어서 나는 그 결말을 계속해서 읽었다. 브로이어의 창의적인 아이디어는 그에게 맹렬하게 반항하는 환자와 자기의 자리를 바꾸는 것이었다. 니체를 그의 치료자가 되게 하는 것이었다. 그 반전은 이후에 따라오는 모든 이야기에서 핵심 아이디어가 되었다.

몇 년 후에 **얄롬을 읽는다**(The Yalom Reader)라는 제목의 소설집을 위한 에세이를 쓸 때 나는 그 핵심 아이디어의 근원이 궁금했다. 아마 그것은 헤르만 헤세의 소설 유리알 유희(Magister Ludi)에서 나온 것 같다. 그 소설에는 대륙의 양 끝에 살고 있는 젊은 치료자와 늙은 치료자, 두 명의 이야기가 나온다. 젊은 치료자는 병에 걸려 깊은 시름에 빠져서 그의 라이벌 디온의 도움을 받기 위해서 긴 여행을 떠난다.

여행 중에, 어느 날 저녁 젊은이는 오아시스에서 다른 여행자인 늙은 사람과 대화를 나누게 되었는데 그가 바로 찾고 있었던 그 사람 디온이었다! 디온은 젊은이를 자기 집으로 초대해서 여러 해 동안 살면서 함께 일했다. 처음에는 학생과 선생의 관계로, 그 후에는 동료로. 몇 년 후에 디온이 병에 걸렸을 때, 그는 그의 젊은 동료를 불렀다. 그리고 말하기를, "당신에게 말해줄 대단한 비밀이 있소. 우리가 처음 만났던 밤에 당신이 나를 찾아 길을 떠났다고 나에게 했던 말을 기억하시오?"

"네, 네. 나는 그 밤과 당신을 처음 만났던 것을 절대로 잊을 수가 없

지요."

"그래요." 디온이 말했다. "나 역시 그 당시에 절망에 빠져 있었지요. 나도 당신에게서 도움을 얻으려고 하던 참이었지요!"

유사한 역할-바꾸기가 1962년에 발간된 정신의학 저널에 실렸던 정신과의사 헬무트 카이저가 쓴 잘 알려지지 않은 희곡에 나온다. 그 희곡에서 한 여인이 정신과의사를 찾아와서 그에게 역시 정신과의사인 그녀의 남편을 도와달라고 간청한다. 남편은 우울증에 빠져서 자살하려고 한다는 것이다.

그 치료자는 동의한다. "네, 물론 그를 만나보지요. 나에게 전화로 약속을 하라고 하세요."

그 여인이 대답한다. "그게 문제입니다. 제 남편은 자기가 우울증이라는 걸 부인해요. 치료를 거부하고 있답니다."

"그러면, 미안합니다만 도와드릴 방법이 없습니다."

여인이 대답한다. "선생님께서 환자인 척하고 남편을 도와줄 수 있으실 텐데요."

아뿔싸, 우리는 그 전략이 성공했는지 여부는 결코 알지 못했다. 왜냐하면 그 희곡의 나머지 부분은 쓰여지지 않았기 때문이었다.

후에 나 자신에게 이와 유사한 일이 일어나서 내가 그 사실을 목격할 수 있게 되었다. 언젠가 나는 창의적인 정신과의사 돈 잭슨이 만성적 망상 조현병 환자를 인터뷰하는 것을 보았다. 그 환자는 보라색 바지에 하늘거리는 자홍색의 옷을 입고 있었다. 그는 병동에서 높은 의자에 거만하게 앉아서, 조용히 스태프와 환자들 모두가 마치 그에게 탄원하러 온 사람들인 것처럼 대하고 있었다. 닥터 잭슨은 환자의 왕족 같은 처신을 몇 분 동안 관찰한 후에, 환자 앞에 무릎을 꿇고, 머리를 땅에 조아리면서, 팔을 벌리고 병동의 열쇠를 환자에게 바치면서, "폐하, 이 열쇠를 가지고 계실 분은 제가 아니고 당신이십니다."라고 말했다.

환자는 당황해서, 열쇠를 바라보면서 무릎을 꿇고 있는 정신과의사에게 며칠 동안 다물고 있던 입을 오래간만에 열어 말했다. "미스타(Mistah), 우리 둘 중 하나는 대단히 대단히 미쳤습니다."

세이셸 제도의 생활이 끝나갈 때쯤에 나는 아침 햇살이 매우 고통스러운 내 시력의 감퇴를 경험하기 시작했다. 지방 의사가 고통을 없애주는 연고를 주었으나 광선공포증은 계속되었다. 곧 나는 햇빛을 견뎌낼 수 있는 정오가 될 때까지 어둠 속에 있어야 했다. 창문이 없는 방은 욕실뿐이었으므로 매일 아침 정오가 될 때까지 나는 욕실에서 오직 내 컴퓨터 빛을 이용해서 글을 썼다. 이것이 푹스 각막이상증(Fuchs' dystrophy)의 첫 증상이었다. 나의 각막 장애. 이 장애가 몇십 년 동안 시력 문제로 나를 불편하게 했다. 이 장애는 내 각막의 상피조직세포를 감소시켜서 밤에 눈꺼풀을 감으면 액체가 쌓이게 되고, 그렇게 되면 각막은 두꺼워지고 부어올라서 시력을 위협하게 된다. 아침에 눈을 뜨고, 각막의 액체가 증발이 되면 시력은 낮 시간이 되어서야 점차 회복이 되었다.

소설은 잘 흘러갔으므로 매릴린이 파리에 가 있는 동안 나는 세이셸 제도에 더 오래 머물 수도 있었으나 안과의사를 만나는 것이 급선무였다. 파리에서는 각막 이식만이 이런 힘든 상황에서는 최선이라고 했으므로 우리는 스탠퍼드에 돌아갈 때까지 그 수술을 미룰 수밖에 없었다.

우리는 룩셈부르크 공원 근처에 있는 아파트를 빌렸다. 그 아파트에는 아주 훌륭한 창문 가리개가 있어서 두 달 동안 나는 어둠 속에서 글을 써서, 책을 완성했다. 나는 완성된 원고를 나는 사랑의 처형자가 되기 싫다(Love's Executioner)를 발간했던 나의 에이전트 녹스 버거에게 보냈다. 그는 즉시로 "내가 이 소설을 판매할 길이 없습니다. 이 이야기 속에서는 아무런 일이 일어나지 않으니까요."라고 말하면서 거절했다. 그러면서 그는 다른 작가인 마틴 크루즈 스미스가 쓴 새 소설 붉은 광장(Red Square)을 읽고 소설 줄거리

니체가 눈물을 흘릴 때 무료 배부를 위해 쌓아놓은
책의 탑 옆에서 있는 저자, 비엔나, 2009.

를 어떻게 꾸미는지 배우라는 제언까지 했다. 다른 에이전트를 찾기 위해
서 윌리엄 모리스 저작권 대리점의 오웬 라스터에게 원고를 보냈다. 그는
즉시로 원고를 받아서 베이직 북스에 팔았다. 베이직 북스는 비소설 분야
출판사인데, 역사상 단 한 권의 소설인 알렌 휠리스의 욕망의 의사(*The Doctor of
Desire*)를 출판했을 뿐이다.

니체가 눈물 흘릴 때(*When Nietzshe Wept*)가 출판되었을 때 뉴욕타임스에는 '졸
리게 하는 단편소설'이라는 짧은 논평을 실었다. 그것은 최악의 논평이었
다. 그 이후로 상당히 긍정적인 논평이 신문과 잡지에 잇달아 실리면서, 몇
달 후에는 캘리포니아 영 연방 클럽에서 그해의 베스트 소설 일등 골드 메

달 상을 수상했다. 2등 상은? 마틴 크루즈 스미스가 쓴 **붉은 광장**(Red Square)이었다! 매릴린은 이 수상 소식을 뉴욕타임스와 나의 전 에이전트 녹스 버거에게 주저하지 않고 즉시 보냈다.

니체가 눈물 흘릴 때는 미국에서는 잘 팔렸다. 다른 나라에서의 인기는 보잘 것 없었으나 결과적으로 이 책은 27개 언어로 번역되었다. 독일에서 가장 많은 청중이 있었고 국민 일인당 독자 수로는 그리스가 가장 많았다. 2009년에 비엔나의 시장(市長)은 그해의 책으로 이 책을 선정했다. 해마다 시장은 한 권의 책을 선정해서 십만 권을 비엔나 시민에게 공짜로 선물한다. 약국과 빵집과 학교와 해마다 열리는 도서 전시회에 수백 권씩의 책을 쌓아놓는다. 매릴린과 나는 대중 앞에서의 공식 출연을 위해 여러 차례 비엔나로 날아갔다. 그중 하나는 프로이트 박물관에서 있었다. 프로이트의 거실에서 어느 날, 나는 오스트리아인 철학자와 나의 소설에 대해서 공개 토론도 했다.

그 주간의 하이라이트는 수백 명의 사람들이 타운 홀에 모여서 시장의 사회로 진행된 거대한 이브닝 갈라 이벤트였다. 청중에게 내가 인사를 한 다음에, 만찬이 있었고, 생기 있는 비엔나 왈츠로 그날 밤 행사는 끝을 맺었다. 내가 춤을 잘 못 추기 때문에 매릴린은 비엔나 태생의 스탠퍼드 정신과의사 한스 스타이너와 춤을 추었다. 그는 그의 아내와 함께 이 행사를 위해 비엔나로 날아왔다. 이것은 우리 모두에게 상상을 초월한 벅찬 경험이었다.

책이 출판되고 2년 후에, 내가 뮌헨과 베를린에 강의 여행을 하고 있을 때, 독일 영화제작자는 내가 니체가 살던 독일의 여러 곳을 방문하는 다큐멘터리를 만들자는 아이디어를 주었다. 우리는 함께 니체의 출생지, 그가 어린 시절을 보낸 릭켄의 집, 그리고 그의 아버지가 설교했던 교회를 방문했다. 교회 옆에는 니체의 무덤이 있고 그의 누이 동생과 부모님의 무덤이 있었다. 니체의 누이 동생 엘리자베스는 그녀가 부모님 사이에 묻히기

부인 매릴린과 포스터를 들고 있는 저자,
비엔나 스타드티우스에서 저녁 식사를 하며, 2009.

위해서 니체의 시신을 옮겼다는 소문도 있다. 포르타에 있는 니체의 학교
에서 나이 든 선생님은 니체가 고전 과목에서는 우수했지만 반에서 일등
은 아니었다고 나에게 말해주었다. 바이마르의 엘리자베스 집은 박물관으
로 되었는데, 거기서 나는 니체가 죽기 직전에 예나의 병원에 입원할 때의
공식적인 서류를 보았다. 진단명은 '마비성 매독'. 박물관 벽에는 히틀러가
엘리자베스에게 흰 장미 꽃다발을 증정하는 공식적인 사진이 걸려 있었다.
며칠 후에 바이마르에 있는 니체의 기록 보관소에서 나는 니체가 직접 손
으로 쓴 차라투스트라는 이렇게 말했다(*Thus Spake Zarathustra*)의 초기 원본을 만져
보는 대단한 영광을 가졌다.

　몇 년이 지나고 영화 제작자 핑카스 페리는 니체가 눈물을 흘릴 때를 영화
로 만들었다. 그것은 저예산 영화였으나 영화광들에게는 잘 알려진 영화
다. 배우 아만드 아산테는 훌륭하게 니체를 연기했다. 아산테와 대화하면
서 나는 그가 출연한 60개의 영화 가운데 니체의 역을 가장 자랑스러워한
다는 것을 알았다.

　그 책이 출판되고 나서 11년 후에 내 일생에서 대단히 놀랄 만한 기쁨이 있었다. 전에 내가 독일을 방문했을 때 만난 적이 있는 바이마르 기록보관소의 연구자로부터 편지를 받았다. 그녀는 1880년에 니체의 친구가 니체에게 보낸 편지를 발견했다고 하면서 그 편지 내용은 그 친구가 니체에게 닥터 요셉 브로이어에게 병 치료를 받으라는 것이라고 했다! 그러나 니체의 여동생 엘리자베스는 그 계획을 중단시켰다. 표면상으로는 니체가 이미 다른 유명한 의사와 의논을 했기 때문이라고 했다. 니체는 그의 여동생을 '반유대주의 바보(anti-Semitic goose)'라고 했다. 브로이어가 유대인이었으므로 엘리자베스가 그 계획을 거절했을 가능성이 높다. 니체에게 브로이어를 방문할 것을 권하는 편지와 두 개의 후속 편지들은 영어로 쓰인 소설의 오디오 책에서는 들을 수 있다. 이 깜짝 놀랄 확증은 지드의 명언, "소설은 일어났을 뻔 했던 역사이다."라는 말이 진리임을 나에게 다시 확신시켜주었다.

카우치에 누워서

니체가 눈물을 흘릴 때의 인기로 구름 속에서 살던 나는 교과서 집단 심리치료의 이론과 실제(*The Theory and Practice of Group Psychotherapy*)를 위해 땅으로 내려와야 했다. 그 책은 손을 봐야 했기 때문이었다. 이미 출판된 지 10년이 되었으므로 만약 다른 교과서와 경쟁을 계속하려면 겉표지도 바꾸고 내용도 최근의 것으로 고쳐야 했다. 일 년 반 동안 매일 스탠퍼드 의과대학 도서관에서 지난 10년 동안에 있었던 집단에 관한 연구물을 리뷰하고 집단과 관계되는 새로운 연구물들을 첨가해야 했다. 그중에서 가장 힘든 부분은 옛날 자료를 줄여버리는 일이었다. 매일매일 이런 일을 하면서 나는 쟁기를 멍에처럼 지고 있는 것같이 느꼈다.

그러는 동안에도 줄곧, 내 마음속 저편에서는 또 다른 소설이 스며들어 오고 있었다. 자전거를 타면서, 잠들기 전 조용한 시간에, 나는 소설 줄거리와 등장인물들을 실험했고, 곧 카우치에 누워서(*Lying on the Couch*)라는 제목을 붙일 이야기를 쓰기 시작했다. 그 이중적 의미를 갖는 제목이 마음에 들었다. 내 책 카우치에 누워서는 누워서(lying) 하는 많은 심리치료와 많은 거짓말

(lying)을 다루게 될 것이었다.

소설가로서의 도제수업을 마친 나는 보조 바퀴를 집어던졌다. 그리고 역사적으로 정확한 어떤 시기와 장소에 등장인물들과 사건들을 맞추려고 더 이상 초조해하지 않기로 했다. 이 새로운 프로젝트에서 나는 전적으로 허구적인 줄거리에 내가 만들어낸 인물들로 마음대로 구성하는 기쁨을 누릴 것이다. 세상이 내가 상상하는 것 이상으로 미치지 않는 한 이 이야기는 절대로 일어나지 않을 소설이 될 것이다. 그러나 나는 내가 그리게 될 이 희극적인 소설 속의 초현실적인 사건 밑바탕에 심각하고도 실질적인 질문들을 넣을 것이다. 우리 치료자들은 초기 정신분석가들이 주장했던 것처럼 자신의 진짜 모습을 숨기고 단지 해석과 아무것도 없는 빈 화면만을 보여줄 것인가? 아니면, 개방적이고 진지하게 자신의 느낌과 경험을 환자들에게 드러낼 것인가? 만약 그렇게 한다면 어떤 함정이 있을 것인가?

나는 치료관계가 엄청나게 중요하다는 사실에 관한 전문적인 정신과 논문을 수없이 많이 썼다. 치료에서 변화하기 쉬운 힘은 지적인 통찰에 있는 것이 아니고, 해석이나 카타르시스에 있는 것도 아니다. 오히려 두 사람이 깊게, 진정으로 만나는 관계 속에 있는 것이다. 현대의 정신분석적 사고 역시 점진적으로 해석만으로는 충분하지 않다는 결론에 도달하고 있다. 내가 이 글을 쓰고 있을 때, 최근에 많이 인용되는 "정신분석 치료에서의 비-해석적 기제: 해석보다는 '무언가 좀 더'"라는 제목의 정신분석 논문이 있었다. '무언가 좀 더'라는 것에는 '지금의 순간들' 또는 '만남의 순간들'이라는 뜻의 의미를 내포한다. 이것은 나의 소설 **카우치**에 **누워서** 속 등장인물인 어네스트가 쓰려고 시도하고 있는 논문 "사이에 끼임에 관하여: 심리치료에서의 진정성에 대한 사례"와 크게 다르지 않다.

치료할 때, 나는 개인치료에서나 집단치료에서나 똑같이 환자와 진정성 있는 만남을 가지기 위해 끊임없이 노력해오고 있다. 나는 개인적으로 깊이 있게 자주 지금-여기에 적극적으로 초점을 맞춘다. 내가 우리의 관계에 대한 질문을 하지 않고 진행되는 세션은 거의 없다. 그러나 치료자는 진짜 자신의 모습을 어느 정도나 개방할 수 있을 것인가? 이 희극적인 소설에서는 이 분야에서 뜨겁게 토론되는 치료자의 투명성에 대한 열정적 이슈를 분석하고 해부하면서 그 한계점까지 확장했다.

나는 방금 카우치에 누워서를 다시 읽었다. 몇 년 만에 처음이다. 다시 읽으면서 그동안 잊고 있던 일이 많았다는 사실에 충격을 받았다. 첫째로, 이 소설은 전적으로 허구적인 이야기이지만, 그 속에는 실제로 내가 겪은 사실들이 많이 포함되어 있었다. 이런 일들은 드물게 일어나는 일이 아니다. 언젠가 나는 솔 벨로가 "소설가가 탄생하면 그 가족은 불행해진다."라고 하는 말을 들었다. 그의 소설 속에는 그의 어렸을 때 인물들이 나온다는 것은 잘 알려진 이야기이다. 나도 그와 같은 책을 내놓았던 것이다. 이 소설을 쓰기 약 일 년 전쯤에 친구의 친구가 회사 주식을 파는 것으로 나에게 사기를 치려고 했다. 나중에 알고 보니 그 회사는 존재하지 않는 회사였는데 나와 아내는 그에게 투자금으로 5만 달러를 주었다. 곧 우리는 스위스 은행으로부터 엄숙하고 공식적으로 보이는 예금 증명서를 받았다. 그러나 그 사람에 대해서 뭔가 의심스러운 점이 있어서, 그 증명서를 들고 스위스 은행 미국지점에 갔다. 거기서 그 사인이 위조되었다는 것을 알았고 FBI에게 전화로 사기꾼에게 내가 당한 일을 보고했다. 내가 FBI 요원과 만나기 바로 직전에 그는 현금 5만 달러를 들고 우리 집 문 앞에 나타났다. 이 사건과 이 사기꾼이 내 소설의 피터 마콘도를 만드는 데 영감을 주었다. 그는 치료자를 속이는 사기꾼이다.

그러나 단지 이 사기꾼만이 아니다. 대단히 많은 사람, 사건, 나 자신의 일부까지도 그 소설 속에 있다. 내 포커 게임의 자세한 이야기(나 자신과 다른 플레이어들을 희화화한 것을 포함하여)도 그 속에 있다. 허약한 시력 때문에 나는 포커 게임을 그만두었지만, 오늘날까지도 옛날 포커 친구들과 점심식사를 하고 그 자리에서 우리는 내가 소설 속에서 그들에게 지어주었던 이름을 서로 부른다. 그 소설 속에는 한 환자(심하게 가장한)가 나오는데, 그는 한때 나를 감독했던 정신과의사였다. 나의 실제 삶에서 특별하게 매력적인 사람이었던 그는, 세련된 만큼 교만했다. 나의 홉킨스 시절의 친구 사울도 소설에 넣었다. 소설에서는 폴이라는 이름이다. 소설에 나오는 가구와 예술품은 진짜들이다. 사울이 조각해서 나에게 준 '시시포스가 경치를 즐기다'라는 제목의 유리 사발 작품에는 한 사람이 가장자리에서 바라보는 모습이 조각되어 있다. 소설 내용의 목록은 길다―불만거리들, 책들, 옷, 제스처, 나의 어렸을 적 기억들, 나의 부모님의 이민 역사. 나의 체스 게임, 나의 아버지와 삼촌들과 함께 했던 피노클―이것들은 소설 속에 여기저기에 흩어져 있다. 내가 식료품 가게의 톱밥을 구두 속에서 털어내려고 애썼던 것도 있고 등장인물 마셜 스트라이더의 아버지 이야기도 있다. 마셜 스트라이더의 아버지는 워싱턴 DC의 5번가와 R 스트리트에 있는 작은 식료품 가게의 주인이었다. 손님이 그의 가게에 들어와서 장갑 한 켤레를 사겠다고 했을 때, 그는 장갑이 창고에 있다고 말하고는 뒷문을 통해 밖으로 나가 몇 블록을 달려가 다른 가게에서 장갑 한 켤레를 10센트에 사가지고 와서 손님에게 13센트에 팔았다. 이것은 아버지가 나에게 들려준 진짜 이야기다. 그는 내가 태어나기 직전에 바로 그 주소의 가게를 소유하고 있었다.

　　정신분석 연구소로부터 축출당한 분석가가 왜 축출당했는지에 대한 자세한 이유는 1988년에 영국 정신분석협회에서 축출당한 마수드 칸의 이야기에 대충 근거를 두고 썼다. 나의 영국인 분석가, 찰스 레이 클럼프트가 그 사건을 증언했고 그 내용을 나에게 자세히 이야기해주었다. '스모키 베어' 꿈은 롤로 메이가 세상을 떠난 다음 날 내가 꾸었던 내 자신의 꿈이었다. 여러 등장인물들의 이름은 나에게 개인적으로 의미가 있는 이름들이다 ―예를 들면, 주인공의 이름 어네스트(Earnest, 열성적인) 래시(Lash, 묶다). 어네스트에 대해서 쓰면서, 그는 정말로 열성적이었다고 생각했다. 그를 유혹하는 환자를 대하는 그를 묘사하면서 나는 자주 오디세이를 생각했다, 오디세이는 성적으로 그를 유혹하기 위해 줄기차게 부르는 사이렌을 피하기 위해서 그 자신을 배 기둥에 묶는다—그래서 그 이름 '어네스트 래시'에는 그런 의미가 있다. 또 다른 인물인 태리 풀러, 나의 소설에서 정신분석 연구소에서 일하는 그는 나의 옛 학생 풀러 태리에서 따온 이름이다. 지금 그는 정신과에서 유명한 인물이다. 마셜 스트라이더는 나의 존스홉킨스 슈퍼바이저에서 유래한 이름인데, 엄격하게 걷고 단호하게 법을 지키는 사람이었다. (지독한 판단 지연 한 가지를 제외하고)

개인적으로 나는 치료자의 진정성이라는 관념을 옹호한다. 그러나 소설에서 나는 어네스트 래시에게 어마어마한 도전을 해보기로 결정했다. 소설의 이야기는 이렇다. 어네스트는 당당하게 하나의 실험을 하기로 한다. 그는 그의 사무실에 들어오는 다음 환자에게는 전적으로 자기 자신을 투명하게 공개하면서 환자를 대하기로 한 것이다. 아뿔싸, 미묘한 소설적인 일치로, 어네스트의 다음 환자는 변호사인데, 그녀는 그녀 나름으로 자신의 비밀스러운 의도를 가지고 있었다. 그녀는, 어네스트에게는 알려지지 않았지만, 어네스트 환자의 아내였다. 그녀는 남편에게 복수를 하려고 벼르고 있었다. 그리고 그녀는 어네스트가 남편이 자기와 이혼하도록 남편을 설득했을지도 모른다고 믿고 있었다. 보복하기 위해서 그녀는 어네스트를 유혹하고 결국은 그를 망가뜨리려는 계획을 하고 있었다. 나는 어네스트가 치료자로서 진정성을 가지고 환자를 대하겠다고 결심한 바로 그때에, 하필이면 덫을 놓고 있는 자신의 환자의 아내를 만나게 되는 이 이야기를 쓰면서 얼마나 재미있었는지 모른다. 또한 이 큰 줄거리 외에 부수적인 줄거리를 묘사하면서는 더욱 재미있었다. 영국 정신분석학회에서 이단적인 해석을 하는 분석가를 대대적으로 알리면서 그 분석가에게서 치료를 받은 환자들에게 공개 리콜 경고를 보내기로 결정하는 장면—마치 자동차 산업에서 고객들에게 하는 리콜처럼—해를 입히는 해석으로 치료를 받은 그의 모든 환자들을 리콜하는 그 장면을 쓰면서 더욱 재미있었다.

몇몇 영화 제작자들이 카우치에 누워서를 영화로 만들자고 했다. 고(故) 해롤드 래미스, 배우이면서 영화 '사랑의 블랙홀(聖燭節, Groundhog Day)', '고스트버스터즈(Ghostbusters)', '애널라이즈 디스(Analyze This)'의 제작자인 그가 영화 제작권을 샀고 우리는 서로 상당히 자주 연락했다. 그는 샌프란시스코의 거리에서 촬영한 영화 '일곱가지 유혹(Bedazzled)'을 만들고 있었다. 아뿔싸, 그 영화는 흥행에서 실패했고 영화사에서는 카우치에 누워서에 자금 대는 것을 거절했다. 그가 확실한 성공이 보장된 '애널라이즈 댓(Analyze that)'을 만들었을 때까지 — 이 영화는 크게 성공한 '애널라이즈 디스(Analyze This)'의 속편인데, 불행하게도 '애널라이즈 댓' 역시 폭탄을 맞았다. 해롤드 래미스는 계속적으로 내 책에 대한 영화 제작권을 사려고 했으나, 충분한 재정적 지원을 얻지 못했다. 나는 해롤드 래미스를 매우 좋아했고 2014년 그의 부음을 듣고 몹시 애통했다.

또 다른 실제 삶과 같은 영화 경험이 멋진 영화 '조이럭 클럽(The Joy Luck Club)', '스모크(Smoke)'와 '러브 인 맨하탄(Maid in Manhattan)'을 감독한 웨인 왕과의 사이에서 일어났다. 그 역시 영화 제작권을 샀으나 재정적인 뒷받침을 얻을 수 없었다. 후에 그는 '라스트 홀리데이(Last Holiday)'라는 영화를 만들었다. 그 영화는 치명적인 병을 가진 한 여인(퀸 라티파 분)에 대한 것인데 감독은 나에게 이틀 동안 뉴올리언스에서 영화 캐스트들과의 T-group을 리드해달라고 부탁했다. 치명적인 병을 앓는 사람들의 이슈에 대한 민감성을 키워주기 위해서였다. 나는 퀸 라티파, LL 쿨 J, 티모시 허튼 등과 유쾌하게 일했다. 그들 모두는 대단히 개방적이었고, 많은 것에 대해서 잘 알고 있었으며, 그들의 일에 신중했고, 나의 참관을 흥미 있어 했다.

마침내 재주 있는 시나리오 '오션스 일레븐(Ocean's Eleven)', '매치스틱 맨(Matchstick Men)'의 작가, 테드 그리핀이 영화 제작에 참여했다. 그는 영화 제작권을 지난 몇 년간 가지고 있었고, 영화 대본을 쓰고 나서 배우 안소니 홉킨스에게 연락을 했다 — 나의 영화 아이돌 중 한 사람인 안소니 홉킨스와 전화로 이야기하면서 즐거웠다. 아뿔싸, 그러나 아무런 일도 현실화되지 않았다. 더군다나 거기에는 나를 두렵게 하는 부분이 있었다. 영화에서는, 소설이 전달하고자 하는 심각한 메시지를 무시하고, 지나치게, 어쩌면 선별적으로 속이는 것과 성적인 부분에 초점을 맞추는 것 같았다. 자연히 나는 주인공의 에로틱한 풍만함에 당황했다. 언제나 나의 제일 첫 번째 독자인 나의 아내는 영화 대본의 첫 장에 이런 글을 썼다. "당신네들은 미국에서 성적인 판타지 말고는 할 이야기가 정말로 하나도 없습니까?"

엄마 그리고 삶의 의미

해마다 정신과의 졸업식에서는 정신과 레지던트들이 스탠퍼드에서 경험한 것을 풍자하는 짧은 희곡을 공연한다. 어느 해엔가는 내가 그 과녁이었다. 레지던트는 항상 한 더미의 책을 쓰다듬으며 나타나는 나를 풍자하면서 등에 '얄롬'이라는 꼬리표를 달았다. 그러나 나는 거기에 전혀 거부감을 느끼지 않았고 대신에 오히려 내가 썼던 모든 책들을 보는 것이 즐거웠다.

그 당시에 나는 출판사에서 제작하는 **얄롬을 읽는다**(*The Yalom Reader*) 작업을 하고 있었다. 내 아들 벤이 아름답게 편집한 이 책에는 내가 전에 썼던 책에서 발췌한 내용과 새로 쓴 에세이들이 들어 있다. 마지막 에세이를 마친 후에 나는 나의 어머니에 대한 강렬하고 잊을 수 없는 꿈을 꾸었다. 나는 그것을 나의 다음 책, **엄마 그리고 삶의 의미**(*Momma and the Meaning of Life*, 국내에서는 폴라와의 여행으로 출판됨-역주)의 타이틀 스토리에 묘사했다.

어스름 저녁, 나는 아마 죽어가고 있는 모양이다. 내 침대 곁에는 불길한 징조가 감돌고 있다. 심장 모니터, 산소통, 방울방울 떨어지는 정맥 주사병, 플라스틱 연결 줄 등등의 죽음의 요소, 나는 눈을 감고 암흑 속으로 밀려들어 간다.

그러나 나는 곧 침대에서 일어나, 병원을 나서서 몇십 년 전에는 여름철 일요일마다 가곤 했던, 밝은 태양이 빛나는 글렌 에코 놀이공원으로 쏜살같이 달려간다. 흥겨운 회전목마 음악소리를 듣는다. 습기 찬 공기를 들이 마시며 팝콘과 사과를 덧씌운 캐러멜 냄새를 맡는다. 그리고 공포의 집에 들어가는 차를 타려고 앞을 향해 똑바로 걷는다. 폴라베어 모양의 얼린 커스타드 가판대나 급경사의 롤러코스터나 페리스 관람차를 거들떠보지도 않으면서 걷는다. 나의 요금은 지불되었다. 흔들거리면서 구석을 돌아나오는 다음번 차에 올라타려고 기다린다.

차는 내 앞에서 덜커덩 소리를 내면서 멈춘다. 차에 올라타 자리를 잡고 안전띠를 졸라맨 후에 마지막으로 내 주위를 둘러본다. 그리고 몇 사람의 관중 속에서 나는 그녀를 본다.

나는 두 팔을 흔들면서 모든 사람이 다 들을 수 있을 만큼 큰 소리로 외친다. "엄마! 엄마!" 바로 그때 차가 갑자기 앞으로 기울어지면서 이중으로 된 문이 열리고 무엇이든지 삼켜버릴 듯한 암흑의 깊은 구멍 속으로 들어간다. 나는 암흑 속에 먹혀 들어가지 않으려고 힘껏 몸을 뒤로 기대면서 다시 소리친다. "엄마! 나 어떡하지, 엄마? 나 어떡하지?"

이 꿈의 메시지가—그리고 이 가능성이 나를 흔들리게 할 수 있단 말인가—내가 나의 전 생애를 이런 한탄스러운 여인을 나의 원초적인 관중으로 삼고 살아왔다는 말인가? 전 생애를 나는 도망가기 위해, 나의 과거—빈민가, 식료품 가게—에서 벗어나기 위해 노력했다. 그러나 아직도 나는 나의 과거로부터도 나의 어머니로부터도 도망가지 못했다는 말인가?

나의 어머니는 그녀의 어머니, 나의 외할머니와 갈등이 많은 관계였다. 외할머니는 말년을 뉴욕의 요양원에서 보냈다. 나의 어머니는 청소하고 요리하고 가게에서 일하는 것 이외에도 집에서 구운 빵을 외할머니에게 가져다 드리려고 네 시간이나 운전을 해서 정기적으로 갔다. 그러나 외할머니는 고마워하는 대신에 어머니의 남동생인 시몬만을 칭찬했다. 외삼촌은 외할머니에게 한 병의 세븐업 외에는 절대로 아무것도 드리지 않았다.

　나의 어머니는 이 이야기를 나에게 여러 번 했기 때문에 나는 듣지 않았다―나는 어머니의 연이은 한탄 소리가 지겨웠다. 그러나 지금 나는 다르게 느낀다. 분명히 어머니는 외아들인 나에게서 전혀 위안을 받지 못하고 있었다. 나는 가끔 스스로에게 묻는다. 왜 나는 엄마를 동정하지 않을까? 왜 나는 어머니에게, "얼마나 불공평해요! 엄마는 그렇게 많은 일을 하고, 빵을 굽고, 외할머니를 만나려고 그 먼 길을 가는데도 외할머니는 시몬이 가져온 한 병의 세븐업에 대해서만 칭찬을 하시다니. 그런 귀에 거슬리는 말이 어떻게 느껴졌겠어요!" 정말로, 내가 그렇게 말하는 것이 그리 힘들었단 말인가? 오, 나는 엄마에게 그런 말을 해드릴 수 있었기를 얼마나 소원하고 있는가. 이렇게 인정만 하는 간단한 행동이 어머니에게는 굉장한 의미가 있었을 것이다. 그리고 아마도, 만약 내가 이런 말을 해드렸다면, 어머니는 나의 꿈에서 나를 무섭게 하지는 않았을 것이다.

　물론 그 꿈은 내가 죽음에 다가가고 있다는 생각과 그 어두운 공포의 집으로 간다는 것으로 나를 흔들리게 하지만, 나는 아직 확신을 찾고 있다. 그러나 그 확신은 나의 아내나, 아이들, 친구들, 동료들, 학생들, 또는 환자들로부터 찾는 것은 아니다. 오직 나의 어머니로부터의 확신을 찾고 있다! 내가 철저하게 싫어했고 수치스러워 했던 어머니. 그렇다, 나의 꿈에서 나는, 어머니를 바라보았다. 마지막 질문, "어떡하지?"를 나의 어머니에게 던졌다. 어렸을 적의 애착이 오래 계속되는 힘이라는 것을 이보다 더 잘 증명할 수 있을까?

　이런 후회가 내가 현재 만나고 있는 젊은 여성을 치료하는 데 큰 역할을 하고 있다. 그녀는 스카이프 메시지로 몇 차례 자문을 요청했다. 우리의 두 번째 미팅에서 나는 그녀와 부모와의 관계에 대해서 물었다. "어머니는 성인이에요. 나는 언제나 어머니와 따뜻하고 훌륭한 관계를 가져오고 있어요. 그러나 아버지와는… 글쎄요, 그건 다른 이야기예요."

"아버지와의 관계에 대해서 이야기해보세요."

"제가 저의 아버지와의 관계를 가장 잘 묘사할 수 있는 방법은 선생님의 책 엄마 그리고 삶의 의미에 묘사된 선생님과 선생님의 어머니와의 관계와 상당히 비슷하다는 것입니다. 아버지는 열심히 일했고 가족을 부양했지만, 그는 폭군이었어요. 나는 아버지가 가족이나 그 누구에게도, 그의 회사에서 일하는 그 누구에게도 칭찬이나 유쾌한 말을 하는 것을 들어본 적이 없어요. 약 8년 전에 아버지의 큰 형, 아버지의 사업 파트너인 그분이 자살을 했습니다. 사업은 부진했고, 아버지는 파산하게 되었지요. 그는 모든 것을 잃었어요. 그는 지금 분노에 차 있고 우울증에 빠졌고 아무런 일도 하지 않고 하루 종일 창밖만을 바라보고 있습니다. 파산 이후에 제가 아버지를 재정적으로 돕고 있기는 하지만 단 한마디도 고맙다는 말을 하지 않으세요. 어제 아침 식사 때 우리는 큰 싸움을 했어요. 아버지는 접시를 마루에 내동댕이치고는 밖으로 나가 버렸어요."

그 환자와 나는 단 세 번의 미팅만을 가졌으나 그녀가 나의 이야기를 읽었기 때문에 어머니와 한 번도 공감하지 못했다는 나의 후회를 그녀와 공유해보기로 결정했다. "나는 궁금해요." 내가 말했다. "만약 언젠가 당신이 아버지에게 후회하는 마음을 가지게 된다면."

그녀는 천천히 고개를 끄덕이며 말했다. "아마 그러겠지요."

"나는 단지 짐작할 뿐입니다. 그렇지만 당신의 아버지는 일생을 가정의 책임자로 보냈고, 큰 회사를 경영했는데, 그런 힘을 가정과 세상에서 발휘했었던 그가 자기의 딸로부터 보살핌을 받는다는 사실에 대단한 모욕감을 느낄 수도 있을 겁니다."

그녀는 끄덕였다. "우리는 그 일에 대해 한 번도 이야기해보지 않았어요."

"지금은 할 수 있어요?"

"잘 모르겠어요, 생각해봐야겠어요."

다음 주에 그녀는 아버지와의 만남에 대해 이야기했다. "저는 큰 옷 가게를 하고 있어요. 우리는 새로 도착한 옷을 보여주는 큰 행사를 하고 있었는데 여분의 입장 티켓이 있어서 아버지가 좋아하실 것 같다는 생각을 했어요. 아버지가 오셨는데, 제게 말도 하지 않고 직원실로 가서 그들과 신나게 어울렸어요. 자신이 제 아버지라고 알리면서 말이죠. 이 이야기를 듣고 저는 놀라서 '어떻게 이렇게 하실 수 있어요? 아버지가 저에게 먼저 말하지 않은 게 맘에 안 들어요. 저는 사업과 사생활을 별개로 하고 싶어요.' 그러자 아버지가 제게 소리 지르기 시작하셨고 나도 아버지에게 소리를 지르고는 방으로 돌아가서 문을 쾅하고 닫아버렸어요."

"그러고는?"

"저는 떠날 준비를 하고 있었어요. 그러다가 어머니에게 이건 얼마나 끔찍한 저녁이 될까 하는 생각이 들었어요… 그리고, 네, 아버지에게도 끔찍하겠구나 하는 생각이 들었어요. 그러고는 선생님이 선생님 어머니에게 했던 말을 생각했어요. 그래서 저는 숨을 한 번 쉬고 아버지 방문을 노크하고 아버지, 미안합니다. 그렇지만 제 마음은 이거였어요. 저는 아버지에게 제가 하는 일을 보여드리고 싶어서 아버지를 초대했어요. 그러나 아버지가 제 직원들과 어울리는 것은 원치 않았어요—제가 원했던 것은 아버지와 함께 이 행사를 즐기는 거였어요. 우리가 언제 이런 일을 해본 적이 있었어요?"

"대단히 놀라운 이야기를 했군요. 그리고 나서는?"

"이번에는 아버지가 침묵했어요. 저는 말문이 막혔지요. 그러고는 아버지가 제게로 와서 저를 안아주면서 울었어요. 전에는 한 번도, 절대로 아버지가 우는 것을 본 적이 없었어요. 저도 역시 울었어요. 우리는 함께 울었어요."

그렇다, 이것은 진짜 이야기이다—거의 한 글자 한 글자가 실화이다.

엄마 그리고 삶의 의미에는 내가 쓴 글 중에서 가장 효과적인 교육적 이야기가 들어 있다. 바로 '일곱 가지 슬픔치료 강의'가 그것이다. 그 이야기는 치료자들이 실존적 접근을 할 때 입문서로 쓰게 할 목적으로 썼다.

자존심이 강한 외과의사 아이린은 도움을 청하기 위해서 나에게 왔다. 그녀의 남편은 젊은 나이에 암으로 죽어가고 있었다. 아이린의 극심한 슬픔을 이해할 수 있었다. 몇 년 전에 나는 배우자를 잃은 사람들을 위한 집단치료를 한 적이 있었고, 그 결과로 배우자를 잃은 환자들을 치료하는 프로젝트는 내가 전문가라고 생각되어서 아이린을 치료하는 데 동의했다. 비상하게 지성적이지만 냉정하고 자신과 타인에게 엄격한 아이린이 2년간 나의 환자가 되기로 했다. 우리가 함께 한 작업은 내가 상실에 대해서 얼마나 많이 더 배워야 하는가를 알게 해주었다. 그리하여 이 제목의 이야기 '일곱 가지 슬픔치료 강의'가 나왔다.

나의 첫 번째 레슨은 우리의 제일 처음 세션에서 아이린이 그 전날 밤에 꾼 꿈 이야기를 할 때 일어났다.

> 나는 아직 외과의사인데, 동시에 영문학 대학원생인 거예요. 나의 교과 준비를 위해서는 두 가지 다른 교재가 있어야 해요. 하나는 고전이고 다른 하나는 현대문학인데, 그 두 교재는 같은 이름으로 되어 있어요. 나는 세미나를 준비하지 못했어요. 왜냐하면 나는 그 두 교재를 읽지 못했기 때문이었어요. 특별히 나는, 고전인 첫 번째 교재, 즉 두 번째의 기초가 되는 그 첫 번째 교재를 읽지 못한 거예요.

나는 그녀에게 그 교재의 이름에 대해서 어떤 걸 기억하느냐고 물었다. "어, 네, 분명히 기억해요. 각 책, 오래된 것과 새로운 것. 제목은 '순수함의 죽음(*The Death of Innocence*)'이었어요. 나처럼 심리치료에 대해서 흥미와 배경을 가진 치료자에게 이것은 선물이었다. 상상해보자. 두 개의 교과서 — 고전과 현대 — 그리고 고전 교재(예를 들면, 한 사람의 가장 어렸을 적)는 새로운 것을 이해하는 데 필요한 교재이다.

최고의 지성적인 보물찾기를 약속한다는 것은 단지 아이린의 꿈일 뿐 아니라, 첫 번째 꿈이기도 했다는 것에 의미가 있다. 내가 '일곱 개의 강의'에서 설명한 것처럼, 1911년 프로이트가 치료에서 환자가 보고한 첫 번째의 꿈에 대해서 처음으로 논한 이후에 환자의 첫 번째 꿈에 대해서는 신비스러움이 있어왔다. 프로이트는 첫 번째 꿈은 다듬어지지 않았고 많은 것을 나타낸다고 믿었다. 왜냐하면 치료를 시작하는 환자는 아직 그들 자신의 경계를 낮추고 있기 때문이다. 치료가 시작된 후에, 일단 그들이 다른 꿈을 가지고 치료자와 작업을 하게 되면 무의식 속에 있는 꿈의 제조자(the dream weaver)는 조심성이 늘어나게 되고 그래서 더욱 복잡하고 애매한 꿈을 만들어내는 데 주의를 기울인다.

프로이트를 따르면서, 나는 자주 꿈 제조자를 신경세포의 수상돌기와 축색돌기의 숲속에서 잘 살고 있는 이야기 속의 뚱뚱하고 유쾌한 난장이로 상상하곤 한다. 그는 낮에는 자고, 밤에는 윙윙거리는 신경접합부(시냅스) 쿠션에 드러누워서 꿀이 든 과일음료를 마시면서 게으르게 주인의 꿈을 회전시킨다. 첫 번째 치료에 가기 전날 밤에, 환자는 앞으로 있을 치료에 대해서 갈등 섞인 생각들에 싸여서 잠이 든다. 그러면 그 속에 있는 난장이가 야간작업을 시작한다. 환자의 두려움과 희망을 꿈속에 집어넣어 직조를 짠다. 그리고 나서 치료 세션이 끝나고 난장이는 치료자가 솜씨 좋게 꿈을 해석한 것을 알고 나면, 그 시간 이후로 그 밤중에 가장을 하면서 그 의미를 더욱 깊게 파묻느라고 마음을 쓴다. 물론, 이것은 어리석은 동화 같은 이야기이다 — 오직 내가 그것을 믿지 않는다면 좋을 텐데!

50년 전, 내가 개인 분석을 받기로 한 첫날의 바로 전날 밤에 꾼 꿈을 이상하리만치 생생하게 기억한다. 이것을 '일곱 개의 강의'에 묘사했다.

나는 의사의 진찰 침대에 누워 있었다. 침대 시트는 너무 작아서 나를 충분히 덮어주지 못했다. 나는 간호사가 주사바늘을 내 다리에—정강이에 찌르는 것을 볼 수 있었다. 갑자기 폭발하는 듯한 소리, 양치질을 하는 것 같은 소리가 들렸다. 우우쉬.

그 꿈의 중심—큰 소리의 우우쉬—이 내게는 즉시로 분명해졌다. 어린 아이였을 때 나는 만성 축농증이 있었다. 겨울철마다 엄마는 나를 이비인후과 의사 데이비스 박사에게 데리고 가서 가래를 제거하고 목구멍을 청소시켰다. 나는 데이비스 박사의 누런 이와 물고기 눈처럼 물기에 젖어 있는 눈을 싫어했다. 둥근 거울이 달린 이비인후과 의사들의 헤드밴드를 쓰고 있으면서도 그는 물고기 같은 눈으로 직접 나를 노려보았다. 그가 삽입관을 내 목구멍에 집어넣을 때 날카로운 통증을 느꼈고, 내 목구멍을 세척하려고 염분 주사를 놓을 때는 나를 귀머거리로 만들 만큼 우우쉬하는 큰 소리—내가 꿈속에서 들었던 것과 똑같은 우우쉬—가 들렸다. 구역질나게 더러운 오물이 들어 있는 흔들거리는 타원형 침받이 그릇을 보면서 내 뇌의 어떤 부분들이 고름과 함께 씻겨져 나왔을지도 모른다고 생각했다. 내가 처음 꿈에 대한 분석을 받을 때 실생활에서의 공포가 나의 그 부끄럽고 싫었던 생각들과 섞여서 분석 카우치에서 나왔던 것 같다.

아이린과 나는 첫 번째 꿈에 대해서 열심히 작업했다. "그래서 당신은 두 권의 교재를 다 안 읽었군요." 내가 시작했다. "특별히 옛 교재를" "네, 네, 저는 선생님이 그에 대해서 질문하실 줄 알고 있었어요. 저는 두 권 다 읽지 않았어요. 특별히 그 옛 교재를 안 읽었어요."

"그 두 권의 교재가 당신의 인생에 어떤 의미라도 있다고 짐작하세요?"

"짐작이라고 할 수가 없지요." 그녀가 대답했다. "저는 그것들이 무엇을 의미하는지 정확하게 알고 있으니까요."

　나는 그녀가 말을 계속하기를 기다렸으나 그녀는 그냥 침묵 속에서 창문 밖을 응시하고 있었다. 나는 아직 내가 분명하게 질문하지 않는 한 절대로 자진해서 말하지 않는, 나를 짜증나게 하는 아이린에게 익숙하지 않았다.

　화가 난 나는 일이 분 동안 침묵이 계속되게 내버려두었으나 마침내 내가 굴복했다. "그 두 교재의 의미는, 아이린 —"

　"제가 스무살 때 사고로 죽은 제 오빠의 죽음이 옛 교재이고 다가오는 제 남편의 죽음이 현대의 교재입니다."

　"그래서 그 꿈은 당신이 우선 오빠의 죽음을 해결하지 않는 한 당신 남편의 죽음에 대해서 말할 수가 없다는 걸 말해주고 있군요."

　"맞습니다. 정확합니다."

　우리가 다루고 있는 내용은 밝게 진행되고 있었으나, 과정(그것은 우리 둘 사이의 관계의 본질)은 대결적이었고 상당히 힘이 들었다. 궁극적으로 우리의 관계에 대해서 작업을 하는 것이 치유의 원천이 되는 것이었다. 한 세션에서, 우리 둘 사이를 갈라놓는 벽에 대한 꿈 이야기를 하다가 그것이 고통으로 터져나왔다.

　"제 말은, 선생님이 어떻게 저를 이해한다는 겁니까? 선생님의 삶은 비현실적이에요 — 따뜻하고, 안락하고, 순수해요. 마치 이 사무실처럼." 그녀는 그녀 뒤에 있는 책으로 꽉 찬 나의 서가를 가리키면서 창 밖에서 빛나고 있는 빨간 일본 단풍나무를 바라보고 있었다. "단지 없는 것은 꽃무늬 쿠션, 벽난로, 그리고 탁탁 소리를 내며 타오르는 장작이네요. 결손되지 않은 가족이 모두 한 장소에서 선생님을 둘러싸고 있어요. 선생님은 상실에 대해서 정말로 무엇을 알고 계시나요? 선생님은 상실을 잘 다룰 수 있다고 생각하세요? 선생님의 아내나 아이들 중 하나가 지금 죽어가고 있다고 상상해보세요. 어떻게 하시겠어요? 선생님이 입고 계시는 돋보이는 줄무늬의 그 셔츠까지도 혐오스러워요. 그 셔츠를 입고 있는 것을 볼 때마다, 움찔합니다. 그 셔츠가 하는 말이 싫어요."

"뭐라고 말하나요?"

"'나는 내 문제를 해결했어요, 당신 문제를 내게 말해보세요'라고 말하고 있어요."

아이린의 말이 여러 차례 나의 정곡을 찔렀다. 스위스 조각가 알베르토 지코메티의 이야기가 생각났다. 그는 교통사고로 다리가 부러졌다. 앰블런스를 기다리면서 길에 누워 있는 동안, 이렇게 말하는 소리를 들었다, "마침내, 마침내 무슨 일인가가 나에게 일어났구나." 나는 그가 말하는 것을 정확하게 알았다. 아이린은 나의 뜻을 알았다. 좋다. 30년 이상 스탠퍼드에서 가르치면서, 나는 똑같은 집에서 살았고, 아이들이 같은 학교로 걸어가는 것을 지켜보았고, 한 번도 어두운 비극을 당하지 않았다. 어려운 일, 궁극적으로는 죽음이 없었다―나의 아버지, 어머니는 노년에 돌아가셨다. 아버지는 69세에, 어머니는 90대에. 나의 누나, 나보다 7년 위인 누나는 그 당시에는 아직 살아 있었다. 나는 아직 친한 친구를 잃지 않았고, 나의 네 자녀들은 모두 건강했다.

실존주의적 준거를 받아들이는 치료자에게는 이런 보호받는 삶은 부채이다. 여러 차례 나는 상아탑에서 벗어나서 실제 생활의 잡다한 일들을 해보고 싶어 했다. 몇 년 동안 나는 안식년을 블루칼라 노동자로 일해보는 상상을 하기도 했다. 디트로이트에서 앰뷸런스 운전기사로, 바우어리의 간이 식당 요리사 또는 델리숍에서 샌드위치를 만드는 일 등을 하는 상상을 했다. 그러나 한 번도 실천해보지 못했다. 발리에서의 글쓰기, 또는 동료의 베네시안 아파트로의 초대 또는 레이크 코모의 벨라지오 펠로우십들은 거역하기 어려운 일들이었다. 여러 방면에서 나는 고통으로부터는 격리되어 있었다. 결혼이 분리된 가정에서 성장해 본 경험도 없다. 성인의 고립감에 직면해본 적도 없다. 나와 매릴린의 관계가 언제나 평탄하기만 했던 것은 아니었다— **질풍노도**(Sturm und Drang)의 시간을 보내면서 우리 둘 다 성장했음에 대해 감사한다.

나는 아이린에게 그녀의 말이 옳다고 이야기했다. 그리고 때때로 나는 더 어렵게 살아가는 사람들로부터 시기를 받고 있음도 인정한다고 했다. 때때로, 내가 환자들에게 나에 대하여 영웅적인 인상을 갖도록 조장하는 것이 아닌가 염려스럽다고도 이야기했다.

"그러나" 나는 그녀에게 말했다. "당신이 내가 비극에 대한 경험을 하지 못했다고 말한 것은 틀렸어요. 나는 죽음에 대해서 생각을 안 할 수가 없어요. 내가 당신과 함께 있을 때, 나는 때때로 만약 나의 아내가 치명적인 병을 앓고 있다면 어떨까를 상상하면서, 그때마다 표현할 수 없는 슬픔에 잠기지요. 나는 알고 있어요, 충분히 알고 있어요. 내가 지금 내 생애에서 또 다른 단계를 향하여 행진하고 있다는 사실을 알고 있어요. 충분히 알고 있습니다. 나이가 들어간다는 모든 사인들—나의 찢어진 무릎 연골, 약해지는 시력, 허리 통증, 노인성 반점, 회색빛 머리칼과 수염, 나 자신의 죽음에 대한 꿈—이 모든 것들이 내가 내 인생의 끝을 향해 움직이고 있다고 말하고 있어요."

그녀는 듣고 있었으나 아무 말도 하지 않았다.

"그리고 또 다른 것은" 내가 부언했다. "나는 죽어가는 환자들과 작업을 하기로 했어요. 그들이 내 인생의 비극적인 핵심에 가까이 가도록 이끌어주기를 바라는 마음에서지요. 그리고 정말로 그들은 그렇게 했어요. 그 결과로 나는 3년간의 치료로 돌아갔어요."

이런 대꾸 끝에 아이린은 고개를 끄덕였다. 나는 그 끄덕임을 안다—아이린의 독특한 끄덕임의 종류를, 두세 번의 부드러운 끄덕임 뒤에 따라오는 한 번의 날카로운 턱의 움직임—내가 만족스러운 반응을 했다고 알려주는 그녀의 신체적인 신호이다. 나는 첫 세션을 마치고 치료의 내용을 파악했다—슬픔을 다루기 위해서 치료자는 거리를 두어서는 안 되고, 반드시 가까운 거리에서 죽음에 대해 이야기해야 한다는 것을 파악했다. 그리고 내가 그 스토리를 구성하기 위하여 선택했던 것과 관련된 더 많은 것을 공부했다. 이 이야기에서는 환자가 진정한 교사였고 나는 다만 그녀의 학습에서 중재자 역할을 할 수 있을 뿐이었다.

내가 가장 즐기면서 쓴 이야기는 의심의 여지도 없이 '헝가리 고양이의 저주(The Hungarian Cat Curse)'였다. 이 이야기는 어네스트 래시(카우치에 누워서 휴가 중인)가, 아홉 번째인 마지막 삶을 살고 있는 독일어를 하는 사악한 고양이 메르게스를 치료하려고 시도하는 내용이다. 메르게스는 여행을 많이 한 인물인데 그는 전생에서는 크산티페와 교제하였고, 하이데거의 집에서 살았고, 지금은 어네스트의 애인인 아르테미스를 가차없이 홀리고 있다.

어떤 수준에서는 이 이야기는 해학극이다. 그러나 다른 수준에서 보면, 죽음에 대한 가장 깊은 담론이고 죽음의 공포를 극복하기 위한 담론이라고 생각한다. 나는 이 이야기의 많은 부분을 의과대학에 다닐 때부터 친하게 지내온 친구 밥 버거를 방문하는 동안에 썼다. 그 친구는 최근에 세상을 떠났다. 나는 부다페스트에서 일어난 일로 이 이야기를 구성했다. 그리고 헝가리에서 자란 밥이 등장인물과 거리, 다리, 그리고 강을 헝가리 이름으로 지어주었다.

나는 기쁜 마음으로 밀 밸리의 북 디포에서 열린 엄마 그리고 삶의 의미 독서 낭독회를 기억한다. 거기서 극장 감독인 우리 아들 벤과 내가 어네스트와 메르게스의 대화를 큰 소리로 낭독했다. 나는 장례식에 대해서 그리 큰 관심은 없지만, 만약 내가 죽은 후에 우리 가족이 장례식을 한다면, 그 대화를 낭독해주기를 바란다 ― 그것이 장례행사를 빛나게 해줄 것이다. 그러면 아들 벤, 네가 고양이 역을 하고, 어네스트 역은 네 형들 중 하나를 택하거나 또는 네가 좋아하는 배우들 중에서 하나를 택해서 맡겨주렴.

그리스인 되기

내책이 번역된 모든 다른 나라 중에서 그리스는 가장 작은 나라이지만 나의 마음속에서는 가장 큰 나라로 자리잡고 있다. 1997년에 아그라 출판사 대표 스타브로스 페트소포우로스는 나의 모든 책에 대한 그리스어 번역의 판권을 샀다. 그리고 야니스 제르바스와 에반젤리아 안드리트사노우 부부를 번역자로 계약을 했다. 그리하여 우리 가족과의 길고 의미 있는 관계가 시작되었다. 야니스는 미국에서 훈련을 받은 정신과의사이자 잘 알려진 그리스의 시인이고, 에반젤리아는 임상심리학자이면서 번역가이다. 그리스가 심리치료 분야에서 중요한 역할을 하지는 않았지만 문학적 소양이 있는 인구가 500만이나 되는 나라이기 때문에 즉시로 인구 대비 세계에서 가장 많은 독자를 가진 나라로 되었다. 그리스에서 나는 다른 어느 곳에서보다 작가로 더 알려져 있었다. 그 이유를 나는 전혀 이해할 수가 없다.

우리가 그리스와 처음 인연을 맺게 된 것은 관광객으로 그리스를 여행할 때 우리의 짐을 잃어버리고 매릴린과 내가 가볍게 닷새 동안 여행했던 때였다. 그 이래로 우리는 두 번의 특별한 방문을 했다. 처음에는 그리스에 가기 전에 터키에 먼저 들렀다. 1993년에 나는 이스탄불에 있는 바키르코이 병원에서 정신과의사들을 위한 워크숍을 했고, 그러고는 18명의 터키 정신과의사와 심리학자들을 위한 개인 성장 집단을 리드했다. 장소는 에게해의 옛날 도시 보드룸이었는데 호머가 '영원한 푸른색의 땅'이라고 표현했던 곳이다. 그 집단은 이틀 동안 열심히 작업했다. 나는 멤버들의 대부분이 세련되고 개방적인 데에 깊은 인상을 받았다. 워크숍이 끝난 후에 정신과의사 중 한 분인 아샤 세르마크가 가이드 역할을 하면서 매릴린과 나를 운전해주고 터키의 서쪽 부분을 통해서 이스탄불로 돌아왔다. 그 분과 나는 오늘날까지도 서로 연락을 하고 있다. 거기서 우리는 아테네행 비행기를 탔고 레스보스 섬으로 가는 페리에 올랐다. 매릴린은 오랫동안 시인 사포에 대해서 관심을 가지고 있었다. 사포는 BC 7세기에 레스보스 섬에서 그녀의 여자 제자들에 둘러싸여서 살았다.

배에서 내리자마자 나는 작은 모터사이클 대여점을 발견하고 너무나 기뻤다. 즉시 우리는 레스보스 섬 탐험에 들어갔다. 모터사이클은 오래된 것이었지만 곧잘 움직여주었다. 그날이 끝나갈 무렵에, 태양이 대양 속으로 가라앉으려는 그때에, 모터사이클은 마지막 숨을 쉬더니 작은 마을 외각에서 숨을 거두었다. 우리는 버려진 게스트하우스의 폐허에서 그 밤을 지내는 방법밖에는 다른 선택이 없었다. 매릴린은 4피트 높이의 목욕탕에서 커다란 설치류가 후다닥 소리를 내며 지나가는 것을 보고는 잠을 거의 못 잤다. 그다음 날 정오쯤에 모터사이클 상점에서 트럭을 대신 보내서 우리는 여행을 계속했다. 환영하는 마을들을 지나고 타베르나(그리스 지방의 자그마한 음식점 – 역주)에서 한가하게 보내고 다른 손님들과 이야기를 나누고 느긋한 흰 수염의 노인과 레치나(retsina, 그리스산 포도주 – 역주)를 마시면서 주사위 놀이를 했다.

나는 2002년 뉴올리언스에서 열린 미국정신의학회의 컨퍼런스에서 야니스를 만났었다. 거기서 나는 종교와 정신과학 분야에서 오스카 피스너(Oscar Pfister) 상을 받았다. 그 상을 받는다는 사실에 놀란 나는 내가 종교에 대해서 회의적이라는 것을 공개적으로 알리고 있는데, 왜 나를 선택했는지를 위원회에게 물었다. 그들의 대답은 내가 대부분의 다른 정신과의사보다 더 많이 '종교적인 문제'를 다루었다는 것이다. 내가 발표를 하고 난 다음에, 그 내용은 종교와 정신과학이라는 제목의 전공논문으로 그 뒤에 출판되었고, 그리스어와 터키어(그 이외 다른 언어 번역은 없었다)로 번역되었다. 나는 야니스와 점심을 같이 했다. 야니스는 아테네에서 내가 강의하도록 스타브로스 페트소포우로스의 초청을 연장했다.

일 년 후에 우리는 아테네에 도착했고 즉시로 작은 비행기로 그들의 여름 별장이 있는 작은 섬 시로스로 갔다. 40분간의 비행거리였다. 시차로 몹시 고통을 받고 있었던 나는 강의하기 전에 이틀간의 새 환경 적응시간이 언제나 필요했다. 우리는 헤르모폴리스의 작은 마을에서 쉬었다. 아침식사로는 집에서 구운 크로와상과 앞 마당에서 제멋대로 자라는 무화과 나무에서 딴 열매로 만든 잼을 먹었다. 이틀 후에는 신문기자 회견을 위해 아테네로 떠나기로 되어 있었다. 그러나 우리가 떠나기 바로 전날 선박회사 직원들이 파업을 했다. 그래서 스타브로스는 네 사람이 탈 수 있는 작은 비행기를 예약했다.

아테네로 가는 짧은 비행시간 동안에 비행사는 니체가 눈물 흘릴 때를 읽었다고 하면서 나에게 그 책에 대해서 활발하게 이야기했다. 비행장에서는 택시 기사가 나를 알아보고, 가는 도중에 카우치에 누워서에서 자기가 가장 좋아하는 부분을 이야기했다. 힐튼에서 신문기자 회견을 하려고 걸어가는데 약 20명의 기자들이 있었다. 나는 전에 한 번도, 미국에서나 또는 다른 어느 곳에서도 신문기자 회견이라는 것을 해본 적이 없었다. 그래서 내가 진짜 유명인사가 된 듯했다.

다음 날 약 2,500명이 내 강의를 들으러 호텔 볼룸으로 모여들었다. 로비는 사람들로 꽉 차 있었기 때문에 나는 지하에 있는 부엌을 통해 빙 돌아서 식장에 들어갈 수 있었다. 900개의 헤드폰만이 준비되어 있었으므로 마지막 순간에 동시통역의 계획은 포기해야 했다. 나는 연설의 분량을 반으로 줄여서 통역하는 시간을 허락했다. 통역하는 사람은 내 강연 전문을 글로 번역해왔기 때문에 말로 통역을 해야 한다는 사실에 몹시 당황했다. 그러나 곧 진정했고 훌륭하게 통역을 했다. 청중들은 질문과 논평으로 강의를 방해했다. 어떤 청중은 내가 질문에 대해서 충분히 대답하지 않는다고 큰 소리로 떠들었기 때문에 경찰이 와서 그를 밖으로 내보내야 했다.

강연이 끝난 후에 책에 사인을 할 때가 되었다. 많은 사람들, 책 구매자들이 선물을 가지고 왔다—자기네 집 꿀통에서 직접 딴 꿀, 집에서 만든 그리스 와인, 그들이 그린 그림. 어떤 친절한 노부인은 그녀가 어렸을 때 터키에서 도망 나오면서 부모님이 그녀의 코트에 넣고 꿰매어 준 그 금화를 나에게 주겠다고 고집했다.

그날 저녁, 나는 녹초가 되었으나 감사했고, 사랑받고 있다는 느낌에 젖었고 그 넘쳐나는 환호에 당황했다. 내가 할 수 있는 일보다 더 많은 요구가 있었고 나는 그 흐름에 따라서 나의 평정을 지키려고 노력했다. 선물들에 싸여서 우리는 호텔 방으로 돌아왔다. 거기에는 또 다른 선물이 기다리고 있었다. 2피트 길이의 보트에 흔들리는 돛, 완전히 초콜릿으로 만들어진 이 보트를 매릴린과 함께 행복하게 아삭아삭 먹었다.

다음 날 나는 아테네 중심에 있는 작은 헤스티아 서점에서 사인 행사를 가졌다. 그동안 셀 수 없을 만큼 많이 서점 사인 행사를 가져왔으므로 이번에는 할아버지 식의 느긋한 마음으로 행사에 임했다. 사인을 받으려는 사람들의 줄은 서점 밖에서부터 8블록까지 이어져 있었기 때문에 교통 혼잡을 초래했다. 사람들은 새 책을 살 뿐만 아니라 전에 샀던 책들도 함께 가지고 와서 사인을 받으려 했다. 그들의 이름을 쓰는 일은 아주 힘들었다. 나에게는 모두 낯선 이름이었기 때문이었다—예를 들면, 도시아(Docia), 이안테(Ianthe), 너라이다(Nereida), 타티아나(Tatiana) 등, 스펠링도 어려웠다. 손님들에게 이름을 노랑 종이에 큰 글자로 프린트로 써서 책과 함께 나에게 가져오라고 부탁했다. 많은 사람들은 사진을 찍었다. 그러나 그 줄도 길어졌기 때문에 사진을 찍지 말아달라고 부탁했다. 한 시간 후에 책 구매자들에게 나는 최대로 네 권에만 사인할 수 있다고 했고, 다시 한 시간 후에는 세 권만, 그리고 결국은 새 책과 오직 한 권에만 사인할 수밖에 없었다. 그렇게 했어도, 사인 행사는 거의 네 시간 동안 계속되었고 나는 800권 이상의 새 책과 그보다 더 많은 수의 옛 책에 사인을 했다. 최근에 그 고귀한 헤스티아 서점이 영원히 문을 닫았다는 소식을 듣고 슬펐다. 그리스 통화위기의 희생물이었다.

그날 서점에서 사인을 받으려고 줄에 서 있던 인파의 대다수는 여성이었다—나의 북 사인 행사는 항상 그래왔다—나는 적어도 50명의 아름다운 그리스 여성들이 내 귀에 대고 "사랑해요"라고 속삭여주는 특별한 경험을 했다. 내가 그 말을 마음에 새겨둘까 봐 스타브로스는 나를 옆으로 끌고 가더니 그리스 여성들은 그 말을 자주 쓰는데 미국 사람과는 달리 아주 아무렇지도 않게 쓰는 것이라고 했다.

10년이 지난 뒤에 헤스티아 서점에서의 사인 행사가 마음에 떠올랐다. 노년의 영국 의사가 내게 의논을 하겠다고 연락을 해왔기 때문이었다. 미혼으로 살아온 그는 자신의 일생이 만족스럽지 않았고, 인식하지 못하고 지낸 그의 실현되지 못한 잠재적 가능성 때문에 나에게 의논하러 오는 일에도 양가감정을 가지고 있었다. 한편으로 그는 나의 도움이 필요했고, 다른 한편으로는 나의 작가로서의 성공에 대해서 깊이 부러워하고 있었다. 왜냐하면 그 역시 자신이 좋은 책을 쓸 수 있는 재능이 있다고 확신하고 있었기 때문이었다. 우리의 이야기가 끝나갈 무렵에 그는 그리스 여학교에서 2년간 영어를 가르쳤던 그때 이후로 50년간이나 그의 마음속을 붙잡고 있었던 핵심 이야기를 나에게 쏟아놓았다. 그가 그리스 여학교 송별식의 마지막에, 그가 떠날 준비를 할 때 한 아름다운 그리스 소녀가 작별 포옹을 하면서 그의 귀에 "사랑해요."라고 속삭였다. 그 이후로 그는 그 여학생의 속삭이는 말을 생각하고 마음에 새기고 그에게 의미가 있을 삶을 시작할 용기를 가지지 못했던 것에 대하여 그 자신을 학대하면서 지내왔다는 것이다. 나는 내가 할 수 있는 모든 것을 제공하면서 한 가지만은 이야기해서는 안 된다는 것을 알았다. "그리스 여성이 '사랑해요'라고 말할 때 그들의 말은 미국이나 영국에서와 같은 의미를 두지 않아요. 실제로 나도 어느 날 50여 명의 그리스 여성들이 내 귀에 대고 똑같은 말을 속삭여주었답니다."라는 말이었다.

헤스티아 사인이 있는 바로 다음 날, 판테이온대학교에서는 나에게 명예 박사학위를 수여했다. 그것은 나의 단 하나의 명예 박사학위이다. 나는 대강당에서 많은 청중 앞에 서서 거의 경악했다. 대강당의 벽은 온통 아리스토텔레스, 플라톤, 소크라테스, 에피쿠로스, 아이스킬로스의 사진들로 채워져 있었다. 그날 저녁, 매릴린은 아테네대학교에서 여성 문제에 대해 강연했다. 얄롬가의 의기양양한 모습이었다!

나의 다음 그리스 방문은 4년 후인 2009년에 있었다. 매릴린은 이오안니나대학교에서 그녀의 책 유방의 역사(*A History of Brest*)에 대해서 강의해달라는 초청을 받았다. 우리가 그리스로 간다는 소식을 들은 오나시스 재단에서는 나에게 나의 새 책 쇼펜하우어 치료(*The Schopenhauer Cure*)에 대해서 이야기해달라고 초청했다. 장소는 아테네의 콘서트 홀 메가론이었다.

우리가 아테네에 도착했을 때, 우리는 몇 주 내에 개관 예정인 새로운 아크로폴리스 박물관의 개인 관광을 안내받았다. 박물관에 들어서면서 우리는 유리 바닥을 보고 놀랐다. 유리 바닥을 통해서 우리의 발 아래에서 전개되는 수천 년 전의 문명으로 되돌아가서 층층이 쌓여 있는 고적들을 볼 수 있었다. 박물관 어디에나 엘린 마블스 조각들이 있었다. 그 이름은 대리석의 반을 아크로폴리스에서 영국 박물관으로 반입했다는 영국인의 이름이라고 한다. 그 없어진 부분(사람들은 도난당했다고 한다)은 오리지널 색깔과는 다

아테네 메가론에서의 강연, 2009.

아크로폴리스 박물관, 아테네, 2009.

르게 석고 모형으로 전시되어 있었다. 예술품을 본래의 국가로 되돌리는 작업은 오늘날 모든 박물관의 큰 골치덩이라고 한다. 그리스에서 우리는 그리스인들의 입장에 공감했다.

아테네에서 우리는 이오안니나로 날아갔다. 매릴린은 이오안니나대학교의 마리나 브렐리-자카우 교수로부터 강연 초대를 받았다. 2만 명의 학생이 있는 인상적인 학교였다. 언제나처럼 나는 매릴린이 강연할 때는 청중 속에서 행복하고 느긋하게 앉아서 "여러분, 저 강연하는 분이 내 아내랍니다."라고 소리지르고 싶은 충동을 억제했다. 다음 날 우리의 초대자는 우리를 데리고 시골로 갔다. 호머에 나오는 옛 고장 도도나에까지 갔다. 우리는 2,000년 전에 세워진 그리스 노천극장 좌석에 오랫동안 앉아 있다가 옛날에 검은 새의 언어를 해석하는 신탁을 받았다던 나무 숲속을 거닐었다. 그 주변에서 ─거대함, 권위 역사─ 깊이 감동을 받았다. 나는 회의주의자임에도 불구하고, 그 성스러움에서 어떤 미묘한 취향을 느꼈다.

우리는 이오안니나 시를 거닐었다. 아름다운 호수로 경계가 지어져 있고 로마시대로 거슬러 올라가는 시나고그에서 끝나는 산책을 했다. 시나고그는 지금도 시내에 살고 있는 소수의 유대인들을 위한 예배 장소로 사용되고 있었다. 제2차 세계대전 중에 이오안니나에 살고 있는 유대인들은 거의 다 학살당했고 극소수의 생존자만이 남아 있다. 남아 있는 집단은 아주 소수이기 때문에 지금 시나고그에서는 여성들도 예배정족수(minyan) 계산에 포함된다고 한다. 원래는 10명의 유대인 남자가 있어야 종교적인 행사를 할 수 있다는 것이 유대인의 규율이었다. 시장을 걸어가면서 노인들이 주사위 놀이 하는 것을 보고 우조(ouzo; 그리스 술의 일종─역주)를 마시는 것도 보면서 우리는 이 나라와 관계되는 좋은 향기를 호흡하였다. 한 가지 거역할 수 없는 향─바클라바(baklava; 견과류, 꿀 등을 넣어 파이같이 만든 중동 음식─역주)─이 나를 유혹했다. 그래서 나의 코를 따라서 제과점까지 갔다. 거기서 24개의 각각 다른 다양한 종류의 향을 맡아보았다. 나는 아직도 이오안니나에 글을 쓰러 가는 환상, 이왕이면 제과점 근처로 가는 환상에 젖곤 한다.

　이오안나나대학교 서점에서, 우리 둘 다 사인을 하고 있을 때, 매릴린은 서점 주인에게 그리스 독자들 사이에서 나의 인기에 대해서 물었다. 그는 "얄롬은 여기서 가장 잘 알려진 미국 작가이지요."라고 말했고 매릴린이 다시 물었다. "필립 로스는 어때요?" "우리는 그분도 좋아합니다." 그가 대답했다. "그러나 우리는 얄롬을 그리스인이라고 생각합니다."

　기자들은 나에게 그리스에서 몇 년간 계속되는 나의 인기에 대해서 물었다. 그러나 나는 절대로 대답할 수가 없었다. 나는 안다. 내가 그리스어를 한 마디도 못하는데도 불구하고, 나는 그리스를 내 집처럼 느끼고, 미국에서도 그리스 후손들에 대해서 따뜻한 느낌을 갖고 있다는 것을. 나는 그리스 드라마와 철학과 호머에 매혹되어 있지만 그것으로 설명되지는 않는다. 나의 독서 경향이 불균형적으로 터키, 이스라엘, 그리고 인도에 쏠려 있기 때문에 아마도 중동에서 더한 현상일 수도 있을 것이다.

　놀랍게도, 나는 이란 학생들, 치료자들, 그리고 환자들로부터 정기적으로 이메일을 받는다. 나는 나의 책이 페르시아어로 얼마나 팔리는지 알 수 없다. 이란은 출판사들이 허가 없이 나의 책을 출판하는 유일한 나라이다. 물론 로열티도 지불하지 않는다. 이란과 나와의 공적인 관계로 보아 거기서는 프로이트, 칼 융, 모티머 아들러, 칼 로저스, 그리고 에이브러햄 매슬로의 책들과 익숙해서 더 많은 서양 치료자들과 연관을 맺기를 바랄 것이다. 불행하게도, 나는 이제 더 이상 긴 여행을 할 수가 없으므로 이란의 강연 초대도 거절할 수밖에 없다.

　오늘날 세계 곳곳으로부터 들려오는 너무나 많은 끔찍한 뉴스들 때문에 우리들 모두는 피곤에 지치고 무감각해지고 있다. 그러나 뉴스 진행자가 그리스 애기를 꺼낼 때마다 매릴린과 나는 항상 주의를 기울인다. 나는 언제나 그리스에 대해 감사하고 나를 명예 그리스인으로 생각해주는 데 대해서 감사하고 있다.

33

치료의 선물

릴케의 젊은 시인에게 보내는 편지(*Letters to a Young Poet*)는 내 마음속 특별한 곳에 자리잡고 있다. 나는 몇 년 동안이나 젊은 치료사들에게 이런 글을 쓰고 싶다고 상상은 했으나 이 프로젝트를 어떤 모양으로 어떻게 구성해야 할지 도무지 방도가 없었다. 1999년 어느 날 매릴린과 함께 서쪽 캘리포니아 산 마리노에 있는 헌팅턴 가든을 방문했을 때 생각이 바뀌었다. 우리는 그곳의 특별한 땅, 특별히 일본 정원과 분재들을 보러 간 것이었다. 방문을 거의 끝냈을 때, 헌팅턴 도서관을 둘러보면서 '영국 르네상스 시대의 베스트셀러들'이라는 새 전시회를 보게 되었다. 베스트셀러들? 그것이 내 주의를 끌었다. 16세기의 베스트셀러 10권 중에서 6권이 '방법(tips)'에 관한 책이라는 사실을 발견하고서 나는 크게 충격을 받았다. 토머스 투세르의 좋은 농부가 되는 100가지 방법 (*A Hundredth Good Points of Husbandary*, 1570)을 예로 들면 농작물, 가축류 등에 대해서, 그리고 농부와 농부 아내들에게 집안 관리를 잘할 수 있는 100가지 팁을 제공하고 있다. 이 책은 16세기 말까지 11번이나 재출판되었다.

거의 언제나 나의 책은 내 마음속에서 서서히 싹이 튼다, 단 한순간의 생각으로 이루어지는 법이 없었다. 그러나 **치료의 선물**(*The Gift of Therapy*)은 단 하나의 예외였다. 르네상스 베스트셀러 전시장을 떠날 때쯤에 나는 내 책이 어떠해야 하는가를 정확하게 알았다. 나는 젊은 치료자들을 위한 팁에 관한 책을 쓸 것이다. 어떤 환자의 얼굴이 마음에 떠올랐다. 몇 년 전에 만났던 작가의 얼굴이었다. 두 편의 미완성 소설을 포기한 이 여인은 그녀에게 어떤 아이디어가 떠오르고 그 아이디어가 그녀를 물고 늘어지지 않는 한 절대로 소설을 시작하지 않을 것이라고 했다. 글쎄, 헌팅턴에서의 그 날, 어떤 책이 내 마음을 물고 늘어졌기 때문에 나는 모든 일을 제쳐놓고 다음 날 바로 책을 쓰기 시작했다.

글 쓰는 과정은 직진이었다. 스탠퍼드 초기 시절부터 나는 '강의에 필요한 생각(Thoughts for teaching)'이라는 라벨을 붙인 파일을 보관하고 있었다. 그 파일 안에 내 임상에서 떠오르는 아이디어와 소품문(小品文, vignettes)을 모아서 단순하게 '강의에 필요한 생각' 파일로 쌓아두고 있었다. 어떤 하나의 노트가 나의 환상을 잡게 될 때까지 읽고 또 읽으면서 그 환상이 잡히게 되면 그것을 몇 개의 문장으로 만들었다. 그 팁들은 어떤 특별한 순서 없이 쓰였으나, 끝에 가서 내가 써 놓은 것을 검토하고 그것들을 다섯 개의 묶음으로 분류했다.

1. 치료자-환자 관계의 본질
2. 실존 문제를 탐색하는 방법들
3. 매일 치료를 진행하면서 발생하는 이슈들
4. 꿈의 활용
5. 치료자로서의 장애와 특권

나는 애초에 좋은 농부가 되는 100가지의 방법처럼 100가지 팁을 쓰려고 했으나 84가지에 이르게 되자 나의 파일은 동이 났다. (나는 환자를 보면서 다시 쌓아가기 시작했다. 그리고 9년 후에 두 번째 판에서는 11가지의 팁을 첨가했다.)

책을 쓰기 시작하면서부터 나는 책의 제목을 마음속에 두고 있었다. 릴케의 제목을 수정하여 젊은 치료자에게 보내는 편지(*Letters to a Young Therapist*)로 하려고 했다. 그러나 책을 거의 완성할 때쯤에 놀라운 우연의 일치가 일어났다. 베이직 북스에서 멘토 시리즈로 "Letters to a Young…"(치료자, 수학자, 역투자가, 가톨릭교도, 보수주의자, 요리사 등등)이라는 제목으로 출판을 하려고 하는 데 참여해 달라고 요청해왔다. 나는 베이직 북스에 충실했지만 그 시리즈에는 참여하지 않는 것이 좋겠다고 생각했다. 그러나 그들이 릴케의 제목을 응용하기로 했기 때문에 나에게는 새 제목이 필요했다. 치료자들을 위한 100가지 방법(*One Hundred Tips for Therapists*)은 불가능했다. 그래서 모든 사람들이 치료자들을 위한 84가지 방법(*84 Tips for Therapists*)에 투표를 했으나 결과적으로 나의 에이전트 샌디 딕스트라가 치료의 선물(*The Gift of Therapy*)을 제안했다. 나는 그 제목을 그렇게 좋아하지는 않았지만 그보다 더 좋은 생각이 나질 않았고 해가 지남에 따라 그 제목이 마음에 들게 되었다.

나는 그 책을 경제적인 압박 때문에 심리치료가 간소화되고, 안내서에 따라 진행하고, 문제-해결적, 인지적 행동주의적인 접근으로 나아가는 데에 반대해서 썼다. 나는 또한 정신과가 지나치게 약물에 의존하는 것에 대항하여 싸우고 있다. 이 전쟁은 오늘날까지 계속되고 있다. 치료에서 좋은 결과가 나오는 것은 친근함, 따뜻함, 순수함, 공감적인 치료적 관계에 의한다는 놀라운 연구 결과가 있음에도 불구하고 약물에 지나치게 의존하고 있다. 치료의 선물이 심리적으로 고통받는 사람들에게 인간성을 보존하면서 인간적인 접근을 할 수 있도록 하는 데 도움이 되기를 희망한다.

책의 끝에 나는 의도적으로 자극적인 언어를 썼다. 많은 학생들이 이미 행동주의적 훈련 프로그램으로 교육받은 것과는 정확하게 반대되는 것을 내 방식대로 이야기했다. "진단을 피하라.", "각각의 환자를 위해서 새로운 치료를 만들어라.", "환자에게 관심을 보여라.", "빈 화면? 잊어버려라. 진짜가 되어라.", "지금-여기를 매 시간 체크하라."

　치료의 선물의 여러 부분에서 공감의 중요성에 대해서 강조했고 로마의 극작가 테렌스의 고전적 정서 "나는 인간이다. 그래서 인간이 아닌 모든 것은 나에게는 외계인이다."를 전했다. 어떤 부분에서, '공감: 환자의 창으로 바라보아라.'는 내가 좋아하는 임상 이야기와 관계가 있다. 나의 환자는 부정(否定)만 하는 아버지와 사춘기를 지나면서 길고 잔인한 투쟁을 해오고 있었다. 화해를 갈구하면서 새로운 관계를 시작해보려고 그녀는 아버지가 자기를 운전해서 대학에 데려다주기를 기대하고 있었다—매우 드문 경우이긴 하지만 그녀와 아버지 단 둘이서 오랫동안 있게 되었다. 그러나 기대해오던 여행은 재앙으로 되어버렸다. 그녀의 아버지는 길가에 있는 시냇물이 추하고, 쓰레기가 널려 있었다고 계속 불평하는 것으로 그의 본성을 드러냈다. 그 반대로, 그녀는 쓰레기라고는 하나도 없는 아름다운 시골 특유의, 오염되지 않은 시냇물을 보았다. 그 결과로 그녀는 아버지에 대해 포기하고 침묵 속으로 가라앉아서 나머지 여행(그들의 삶도)을 서로 쳐다보지 않으면서 마쳤다. 아주 오랜 시간이 흐른 뒤에, 그녀는 우연히 그때와 똑같은 여행을 하게 되었다. 그녀는 거기에 두 개의 시냇물이 있다는 사실을 알고 놀랐다—길의 양 옆에 각각 하나씩 시냇물이 있었다. "이번에는 제가 운전을 했지요." 그녀는 슬프게 말했다. "운전석 창문을 통해 바라본 시냇물은 바로 아버지가 이야기했던 대로 더럽고 오염되어 있었어요." 그러나 그녀가 아버지의 창으로 바라보았을 때는 이미 늦었다—그녀의 아버지는 돌아가셔서 땅에 묻히셨다. "그래서 환자의 창으로 바라보아라."라고 나는 치료자에게 촉구한다. "환자가 바라보는 대로 세상을 바라보아라."

　치료의 선물을 다시 읽는 것은 나 자신을 많이 드러내는 것처럼 느끼게 한다. 내가 좋아하는 모든 전략과 반응이 모든 사람들이 볼 수 있도록 그 책에 실려 있다. 아주 최근에 한 환자가 내 사무실에서 울었다. 내가 물었다. "만약 그 눈물이 당신이 하고자 하는 말을 할 수 있다면 무어라 말할까요?"

내가 그 책을 다시 읽으며 나의 팁 중 하나에서 똑같은 말을 발견했다. 나는 마치 나 자신을 표절한 것같이 느꼈다.(그리고 나는 그녀가 그 책을 읽지 않았기를 바랐다.)

어떤 팁들은 자기 잘못을 알아차리면서 정직하게 되라고 격려한다. 실수를 인정하는 것이 중요한 것이 아니라 그 실수를 어떻게 **처리하느냐가 중요한** 것이다. 몇몇 팁들은 학생 치료자가 지금-여기를 사용할 수 있도록 용기를 준다. 지금-여기는 치료자-환자 관계에서 무슨 일이 일어나고 있는가에 초점을 맞추고 있기 때문이다.

치료의 선물의 마지막 팁, "직업의 특권을 소중히 여겨라."가 특별히 나를 감동시킨다. 나는 아주 가끔, 85세의 나이에, 왜 아직도 일을 하느냐는 질문을 받는다. 팁 85번(내가 지금 85세라는 것과 미묘한 일치이다)은 간단한 선언으로 시작한다. 내가 나의 환자와 일을 하는 것은 나의 **삶을 풍요롭게** 만든다. 그것은 내 삶의 의미를 제공해준다. 나는 치료자들이 의미가 없다고 불평하는 것을 거의 듣지 못한다. 우리는 다른 사람의 필요에 주의를 집중하는 봉사의 삶을 산다. 우리의 환자들이 변화하도록 돕는 일뿐 아니라 그들의 변화가 다른 사람을 향하여 파급되기를 바라는 것에서도 즐거움을 찾는다.

우리는 또한 비밀을 지켜주는 역할을 하는 특권을 가진다. 매일 환자들은 그들의 비밀, 때로는 절대로 전에 다른 사람들과 공유하지 않았던 비밀을 알려주는 것으로 우리를 빛나게 한다. 그 비밀은 인간의 어두운 면을 보여준다. 사회적인 장식이 없는 인간 조건, 역할극, 허세, 또는 무대에서의 연극 따위. 이런 비밀을 맡기는 것은 아주 소수의 사람에게만 주어지는 특권이다. 때때로 이런 비밀이 나를 짓누른다. 나는 집으로 가서 나의 아내를 붙잡고 나에게 주어진 축복을 세어본다.

더구나, 우리의 작업은 기회를 제공한다. 우리 자신을 초월하게 하고 인간 조건의 진실과 비극적 지식을 넓혀준다. 우리에게는 더 많은 것이 주어진다. 우리는 원대한 목표 — 인간의 정신을 발전시키고 유지하려는 — 에 몰두하는 탐험가가 된다. 환자들과 손에 손을 잡고 발견하는 기쁨을 누린다. 절망적인 관념적 요소가 통합된 전체로 갑자기 부드럽게 스며들어 올 때 "아하" 하는 경험을 하게 된다. 때때로 나는 그들이 한 번도 들어가 보지 못한 그들의 방으로 안내하는 가이드처럼 느낀다. 그들이 전에는 한 번도 들어가 보지 않았던 방의 문을 열고, 그 열려 있지 않은 방에 아름답고 창의적인 정체성의 조각들을 발견하는 모습을 본다는 것은 우리에게 얼마나 큰 혜택인가.

최근에 나는 스탠퍼드 교회의 크리스마스 예배에 참석해서 제인 쇼 목사님의 설교를 들었다. 그 설교는 우리가 사랑과 연민의 생생한 의미를 배경음악으로 하고 있다는 내용이었다. 나는 그녀가 우리가 할 수 있는 때는 언제나 이런 감정을 누릴 수 있다고 하는 것을 듣고 감동했다. 배려와 너그러움은 어떤 환경이라도 풍요롭게 만들며, 그 안에서 우리는 평안을 찾을 수 있다.

그녀의 설교는 나의 직업에서의 사랑의 역할을 다시 생각해볼 수 있게 만들어주었다. 나는 절대로, 단 한 번도, **사랑** 또는 연민이라는 단어를 나의 심리치료에서 다루어본 적이 없다는 사실을 알게 되었다. 그것은 엄청난 누락이었다. 나는 그것을 교정하고 싶다. 왜냐하면 나는 일하면서 치료자로서 언제나 사랑과 연민을 경험하고 있으며 내 환자들이 다른 사람을 향한 사랑과 너그러움을 자유롭게 표현할 수 있도록 도와주기 위해 최선을 다하고 있기 때문이다. 만약 내가 어떤 특정한 환자를 위해 이런 느낌을 경험하지 못한다면, 나는 그 환자에게 큰 도움을 주지 못하는 것이다. 그리하여 나의 환자를 위하여 나의 사랑의 감정 또는 이런 감정의 결여에 대해 예민해지려고 노력하고 있다.

아주 최근에 나는 우울하고 분노에 차 있는 젊은 여성 조이스와 작업을 시작했다. 그녀는 생명을 위협하는 위험한 암 수술에서 회복하고 있는 중이다. 그녀가 내 사무실에 들어서자마자, 그녀가 공포에 쌓여 있음을 느낄 수 있어서 내 마음은 그녀에게로 쏠렸지만 첫 세션에서는, 그녀가 가깝게 느껴지지 않았다. 그녀는 분명히 괴로워하면서도, 그 모든 괴로움을 스스로 억제하고 있다는 메시지를 나에게 풍기고 있었다. 나는 그녀의 일관성 없이 흔들리는 불평을 들으면서 혼란스러웠다. 어떤 주에는 자신을 짜증나게 하는 이웃과 친구들에 대해서 혹독하게 이야기하다가, 다음 주에는 고립감에 대해서 한탄했다. 무언가가 맞지 않았다. 나는 매주 그녀와의 다음 세션을 생각하면서 주춤하게 되었다. 때로 나는 그녀를 다른 치료자에게 보낼까 생각하기도 했으나 그 생각을 버렸다. 왜냐하면 그녀는 나의 책을 많이 읽었다고 했고, 맨 처음 나와 시작할 때 이미 다른 치료자들을 많이 보았으므로 내가 그녀의 마지막 치료자라는 것을 강조했기 때문이었다.

우리의 세 번째 세션에서, 뭔가 이상한 일이 있었다. 갑자기 그녀가 신체적으로 내 친구 부인 아라인과 비슷하다는 생각이 떠올랐다. 때때로 나는 조이스가 아닌 아라인과 이야기하고 있는 것이 아닌가 하는 순간적인 이상한 경험을 했다. 그런 생각이 들 때마다 나를 빨리 현실로 돌아오게 해야 했다. 내가 지금은 아라인을 좋게 생각하지만, 처음에는 그녀가 독선적이고 정이 안 간다고 생각했고 내 친한 친구의 아내가 아니었다면, 나는 그녀를 피했을 것이다. 나는 궁금하기 시작했다. 나의 무의식이 이상한 형태로, 아라인에 대한 짜증을 조이스에게로 옮겨가게 한 것이 가능한 일이었는가?

조이스는 네 번째 세션을 별 특징 없이 평범하게 시작했다. 짧은 침묵 끝에 그녀는 말했다. "어디서부터 시작해야 할지 모르겠어요." 이것은 문제가 되고 있는 우리의 관계에 초점을 맞추는 반드시 해야 할 질문이라는 것을 알아차리고 나는 대답했다. "우리의 지난번 세션의 끝이 어땠는지 이야기해보세요."

그녀는 전 세션에서는 이런 질문들에 대해 말하기를 피했는데 오늘은 나를 놀라게 했다. "우리 세션이 끝날 때마다 느끼는 것과 정확히 똑같았습니다. 나는 끔찍해요. 완전히 혼란스러워요. 세션이 끝난 후 몇 시간씩 고통스럽습니다."

"그런 말을 들으니 상당히 미안합니다. 그러나 좀 더 이야기해보세요, 조이스. 어떻게 고통을 받지요?"

"선생님은 많이 알고 계세요. 선생님은 많은 책을 쓰셨어요. 그래서 제가 선생님에게 연락을 한 것이었고요. 선생님은 현명해요. 그래서 저는 굉장히 열등감을 느껴요. 저는 선생님이 저를 아무것도 아니라고 생각한다는 걸 알아요. 선생님이 저의 모든 문제를 알고 있다고 확신해요. 그런데도 선생님은 그것이 무엇인지 말해주지 않아요."

"그런 것들이 얼마나 조이스에게 고통스러운지 알아요. 그리고 나는 조이스가 내게 정직하게 말해주어서 기뻐요. 이것이 우리가 반드시 해야 하는 바로 그것이지요."

"그렇다면, 선생님은 왜 무엇이 잘못되었다고 제게 정직하게 말해주지 않으세요? 무엇이 제 문제인가요? 제가 어떻게 풀 수 있어요?"

"조이스는 내게 너무 많은 점수를 주고 있어요. 나는 당신의 문제를 몰라요. 그러나 우리가 그 문제를 함께 찾을 수 있다는 것은 알지요. 그리고 나는 당신이 두려워하고 분노에 차 있다는 것을 알아요. 당신이 겪어낸 것들을 생각하면 이해할 수 있어요. 나도 그것을 느끼고 있어요. 만약 우리가 오늘 했던 것처럼 한다면 나는 당신을 도울 수 있어요."

"그런데 저는 왜 제가 선생님의 시간을 가치 없게 하고 있다고 느껴지지요? 왜 저는 점점 악화되고 있지요?"

나는 내가 무엇을 해야 하는지 알고 있었기 때문에 그 핵심을 잡았다. "당신이 들어야 할 아주 중요한 이야기를 해줄게요." 나는 주저했다 — 이것은 내가 자기 개방을 해야 하는 무거운 의무였기 때문에 나 자신에 대해서도 확신이 없게 느껴졌다. "당신은 내 친한 친구의 아내와 놀랄 만큼 닮았어요 — 그래서 지난번 세션 때 한두 번, 한두 순간에. 나는 이상한 생각이 들었어요. 당신이 아니라 내 친구 아내가 당신이 앉아 있는 그 의자에 앉아 있다고 생각했어요. 내가 지금은 그녀와 다정하기는 해도, 처음에는 잘 지내지 못했어요. 나는 그녀가 똑똑하다고 생각은 했으나 뭔가 정이 안 가고, 그냥 그녀와 같이 있는 것을 즐기지 못했어요. 나는 이 이야기를 당신에게 하고 있는데 ― 그리고 이것이 이상하게 들리겠지만, 그리고 나도 당황스럽지만 ― 내가 아마 무의식적으로 그녀에게 품고 있었던 이런 느낌을 당신에게로 옮기고 있었는지도 모른다는 것 때문이지요. 그리고 당신이 나의 이런 느낌을 알아차린 것 같아요.”

우리는 몇 순간 침묵 속에 있었다. 내가 덧붙였다. “그러나 조이스, 나는 분명히 하고 싶어요. 그 느낌은 당신에게서 내가 느끼는 것이 아니에요. 나는 전적으로 당신 편에 있어요. 나는 연민만을 느끼고 당신을 돕겠다는 마음이에요.”

조이스는 놀란 듯 눈물이 그녀의 뺨 위로 흘러내렸다. “그 선물, 고맙습니다. 많은 정신과의사들을 만났지만 이번이 처음입니다. 그 누구도 이런 개인적인 느낌을 저와 나누지 않았어요. 저는 오늘 이 사무실을 떠나고 싶지 않아요 ― 앞으로 12시간을 더 이야기하고 싶어요. 기분이 좋아요.”

나의 환자는 내가 제공했던 나의 개방을 바로 그 마음 그대로 받아들였다. 그 이후로 모든 것이 변했다. 우리는 작업을 잘했고 열심히 했고, 우리의 다음 세션을 기다렸다. 나의 개입을 어떻게 묘사할 수 있을까? 나는 그것이 연민, 사랑의 행동이었다고 믿는다. 그 이외의 말을 나는 찾을 수가 없다.

쇼펜하우어와 함께한 2년

나의 철학독서는 항상 생의 철학(Lebensphilosophie)에 집중되어 있었다. 삶의 의미와 가치를 이야기하는 사상가들의 학파. 이들 중에는 많은 고대 희랍인들, 키에르케고르, 사르트르, 그리고 물론 니체가 포함된다. 곧이어 나는 쇼펜하우어를 발견했고 쇼펜하우어의 무의식적 성적 충동의 영향이 프로이트의 이론을 미리 암시했다고 생각했다. 나는 쇼펜하우어가 심리치료의 탄생의 터전을 마련했다고 생각한다. 나의 소설 **쇼펜하우어 치료**(*The Schopenhauer Cure*, 국내에서는 쇼펜하우어, 집단심리치료로 출판됨 – 역주)에 등장하는 인물 필립이 말하는 대로, "쇼펜하우어가 없었다면 프로이트도 없다."

쇼펜하우어는 거칠고, 두려움이 없으며 극단적으로 고립된 인간이다. 그는 19세기의 돈키호테였다. 그는 모든 힘(권력)에, 심지어 종교까지 공격을 했다. 쇼펜하우어는 또한 상처를 받은 사람이고 그의 불행, 비관주의, 그리고 끈질긴 염세적 생각이 그의 작업 배경의 에너지를 제공하고 있었다. 그의 유명한 고슴도치 우화 속에 있는 인간관계의 관점을 생각해보자. 추위 때문에 고슴도치들이 모여서 따뜻하게 하려고 서로를 껴안는다. 그러나 그들이 껴안으면 서로 가시에 찔리게 된다. 결과적으로 그들은 서로 적당한 거리에 떨어져 있어야 하는 것이 가장 좋다는 것을 발견하게 된다. 그리하여 내부에 풍부한 열을 지닌 어떤 사람(쇼펜하우어와 같은 사람)은 다른 사람들로부터 완전히 떨어져 있는 것이 좋다는 충고를 받는다.

쇼펜하우어의 심오한 염세주의에 대해 처음 들었을 때 나는 충격을 받았다. 이런 절망 속에서 그가 어떻게 생각하고 일을 계속했는지 의아했다. 시간이 지나면서 나는 그가 인간관계를 이렇게 이해하는 것이 가장 고약한 그의 성품의 짐까지도 가볍게 한다고 믿었다는 것을 알게 되었다. 우리는 짧게 살 수밖에 없는 존재이지만 지식을 이해하는 것을 기쁘게 생각한다. 지식이 우리의 가장 비도덕적인 충동을 폭로하고 인생의 덧없음을 직면하게 하는 것이라 할지라도 우리는 그것을 이해했을 때 기쁨을 느낀다. '존재의 덧없음에 대해서(On the Vanity of Existence)'에 그는 이렇게 썼다.

> 사람은 절대로 행복하지는 않으나 자기의 전 생애를 자기를 행복하게 만들어줄 것이라고 믿는 그 무엇을 찾기 위해 바친다. 그는 가끔 그 목표를 달성하기도 한다. 그렇게 되면, 그것은 단지 실망을 가져올 뿐이다. 종말에 가서는 대부분 조난을 당하게 된다. 그리고 배의 돛대와 삭구를 잃어버린 채 항구에 다다른다. 그가 행복했든 불행했든 간에 그것이 전부이다. 왜냐하면 그의 일생은 언제나 사라지고 마는 현재의 순간 이외에는 더 이상 아무것도 아니기 때문이다. 그리고 현재도 끝나는 것이다.

이런 극심한 쇼펜하우어의 염세주의에 더해서, 집요한 성적 욕구가 그를 괴롭혔다. 성적인 방법 이외에는 다른 사람과 관계를 맺지 못하는 그의 무능이 그를 만성적인 고약한 성격으로 살아가게 했다. 그는 성적인 욕망이 일어나기 전, 어린아이였을 때와 노후에 그의 식욕이 달콤했을 때만 단지 행복감을 느꼈을 뿐이다. 예를 들면, 그의 중요 저서인 **의지와 표상으로서의**

세계(*The World as Will and Representation*)에서 그는 이렇게 썼다.

> 단지 그 끔찍한 생식기의 활동이 아직 잠자고 있기 때문에, 뇌가 완벽하게 활
> 기에 차 있는 동안, 아동기는 순수하고 행복감에 젖어, 생의 낙원에 있는 시
> 기이다. 잃어버린 낙원에서 남아 있는 우리 전 생애를 애타게 뒤돌아 보면.

　　그러나 쇼펜하우어에게서는 긍정을 찾을 수 없다. 그의 염세주의는 무자
비했다.

> 일생의 종말에 이르러, 그 누구도, 만약 그가 진실되고, 능력을 가졌다 할지
> 라도 일생을 다시 살고 싶어 하지 않을 것이다. 오히려 그는 완전한 무존재
> 이기를 더욱 원할 것이다.

　　아르투르 쇼펜하우어를 많이 알면 알수록 그의 삶에서 더 많은 비극을
발견하게 된다. 우리의 가장 위대한 천재 중 하나가 그토록 끊임없이 괴로
워했다는 것은 얼마나 슬픈 일인가. 내가 느끼기에, 그는 철저하게 도움이
필요했던 사람이었다. 그의 부모와의 관계는 삭막한 오이디푸스 드라마와
비슷하다. 첫째로 그는 가족 사업에 그가 참여하는 것을 거절한 자기 아버
지에게 격노했고, 인기 소설가인 그의 어머니를 사랑했다. 그의 아버지가
자살했을 때, 16세였던 아루트르 쇼펜하우어는 어머니를 끈질기게 통제하
고 집요하게 소유하려고 했기 때문에 어머니는 그와의 관계를 끊어버렸다.
어머니는 마지막 15년 동안 그를 만나기를 거절했다. 그는 자신이 완전히
죽지 않았음에도 불구하고 매장될까 봐 두려워했기 때문에 유서에 그의 몸
에서 풍겨나오는 악취가 근처에 퍼질 때까지 며칠 동안 자신의 시체를 매
장하지 말라고 부탁했다.
　　그의 슬픈 일생을 생각하면서 나는 쇼펜하우어가 심리치료를 받았다면

어땠을까 궁금했다. 만약 그가 나에게 의논을 했다면, 나는 그를 위로할 수 있는 방법을 찾을 수 있었을까? 나는 그와 내가 심리치료를 하는 장면들을 상상하기 시작했다. 그리고 점차로 쇼펜하우어에 대한 소설의 윤곽이 잡혀가기 시작했다.

쇼펜하우어가 치료를 받는다—그것을 상상해보자! 오, 그래, 그래—얼마나 달콤하고 도전적인 생각인가! 그러나 이 이야기에서 누가 그의 치료자 역할을 할 것인가? 쇼펜하우어는 1788년에 태어났다. 심리치료의 최초 움직임이 있기 1세기도 훨씬 전이었다. 몇 주 동안 나는 자비롭고, 문학적 소양이 있고, 철학적으로 훈련이 된 한때 예수회 수사로서 철저한 명상 수련을 받은 사람이라면 쇼펜하우어가 기꺼이 참여할 수 있을 것이라고 생각했다. 그 아이디어에는 몇 가지 장점이 있었다. 쇼펜하우어가 살아있을 때 수백 명의 예수회 회원들이 직업을 잃었다. 교황이 예수회를 해체하는 법령을 1773년에 발표하고 41년 동안이나 복귀시키지 않았다. 그러나 그 구성은 잘되지 않았으므로 나는 그 아이디어를 버렸다.

그 대신에 나는 쇼펜하우어 복제인간을 만들기로 결정했다. 쇼펜하우어의 지성과 취미와 성격적인 특성(인간 혐오, 성적인 강박증, 염세주의 등을 포함해서)을 이어받은 현대 철학자를 만들어내기로 했다. 그래서 필립이라는 인물이 탄생되었다. 나는 필립을 심리치료가 실제로 가능하게 되었던 20세기의 인물로 설정했다. 그러나 어떤 형태의 심리치료가 필립에게 가장 효과적일 것인가? 긴장되고 철저한 집단치료에서는 아주 날카로운 인간관계가 필요하다. 그렇다면 집단치료자는? 경험이 많고 유능한 집단치료자가 필요했다. 그래서 줄리어스를 창조했다. 현명하고 나의 접근법과 비슷한 치료접근을 하는 나이가 지긋한 치료자 줄리어스를 만들어냈다.

다음으로 나는 다른 인물들(치료집단의 멤버들)을 만들었다. 필립을 그 집단에 소개시키고 그 인물들이 자유롭게 서로 상호작용을 하도록 했다. 나에게는 미리 짜놓은 형식이 없었으므로 그냥 나의 상상 속에서 진행되는 그들의 행동들을 기록하기만 했다.

생각해보라! 쇼펜하우어 복제인간이 치료집단에 들어와서, 소란을 피우고, 지도자에게 도전하고, 다른 멤버들을 분노케 만들고, 그러나 궁극적으로는 드라마틱한 변화를 겪게 된다는 것을. 내가 나의 분야에 보내는 그 메시지를 생각해보라. 만약 집단치료가 염세주의자의 우두머리이며 당대에 가장 잘 알려진 인간 혐오주의자인, 아르투르 쇼펜하우어를 도울 수 있다면, 집단치료는 그 누구도 도울 수 있다!

후에, 소설을 끝내고 나서 되돌아보니까 이 소설은 집단치료자들을 교육시키는 데 좋은 교재가 될 것이라는 생각이 들었다. 나의 집단치료 교과서의 제5판의 여러 장에서 학생 독자들에게 치료 원칙이 드라마틱하게 묘사된 이 소설의 여러 페이지들을 읽어보라고 권했다.

나는 이 소설을 특이한 방법으로 썼다. 각 장을 교대로 치료집단의 미팅과 쇼펜하우어의 심리전기를 번갈아 썼다. 많은 독자들이 이런 형식에 당황하기도 했을 것이라고 짐작하면서, 소설을 쓰는 동안에, 기이한 결합물을 만들어내고 있구나 혼자 생각했다. 그럼에도 불구하고, 나는 쇼펜하우어 일생의 이력이 쇼펜하우어의 복제품인 필립을 이해하는 데 도움이 될 것이라고 믿었다. 그러나 그것은 부분적인 이유에 불과하다. 나는 쇼펜하우어의 작품과 일생과 심리가 너무나 황홀했기 때문에 그의 성격 형성을 추적하는 기회를 지나쳐 버릴 수가 없었다. 쇼펜하우어가 프로이트를 예감하고 있었고, 심리치료의 터전을 마련하였다는 것을 탐색하는 일도 거역할 수가 없었다.

이 책이 내가 쓴 책들 중에서 효과적인 집단치료를 가장 잘 보여주고 있는 책이라고 믿는다. 줄리어스는 내가 늘 되고자 노력하는 치료자이다. 그러나 소설에서 그는 치료 불가능한 악성 흑색종양에 걸린다. 병에 걸렸음에도 불구하고, 그는 의미 찾기를 계속하고, 심지어 죽음이 가까이 왔을 때에도 그의 집단 멤버들을 격려한다. 그는 개방적이고, 너그러우며, 지금

—여기에 초점을 두며, 마지막 남은 에너지를 집단 멤버들을 돕는 데 쓴다. 집단 멤버들이 서로 상호작용을 탐색하면서 그들 자신에 대해서 배울 수 있도록 돕는다.

이 소설의 제목을 선택하는 것은 어렵지 않았다. 쇼펜하우어 치료(*The Schopenhauer Cure*)라는 구절이 내 마음에 떠오르자마자 나는 그것을 수용했다. 나는 이중적 의미를 갖는 그 어구가 좋았다. 염세주의자 쇼펜하우어는 치료를 제공받고, 생각하는 쇼펜하우어 그 사람은 우리 모두에게 치료를 제공한다.

출판된 지 12년이 지났는데도 그 소설은 여전히 살아있다. 체코 영화 회사가 이 소설을 영화로 만들고 있다. 쇼펜하우어 치료는 임상철학에서도 기대를 하고 있다는 것을 나는 그 분야의 지도자들에게서 들었다.

몇 년 전에 미국 집단심리치료학회가 샌프란시스코에서 연차대회를 했을 때 대단히 많은 집단치료자들이 참석해서 나의 옛 학생이며 내 교과서 **집단치료** 제5판의 공동저자인 몰린 레네쯔(Molyn Leszcz)가 소설 속에 나오는 집단 멤버들의 역할을 배우들에게 지도하는 것을 지켜보았다. 나의 아들 벤이 배우들을 선발했고 제작 감독이었으며 벤 자신도 등장인물 중의 하나를 연기했다. 배우들은 각본이 없었으나 치료 집단에 참여한다고 상상하면서 자기네들의 인물 특성을 지키면서 자발적으로 다른 멤버들과 상호작용을 하라는 지시를 받았다. 나는 그 상호작용 부분의 토론자였다. 나의 아들 빅터가 그 행사의 필름을 편집했고 그의 교육 웹사이트에서 쓸 수 있는 비디오로 만들었다. 뒷자리에 편안히 앉아서 나의 상상 속의 인물들이 실제 육체를 가진 인간들이 되어서 상호작용을 하는 것을 지켜보는 것은 큰 즐거움이었다.

태양을 똑바로 쳐다보기

내가 이 책을 쓰고 있었을 때 나의 누나 진이 세상을 떠났다. 나보다 7살 위인 진은 점잖은 사람이었고 나는 누나를 극진히 사랑했다. 우리가 성인이 되어서 누나는 동부에 살았고 나는 서부에 살았지만, 우리는 항상 서로 전화를 했고 내가 워싱턴에 갈 때마다 누나와 누나의 남편인 심장전문의 몰톤은 언제나 너그러웠고 나를 환대해주었다.

진이 세상을 떠나기 몇 주 전 내가 워싱턴에 갔을 때 진은 급성 치매를 앓고 있어서 나를 알아보지도 못했다. 나는 그때 이미 진을 잃어버렸다고 생각했기 때문에 그녀의 사망 소식에 별로 놀라지 않았다 ― 의식적으로는 놀라지 않았다. 그 대신에 누나와 누나의 가족을 위해 안도의 마음이 들었다. 다음 날 매릴린과 나는 장례식에 참여하기 위해 워싱턴으로 날아갔다.

나는 추모사를 15년 전에 있었던 어머니의 장례식 이야기를 하면서 시작했다. 어머니의 장례식 때 나는 어머니를 영예롭게 하기 위해서 키첼을 구웠다. 키첼은 오래된 과자로, 장례식이 끝나고 모인 가족들을 대접하기 한 것이다. 내가 구운 키첼은 겉으로 보기에는 훌륭했고 냄새도 그럴 듯했다. 그러나 아뿔싸, 맛은 전혀 없었다. 나는 어머니의 레시피를 그대로 따라 했는데 설탕 넣는 것을 잊어버렸다! 진은 언제나 우아하고 점잖았다. 내가 이 이야기를 하는 이유는 내 누나의 사랑스러움을 최고로 높이기 위함이었다. 만약 내가 진을 위해 키�첼을 구었다면, 설탕 넣는 일을 절대로 잊어버리지 않았을 것이라고 말하려고 했다. 그러나 깊은 슬픔을 의식하지 못한 채로 침착하게 장례식에 왔음에도 불구하고 추도사를 하는 도중에 나는 완전히 무너져서 추도사를 끝내지도 못하고 내 자리로 돌아왔다.

나의 자리는 맨 앞줄에 있었기 때문에, 누나의 소박한 나무 관에 손이 닿을 만큼 가까웠다. 강한 바람이 한바탕 불고 나서 묘지에 앉았을 때, 나는 보았다. 내 눈 밖에서 내 누나의 관이 떨리기 시작하는 것을 보았다. 나의 모든 이성에도 불구하고, 나의 누나가 관에서 나오려고 애쓰고 있다는 이상한 생각에서 벗어날 수가 없었다. 그리고 무덤 근처에서 도망치려는 나의 본능과 싸우지 않으면 안 되었다. 죽음과 관계되는 모든 경험, 인생의 종말까지 내가 안내했던 많은 환자들, 죽음이라는 수제에 관한 나의 모든 최상의 결별과 이성 — 이 모든 것이 나 자신의 죽음에 대한 공포 앞에서는 증발해버리고 말았다.

이 사건에서 나는 충격을 받았다. 몇십 년 동안 나는 나의 개인적인 죽음에 대한 불안을 이해하고 개선하기 위하여 노력해왔다. 나는 이런 두려움을 내가 쓴 소설과 이야기와 내가 창조한 인물들을 통해서 투사했다. **쇼펜하우어 치료**에서 집단 리더인 줄리어스는 그가 치명적인 병으로 진단을 받았다는 사실을 집단에 알린다. 집단 멤버들은 그를 위로하려고 노력한다. 집단 멤버의 한 사람인 팸은 블라다미르 나보코프의 회고록, 말하라, 기억이여(*Speak, Memory*)의 한 구절, "사람의 일생은 똑같은 두 개의 암흑 — 출생 전의 암흑과 사망 후의 암흑 — 사이에 있는 섬광이다."라고 표현한 글을 인용하면서 위로한다.

이에 대해 쇼펜하우어의 복제품이며 복사(服事)인 필립이 즉각적으로 생

색을 내는 태도로, "틀림없이 나보코프는 쇼펜하우어에게서 나온 아이디어를 인용했을 겁니다. 쇼펜하우어는 죽은 후에 우리는 태어나기 전으로 돌아가서 우리가 아무것도 아닌 존재 이상이라는 것을 증명하기는 불가능하다는 것을 알리는 길을 걸어온 것이라고 말했지요."

팸은 필립에게 분개하면서 말했다. "너는 쇼펜하우어가 언젠가 모호하게 비슷한 말을 했던 걸 생각하고 있는 거지. 이 빌어먹을 자식아."

필립은 눈을 감고 암송하기 시작했다. "'어떤 사람이, 몇천 년 동안 무존재로 있다가 갑자기 후에 존재하는 자신을 보고 놀랐다. 그는 잠시 동안 산다. 그러고 나서 다시, 똑같이 긴 시간 동안 더 이상 존재할 수 없게 된다.' 나는 쇼펜하우어의 에세이, '존재의 헛됨이라는 신조에 대한 부언(Additional Remarks on the Doctrine of the Vanity of Existence)'에서 인용했어요. 이것이 팸 당신에게는 모호한가요?"

내가 이 구절을 인용하는 것은 여기에 다음 사실이 포함되지 않았기 때문이다. 즉 쇼펜하우어와 나보코프의 말을 둘 다 추적해보면 인간의 가장 원초적인 불행의 근원은 인간에게 언제나 존재하는 죽음에 대한 두려움이라는 것을 선포한 그리스의 철학자 에피쿠로스에게서 나왔다는 사실을 포함시키지 않았다는 것이다. 이 죽음에 대한 두려움을 완화시키기 위해 에피쿠로스는 아테네에 있는 학생들을 위해 설득력 있는 세속적인 논쟁을 시리즈로 발전시키고 그것을 교리문답으로 암기하여 공부하도록 분명히 했다. 그 논제 중 하나는 잘 알려진 '대칭 논쟁'이다. 죽음 이후의 우리의 무존재 상태는 태어나기 전의 우리의 상태와 동일하다. 우리의 '존재 이전' 상태는 불안과는 절대로 연관되지 않는다. 시대를 통해서 철학자들은 이 논쟁을 공격했으나 내 마음에 아직 이 논쟁은 그 안에 내포된 단순성이 아름답다고 생각되고 상당한 힘을 가지고 있다고 느낀다. 이 말이 나의 많은 환자들을 위로했고 나에게도 위로를 주었다.

죽음에 대한 공포를 떨쳐버리려고 에피쿠로스의 논쟁들을 더 많이 읽으면서, 다음 번에 쓸 책에 대한 아이디어가 폭탄처럼 쏟아져 나와서 몇 달 동안 나의 마음을 빼앗고 있었다. 그 아이디어들은 이렇다. 아주 무시무시한 악몽이 한 남자를 공포에 떨게 한다. 밤중에 깊은 숲속에서 그는 무서운 맹수에게 추격을 당한다. 더 달릴 수 없을 때까지 달렸다. 맹수가 그를 덮칠 것이라고 느끼면서, 이것이 바로 그의 죽음임을 인식한다. 소리를 지르고 심장은 쿵쾅거리고 땀에 젖어서 깨어난 그는 침대에서 벌떡 일어나서, 빨리 옷을 입고 침실에서 벗어나서 누군가를 찾으려고 집을 떠난다 ― 나이가 지긋한 어른, 사색가, 치유자, 신부, 의사 ― 누구든지 이 죽음의 공포에서 벗어날 수 있도록 그에게 도움을 줄 수 있는 사람을 찾아 떠난다.

나는 이 책을 8개나 9개의 장으로 구성하려고 했다. 각 장을 똑같은 문장으로 시작한다. 악몽, 잠에서 깨어나고 죽음의 공포에서 벗어나기 위해 누군가를 찾아나서는 장면들로 시작한다. 그러나 각 장은 각각 다른 세기(世紀)로 설정되어야 한다! 제일 처음은 BC 300년의 아테네에서. 꿈을 꾼 사람은 아고라로 달려간다. 중요한 철학 학교가 있는 아테네의 한 구역으로 간다. 그는 플라톤이 세우고 지금은 그의 조카 스페우시푸스가 운영하고 있는 아카데미를 지나서, 아리스토텔레스의 학교 리케이온을 지난다. 스토아 학파와 견유(犬儒, Cynics)학파의 학교를 지나서, 마침내 해가 뜰 시간에 목적지 에피쿠로스의 정원에 다다르며 그는 입학이 허락될 것이다.

다른 장은 성 아우구스티누스의 시대가 될 것이다. 다음 장은 종교개혁 시대, 또 다른 장은 18세기 말 쇼펜하우어의 시대, 다른 장은 프로이트의 시대, 아마 다른 장은 사르트르나 카뮈의 시대가 될 것이다. 그리고 다음은 아마 무슬림이나 불교 국가가 될 것이다.

그러나 한 번에 한 가지 일을 하기로 했다. 나는 그 전체의 에피소드를 기원전 300년 그리스의 에피쿠로스 시대를 쓰고 난 후에 다음 시기로 넘어가는 식으로 쓰기로 결정했다. 몇 달 동안 그리스 시대의 일상생활, 의복,

아침식사 형태, 일상생활의 습관을 자세히 조사했다. 고대와 현대의 역사적이고 철학적인 교재들을 공부했고 메리 리놀트와 그 밖의 작가들이 쓴 고대 그리스를 배경으로 한 소설을 읽었으나 결국에는 슬픈 결론에 도달했다. 그 소설을 쓰고 다른 시기의 장을 쓰기 위한 조사 작업은 나의 남은 일생을 전부 소비해야 할 것 같았다. 대단한 회한과 함께 나는 이 프로젝트를 포기해버렸다. 이것이 내가 시작하고 완성하지 못한 단 하나의 책이다.

　　그 대신에 나는 에피쿠로스의 죽음의 불안에 대한 업적을　비소설로 쓰기로 했다. 그 책은 점차적으로 2008년에 출판된 **태양을 똑바로 쳐다보기**(*Staring at the Sun*, 국내에서는 보다 냉정하게 보다 용기있게로 출판됨 – 역주)라는 제목으로 변형되었다. 이 책은 임상에서 건강한 사람이나 치명적인 병에 걸린 환자들이 죽음에 대해서 어떻게 생각하고 있는지에 대한 나의 생각들을 추적한 책이다. 그 책의 제목 **태양을 똑바로 쳐다보기**는 17세기 프랑수와 드 로슈푸코의 격언에서 따왔다. "사람은 태양이나 죽음의 얼굴을 똑바로 쳐다볼 수 없다." 이 격언을 책 제목으로 쓰기는 했지만 책에서 나는 죽음을 직접적으로 쳐다보는 데에서 상당히 좋은 것들이 많이 나온다는 것을 강조하면서 이 격언의 진실에 도전했다.

　　나는 그 아이디어를 임상적으로만 표현한 것이 아니라 문학적인 삽화로도 표현했다. 예를 들면, 찰스 디킨스의 **크리스마스 캐롤**(*Christmas Carol*)에 나오는 에벤저 스크루지를 인용했다. 스크루지는 처음 시작에서는 비참하고 고립된 인간이지만 끝에 가서는 친절하고, 너그럽고, 사랑스러운 사람으로 변화된다. 언제 그 변화는 일어났는가? 디킨스는 스크루지에게 강력한 실존적 충격 치료를 한다. 크리스마스 유령이 아직 죽지 않은 스크루지에게 그 자신의 무덤을 보여주고 묘비에 그의 이름이 적혀 있는 것을 보게 한다.

　　태양을 똑바로 쳐다보기 전체를 통해서 죽음에 직면하는 것은 깨닫는 경험의 역할을 한다. 우리를 가르치는 것 중 하나는 우리가 어떻게 더욱 충실한 삶을 살 수 있는가이다. 치료자들은 집단과정에서 이 사실을 감각적으로 잘 볼 수 있도록 이끈다. 앞서 말했던 대로, 임상에서 나는 환자들에게 종이 위에 하나의 선을 긋게 하고 한 끝은 출생을 의미하고 다른 한 끝은 죽음을 의미한다고 상상하라고 하고 그 선 위에서 현재 자신들의 위치가 어디쯤인가 표시하라고 한다. 그리고 잠시 그것에 대해서 명상하라고 한다. 영화 '얄롬의 치료(Yalom's Cure)'는 나의 목소리로 이 실습을 제시하는 것으로 시작된다.

정신과의사로서 훈련을 받는 동안, 나는 치료에 대한 토의에서나 세미나의 사례 연구에서 한 번도 죽음에 대해서 토의하는 것을 들어본 적이 없었다. 정신과 분야에서는 마치 미국 정신과의사들의 학장이었던 아돌프 메이어의 충고를 따르는 것 같았다. 그는 "가렵지 않은 곳은 긁지 말아라"—다른 말로 하면, 환자가 묻지 않는 한 문제가 될 만한 주제는 말하지 말아라, 특별히 우리가 감당할 만하지 못한 영역에 대해서는 말하지 말라고 했다. 그러나 나는 메이어와 대조되는 입장을 취해오고 있다. 죽음이 언제나 우리를 가렵게 하니까, 그것에 대한 환자들의 자세를 탐색해봄으로써 환자를 돕는 방법을 많이 얻을 수 있을 것이라는 입장이다.

망각은 우리에게 죽음을 맛보는 경험을 하게 한다고 쓴 체코의 실존적 소설가 밀란 쿤데라의 말에 나는 전적으로 동의한다. 다시 말해서, 죽음에 대해서 우리를 두렵게 만드는 것은 미래를 잃어버린다는 사실뿐만 아니라 과거 또한 잃어버린다는 사실이다. 나의 책들을 다시 읽으면서 가끔 내가 소설에서 썼던 환자들의 얼굴과 이름을 기억하지 못할 때가 있다. 그들을 너무나 잘 가장해 놓았기 때문에 나 자신도 그들이 누구였는지 알아볼 수가 없다. 친밀하고도 비참했던 시간을 오랫동안 같이 했던 개인들을 지금 내가 기억하지 못한다는 사실이 고통스럽다.

죽음에 대한 불안은 많은 환자들이 표현하는 불평 뒷면에 포함되어 있다는 것을 믿고 있다. 예를 들면, 빅 버스데이(big birthday, 서른, 마흔, 또는 쉰 번째의 생일같이, 서른 이후의 나이에서 나이의 앞자리가 바뀌는 해의 생일)에 따라오는 불편함, 우리가 시간의 흐름을 멈추게 할 수 없다는 사실을 일깨워주는 불편함을 생각해보자. 최근에 나는 무시무시한 악몽에 시달리고 있다는 한 환자를 만났다. 그녀는 한 악몽에서 한 불법자가 그녀의 삶을 위협했다고 했다. 다른 꿈에서는 그녀가 우주에서 떨어지는 것처럼 느꼈다고 했다. 그녀의 50번째 생일이 다가오고 그녀는 가족들이 베풀어주는 그 파티가 두려웠다는 것이다. 그녀에게 그녀가 50살이 된다는 것에 함축되는 의미를 모두 탐색해보라고 했다. 그녀는 자신이 50세가 되는 것이 진정으로 늙는다는 것이고 자신의 어머니가 50세였을 때 얼마나 늙어보였나를 기억한다고 했다. 부모님은 두 분 다 60대 후반에 돌아가셨기 때문에 그녀는 지금 자기 삶의 2/3를 살았다고 했다. 우리가 만나기 전에는 한 번도 그녀가 어떻게 죽을지, 그녀의 장례식이나 그녀의 종교적 믿음에 대해서 공개적으로 말해 본 적이 없었다. 나는 죽음을 이야기하는 우리의 세션이 고통스럽기는 해도 그 과정을 분명히 설명하는 것이 궁극적으로는 그녀를 편안하게 해주고 불안에서 벗어나게 해줄 것이라고 믿었다. 죽음에 대한 불안은 우리들의 많은 이정표에 숨어 있다―빈 둥지 증후군, 은퇴, 중년의 위기 그리고 고등학교와 대학 동창들과의 재상봉―다른 사람의 죽음에서 오는 슬픔도 마찬가지다. 나는 대부분의 악몽이 울타리를 벗어난 죽음 불안에서 나온다고 믿는다.

태양을 똑바로 쳐다보기를 쓴 지 10년이 지나고, 내가 이 글을 쓰고 있는 지금―나 자신의 죽음에 10년 더 가까워졌다―나는 이 주제에 대해서 그때처럼 침착하게 쓸 수 있으리라고 믿지 않는다. 지난해에 나는 나의 누나를 잃었을 뿐만 아니라 나의 가장 오랜 그리고 가장 가까웠던 세 친구들―허브 코츠, 래리 자로프, 그리고 밥 버거를 잃었다.

래리와 허브는 나의 대학과 의과대학의 동급생이었다. 우리는 해부학 시간에 시체 해부의 파트너였고 인턴 때는 방을 같이 썼다. 우리 셋과 우리 아내들은 함께 여러 곳을 여행했다—포코노, 매릴랜드 동부 해안, 허드슨 밸리, 케이프 메이, 그리고 나파 밸리. 우리는 우리가 함께 이야기하고 자전거를 타고, 게임을 하고, 음식을 같이 먹었던 낮과 밤을 사랑했다.

래리는 로체스터 뉴욕에서 심장외과 의사로 오래 일했다. 39년 동안 그 일을 하고 나서 그는 분야를 바꾸어 스탠퍼드에서 의료역사학의 박사학위를 받았다. 말년에 갑자기 대동맥류 파열로 세상을 떠나기 전까지 그는 학부생과 의과 대학생들에게 문학을 가르쳤다. 그의 장례식 때 나는 짧은 추모사에서 우리 여섯이 포코노로 휴가여행을 갔을 때의 가벼운 일화를 이야기하려고 애썼다. 래리는 흉한 옷차림을 하고 싶은 기분에 젖어서 찢어지고 구겨진 티셔츠 차림으로 화려한 식당에 왔다. 우리는 모두 그의 해괴한 옷차림에 대해서 그가 자리에서 일어서서 밖으로 나갈 때까지 장광설을 늘어놓았다. 10분 후에 그는 훨씬 말쑥한 모습으로 돌아왔다. 그는 방금 웨이터에게서 셔츠를 샀다는 것이다! (웨이터는 다행스럽게도 락카에 여분의 셔츠를 가지고 있었다.) 장례식에서 이 이야기를 하면서 분위기를 가볍게 하려고 노력했음에도 불구하고, 나는 목이 메었고, 말을 이으려고 몹시 애를 썼다.

허브는 산부인과 의사로 훈련을 받았고 나중에는 종양학 의사였는데 점차로 치매를 앓게 되어서 심한 혼란과 신체적 고통 속에서 말년을 살았다. 나는 내 누나의 경우와 마찬가지로 그가 세상을 떠나기 오래전부터 그를 이미 잃었다고 생각했다. 나는 그때 독감으로 너무나 아팠기 때문에 워싱턴 DC에서 있었던 그의 장례식에 갈 수가 없었고, 그의 묘지에서 읽을 나의 추모사를 친구 편에 보냈다.

그의 죽음이 그와 그의 가족을 걱정에서 벗어나게 해서 오히려 다행으로 여기고 있었으나 워싱턴 DC에서 그의 장례가 거행되는 정확한 그 시각에 샌프란시스코 집에 있던 나는 점점 불안해졌다. 나는 샌프란시스코에서 잠시 산보를 하면서 오랫동안 잊고 있었던 그와 함께 했던 시간을 기억하면서 뜻하지 않게 눈물이 났다. 허브와 내가 대학과 의과대학에 다닐 때 우리는 일요일에 그의 삼촌 루이와 피노클 게임을 했다. 루이는 결혼을 하지 않았고 허브의 가족과 함께 살고 있었다. 루이는 남들을 즐겁게 해주는 사람이었고 건강염려증이 있어서 언제나 자기가 그 게임을 잘 끝낼 수 있을지 모르겠다고 자기의 머리를 가리키면서 '이 윗층에서 뭔가 잘못되고 있기' 때문이라고 알려주었다. 그 말을 신호로 우리들은 새 청진기를 꺼내들고 5달러의 요금을 받고 혈압계를 그의 손에 매고 심장 박동을 듣고 그는 건강하다고 선언했다. 루이는 아주 훌륭한 플레이어였기 때문에 우리는 그에게서 받은 5달러를 오래 가지고 있지 못했다. 거의 언제나 저녁이 끝날 때쯤 그는 그의 돈을 되찾았을 뿐만 아니라 그에 듬뿍 더 얹어 받았다.

나는 그런 저녁을 좋아했다. 루이 삼촌은 오래전에 세상을 떠났고 지금, 허브도 떠나고. 나는 오래전에 있었던 장면을 증언해줄 사람이 더 이상 존재하지 않는다는 허전한 외로움을 경험하고 있다. 그 일들은 이제 나의 마음속에서만 존재하게 되었다. 똑딱거리는 나의 신비스러운 신경회로의 어디엔가에 있겠지만, 내가 죽으면 그것마저도 영원히 사라져 버릴 것이다. 나는 이런 일들을 몇십 년 동안 추상적으로 알고 있었고 책과 강의, 많은 치료시간에서도 강조했다. 그러나 나는 지금 그것을 느끼고 우리가 죽으면, 우리들의 귀하고, 즐겁고, 유일한 기억들은 우리와 함께 사라질 것이라는 것을 절감하고 있다.

나는 또한 60년 넘게 나의 좋은 친구였던 밥 버거를 애도하고 있다. 그는 허브가 가고 난 몇 주 후에 저 세상으로 떠났다. 심정지로 밥은 소생하기 전 몇 시간 동안 의식을 잃고 있다가 잠시 명료해졌을 때 나에게 전화를 했다. 언제나 익살스러운 그는 초조한 듯 말했다. "나는 저쪽 다른 세상으로부터 자네에게 메시지를 가져왔네." 이것이 그가 말한 전부였다. 그의 상태는 갑자기 나빠져서 혼수상태로 있다가 2주 후 세상을 떠났다.

밥과 나는 보스턴에서 의과대학 2학년 때 만났다. 우리는 후에 각각 다른 해안에서 살았지만 일생 동안의 친구로 남았다. 그리고 자주 전화로 또는 직접 방문하고 연락하면서 지냈다. 우리가 처음 만나고 50년이 지난 때, 그는 나치가 그의 조국 헝가리를 지배했을 당시 사춘기 청소년이었던 그의 삶에 대해서 글을 쓰려고 하는데 나에게 도와달라고 했다. 그는 크리스천으로 지낼 때, 나치가 부다페스트를 점령했을 당시, 레지스탕스로 참가했을 때의 일들에 대해서, 머리칼이 곤두서는 무서운 이야기들을 연달아 했다. 한 예로, 16살 때 그와 레지스탕스 투쟁자가 모터사이클을 타고 줄줄이 묶여서 걷고 있는 유대인들을 따라가게 되었다. 그 유대인들은 숲속을 통해서 다뉴브 강까지 걸어가서 강물 속으로 던져져서 죽게 되어 있었다. 그 포로들 중 하나라도 구해줄 방법이 없었으나 밥과 친구는 운전을 하면서 수류탄을 던져서 나치 경비원을 죽였다. 후에 밥이 성공하지는 못했으나 어머니를 찾으려고 며칠간 멀리 떠나 있을 때, 그의 집주인은 그의 룸메이트인 절친한 친구를 나치에게 넘겼고 나치는 그를 길거리로 끌어내서 그의 팬티를 벗겼다. 그들은 그가 할례를 받은 것을 보고 그의 복부를 총으로 쏘고 죽게 내버려두었다. 보고 있는 사람들에 아무도 그를 도와주지 말고 물 한잔도 주지 말라고 했다. 나는 그토록 공포스러운 이야기를 하나하나 들으며—생전 처음으로—그날 저녁 그에게 말했다. "밥, 우리는 굉장히 친하게 지냈어. 우리는 50년 넘게 서로를 알고 지내왔어. 그런데 왜 자네는 전에 한 번도 이런 이야기를 내게 해주지 않았지?" 그의 대답에 나는 놀랐다. "어브, 너는 그런 이야기를 들을 준비가 안 되어 있었어."

나는 저항하지 않았다. 그가 옳다는 것을 알았기 때문이었다. 나는 그런 이야기를 들을 준비가 되어 있지 않았다. 나는 나의 그 준비되어 있지 않았음을 여러 가지 방법으로 그에게 전달해야 했다. 나는 오랫동안 어떤 종류이든 간에 홀로코스트에 노출되는 것을 피해왔다. 나는 10대 때 뉴스 필름으로 연합군이 유대인 집단수용소를 해방시키고 난 후에 인간 해골들처럼 보이는 얼마 안 되는 생존자들과 어디에나 산더미 같이 쌓여 있는 시체들을 불도저로 옮기는 것을 보았다. 몇십 년이 흐르고, 매릴린과 '쉰들러 리스트(Schindler's List)'를 보러 갔을 때 매릴린과 나는 따로 운전을 했다. 영화가 끝나기도 전에 확실하게 내가 극장에서 뛰쳐나올 것이 분명했기 때문이었다. 그리고 정말 나는 그렇게 했다. 나에게 있어서 그것은 예측 가능한 행동방식이었다. 만약 홀로코스트에 관한 글을 읽거나 어떤 그림을 보게 되면 나는 회오리 같은 감정에 휘말리게 된다. 끔찍한 슬픔, 참을 수 없는 분노, 기능을 상실할 정도의 고뇌, 희생자들이 당했을 경험을 생각하고 나를 그들의 입장에 놓고 생각하면서 격한 감정에 휘둘리게 된다. (내가 미국에서 안전하게 지낸 것은 순전히 행운이었다. 나의 아버지의 누나와 그녀의 전 가족, 나의 삼촌 에이브의 아내와 네 자녀들은 유럽에서 살해되었다.) 나는 절대로 나의 감정을 밥에게 명백하게 표현하지 않았다. 그러나 그는 나의 그런 감정을 여러 가지로 포착했다. 내가 그에게서 또 다른 전쟁 이야기를 들었다고 해도 나는 한 번도 질문하지 않았을 것이다.

반세기 후에, 밥은 니카라과 비행장에서 아주 무서운 경험을 했다. 누군가가 그를 납치하려고 했던 것이었다. 그는 심하게 상처를 입었기 때문에 나에게 연락을 했고 나치가 부다페스트를 점령하고 있었던 때의 그의 청소년기의 경험을 글로 써달라고 부탁했다. 우리는 많은 시간을 함께 보내면서 그 납치사건과 전쟁 기간 동안의 모든 일들을 되살려 보았다.

나는 그의 청소년기의 경험들을 엮어서 그와 함께 우리의 우정을 위하여 중편소설을 썼다. **경찰을 부르겠습니다**(*I am calling the Police*)는 미국에서 전자책으로 출판되었다. 유럽에서는 8개국에서 페이퍼백으로 출판되었다. 그 중편소설의 제목은 이 소설에서 특별히 머리카락을 곤두세우는 표현에서 따왔다. 전쟁이 끝나고 60여 년이 지나기는 했으나 그 책이 출판되었을 때, 밥은 나치가 너무나 무서워서 책 표지에 그의 실명을 밝히기를 꺼려했다. 나는 살아있는 나치는 그 누구나 다 이제는 90대일 것이고 그를 기억하지 않을 것이라고 말해주었으나 그는 영어와 헝가리어 판에는 가명 ― 로버트 브렌트 ― 을 쓰겠다고 고집했다. 지속적인 설득 후에야 그는 누그러져서 독일어 번역판을 포함한 일곱 개의 번역판에 그의 실명을 쓰는 데 동의했다.

나는 가끔 밥의 용기와 강인함에 감탄한다. 고아로서 그는 제2차 세계대전 후에 난민(DP)캠프에서 미국으로 왔다. 영어를 한 마디도 못하는 상태에서 보스턴 라틴 고등학교를 2년도 채 안 다니고 그는 하버드에 합격했다. 하버드에서도 공부를 잘했을 뿐만 아니라 의과대학에 갈 만큼 잘했고 대학 축구 팀에서는 운동도 했다―이 모든 일들을 해내는 동안 그는 세상에서 단 혼자였다. 후에 그는 패트 다운스와 결혼했는데 패트는 의사였고 부모도 둘 다 의사였다. 그녀의 할아버지는 유명한 통합교회인 맨해튼의 리버사이드 교회 목사님인 해리 에머슨 포스딕이었다. 밥은 결혼하기 전에 그녀에게 유대교로 개종할 것을 요구했고 패트는 동의했다. 패트가 그 개종의 과정에 대해서 나에게 다음과 같은 이야기를 했다. 랍비가 유대인의 식사법에서는 랍스터를 포함해서 조개를 먹지 못한다고 했을 때까지 그녀의 개종의 과정은 모두 순조롭게 진행되었다고 했다. 메인 주에서 어린 시절을 보낸 패트는 유대인의 식사법에 대해서 듣고 놀랐다. 그녀는 일생 동안 랍스터를 먹어왔으므로 유대인 식사법은 너무하다고 느꼈고 결혼을 깰 수도 있는 상황이라고 생각했다. 랍비는 그녀의 유명한 할아버지 때문이었겠지만, 패트에게 열성적이었다. 랍비는 협력단과 협의한 끝에 희귀한 예외를 만들었다. 모든 유대인 가운데서 패트만이 랍스터를 먹을 수 있다는 예외를 만들었다는 것이다.

밥은 심장외과 의사로 훈련받았다―그는 그의 손에 움직이는 심장을 들고 있을 때에만 전적으로 살아있다고 느낀다고 내게 말했다. 그는 심장전문의로서 아주 특별한 커리어를 쌓았다. 보스턴 유니버시티의 외과 교수가 되었고 500편 이상의 연구 논문을 전문 학술지에 썼으며, 다른 외과의사 크리스천 버나드의 직전에 세계에서 처음으로 심장이식수술을 해서 기선을 제압했다.

2015년 말에 나는 누나와 나의 친한 친구 세 명을 잃는 고통을 받고 나서 몇 주간 독감으로 앓았다. 입맛을 잃고 체중이 줄고, 위장염으로, 꼭 식중독에 걸린 것처럼 토하고 설사로 인한 탈수증 등으로 한바탕 고생을 했다. 나의 혈압이 너무나 위험하게 떨어져서 아들 레이드가 샌프란시스코에서 스탠퍼드 응급실까지 직접 운전을 해 갔다. 거기서 하루 반 있으면서 7리터의 헌혈을 받았고 내 혈압은 금방 정상으로 돌아왔다. 복부 CT 결과를 기다리는 동안, 나는 처음으로 내가 죽을 수도 있겠다는 생각을 했다. 의사인 나의 딸, 이브와 아내가 내 곁에 있으면서 나를 간호했고 나는 환자들과 일하면서 자주 그랬듯이 나의 생각들을 정리하면서 나 자신을 달래기 위해 노력했다. 살아보지 않은 삶에 대한 생각이 커지면 커질수록 죽음에 대한 공포도 커졌다. 그러나 내가 살아온 삶에 대한 후회가 얼마 없다고 생각되는 등식(等式)이 나를 안정시켜 주었다.

퇴원한 후에 나는 겨우 139파운드였다 — 평균 체중보다 약 20파운드 줄었다. 때때로 나의 의학 교육의 희미한 기억이 문제를 일으켰다. 이 경우에는 의학 금언이 나를 흘렸다. 만약 환자가 분명한 이유 없이 급격하게 체중이 빠지면 잠재적 암을 생각하라. 나는 나의 복부가 전이된 병변들로 장식되어 있을 것이라고 상상했다. 이 기간 동안 리처드 도킨스가 제안한 생각 실험을 하면서 나 스스로를 위로했다. 레이저처럼 얇은 광선이 광활한 시간을 따라 날카롭게 움직인다는 상상을 했다. 그 광선이 지나가는 곳에 있는 모든 것은 과거의 암흑 속에서 잃어버리게 되거나, 광선의 앞에 있는 아직 오지 않은 암흑 속에 감추어져 있다는 상상을 했다. 레이저처럼 얇은 광선이 비쳐지는 곳만이 살아있고 깨어 있는 상태인 것이다. 그 생각이 언제나 나를 위로해주었다. 그 생각이 이 순간에 내가 살아있다는 사실을 행운이라고 느끼게 해주었다.

때때로 나는 글을 쓰는 바로 그 작업이 흘러가는 시간과 피할 수 없는 죽음을 떨쳐버리는 나의 노력이라고 생각한다. 포크너가 가장 잘 표현했다.

"모든 예술가들의 목적은 삶의 움직임을 붙잡고 그것을 고정시켜서 언젠가 낯선 사람이 그것을 읽도록 하고 그것이 다시 삶으로 되돌아오게 하는 데 있다." 나는 그 글이 내가 글을 쓰고자 하는―그리고 글 쓰기를 절대로 멈추지 않는 간절한 나의 열정을 잘 설명해준다고 믿는다.

만약 어떤 사람이 삶을 잘 살았고 후회가 별로 없다면, 그는 죽음을 평온하게 맞을 것이라는 신념을 나는 대단히 진지하게 받아들인다. 나는 이런 메시지를 죽어가는 여러 환자들뿐만 아니라 위대한 영성을 가진 톨스토이 같은 작가에게서도 읽었다. 그가 쓴 소설에서 이반 일리치는 자신이 잘못 살았기 때문에 아주 비참하게 죽어가고 있다는 것을 깨닫는다. 나의 모든 독서와 삶의 경험은 후회 없이 죽을 수 있는 태도로 살아가는 것의 중요성을 가르쳐주고 있다. 노년에 이르러서 나는 내가 만나는 모든 사람에게 너그럽고 점잖으려고 의식적인 노력을 한다. 그리고 괜찮은 정도의 만족감 속에서 나의 80대 후반으로 들어가고 있다.

나의 유한성을 일깨워주는 또 다른 것은 나의 이메일이다. 20년 이상 나는 상당히 많은 양의 팬레터를 매일 받고 있으며 매 편지마다 답장을 쓰려고 노력한다―나는 그것을 부처님의 자비를 명상하는 나 자신의 방법이라고 생각한다. 내가 답장을 하는 일은 내게 편지를 쓴 누군가에게 무언가를 제공하는 것이라고 느끼게 하면서 나에게 기쁨을 준다. 그러나 시간이 흘러감에 따라 끝없이 늘어나는 이메일이―내가 앞으로 더 이상 오래 살지 못할 것이라는 생각에 기름을 붓는 것이라는 것도 알고 있다. 며칠 전에 온 다음과 같은 이메일 내용은 나의 그런 생각을 점점 명백하게 해준다.

…나는 오래전부터 선생님께 편지를 쓰고 싶었습니다. 그러나 선생님은 이 메일을 받고 압도당할 것 같고 그 많은 이메일을 전부 읽을 시간이 없을 것 같았습니다. 그러나 나는 선생님께 이메일을 보냅니다. 선생님 자신이 말한 것처럼, 선생님은 나이가 들어가고 더 이상 우리 주위에 오래 계시지 않을

것이고, 그렇게 되면 너무 늦을 것 같습니다.

혹은 다음 날 받은 또 다른 메일

…직설적으로 말씀드리면, 그리고 선생님은 이것을 고맙게 생각하실 것 같
아요. 나는 선생님이 어떤 시점에는 더 이상 여기 계시지 않을 것 같습니다.
나는 선생님의 존재를 그냥 당연하게 받아들이지 않습니다. 그래서 선생님
께 연락하는 것이 너무 늦었다고 후회하지 않으려고… 선생님과 편지를 교
환하는 것이 제게는 큰 의미가 될 것입니다. 왜냐하면 내가 아는 많은 사람
들이 죽음에 대해 토론하는 것을 좋아하지 않기 때문이고 그들은 또한 그들
이 죽을 것이라는 사실을 개인적으로 연결 짓지 않기 때문입니다.

최근에 나는 가끔 청중의 규모를 인정하며 강의를 시작하면서 말한다.
"나는 내가 나이가 들어가면서 청중의 규모가 점점 더 커지고 있음을 알고
있습니다. 물론 그것은 놀랍게도 긍정적인 현상입니다. 그러나 그것을 나
의 실존적 관점에서 본다면, 나는 더 어두운 면을 인식하게 되고 궁금해집
니다. 여러분들은 왜 이렇게 서둘러서 나를 보러 오는 건가요?"

36

마지막 작업들

나는 10대였을 때 처음으로 아인슈타인의 양자론에 대해서 들었다. "신은 우주와 주사위 놀이를 하지 않는다." 대부분의 과학적인 마인드를 가진 청소년들처럼 나는 아인슈타인을 경외했고 그가 신을 믿는다는 사실에 놀랐다. 그 사실이 나 자신의 종교적 회의주의를 다시 생각하게 했다. 그래서 나는 고등학교 과학 선생님에게서 설명을 듣고 싶었다. 과학 선생님의 대답, "아인슈타인의 신은 스피노자의 신이란다."

"그게 무슨 의미예요?" 나는 물었다. "스피노자가 누구예요?" 스피노자가 17세기 철학자이며 과학 혁명의 선구자라는 것을 배웠다. 글에서 그는 가끔 신에 대해 말하고 있었으나 그의 유대 공동체는 그가 24세 때 그를 이단이라고 파문했고, 대다수는 아닐지라도, 많은 학자들은 그를 무신론자라고 여기고 있었다. 나의 선생님은 스피노자가 17세기에 신의 존재에 대해 회의주의를 표현했는데 그것은 위험한 일이었고 그는 자신을 보호하기 위해서 빈번하게 '신'이라는 말을 썼다고 말했다. 그러나 스피노자가 '신'이라는 단어를 쓸 때마다 모든 학자들은 그가 질서 있는 자연의 법의 의미로 신이라는 단어를 썼다고 이해했다. 나는 도서관에서 A~Z까지 자서전을 읽었을 때 스피노자의 일생을 읽었다. 잘 이해하지는 못했지만, 언젠가는 아인슈타인의 영웅에 대해서 더 공부하리라고 결심했다.

약 70년이 지난 후에, 내 흥미를 다시 불러일으키는 책을 보게 되었다. 그 책으로 스피노자가 유대교로부터 파문을 당한 이후에, 그가 어떻게 다른 종교 공동체에서 거절을 당했는지를 알게 되었다. 종교 공동체에서 거절당하고 그는 안경과 망원경 렌즈를 가는 일을 하면서 고립된 상황에서 검소하게 살면서 역사의 방향을 바꾼 철학적이고 정치적인 소책자들을 썼다. 내가 다시 흥미를 가지고 읽은 그 책은 소설가이며 철학자인 레베카 골드스타인이 쓴 스피노자 배신하기(Betraying Spinoza)이다. 나는 그녀의 월등한 소설들 하나하나에 몰두했는데, 이 책은 철학 파트, 허구 파트, 그리고 내 마음을 놀라게 한 전기(傳記) 파트로 되어 있다. 스피노자에 대한 소설을 쓰겠다는 생각은 나의 뇌 속에 스며들었으나 완전히 좌절감을 느꼈다. 대부분의 시간을 자기 생각 속에서 살았던 사람 스피노자, 그의 생애는 고독했고 호기심이나 로맨스도 없었고 성인기를 셋집에서 살면서 렌즈를 갈고 깃펜을 잉크에 찍어서 글을 썼던 사람을 어떻게 소설로 쓸 것인가?

우연히 나는 암스테르담에서 네덜란드 심리치료협회의 강연 초대를 받았다. 나이가 들어서 외국 여행을 그리 달가워하지 않았음에도 불구하고, 암스테르담 초대가 반가워서 조건을 달고 워크숍을 진행하겠다고 동의했다. 그 조건은 스피노자 데이를 마련하여 그에 대해 지식이 풍부한 가이드를 우리 부부를 위해 배려해주고 네덜란드의 스피노자 기념 지역인 그의 출생지, 여기저기의 거주지, 그의 묘지, 그리고 가장 중요한 곳인 레인스뷔르흐에 있는 소규모의 스피노자 박물관 등으로 우리를 안내하도록 한다는 것이었다. 그래서 암스테르담에서 하루 종일 발표를 마치고 매릴린과 나와 우리의 가이드들 — 네덜란드 스피노자 소사이어티 회장, 그리고 잘 알려진 네덜란드 철학자 — 은 우리의 미션을 향해 출발했다.

우리는 스피노자가 초기에 살았던 암스테르담 동네를 방문하고 그가 후에 살았던 집을 보았다. 그리고 운하에서 스피노자가 탔던 바지선을 탔다. 이제 나는 스피노자의 네덜란드에 대해서 시각적인 자료들을 많이 보긴 했으니 소설을 구성할 만한 이야깃거리를 구하지는 못했다. 그런데 스피노자 기념관을 방문했을 때 모든 것이 변하게 되었다. 처음에 그 박물관에서 스피노자의 개인적인 모습을 전혀 볼 수 없어서 실망했다. 대신에 스피노자가 사용했던 렌즈 가는 기구의 복제품과 그의 사후에 그려진 그의 초상화를 보았다. 우리 가이드는 그 초상화가 정확하지 않을지도 모른다고 이야기했다. 왜냐하면 초상화에는 그가 살아있을 때의 모습과 비슷한 점이 없다는 것이었다. 스피노자의 모든 그림들은 글로 쓰인 묘사에 의해서 그려진 것이라고 한다.

그다음 나는 박물관에서 사람들에게 인기 있는 중요한 곳으로 향했다. 16세기와 17세기의 서적들 151권이 있는 스피노자의 개인장서. 나는 스피노자의 손길이 닿았었을 그 책들을 만져볼 수 있기를 기대하고 있었다. 그의 영혼이 나에게 영감을 줄 수 있기를 소망하면서. 일반인에게는 책을 만지는 것이 허락되지 않았으나 나에게는 특별한 허락이 주어졌다. 내가 적합한 한 권의 책을 들었을 때 가이드가 내 옆으로 슬그머니 다가오더니 점잖게 말했다. "미안합니다, 얄롬 박사님… 선생님도 아시겠지만… 스피노자의 손길은 이 책에 한 번도 닿지 않았습니다. 아니면, 사실은, 이 도서관에 있는 모든 책이, 이 책들은 스피노자가 실제로 소유했던 진짜 그의 책들이 아닙니다."

나는 놀랐다. "무슨 말씀이세요? 이해할 수가 없네요."

"1677년 스피노자의 사후에 스피노자의 소규모 재산으로는 매장과 장례비용을 감당할 수가 없었어요. 그의 유일한 가치 있는 소유물은 그의 장서였으므로 그것이 경매에 부쳐질 수밖에 없었어요."

"그러나 여기 있는 책들은, 오래된 이 책들은?"

"그 경매자는 말할 수 없이 꼼꼼한 사람이었어요. 경매를 위해서 아주 자세하게 각 책에 대해서 기록했지요 ― 날짜, 출판자, 도시, 제조, 표지의 색 등등. 스피노자가 돌아가시고 200년이 지난 후에 부유한 후원자가 스피노자의 전 도서관을 재구성할 수 있는 기금을 마련했지요. 그래서 그 구매자는 충실하게 경매자의 책 설명에 따라서 구매했지요."

내가 보고 들은 것이 모두 흥미로웠지만, 그중 그 어느 것도 소설의 자료는 아니었다. 용기를 잃은 채 떠나려고 하는 바로 그 순간에, 나는 우리 가이드와 박물관 경비가 주고받는 대화에서 '나치'라는 말을 들었다. "왜 나치지? 이 박물관에서 나치가 무엇을 했지요?" 그러자 그들은 나에게 놀라운 이야기를 들려주었다. 나치가 네덜란드를 점령하고 얼마 지나지 않아서 히틀러의 문화재 수집 특수부대(ERR 군대)가 박물관에 나타나서 문을 봉쇄하고 도장을 찍고 박물관 전체를 몰수했다는 것이다.

"그래서 이 도서관은 한 번 더 재구성되어야 했군요?" 내가 물었다. "그리고 그건 이 책들이 두 번이나 스피노자의 손에서 옮겨졌다는 말인가요?"

"아닙니다, 아니예요." 가이드는 나를 확신시켰다. "모든 사람들의 놀라움 속에서 나치에게 도난당했던 이 전체 도서관 책들은 단지 몇 권만 빼고는 전쟁이 끝난 후에 소금 광산에 감추어져 있었는데 그것을 발견했지요."

나는 경악했고 질문을 쏟아냈다. "그 ERR은 무엇의 약자인가요?"

"아인자츠스탭 라이히슬라이터 로젠버그(Einsatzstab Reichsleiter Rosenburg) ― 전 유럽 유대인 소유물 약탈 책임자 나치 리더 알프레드 로젠버그의 테스크 포스"입니다.

나의 심장은 뛰기 시작했다. "그런데, 왜? 왜? 유럽은 전화(戰禍) 속에 있었는데. 왜 그들은 이 삭은 마을의 도서관을 압수했을까? 그들은 모든 렘브란트와 베르메르 작품들을 몰수할 수 있었을 텐데?"

"아무도 그 대답을 모릅니다." 가이드가 대답했다. "우리가 가지고 있는 단 하나의 단서는, 이 습격의 책임자가 써 놓은 리포트에 있는 하나의 문장입니다 — 이것은 뉴렌버그 재판에 증거물로 제출되었던 것입니다. 지금 이 정보는 일반의 공유이므로 인터넷에서 쉽게 가져올 수 있습니다. 그 문장에는 스피노자 도서관은 스피노자 프로블럼을 설명할 수 있는 중요한 문건을 가지고 있다고 쓰여 있습니다.”

“스피노자 프로블럼?” 나는 물었다. 점점 더 호기심이 생겼다. “그것이 무슨 의미인가요? 나치는 스피노자와 무슨 문제가 있었나요? 그런데 왜 이 도서관에 있는 모든 책들을 보관했나요? 유럽 전체에서 유대인의 소유 전부를 불태운 것처럼 태워버리지 않고?”

두 명의 어릿광대처럼, 나를 초대한 사람들은 어깨를 우쭐하면서 손바닥을 보여주었다 — 그들은 대답이 없었다.

의아스러움과 풀리지 않는 퍼즐을 안고 나는 그 박물관에서 나왔다. 굶주린 소설가에게 하늘로부터 만나(manna)가 떨어져 내린 것이다! 나는 내가 찾으려고 했던 것을 얻었다. “나는 지금 책 한 권을 얻었어.”라고 매릴린에게 말했다. “나는 책 한 권을 얻었고 제목도 얻었어!” 그리고 집에 돌아오자마자 나는 **스피노자 프로블럼**(The Spinoza Problem)을 쓰기 시작했다.

오래 걸리지 않아 나는 나치의 “스피노자 프로블럼”을 전적으로 정당하게 설명할 수 있는 자료를 만들었다. 독서를 통해서, 나치를 포함한 모든 독일인의 문학적 아이돌인 괴테가 스피노자의 업적에 매료당하고 있었다는 사실을 알았다. 실제로 괴테는 그가 쓴 편지에 그 자신이 스피노자의 책 윤리학(Ethics)을 일 년 동안이나 주머니에 넣고 다녔다고 했다! 확실히 이것은 나치 이데올로기에 중대한 문제를 초래했을 것임에 틀림없었다. 어찌하여 독일의 가장 위대한 작가가 포르투갈-네덜란드 유대인인 스피노자에게 그토록 헌신적이었단 말인가?

나는 두 삶의 이야기를 섞어서 구성하기로 결정했다 — 베네딕트 스피노자, 17세기 유대인 철학자의 삶과 알프레드 로젠버그, 가짜 철학자이며 나치 선전가의 삶을. 히틀러 내부 조직의 맹렬한 반유대주의자 로젠버그는 스피노자 도서관 몰수 명령을 받았다. 로젠버그는 이 책들을 태우지 말고 보존하라는 명령을 내렸다. 1945년 뉴렌버그 재판에서 로젠버그는 11명의 나치 최고 지도자들과 함께 교수형에 처해졌다.

나는 장을 교대로 쓰기 시작했다—스피노자의 삶은 17세기로, 로젠버그의 삶은 20세기로—그리고 두 인물들 사이를 허구적으로 연결했다. 그러나 곧 두 시대를 앞으로 갔다가 뒤로 갔다가 바꾸는 일은 너무나도 길고 복잡했다. 그래서 나는 스피노자 이야기 전부를 먼저 쓰고, 후에 로젠버그의 이야기를 썼다. 그리고 맨 나중에 그 두 이야기를 섞어서 필요한 것을 다듬고 닦으면서 잘 끼워 맞추어서 끝을 맺었다.

두 세기에 걸친 다른 이야기를 쓴다는 것은 그에 필요한 조사를 굉장히 많이 해야 했다. 그래서 **스피노자 프로블럼**은 내가 출판했던 그 어느 책[실존주의 심리치료(*Existential Psychotherapy*)는 제외]보다도 더 많은 시간이 걸렸다. 그러나 나는 그것을 노동이라고 한 번도 생각하지 않았다. 반대로 나는 매일 아침 독서와 집필에 더욱 자극을 받았고 열정적이었다. 독서에 어려움이 없는 것은 아니었다. 스피노자의 중요한 저서, 이 저서들에 대한 해석들, 많은 전기(傳記)들, 그리고 풀리지 않는 미스테리들에 대해서는 스피노자 학자인 레베카 골드스타인과 스티븐 네이들러의 조언을 간청해야 했다.

나는 나치당의 탄생과 발달 그리고 그 과정에서의 알프레드 로젠버그의 역할을 조사하는 데 더 많은 시간을 할애했다. 히틀러가 로젠버그의 능력을 존중해서 그를 중요한 직위에 임명은 했지만, 히틀러는 요셉 괴벨스와 헤르만 괴링과 어울리기를 더 좋아했고 한때 로젠버그의 중요한 저서 20세기의 신화(*The Myth of the Twentieth Century*)를 집어 던지면서, "누가 이 따위를 이해할 수 있겠어!"라면서 소리 질렀다는 후문이 있다. 로젠버그는 히틀러가 자신을 다른 사람만큼 사랑하지 않는다는 사실에 너무나 고통스러워했다. 그래서 그는 심리적인 도움을 한 번 이상 찾았고, 내 소설에는 그의 실제 정신과 보고서가 실려 있다.

나의 다른 소설들과는 달리, **스피노자 프로블럼**은 교육적인 목적으로 쓰인 소설이 아니다. 그러나 심리치료는 이 책에서도 여전히 중요한 역할을 한다. 두 명의 중요 등장인물의 내적 세계는 각각 있는 그대로의 상태로 마음을 터놓고 계속 토론된다. 스피노자는 프랑코와 터놓고 이야기하고, 친구 프랑코는 때때로 치료자 같은 역할을 한다. 그리고 로젠버그는 내가 만들어낸 정신과의사 프리드리히 피스터와 몇 차례의 심리치료 세션을 갖는다. 실제로 프랑코와 피스터 두 사람만이 내가 허구적으로 만들어낸 인물이다. 다른 모든 사람들은 역사적인 인물들이다.

불행하게도 **스피노자 프로블럼**은 미국 독자들에겐 인기가 없었다. 그러나 외국에서는 좋아하는 독자들이 있었다. 프랑스에서는 2014년에 독자들이 주는 상(Prix des Lecteurs)을 수상했다. 2016년에는 네덜란드 동료인 한스 판 베인하르덴에게서 이메일을 받았다. 1666년에 버랜드 그라트가 스피노자의 생전 모습을 그린 것으로 보이는 그림이 발견되었다는 내용이었다. 스피노자의 영성이 가득한 눈을 바라보면서 나는 이 소설을 쓰기 전에 그 그림을 보지 못했다는 것이 몹시 아쉬웠다. 어쩌면 내가 전에 니체, 브로이어, 프로이트, 루 살로메, 그리고 쇼펜하우어의 초상화를 보았을 때보다 더 깊이 개인적으로 그를 가깝게 느꼈을 것 같았다.

더 최근에 맨프레드 월터가 그의 2015년 학술 논문 "나치시대 독일에서의 스피노자의 존재(Spinoza's Presence in Germany During the Nazi Era)"를 보냈다. 그 논문에서는 스피노자가 괴테에게만 대단한 영향을 끼친 것이 아니라 저명한 독일 철학자들, 피히테, 횔덜린, 셸링, 그리고 헤겔에게도 큰 영향을 끼쳤다고 했다. 내가 소설을 쓰는 동안 이 논문을 읽었더라면, 스피노자가 진정으로 나치의 반유대 캠페인의 심각한 문제였을 것이라는 나의 주장을 확대시킬 수도 있었을 것이다.

나의 다음 프로젝트, 하루살이(*Creatures of a Day,* 국내에서는 삶과 죽음의 사이에 서 서로 출판됨-역주)는 힘든 조사를 하지 않아도 되었다. 다만 나의 '저술을 위한 아이디어' 파일을 마지막으로 들쳐보면 되었다. 그 과정은 직선적이었다. 이 파일에 들어 있는 임상 사례들을 에너지가 다할 때까지 읽고 또 읽고, 그리고 나서 그 주변에서 나의 이야기를 구성하는 과정으로 진행했다. 많은 이야기들이 일회 세션이었고, 많은 이야기들이 나이 든 환자들이 노년에 겪고 있는 이슈들, 예를 들면 은퇴, 나이 듦, 그리고 죽음에 직면하는 것들이었다. 나의 모든 저술이(스피노자 프로블럼은 제외하고) 내가 겨냥하고 있는 독자들을 위한 것이고 독자들은 여전히 심리치료라는 예술의 가이던스가 필요한 젊은 치료자들이다. 언제나와 마찬가지로, 나의 마지막 원고를 환자들에게 보내고 그들의 서면 허가를 받았다-세상을 떠난 두 사람을 제외하기는 했으나 그들도 허락해주었을 것이라고 알고 있다. 나는 더 신중한 배려로 그들의 신분을 위장했다.

　하루살이라는 제목은 마르쿠스 아우렐리우스의 명상록에서 따온 것이다. "우리들 모두는 하루살이이다. 기억하는 자나 기억되는 자나 다 똑같다." 책 제목의 이야기에서 환자는 치료자가 가지고 있는 자신의 좋은 이미지를 손상할까 봐 두려워서 중요한 정보를 보류한다는 사실을 알았고, 그 사실을 하나의 치료 세션을 통해서 묘사했다. 나의 마음에 자리 잡고 있는 그 환자의 갈망을 탐색하면서 그 갈망이 너무나 강렬해서 그 자신의 치료를 위태롭게 하는 것 같았다. 그래서 나는 그때 마침 내가 읽고 있었던 마르쿠스 아우렐리우스의 **명상록**(*Meditations*)을 생각했다. 내 책상에서 나의 책을 그에게 보여주면서 이 책이 유용할지도 모른다고 제안했다. 왜냐하면 명상은 존재의 유한성과 우리들 각자는 하루살이에 불과하다는 사실을 강조하고 있기 때문이었다. 그 이야기는 두 번째 환자와 관계되는 부차적 줄거리를 가지고 있다. 그에게도 나는 마르쿠스 아우렐리우스를 읽도록 권했다.

　흔히 내가 특출한 사상가의 책을 읽는 도중에 기분이 좋아지면 그와 관계되는 무언가가 치료 세션에서 일어난다. 나는 그 특출난 작가를 환자에게 추천한다. 대개 이런 제안은 전적으로 실패작이 되기 마련이다. 그러나 이 실제 이야기(하루살이에는 허구적인 사건이 없다)에서 두 환자 모두 그 책을 받아들였다. 아이러니하게도, 둘 중 누구도 내가 마음에 두고 있었던 문장에는 가치를 두지 않았고 마르쿠스 아우렐리우스에게서 다른 지혜의 조언을 발견했다.

　이것은 이상한 일이 아니다. 환자와 치료자는 치료여행을 동행하면서도 그들이 여행하는 동안에 환자는 치료자로부터 완전히 떨어져서 환자 자신이 보고 영향을 받는 것은 보통의 일이다.

37

이크! 문자메시지 치료라니

나는 샌프란시스코에서 개업 치료자 집단 슈퍼비전을 15년 넘게 해오고 있다. 3년쯤 되는 해에 새 멤버를 받아들였다. 그녀는 오랜 동안 동부에서 일해 오다가 샌프란시스코로 다시 돌아왔다. 집단에서 발표한 그녀의 첫 번째 사례는 뉴욕에 사는 환자와 전화로 계속해서 만나는 세션에 관해서였다. 전화 세션이라니! 나는 오싹했다! 누가 어떻게 환자의 얼굴을 보지도 않고 제대로 된 치료를 할 수 있단 말인가? 치료자는 모든 뉘앙스—시선의 부딪힘, 표정, 미소, 고개 끄덕임, 떠날 때의 악수—를 놓치지 않을까? 그래서 치료적인 관계에서 절대적으로 필요한 친근감을 모두 잃지 않을까?

나는 그녀에게 말했다. "당신은 장거리 전화로 치료를 할 수 없습니다! 당신 사무실에 있지 않은 사람을 치료할 수는 없어요." 맙소사, 나는 얼마나 도덕군자인 척했는가! 그녀는 자기 입장을 굽히지 않고 대단히 고맙게도 그 치료는 상당히 잘 진행되고 있다고 주장했다. 나는 그것을 의심했고 계속해서 몇 달간 그녀를 의심스러운 눈으로 지켜보았다. 마침내 나는 그녀가 자신이 하고 있는 일을 정확하게 알고 있음을 인정했다.

장거리 치료에 대한 나의 의견은 6년 전에 한 환자로부터 스카이프를 통해 자기를 도와달라고 호소하는 이메일을 받았을 때로 거슬러 올라간다. 그녀는 500마일 이내에는 치료자가 아무도 없는, 세계에서 아주 고립된 지역에 살고 있었다. 사실, 압도당할 만큼 고통스러운 관계의 결렬로, 그녀는 의도적으로 이토록 멀리 떨어진 곳으로 이민을 가기로 선택했다는 것이었다. 그녀는 너무나 비참했기 때문에, 만약 근처에 살고 있었다고 하더라도, 그녀가 나 또는 그 어느 치료자와도 사무실에서 얼굴과 얼굴을 맞대고 만나려 하지도 않았을 것이라고 확신했다. 나는 전에 한번도 스카이프로 치료를 해보지 않았고 그 방법에 대해서 의심을 가지고 있었기 때문에 망설였다. 그러나 그녀에게는 다른 선택이 없었으므로, 마침내 그녀와의 온라인 치료를 받아들였다. (이 사실을 나의 동료 그 누구에게도 알리지 않았다.) 일 년이 넘게, 우리는 스카이프를 통해 매주 만났다. 그녀의 얼굴을 내 컴퓨터 스크린에 가득 채우면서, 나는 그녀와 가깝게 느끼기 시작했고 짧은 시간 안에 우리들 사이에 놓여 있는 수천 마일의 거리가 증발해버리는 것처럼 느꼈다. 우리가 함께 작업한 지 일 년이 지난 후에 그녀의 치료는 상당히 진전되었고 그 이후로는 아주 멀리 있는 나라, 예를 들면 남아프리카, 터키, 호주, 프랑스, 독일, 이탈리아, 영국 등의 많은 환자들을 보았다. 나는 지금 나와 얼굴을 마주 보고 하는 치료와 비디오 치료 사이의 결과에는 별다른 차이가 없다고 믿는다. 그러나 나는 환자를 선택하는 데 특별히 주의한다. 나는 약물치료나 병원에 입원해야 할 만큼 심각하게 아픈 환자에게는 이 수단을 사용하지 않는다.

3년 전에, 내가 처음으로 치료자와 환자가 완전히 문자로 대화하는 문자 메시지를 통한 치료에 대해서 들었을 때 나는 우선 반대했다. 문자 메시지를 통한 치료! 이크! 그것은 비뚤어진 것이고, 비인간적이고, 치료 세션에 대한 패러디처럼 보이는 것이었다. 그것은 치료에서 너무나 앞서 나간 것이었다! 나는 문자메시지를 통한 치료에 대해서 아무것도 하고 싶지 않았고 나의 원래대로의 도덕군자 같은 방식으로 돌아갔다. 그러자 가장 규모가 큰 온라인 치료 프로그램인 토크스페이스(Talkspace)의 창시자 오렌 프랭크가 내게 전화로 그의 회사가 지금 문자메시지로 진행하는 치료 집단 을 제공하고 있는데 나에게 그 치료자들에게 조언을 해달라고 부탁했다. 문자메시지를 통한 치료 집단! 다시 한 번 나는 충격을 받았다. 서로 얼굴 을 한 번도 본 적이 없는 개인들의 집단(익명을 유지하기 위해 그들의 얼굴은 절대로 모니터에 보이지 않고 심벌로만 표현한다)이 오로지 문자메시지로만 대화를 한다— 이것은 너무 지나쳤다! 집단치료가 문자메시지로 진행된다는 사실을 상상 할 수가 없었으나 나는 참여하기로 했다. 오로지 호기심에서였다.

　나는 몇몇 집단을 관찰했고 내 생각이 옳았다는 것을 확인했다. 내가 관 찰한 집단치료는 너무 규모가 컸고 그 프로젝트는 곧 폐기되었다. 대신에 그 회사는 개인치료를 위한 메시지를 교환하는 데 집중했다, 곧 문자를 통 한 다른 치료 회사가 미국과 다른 나라에서 개업했고, 3년 전에 나는 대화 의 광장 직원 훈련을 맡은 치료자들을 지도 감독하기로 동의했다.

　현재 80대인 나는 전문학술지나 내 분야의 전문적인 컨퍼런스에 참여하 기 위해 여행하는 일이 드물어서, 점차 최근의 발전에서 멀어진다고 느낀 다. 그럼에도 불구하고 문자메시지 치료가 비인간적인 전형(典型)인 것 같 고, 내가 굉장히 가깝게 느끼는 치료 접근과는 반대인 것처럼 느낀다. 그러 나 나는 문자메시지 치료는 미래의 치료에서는 중요한 역할을 할 것이라고 느꼈고 개인적인 노화와 투쟁하기 위해 나는 심리치료 전파가 급속하게 확 대되는 현재의 방법을 선택하기로 했다.

　그 방송국 기지의 기본 방식은 내담자가 매달 비싸지 않은 요금으로 치 료자에게 문자메시지를 보내거나 문자메시지를 받을 수 있는 기회(원한다면 매일)를 제공한다. 이런 치료를 이용하는 것은 기하급수적으로 확장되고 있 으며, 이 글을 쓰고 있는 지금 미국에서 가장 규모가 큰 회사인 토크스페이스는 천 명이 넘는 치료자들과 계약을 맺고 있다. 이런 형태의 많은 방송국 기지들이 다른 나라에서도 개업하고 있다 ─ 중국에서 3개의 회사가 나에게 연락을 해왔다. 각각 자기네가 중국에서 가장 규모가 큰 인터넷 치료 회사라고 주장한다.

이 혁신은 빨리 진화하고 있다. 곧 토크스페이스는 문자메시지 치료를 공급할 뿐만 아니라 내담자와 치료자가 서로 음성메시지를 남길 수 있는 가능성을 제공할 것이다. 그러고 나면, 짧은 시간 후에 내담자는 생중계로 화상회의를 통해 치료자를 만날 수 있는 선택을 제공받을 수 있을 것이다. 곧 세션의 단지 50%만이 문자메시지로 진행될 것이고 25%는 전화메시지로, 그리고 25%는 화상 회의로 될 것이다. 나는 내담자가 단지 제일 처음의 치료에서만 문자메시지를 이용하고, 점차로 오디오로 발전하고, 그리고 마침내는 비디오로 ─ 진짜 얼굴을 보는 것으로, 피할 수 없는 결과가 생길 것이라고 기대했다. 그러나 나의 기대는 얼마나 잘못되어 있었는가! 현실은 그렇지 않았다! 많은 내담자들이 문자메시지를 선호했고, 전화 메시지나 화상 접촉을 피했다. 나에게는 이 상황이 직관에서 어긋나는 것처럼 보였다. 그러나 나는 곧 많은 내담자들이 문자메시지의 익명성을 더 안전하다고 느끼며, 더 나아가서 젊은 내담자들은 온전히 문자메시지를 편안하게 생각하고 있다는 것을 알았다. 그들은 문자메시지 시대에서 자랐고 친구들과 가끔만 전화로 연락을 한다. 지금 현재로, 문자메시지 치료는 장차 우리 분야에서 중대한 역할을 계속할 것으로 보인다.

나는 얼마 동안 계속해서 문자메시지 치료에 거부감을 느꼈다. 문자메시지는 진짜 물건의 희미한 복사판처럼 보였다. 슈퍼바이저들의 작업을 검토하면서, 문자메시지를 통한 치료 형태가 내가 환자들에게 제공하던 치료의 내용을 제공하지 못한다고 확신했다. 그러나 점차적으로 문자메시지를 통한 치료를 이해하게 되었다. 문자메시지를 통한 치료가 얼굴과 얼굴을 마주하고 만나는 치료와 같은 치료를 제공하지는 않는다고 해도, 내담자에게 뭔가 중요한 것을 제공한다는 사실을 이해하게 된 것이었다. 틀림없이, 많은 내담자들이 문자메시지 치료를 가치 있게 생각하는 변화가 이루어지고 있다. 나는 토크스페이스에 주의 깊은 리서치를 하라고 촉구했고, 초기의 결과에서는 실제로 의미 있는 변화가 나타난다는 것을 지지했다. 나는 환자들이 문자메시지를 통한 치료 과정을 얼마나 가치 있게 생각하고 있는가를 문자메시지에 올린 글들을 읽고 알았다. 어떤 환자는 그녀의 치료자가 했던 말들을 프린트해서 냉장고 문에 붙여놓고 규칙적으로 리뷰하고 있다고 문자메시지에 썼다. 만약 내담자가 한밤중에 공황 발작을 일으켰다면, 곧 치료자에게 문자메시지를 보낼 수 있다. 치료자가 몇 시간 동안 그 메시지를 읽지 못했다 하더라도, 내담자는 즉시로 연락을 했다는 느낌을 가질 수 있을 것이다. 더 나아가, 내담자들은 그들의 치료 전부를, 그들이 치료자에게 했던 말 모두를 쉽게 재검토할 수 있다. 그리하여 그들이 얼마나 나아졌는가를 판단할 수 있다.

　문자메시지 치료를 사용하는 치료자들을 위한 슈퍼비전은 전통적인 치료자들의 슈퍼비전과 다르다. 한 가지는, 내가 문자메시지 치료자를 감독할 때, 나는 치료자들이 때때로 그 세션에 일어난 일에 대해서 믿을 수 없는 기억을 하는 것에 의존할 필요가 없다는 것이다. 문자메시지에는 치료자와 환자 사이에 있었던 모든 일과 모든 말에 대한 기록이 가능하고, 슈퍼바이저의 눈을 감출 것이 하나도 없다.

　마지막으로, 나는 나에게서 슈퍼비전을 받고 있는 문자메시지를 실행하는 치료자에게 강력히 촉구한다. 인간적이고 공감적이며 순수한 환자–치료자 관계의 본질이 이상하고 이율배반적인 결과를 가져오기도 한다는 것과, 잘 훈련받은 치료자들이 올바른 방법으로, 문자메시지 접근 치료를 하는 것이 얼굴과 얼굴을 맞대고 기계화된 행동주의적인 방법을 엄격하게 따르면서 하는 치료자보다 오히려 더 개인적인 참 만남을 제공할 수도 있다는 사실에 유념하라고 촉구한다.

집단에서의 나의 일생

나는 몇십 년 넘게 굉장히 많은 치료 집단을 운영해오고 있다 — 정신과 외래 환자와 입원 환자를 위한 집단, 암 환자들, 배우자와 사별한 사람들, 알코올 중독자들, 결혼한 부부들, 그리고 의과 대학생들과 정신과 레지던트들, 개업한 치료자들 — 그러면서 80대에 이른 지금까지도 나는 많은 집단의 멤버이기도 하다.

내 마음속에 가장 크게 떠오르는 집단은 리더 없이 진행되는 치료자 집단이다. 이 집단은 지난 24년 동안, 격주로 90분간 집단 멤버 중 한 명의 사무실에서 만난다. 우리들의 가장 기본적인 원칙 중 하나는 완전한 비밀보장이다. 우리 집단에서 드러난 일은 집단 안에서만 알아야 한다. 그래서 내가 지금 이런 이야기를 쓰는 것은 처음으로 이 집단에 대해서 개방하는 것이다. 나는 이 글을 집단 멤버들의 허락을 받았을 뿐 아니라 그들의 격려 속에서 쓰는 것이다. 우리들 중 그 누구도 이 집단이 없어지는 것을 원치 않는다. 우리가 불멸을 원하는 것은 아니지만 우리는 모두 다른 사람들도 우리들처럼 활기 있고, 원기를 되찾는 경험을 가질 수 있기를 바란다.

치료자로서의 삶에서의 한 가지 역설은 일을 하는 동안에 우리는 절대로 혼자가 아니면서도 우리들 대부분은 깊은 고립감에 빠져 있다는 사실이다. 우리는 팀 없이 일한다—간호사들, 슈퍼바이저들, 동료들, 또는 조수들 없이. 우리들의 대부분은 이런 외로움을 개선하기 위해 동료들과 점심이나 커피를 같이 하거나 사례회의에 참여하거나 슈퍼비전을 받거나 개인적인 치료를 받는 등의 계획을 한다. 그러나 이런 처방들이 우리들 대부분에게는 깊이 있는 정도에는 이르지 못한다. 나는 다른 치료자들과 아주 친밀하게 정기적으로 만나는 일이 원기를 회복시켜준다는 것을 알고 있다. 이 집단은 동지애, 슈퍼비전, 졸업 후의 학습, 개인적인 성장, 그리고 때때로 위기 개입을 제공해준다. 나는 다른 치료자들도 우리 집단과 같은 집단을 만들어보라고 강력히 격려한다.

우리의 특별한 집회는 20여 년 전에 내가 정신과 개업의사인 이반 G.로부터 지지 집단에 참여하라는 초대를 받으면서 시작되었다. 나는 이반이 스탠퍼드에서 레지던트로 있을 때 만났다. 그 지지 집단은 스탠퍼드 병원에서 가까운 의과 사무실 빌딩에서 정기적으로 만날 것이라고 했다. 이반은 그때까지 참여하기로 동의한 다른 정신과의사들의 이름을 나열했다—거의 대부분이 아는 사람들이었다. 그들 중에는 내가 아주 잘 아는 사람도 있었고, 정신과 레지던트로 있을 때 내가 가르친 사람도 있었다.

이런 형태의 집단에 참여하는 것은 마치 큰 일을 맡는 것처럼 여겨졌다. 격주로 90분씩 만난다는 것뿐만 아니라 이 집단은 특별한 종결이 없이 계속 진행될 것이기 때문이었다. 그러므로 이 집단에 참여한다면 그것은 곧 장기간의 소명이 될 것임을 알기는 했으나 그 누구도 이 집단이 20년이 지난 지금까지도 계속되리라고 예견하지 못했다. 지금까지 여러 해 동안 연휴와 겹치는 드문 경우를 제외하고는 집단을 취소한 적이 없었고 아무도 사소한 이유로 집단을 빠진 일이 없었다.

내가 리드하는 집단 멤버들을 부러워하면서도, 나는 계속되는 집단의 멤버로 참여한 적이 그 전에는 한 번도 없었다. 나 역시 치료 집단의 멤버가 되어서, 믿을 수 있는 사람들로 이루어진 단체에 끼고 싶었다. 나는 집단 리더로서의 이전의 경험이 멤버들에게 얼마나 도움이 되는지 알고 있었다.

나는 6년 동안 치료자들을 위한 치료 집단을 이끌면서, 매주마다 참여자들에게 제공되는 유익한 점을 관찰했다. 나의 **집단치료** 교과서 제5판의 공동저자인 몰린 레쯔는 1980년에 스탠퍼드의 일원이었다. 그는 집단치료 공부를 하려고 스탠퍼드에 왔고, 수련의 한 부분으로 그에게 일 년 동안 집단의 공동 리더로 일해줄 것을 부탁했다. 그 이후로, 몇십 년이 지난 후에도 그와 나는 집단 모임 중에 관찰한 것들과 느낀 것들에 대해서 추억담을 나눈다. 내가 안식년으로 런던으로 떠나면서 그 집단을 끝내게 되어 몹시 애석했다. 이 집단은 집단의 멤버들이 결혼으로 맺어진 단 하나의 집단이기도 했다. 두 사람의 멤버가 서로 사귀기 시작하더니 집단이 끝난 후에 곧 결혼을 했다. 35년 후에 내가 강의에서 그들을 보았을 때 그들은 여전히 행복하게 살고 있었다.

옛날 학생들이 있는 집단에 참여하는 것이 약간 불편하기는 했지만, 나는 참여하기로 했다 ― 불안감이 없는 것은 아니었다. 다른 멤버들과 마찬가지로 나는 나의 취약성, 수치심, 자기 의심을 동료들과 옛날 학생들에게 개방하기가 불편했다. 그래도 그 당황스러움을 극복할 수는 있을 것이라고 생각하고 있었다.

처음 몇 달 동안 우리는 이 집단이 어떤 형태로 될 것인가를 결정하는 데 힘썼다. 우리 모두가 사례토론을 필요하다고 생각하면서도 실제로 사례를 토론하는 것은 원치 않았고 궁극적으로 우리는 다목적의 지지 집단이 되기로 결정했다 ― 다시 말해서, 리더가 없는 치료 집단이었다. 그렇게 시작하는 데는 한 가지 분명한 사실이 있었다. 내가 집단 경험이 가장 많았지만, 나는 절대로 집단 리더가 안 될 것이고, 그 누구도 나를 리더로 생각하지 않았다. 어떤 형태의 리더십 역할이 끼어드는 것을 방지하기 위해서, 시작할 때부터 나는 자기 개방을 하려고 특별히 애썼다. 집단을 이끌면서 나는 이런 집단에서 도움을 받으려면 위험을 감수해야 한다는 것을 배웠기 때문이다. (사실 최근에, 일반적으로 환자와의 개인 세션을 시작할 때 이 점을 분명히 해주고 가끔 환자가 작업에 대해 저항할 때마다 이 점으로 돌아간다.)

우리는 열한 명의 멤버로 시작했다. 모두 남성이었고, 모두 심리치료자였고(열 명의 정신과의사, 한 명의 임상심리학자) 처음 단계에서 두 사람이 그만두었고, 세 번째 멤버는 건강상의 이유로 그만두어야 했다. 지난 22년 동안, 이 집단의 응집력은 놀라울 정도로 강했다. 단 한 명의 멤버도 자발적으로 나가지 않았고, 출석률은 훌륭했다. 나 자신이 여기에 있는 한 한 번도 결석하지 않았고 다른 멤버들도 그 어떤 다른 일들보다도 이 집단의 일을 최우선으로 생각했다.

내가 나의 아내나 아이들, 또는 동료들과의 관계에서 속이 상할 때, 또는 나의 일에서 좌절감을 느낄 때, 또는 환자나 지인들로부터 강력하게 긍정적이거나 부정적인 감정을 느껴서 괴로울 때, 또는 악몽으로 불안할 때마다 항상 이런 일들을 의논하려고 다음번 모임을 기다렸다. 그리고 물론, 집단 멤버들 사이에 불편한 느낌 없이 이런 일들은 깊이 있게 다루어졌다.

집단 멤버들의 생활이나 심리를 세심히 살피면서 리더 없이 진행되는 치료자 집단들이 많이 있겠지만, 나는 다른 집단에 관심이 없었다. 분명히 이렇게 오랫동안 계속되는 집단은 하나도 없을 것이다. 지난 20년 동안 네 명의 멤버가 세상을 떠났고, 두 명의 멤버는 치매로 은퇴해야 하는 경험을 했다. 우리는 배우자의 죽음, 재혼, 은퇴, 가족의 질병, 아이들 문제, 은퇴 공동체로 이전하기 등의 문제에 대해 토의했다. 모든 경우에 우리는 우리 자신과 서로에게 정직한 마음을 유지했다.

나에게 있어서, 아주 특기할 사항은 새로운 장면에 맞닥뜨려지는 것이었다. 500번 이상의 집단 모임에서 나는 계속 새로운 것을 발견하고 나의 동료들과 나 사이의 다름을 매 모임 때마다 발견했다. 아마도 우리들 모두에게 가장 어려웠던 경험은 두 멤버의 치매가 시작할 때부터 발전하는 과정을 아주 세심하게 관찰하고 지켜보아야 했던 일이었을 것이다. 우리는 여러 가지 딜레마에도 직면해야 했다. 우리가 관찰한 것을 얼마나 개방해야 하는가? 우리는 치매에 따라오는 그 과장이나 부정에 어떻게 반응해야 하는가? 그리고 더욱 압박감을 주는 것은 그 멤버가 더 이상 환자를 보아서는 안 되겠다고 느낄 때 어떻게 해야 하는가? 이런 일이 일어날 때마다 그 멤버가 심리학자와 의논을 하고 신경심리 검사를 하도록 압박했고, 전문가는 자신의 권위를 동원하여 그에게 환자를 더 이상 보지 말라는 명령을 내렸다. 80대에 들어선 대부분의 사람들과 마찬가지로—나는 나 자신이 치매에 걸릴까 봐 걱정하고 있다. 나는 방금 언급한 이야기가 전에 이미 말했던 것과 같다는 말을 집단으로부터 서너번 들은 적이 있다. 그것이 상당한 모욕감을 주었지만, 집단의 헌신적인 정직함에 감사한다. 그러나 내 마음속 어느 구석인가에는 어느 날 집단 멤버 중 누군가가 내가 신경심리 검사를 받아야 한다고 주장할지도 모른다는 두려움이 굳게 자리 잡고 있다.

젊은 멤버 중 하나가 치료 불가능한 췌장암 진단을 받았다는 말을 했을 때 우리는 모두 경악했고, 그가 공개적으로 용감히 자신의 두려움과 근심을 토로했을 때 우리는 모두 그와 함께 그 어려움을 공유했다. 임종이 가까웠을 때 그가 너무 아파서, 움직이기가 어려워지자 그의 집에서 모임을 가졌다. 모든 멤버들이 그의 장례식에 참여했다.

멤버가 세상을 떠날 때마다, 우리 집단의 크기를 비교적 일정하게 유지하기 위해서 새 멤버를 넣는다. 우리는 어떤 멤버의 결혼식에 모두 참석했다. 그 결혼식은 또 다른 멤버의 집에서 거행되었고 세 번째 멤버가 결혼식을 주례했다. 멤버들은 다른 두 결혼식에 참석했고 멤버 아들의 바트 미츠바 의식에도 참여했다. 또 다른 경우에는 심한 치매를 앓고 있는 멤버가 갇혀서 살고 있는 거주지를 멤버 전체가 방문하기도 했다. 여러 번 여성 멤버를 참여시키는 일을 논의했지만, 언제나 한 번에 한 사람씩만 참여시키기 때문에 대부분은 여성이 수적으로 우세한 남성들 때문에 불편해 할 것이라고 생각했다. 뒤돌아보면서, 나는 우리가 이 결정에서는 실수를 범했다고 생각한다. 나는 집단이 남성과 여성으로 시작했더라면 지금보다 더 풍요로웠을 것이라고 추측한다.

나는 언제나 집단에 적극적이었다. 처음에 집단이 깊은 문제에 대해 토의를 하지 않거나 피하려고 할 때 집단 과정에 대해 이야기하는 것은 나였다—그것은 집단이 안전을 너무 지나치게 생각한다는 것과 피상적인 이슈에 대해서 말한다는 것이었다. 처음 몇 년이 지나고는 다른 멤버들이 내가 했던 역할을 자주 맡았다. 우리는 서로에게 여러 수준의 도움을 주었다. 때때로 우리는 심각한 성격 문제도 다루었다. 멤버의 냉소적인 성향, 남을 무시하는 발언, 시간을 너무 많이 사용하는 죄책감, 노출에 대한 두려움에 대해서도 다루었고, 때때로 어떤 멤버는 우리가 항상 그의 편에 있다는 것을 알게 하기 위해 그냥 지지하는 데 초점을 맞추기도 한다. 최근에 나는 교통사고를 당하고 굉장히 놀란 적이 있다. 그 사고 이후로 나는 운전하기가 겁이 났고 내 나이에 운전을 계속해야 할까를 질문하기 시작했다. 다른 멤버가 나에게 몇 년 전에 그도 굉장한 사고를 당했는데 여러 달 동안 충격에 떨었다고 했다. 그는 그 사고를 사소한 외상후 증상이라고 생각했다고 말했다. 그와 같은 방식으로 다시 생각하는 것이 나에게 상당히 도움이 되었고, 나는 편안한 마음으로 집으로 운전해 왔다. 지금도 나는 조심하면서 운전하고 있다.

나는 의사들의 글쓰기 모임인 페가수스의 회원이기도 하다. 이 모임은 2010년에 스탠퍼드의 아동정신과 전 과장이었으며 나의 좋은 친구 한스 스타이너가 만들었다. 우리 모임은 열 명의 의사—작가가 매달 만나서 두 시간씩 서로의 글에 대해서 토론한다. 그날 작품을 낸 사람이 저녁식사를 제공하는 것으로 모임은 끝난다. 이 모임에서는 내가 지금 쓰고 있는 이 책의 많은 부분을 읽었다. 첫 3분의 1이 뒷부분보다 훨씬 좋다고 하면서 나의 내적 생활에 대해서 더 많이 쓰라고 촉구했다.

모임 멤버인 헨리 워드 트루블러그의 한 외과의사의 전쟁(A Surgeon's War) ― 베트남 전쟁의 전방에서 외과의사가 겪은 트라우마를 쓴 놀라운 회고록을 포함해서 멤버들이 쓴 몇 권의 책과 짧은 작품들이 출판되었다. 우리는 스탠퍼드에서 정규적으로 멤버들의 새 작품을 가지고 일반 독서모임을 갖는다. 나는 여러 차례 이런 모임에 참석했다.

페가수스는 확장되어서, 현재 의사들로 구성된 모임이 세 개나 있고 의과 대학생들로 구성된 모임도 여러 개 있다. 우리 집단의 시인들이 예술작품을 보고 영감을 받아 쓴 시들로 일반인을 위한 시 낭송회를 가진 적도 있다―예를 들면, 근래에 개관한 스탠퍼드 앤더슨 컬렉션의 그림들, 또는 스탠퍼드 레지던트 음악 그룹인 세인트 로렌스 현악 사중주단의 음악공연 등을 보고 영감을 받아 쓴 시 낭송회도 있었다. 우리는 또한 매년 정신과 그랜드 라운드도 제공한다. 현금을 상으로 주는 학생 저술 대회도 열고, 매년 방문하는 의학, 인문학 방면의 방문 교수의 스폰서 역할도 한다.

나는 매달 모이는 린더만 그룹에도 아직 참여한다. 린더만 그룹은 이 그룹의 창설자인 에리히 린더만의 이름을 따서 만든 그룹이다. 린더만은 하버드에서 오랫동안 정신과의사를 역임했고 말년에는 스탠퍼드에서 교수를 했다. 나는 이 그룹이 창설된 1970년부터 몇 년 동안 매달 참여하고 있다. 이 집단은 저녁에 여덟 명에서 열 명의 치료자들이 두 시간 동안 만나는데, 참여자 중 한 사람이 현재 문제가 되는 사례를 발표한다. 나는 몇 년 동안 부르노 베틀하임이 스탠퍼드로 와서 이 모임에 참여할 때까지 그들과 동지애를 즐기고 있었다. 부르노는 그의 서열 때문인지 그 모임은 그에게 사례를 보고하는 멤버들로 구성해야 한다고 했다. 그러나 나쁜 아니라 그 누구도 그의 아이디어를 바로 잡아줄 수가 없었고 우리가 궁지에 몰리게 되자 우리들 중 몇몇은 도중 하차하고 말았다. 브루노가 죽고 나서 몇

년 후에 나는 그 모임에 다시 참여하라는 초대를 받았고 그때부터 지금까
지 그 그룹을 소중하게 생각하고 있다.

　각 멤버는 그의 또는 그녀의 방식대로 발표한다. 최근의 한 미팅에서, 한
멤버는 사이코드라마를 선택했다. 그룹 멤버들에게 각각 (환자, 아내, 치료자,
다른 식구들, 관찰하는 해설자 등등) 역할을 분담시켰다. 처음에는 이 발표가 어리
석은 것 같았고 초점에서 벗어나는 것 같았으나 모임이 끝날 즈음에 우리
모두는 충격을 받았고 환자에게 도움을 줄 수 없었다—우리 모두는 그 사
이코드라마를 보며, 발표하는 치료자가 현장에서 그의 환자를 대하는 것과
똑같이 느꼈기 때문이었다. 그 사이코드라마는 그가 치료적인 딜레마를 전
달하는, 범상치 않게 강력한 도식적 방법이었던 것이다.

　내가 가장 가깝게 얽혀 있는 그룹은 나의 가족이다. 나는 62년 동안 매
릴린과 결혼생활을 해오고 있고 이토록 특별한 생의 반려자를 가지
고 있는 나의 행운을 감사하지 않으면서 지내는 날이 거의 없다. 그렇다,
내가 다른 사람들에게 자주 말하는 것처럼, 사람은 관계를 발견하는 것이
아니라 관계를 창조해야 한다. 지난 몇십 년간 우리는 둘 다 우리가 현재
누리고 있는 이 결혼생활을 창조하기 위해 열심히 노력했다. 내가 과거에
가지고 있었던 그 어떤 불평도 지금은 증발해버렸다. 나는 그녀가 몇 가지
잘 못하는 일들을 받아들이는 법을 배웠다—그녀의 요리, 운동, 자전거 타
기, 과학 소설, 과학 그 자체에 대한 무관심—그러나 이 모든 불평들은 오
래 전에 없어졌다. 나는 걸어다니는 서양문화 백과사전인 매릴린과 함께
살고 있는 것을 행운으로 여기고 있다. 매릴린은 내가 묻는 역사적이고 문
학적인 대부분의 질문에 백과사전처럼 즉시로 대답해준다.

　매릴린 역시 나의 부족한 점을 눈감아주는 법을 배웠다—나의 고쳐질
수 없는 지저분함, 넥타이를 매려고 하지 않는 고집, 모터사이클과 컨버터
블에 대한 사춘기적 열병, 식기세척기와 세탁기를 사용할 줄 모르는 척하

는 것 등등. 우리는 내가 젊고 충동적인 연인으로는 기대되지 않아 왔으며 종종 무감각한 연인이라는 사실을 상호 이해하는 결론에 도달했다. 우리의 중요한 근심은 서로의 건강에 집중되어 있고, 우리 중 하나가 다른 쪽보다 먼저 죽으면 어떻게 하나 하는 두려움이다.

매릴린은 탐구심이 강한 학자이다. 그녀는 특히 유럽의 문화와 예술에 빠져 있다. 나와 마찬가지로 그녀는 영원한 학생이고 독자이다. 나와 다르게 그녀는 외향적이고 사교적이고 사회적인 기술이 월등하다―그녀의 많은 교우관계가 이를 증명한다. 우리는 둘 다 글 쓰는 일과 독서하는 일에 열정적이지만, 우리의 관심이 언제나 일치하지는 않는다. 나는 그 점이 가장 좋다고 생각한다. 나는 철학과 과학, 특별히 심리학, 생물학, 그리고 우주학에 쏠려 있다. 매릴린은 웨슬리에서 식물과목을 택한 이외에는 과학 교육은 전혀 받지 않았다. 그녀는 현대의 기계 운명에 대해서는 전적으로 무지하다. 내가 캘리포니아 과학 아카데미(California Academy of Science)의 천체 투영관이나 수족관에 그녀와 함께 가려면 어렵게 흥정을 해야 한다. 그리고 일단 그곳에 가더라도 그녀는 공원 건너에 있는 느 영(de Young) 미술관에 몹시 가고 싶어 한다. 거기서 그녀는 하나의 그림을 10분 이상 감상한다. 그녀는 예술과 역사의 세계로 나를 인도하는 출입문이다. 그러나 때때로 나는 가망이 없다. 구제불능의 음치이지만, 그녀는 계속해서 나의 음악적 감수성을 일깨워주려고 노력한다. 그러나 혼자서 운전을 할 때 야구 게임이 없으면 나는 라디오를 블루그래스(blue grass; 기타와 벤조로 연주하는 미국의 전통적인 컨추리 음악 방송―역주)에 고정한다.

매릴린은 좋은 포도주를 사랑한다. 몇 년 동안 나는 포도주를 좋아하는 척해왔다. 그러나 최근에는 그 좋아하는 척하기를 포기했고, 어떤 형태이든지 알코올의 맛을 싫어한다는 것을 공개적으로 인정했다. 아마 거기에는 유전적인 요소가 있는 것 같다. 나의 부모님 역시 알코올 음료를 좋아하지 않았다. 맥주 한 잔이나 사우어 크림, 러시안 혼합 음료를 여름철에 가끔 마셨다.

다행히 고맙게도, 매릴린 역시 종교적인 신자는 아니다. 그러나 그녀는 성자에 대한 은밀한 열망이 있다. 반면에 나는 회의적인 편이며 루크레티우스(유물론 철학자), 크리스토퍼 히킨스(컬럼니스트), 샘 해리스(뇌 신경학자), 리처드 도킨스(동물학자) 같은 사람들을 공개적으로 지지한다. 우리는 영화를 보지만, 선택은 때때로 도전적이다. 그녀는 폭력이나 저질 인생의 사소한 냄새 같은 것이 풍기는 것은 거절한다. 대체로 나는 그것에 동의하지만, 그녀가 같이 있지 않으면 사기꾼 필름이나 클린트 이스트우드 같은 서부 영화에 심취한다. 그녀가 혼자 있을 때면, TV는 프랑스 케이블 채널에 고정된다.

그녀의 기억력은 좋다 ― 어떤 때는 지나치게 좋다. 그녀는 영화를 너무나 분명하게 기억하기 때문에, 몇십 년이 지난 후에도, 옛날 영화를 두 번 보는 것을 꺼린다. 그런 반면에 나는 옛날 영화를 기꺼이 본다. 나는 거의 대부분 그 영화의 내용을 잊어버려서, 그것이 마치 생생한 새 영화처럼 느껴지기 때문이다. 그녀가 좋아하는 작가는 틀림없이 프루스트(Proust)다. 나에게도 역시 귀중한 작가이지만, 나는 디킨스, 톨스토이, 도스토옙스키, 트롤럽 등으로 향한다. 현대 작가들 중에서는 데이비드 미첼, 필립 로스, 이언 매큐언, 폴 오스터, 무라카미 하루키를 읽는데, 매릴린은 엘레나 페란테, 콜름 토이빈, 막신 홍 킹스톤을 뽑는다. 우리는 둘 다 존 맥스웰 쿠체를 좋아한다.

네 명의 아이들을 기르면서도 매릴린은 단 한 해도 가르치는 일을 쉬지 않았다. 우리는 유럽에서 온 젊은 여성, 오 페어(au pairs, 외국 가정에 입주하여 아이 돌보기 등의 집안일을 하고 약간의 보수를 받으며 언어를 배우는 보통 젊은 여성 ― 역주)와 매일 집안일을 하는 가사도우미를 두었다. 캘리포니아에서 자라난 거의 모든 사람들과 마찬가지로 우리 아이들은 여기 머물기로 선택했고, 아이들이 모두 우리 주위에 가까이 있는 것을 다행으로 여겼다. 우리는 자주 가족 모임을 가지고 여름 휴가를 함께 간다. 가장 자주 가는 곳은 카우아이 섬의 하날레이이다. 이 사진은 우리가 아이들과 손자녀들과 함께 찍은 사진이다. 이것은 단 며칠 동안만 페이스북에 올려져 있었다. 그 점잖치 못함 때문에 지워버리기 전의 이야기이다. (자세히 보면, 우리 며느리가 신중하게 어린 손자에게 수유하는 모습을 볼 수 있을 것이다.)

우리 가족의 생활에는 많은 게임이 있다. 나는 몇 년 동안 세 아들들과 각각 동네의 테니스 코트에서 테니스를 했다—그것들은 내가 가장 좋아하는 기억들이다. 나는 레이드와 빅터에게 어렸을 때 체스를 가르쳤고, 그들은 모두 강력한 플레이어들이 되었다. 그들을 토너먼트에 데려가는 것을 즐겼고 그들은 거기서 번쩍이는 트로피를 안고 왔다. 레이드의 아들, 데스몬드와 빅터의 아들, 제이슨도 역시 강력한 플레이어들이다. 체스 게임 한 두 번이 진행되지 않는 우리 가족 모임은 거의 없다.

가족 모임에서는 다른 게임들도 한다. 딸 이브와의 스크래블 게임, 이브가 언제나 챔피언으로 군림한다. 그러나 무엇보다도 나는 우리의 미디엄

전 가족이 하와이의 하날레이에서, 2015.

스텍 포커 게임(medium-stake poker games; 약간의 판돈을 내고 하는 포커게임 - 역주), 그리고 레이드와 벤과 함께하는 피노클 게임을 즐기는데 나의 아버지와 삼촌과 함께 할 때의 규칙과 판돈을 그대로 사용한다.

때때로 빅터는 마술로 우리를 즐겁게 해준다. 고등학교에서 그는 잘 알려진 장난꾸러기였다. 청소년기 때 그는 어린이와 어른들을 대상으로 하는 전문적인 마술사였다. 빅터의 고등학교 졸업식에 참석했던 사람은 누구나 빅터가 졸업장을 받으려고 엄숙하게 통로를 걸어올 때 갑자기 그의 머리에 쓰고 있던 사각모에서 불꽃이 튀어나오던 장면을 기억할 것이다. 기념식장은 "우우" "아아" 그리고 크게 터지는 박수 소리로 진동했다. 나는 다른 사람들과 마찬가지로 놀랐고 어떻게 그 일을 했는지 가르쳐 달라고 빅터에게 간청했다. 아주 정직한 마술사인 그는 확고부동하게 그 어떤 전문적인 비밀을, 심지어 간청하는 그의 아버지에게도 폭로하려고 하지 않았으나, 이번 경우에는 아버지를 불쌍히 여겨서 사각 모자에 불꽃이 튀어나오는 비밀을 가르쳐주었다. 모자의 가장자리에 알루미늄 호일로 만든 라이터 액체를 담을 수 있는 용기와 아주 작은 성냥을 숨기고, 그리고 보시라! 불붙는 사각 모자를. (집에서는 해보지 마시라.)

나는 가르치고 글을 쓰고 가족들을 경제적으로 부양하는 데 너무나 열심이었기 때문에, 지금 뒤돌아보면, 너무나 많은 것을 놓쳐버렸다는 생각이 든다. 나는 아이들 각자와 개인적으로 시간을 보내지 못한 것을 후회한다. 나의 친구 래리 자로프의 장례식장에서 그의 세 아들 중 하나가 가족의 전통을 이야기했다. 토요일마다 아버지는 차례로 아들과 시간을 함께 보냈다. 점심을 같이 하고, 일대일로 대화를 하고 서점에 가서 책을 선택했다는 것이다. 얼마나 아름다운 전통인가! 그 이야기를 들으면서, 나는 나의 아이들 각각의 삶에 더 깊이 들어갔더라면 하는 생각을 했다. 만약 내가 다시 한 번 돌아갈 수 있다면, 나는 다르게 하고 싶다.

매릴린이 매일의 생활에서는 주된 양육자였다. 아이들이 자랄 때까지 자기의 글쓰는 일을 미루어 놓았다. 그녀가 학위과정의 필수 논문을 마치고 난 후에, 그녀는 나의 지도에 따라서 좀 더 광범위한 일반적인 글을 쓰기 시작했다. 그녀는 피로 맺은 자매들: 여성 기억에서의 프랑스 혁명(*Blood Sisters: The French Revolution in Women's Memory*)을 1993년에 출판했다. 그 이후로 그녀는 7권의 책들을 저술했다. 그 아내의 역사(*A History of the Wife*), 체스 여왕의 탄생(*Birth of the Chess Queen*), 유방의 역사(*A History of the Breast*), 프랑스인이 사랑을 고안한 방법(*How the French Invented Love*), 사회적 성(*The Social Sex*), 그리고 미국인의 묘지(*The American Resting Place*)는 훌륭한 예술 사진 작가인 아들 벤과 같이 썼다. 그녀의 모든 책들은 나에게 굉장한 탐험이었다. 우리는 언제나 각자에게 가장 최초의 독자이다. 그녀는 여성의 가슴(유방)에 대한 나의 환상(놀라움)이, 역사를 통해 여성의 신체가 어떻게 보여지고 표현되었는가에 대한 문화적인 연구의 유방의 역사 책을 쓰게 영감을 주었다고 나에게 점수를 주었다. 그러나 내가 좋아하는 책은 체스 여왕의 탄생이다. 이 책에서 그녀는 수백 년간 체스 판에 존재하지 않았다가 1000년경에 처음으로 가장 약한 말로 체스 판에 나타난 여왕의 역사를 추적했다. 그녀는 정치적으로 유럽 여왕들이 유능해지면서 그 말은 더 강한 권력을 가지게 되었다고 추측했다. 그리고 여왕이 현재의 가장 강력한 말로서의 지위를 가지게 된 것은 15세기 말, 스페인의 퀸 이사벨라가 통치하던 시기였다고 한다. 나는 서점과 대학교에서 거행된 매릴린의 많은 독서회에 참여해서 엄청나게 자랑스러운 마음으로 그녀를 바라보았다. 지금 현재 그녀는 새로운 책 사랑의 심장(*The Amorous Heart*)을 시작했다. 그 책은 심장이 어떻게 사랑의 상징이 되었나를 탐색할 것이다.

우리들의 강렬한 작업 윤리에도 불구하고, 매릴린과 나는 확고하게 우리의 가족 안에 근거를 둔다. 60년 넘게 부모와 조부모로서의 역할에 충실하고 있다. 우리는 우리 집을 우리 아이들뿐만 아니라 우리의 친구들, 그리고 우리 아이들의 친구들을 환영하는 장소로 만들기 위해 노력했다. 우리 집에서 굉장히 많은 결혼식과 독서 파티, 그리고 베이비샤워를 주관했다. 아마도 우리는 이런 일들의 필요성을 다른 사람들보다 더 많이 느꼈는지도 모른다. 왜냐하면 우리는 우리 가족의 탄생지를 동부에 남겨 두고 캘리포니아에서 과거보다는 미래에 뿌리를 박는 가족과 친구들의 새로운 네트워크를 만들어야 했기 때문일 것이다.

　우리는 상당히 많은 여행을 했지만—유럽의 여러 나라들, 카리브해와 태평양의 여러 열대 섬들, 중국, 일본, 인도네시아, 러시아—나는 나이가 들어가면서 집을 떠나는 것을 주저하게 됨을 발견한다. 시차증은 전보다 더 힘들고, 나는 긴 여행 끝에 자주 병든다. 여행에 대해서 말하면, 매릴린은 연령적으로는 나보다 단지 9개월 젊지만, 때로는 나보다 20년은 젊은 것처럼 느껴진다. 지금은 멀리 있는 나라에서 강의 초청을 받으면 나는 항상 거절하고, 대신에 때때로 화상회의를 제안하기도 한다. 나의 여행을 하와이와 가끔 워싱턴 DC, 뉴욕, 오리건의 셰익스피어 축제가 열리는 애슐랜드로 제한하고 있다.

　2014년에 상영된 다큐멘터리 영화 '얄롬의 치료(Yalom's Cure)'의 인터뷰에서 딸 이브는 영화 제작자에게 나와 매릴린은 언제나 우리의 관계를 우선으로 생각했다고 솔직하게 말했다—즉 우리 부부의 관계가 아이들과의 관계보다 위에 있었다는 의미였다. 나의 본능은 그에 반박하는 것이었으나, 나는 이브 말이 옳다고 믿는다. 이브는 자기의 아이들을 첫 번째로 놓는다고 말했다. 그리고 이어서, 원망에 차서 그녀의 결혼이 25년을 넘지 못했다고 말했다. 영화 상영 후, 토론에서 청중들과 몇 명의 관람자들은 우리의 결혼이 아주 튼튼하고 지속적인 데 비해서 우리 아이들은 모두 이혼을 했다는 것에 대해서 언급했다. 나는 역사적인 요소가 작용을 한 것 같다고 반응했다. 미국에서 현재 결혼의 40~50%가 이혼으로 끝나는데 우리들 세대에게 이혼은 아주 드물다고 했다. 나의 첫 25년에서 30년에 이르는 삶에서는 이혼한 사람을 하나도 알지 못했다. 우리 아이들의 이혼에 관한 청중들과의 토의에서 매릴린은 계속 이렇게 외치고 싶어 한다. "여보세요, 우리

샌프란시스코에서 부인 매릴린과 함께 한 저자, 2006.

아이들 셋은 재혼을 했고 대단히 훌륭한 제2의 결혼생활을 하고 있답니다."

아이들이 이혼할 때마다 매릴린과 나는 우리들이 무엇을 잘못했는가에 대해서 끊임없이 이야기했다. 부모들은 자식들의 결혼이 파경에 이르는 데에 대해서 책임이 있는가? 나는 많은 부모들이 이런 해답이 없는 질문들을 한다고 확신한다. 이혼은 관계되는 모든 사람들에게 대체로 고통스러운 경험이다. 매릴린과 나는 우리 아이들의 슬픔을 같이 느끼고 그리고 지금까지 우리 아이들과 우리 손자녀들과 친밀하게 지내고 그들이 서로에게 주는 지지를 보면서 가슴이 뭉클해진다.

이상화에 대해서

나의 책 집단치료의 이론과 실제가 45년 전에 교과서로 채택된 이래로 학생들과 치료자들 중에 충실하게 나를 따르는 사람들이 있다. 그들은 나의 원래의 청중이고 나는 이보다 넓은 독자층을 절대로 기대하지 않았다. 그래서 나는 내 치료 이야기의 모음집인 나는 사랑의 처형자가 되기 싫다가 미국에서 베스트셀러가 되고 광범위하게 번역되었다는 사실에 충격과 스릴을 동시에 느꼈고, 이 사실이 나의 마음을 기쁘게 했다. 친구들이 아테네 또는 베를린 또는 부에노스아이레스의 공항에 내 책이 진열되어 있는 것을 보았다는 소식을 알려주었을 때 내 마음은 기쁨으로 가득 찼다. 후에 나의 소설이 외국에까지 가서 이국적으로 편집된 책들을 보게 되면 기분이 좋아진다. 세르비아어, 불가리아어, 러시아어, 폴란드어, 카탈로니아어, 한국어, 중국어로 된 판이 우편으로 온다. 이제는 내 독자들의 대다수가 다른 나라 사람들이고 다른 언어로 내 책들을 읽고 있다는 사실을 받아들인다.(그러나 절대로 완전히 이해하지 못한다.)

매릴린은 수년 동안 나를 완전히 무시하는 중요한 나라가 프랑스라는 사실에 대해 크게 실망하고 있었다. 그녀는 12살 때 프랑스어를 배우기 시작하면서부터, 특별히 스윗브라이어대학교 프로그램으로 대학 2학년 때 프랑스에 가서 공부한 이래로 친프랑스파가 되었다. 나는 나의 프랑스어를 향상시키기 위해 반복해서 여러 다른 선생님들에게 배우려고 노력했으나 너무나 무능해서 내 아내까지도 프랑스어는 그저 내 취향이 아닐 뿐이라고 결론을 내렸다. 2000년에 프랑스의 새 출판사인 갈라아드가 그때까지 내가 쓴 7권의 책의 프랑스어 번역권을 취득해서 그 이후 매년 내 책을 출판했으므로 나는 프랑스 독자층을 많이 가지게 되었다.

2004년에 갈라아드는 센강의 우안(右岸)에 있는 파리 마리니 극장(지금의 생 클로드 극장)에서 대중을 위한 행사를 가졌다. 나는 프랑스의 인기 있는 잡지인 **심리학**(*Psychologies*)의 발행자와 (물론 통역자를 통해서) 인터뷰를 하기로 되어 있었다. 그 극장은 거대한 오케스트라, 두 개의 발코니, 한때 위대한 프랑스 배우 장 루이 바로를 빛나게 했던 장엄한 무대가 있는 고풍스러운 구조였다. 그 행사장에 도착했을 때 나는 표가 매진되었다는 사실에 놀랐고, 놀라움 속에서 밖에 길게 줄 서서 기다리고 있는 많은 사람들을 보았다. 극장 안으로 들어서자마자, 무대 중앙에 놓여 있는 거대한 빨간 벨벳 왕좌(王座)가 눈에 띄었다. 내가 그 자리에 앉아서 대중들에게 연설을 하는 것이라고 했다. 그건 너무 지나쳤다! 나는 좀 더 수수한 것으로 바꿔달라고 요구했다. 청중들이 꽉 들어차자 프랑스어를 하는 매릴린의 친구들을 보았다. 그들은 몇 년 동안 나와 대화를 할 수도 없었고 나의 책을 읽지도 않았다. 인터뷰어는 적절한 질문을 했고, 나는 나의 가장 좋은 이야기들을 많이 했다. 통역자는 경이로웠고 그 저녁은 그 이상 더 좋게 진행될 수가 없었을 정도였다. 매릴린의 친구들이 내가 전혀 바보가 아니라는 것을 인식했다는 사실을 알고 기뻐서 어쩔줄 모르는 매릴린의 소리가 내게 들리는 듯했다.

2012년에 스위스 영화 제작자, 자비네 기지거가 나의 인생에 근거한 다큐멘터리를 만들자고 했다. 그것은 이상한 제안 같았다. 그러나 구루(Guru)의 밀 밸리 영화제(Mill Valley Film Festival)에 참석했을 때, 조종에 능한 광신적 종교 리더인 라지니쉬가 오리건에서 집단을 리드하는 내용의 영화를 보고 점점 흥미가 느껴졌다. 내가 그녀에게 왜 나를 주인공으로 선택했느냐고 물었을 때, 그녀는 라지니쉬와 작업을 하면서 너무나 때가 묻었기 때문에 '괜찮은 사람'을 영화로 만들겠다는 결심을 했다고 했다. '괜찮은 사람' 그 표현이 나를 설득했다.

우리는 일정 기간 촬영을 하기로 했으나 그것은 2년 이상 걸렸다. 자비네를 감독으로 필립 델라키스를 제작자로, 그들의 훌륭한 음향과 필름 기술자들로 구성된 그 집단은 팰로앨토와 스탠퍼드의 우리 집을 여러 차례 방문했고 우리 가족들이 휴가를 지낸 하와이와 프랑스 남부에도 왔다. 그리고 스태프가 마치 우리 가족들처럼 느껴졌다. 나는 여러 상황에서 사진을 찍었다ー대중에게 강의할 때, 자전거를 탈 때, 수영할 때, 스노클링을 할 때, 탁구를 할 때, 매릴린과 뜨거운 욕탕에 함께 있을 때.

이 모든 일을 하면서 세상에 어느 누가 나의 재미없는 일상생활을 찍은 필름을 보겠는가 의아했다. 나는 그 영화에 재정적인 투자를 하지 않았으나 영화 제작자들과 프로듀서들과 친해지자 그들이 손해 보게 될 금전에 대해서 염려가 되었다. 마지막에 나의 온 가족과 친한 친구 몇몇이 사적으로 샌프란시스코에서 영화 시사회를 보고 나서야 나는 안심했다. 자비네와 영화 편집인들은 여러 시간 동안 찍은 많은 자료들을 편집해서 가려내고 74분의 영화로 만드는 훌륭한 작업을 했다. 나의 반대에도 불구하고 그 영화의 제목은 '얄롬의 치료(Yalom's Cure)'가 되었다. 아직도 나의 직계가족과 친구를 제외한 사람들이 그 영화를 보는 데에 털끝만큼의 흥미라도 보일까 궁금하다. 더구나 나는 부끄럽고 너무 지나치게 노출된 것처럼 느낀다. 내가 나 자신을 작가로 확인하게 되었고, 내 책들, 특히 이야기와 소설들을 내 성인기 삶의 중요한 장으로 여기게 되었는데도 불구하고 그 영화는 나를 작가로서 주목하기보다는 나의 일상적인 삶에 더 초점을 두었다. 그러나 놀랍게도, 그 영화는 유럽에서 성공적이었고, 궁극적으로는 50개의 영화관에서 수십만 명의 관객을 상대로 상영되었다.

2014년 가을에 취리히에서 그 영화가 상영되었을 때, 영화 제작자가 매릴린과 나를 세계 초연 시사회에 초대를 했다. 해외여행을 더 이상 안 하기로 결심하고 있었지만, 이것은 내가 거절할 수 없는 초대였다. 우리는 취리히로 날아가서 두 번의 시사회에 참석했다. 한 번은 치료자들과 유명인사들을 초대한 자리였고, 다른 한 번은 일반 관객들을 초대한 자리였다. 시사회가 끝날 때마다 질문에 답해야 했는데 내가 상당히 노출된 느낌이었다. 특히 매릴린과 내가 뜨거운 욕조에 같이 있는 장면, 우리의 머리와 어깨만이 보이기는 했지만, 너무 노출된 느낌이었다. 그러나 나는 영화 속에 우리 가족의 휴가 중에 손녀 알라나와 손자 데스몬드가 댄싱 콘테스트에서 경쟁하는 모습이 있고, 영화의 끝에 전문 작사가이며 가수인 또 다른 손녀 릴리 버지니아의 노래가 들려오는 것을 보고 전율을 느꼈다.

몇 달 후에 그 영화가 프랑스에서 상영되었을 때, 매릴린은 시사회를 위해 파리로 날아갔고 거기서 영화가 끝난 후에 관중들에게 연설을 했다. 매릴린은 파리의 일들을 보고하는 인기 있는 주간지 **파리스코프**(Pariscope) 표지에 우리들의 얼굴이 실린 것을 보고 전율을 느꼈다.

몇 달 후에 그 영화는 로스앤젤레스에서 개봉되었으나 유럽과 비교해 보면, 별로 인기가 없었다. LA 타임스의 호평에도 불구하고 그 영화는 단 며칠 후에 종영하고 말았다.

영화 상영 때문에 우리가 취리히로 간 것과 연결하여 나는 모스크바에서 강의해 달라는 요청도 받아들였다. 그 초청에는 특별한 강사료와 취리히에서 모스크바까지 개인 제트 비행기로 가는 인센티브도 있었다. 그 비행은 자체가 하나의 이야기가 되었다. 승객은 오로지 매릴린과 나, 몇 년 전에

파리스코프 커버, 2015. 5. 20.

단 한 번의 세션을 가졌던 나의 옛 환자, 나의 옛 환자의 친구인 러시아 고위 공직자며 비행기의 소유자, 이렇게 넷뿐이었다. 나는 고위 공직자 옆자리에 앉아서 비행하는 동안 줄곧 아주 기분 좋은 대화를 나누었다. 그는 사려 깊고 영성이 풍부한 사람이고 일생에서 몇 가지 불행한 면을 가지고 있었다. 나는 그의 고통에 공감했지만, 예의를 지키기 위해 너무 깊이 들어가지는 않았다. 한참 뒤에야 그 비행의 목적이 (말해지지는 않았지만) 이 고통받고 있는 사람에게 내가 어떤 치료를 좀 제공해주기를 바라는 것이었음을 알게 되었다. 만약 내가 그 사실을 미리 알기만 했더라면, 만약 누군가가 좀 더 솔직했더라면, 나는 그를 돕는 데 좀 더 초점을 맞출 수 있었을 것이다.

내 강의를 주선한 것은 큰 규모의 훈련 대학교인 모스크바 심리분석협회였고 강의 장소는 때때로 록 뮤직 콘서트가 열리는 곳이었다. 주최 측에서는 동시통역을 위해서 700개의 헤드폰을 준비했는데, 1,100명이 모여서 대단한 혼잡을 이루었기 때문에 동시통역을 포기하고 말았다. 주최 측에서는 헤드폰을 회수해 달라고 요청했고 굉장히 불안해하는 통역자에게 즉석 통역을 하라고 지시했다.

연설을 시작했을 때, 아무도 나의 농담에 웃지 않는 것을 보고 통역에 심각한 문제가 있다는 것을 알았다. 후에 주최자가 나에게 불안한 통역자가 안정을 되찾는 데 15분이나 걸렸으나, 그 이후에는 잘해냈다고 말했다. 컨퍼런스가 끝나고 주최 측에서는 드라마틱한 연극 러시아어로 '아라베스크(Arabesque)'를 공연했는데, **삶과 죽음의 사이에 서서**(Creatures of a Day)에 나오는 러시안 발레리나의 이야기였다. 두 명의 정말로 아름다운 배우가 이국적인 의상을 입고 그 이야기를 연극으로 꾸몄다. 조용한 늙은이(그게 나라고 짐작했다)가 구석에 앉아서 지켜보고 있었다. 그 연극의 배경은 아름답고 초현실적으로 디자인된 유화를 그리는 예술가의 손과 붓을 보여주고 있었다. 그 행사가 끝나고 우리는 책에 사인을 하는 마라톤 작업에 들어갔다.

언젠가 모스크바에서 나는 한 시간 반 동안 은행 직원들에게 실존주의에 대한 강의를 해달라는 이상한 초대를 받았다. 마천루의 꼭대기 층인 아름답고 커다란 바에 약 50여 명이 모였고, 그 가운데에는 은행장도 있었다. 은행장은 영어를 할 줄 아는 단 몇 명 중 하나였으나, 물론 나는 러시아어를 단 한 마디도 할 줄 몰랐기 때문에 통역이 필요했고, 따라서 토론이 번거로웠다. 청중들은 실존주의에 대해서 전혀 이해하지 못했다. 내가 보기에 그들은 상관이 있는 자리에서 자유 토론을 하는 것을 꺼리는 것 같았다. 나는 이 분위기를 탐색하느라고 상당히 노력했으나 전혀 소용이 없었다. 은행장은 그의 아이패드를 들고 앞줄에 앉아 있다가 20분쯤 후에 유럽연합(EU)이 러시아에 큰 손상을 가하는 세금을 부과하기로 했다고 발표하며 나머지 시간을 그 문제에 대해 토론하는 것이 좋겠다고 말하면서 우리의 컨퍼런스를 방해했다. 나는 전적으로 은행장의 말에 동의했다. 왜냐하면 그들은 실존주의에 대해서 별 흥미가 없는 것이 분명했고, 다시 말하지만 침묵만이 있었기 때문이었다. 청중들은 상관이 있는 자리에서 의견을 말하기를 꺼렸고 나는 최선을 다해서 노력했으나 그 난국을 깨뜨릴 수가 없었기 때문에 나는 다시 한 번 우려를 표명했다. 나의 과업은 나의 강사료 이외에는 별로 실력 발휘를 못하고 끝나고 말았다. 강사료는 이상한 형태로 지불되었다. 그들은 다음 날 대학교에서 나를 위해 베푸는 만찬회에서 강사료를 지불한다고 말했다. 다음 날 저녁, 디저트를 마친 후에 어떤 사람이 미국 지폐로 가득 찬, 아무것도 쓰여 있지 않은 평범한 봉투를 남모르게 건네주었다. 내 짐작에 그들은 나의 편의를 위해서 이렇게 신비스러운 방법으로 지불하는 것 같았다. 주최 측에서는 그 수입에 대해서 내가 세금을 물지 않게 하려고 그렇게 했을 수도 있지만, 또 다른 면에서 보면 은행이

크렘린에서 부인과 함께 한 저자, 2009.

잉여의 현찰을 없애버리는 방법일 수도 있을 것이다.

나이가 들어감에 따라 나는 긴 비행을 피하려고 노력한다. 따라서 나는 비디오컨퍼런스를 더 선호하는데, 나의 집 가까이에 있는 화상회의 사무실에서 내가 청중에게 말하고 약 90분간 그들이 질문에 대답하는 것으로 되어 있다. 나는 여러 차례 이런 화상회의를 진행했는데, 그중에서 2016년 5월에 중국 본토에서 있었던 비디오컨퍼런스가 가장 이상했다. 중국에서 세 명의 정신과의사가 90분간 나를 인터뷰했다. 이 행사를 위해 샌프란시스코까지 날아온 해설자가 내 옆에 앉아서 그들의 질문과 나의 답변을 통역했다. 다음 날, 그 인터뷰가 많은 관중에게 보여졌다고 나의 스폰서가 알려주었다. 그러나 그들이 이메일로 인터뷰어들의 사진을 보내면서 정확한 청중의 숫자가 191,234였다고 했을 때 나는 비틀거릴 지경이었다.

내가 놀라면서 관중의 규모에 대해 믿을 수 없다는 말을 전했을 때 나의 중국인 스폰서는 "얄롬 박사님, 많은 미국인들과 마찬가지로 선생님께서도 정말 중국의 거대함을 이해하지 못하시는군요."라고 말했다.

하루도 예외 없이, 나는 세계 각지에 있는 독자들로부터 이메일을 받는다. 그리고 나는 각 편지에 답장을 쓴다. 대개 아주 간단하게 "편지 주셔서 감사합니다." 또는 "내 책이 어떤 의미를 드렸다니 기쁩니다."라는 내용을 쓴다. 나는 편지를 쓴 사람의 이름을 반드시 쓴다. 그렇게 해야 편지를 쓴 사람의 글을 내가 실제로 읽었다는 표시가 되기 때문이다. 이렇게 하는 것은 시간이 걸리지만 나는 나의 불교 신자 친구가 명상을 매일 하는 것과 비슷한 일을 하고 있다고 느낀다. 거의 매일 나는 세계 각지로부터 자문을 요청받는다. 스카이프를 통해서 또는 나를 만나기 위해 캘리포니아까지 비행기를 타고 오는 개인들로부터도 요청을 받는다. 어느 날 어떤 사람이 은퇴한 심리치료자인 자기 어머니의 100세 생일날에 자기 어머니와 스카이프를 할 수 있겠느냐고 요청하는 글을 보냈다.

　팬 메일과 함께 독자들은 때때로 선물을 보낸다. 그래서 우리 집은 그리스, 터키, 이란, 그리고 중국에서 오는 선물들로 장식된다. 가장 놀라운 선물은 칼림노스의 작은 섬에 살면서 작품활동을 하는, 잘 알려진 그리스의 조각가 사클라리스 쿠트지스로부터 온 것이다. 나는 그에게서 나의 집 주소를 묻는 이메일을 받았다. 그는 나의 책을 잘 읽었다고 하면서 웹에서 찾은 내 사진을 보고 석고로 나의 흉상을 만들고 있다고 했다. 인터넷에서 그를 찾아보았더니 그는 성공한 조각가이며 세계 각 곳의 여러 도시에 그의 작품이 진열되어 있다고 했다. 나는 운임료를 내겠다고 고집했으나 거절당했다. 한 달 후에 실물보다 큰 흉상이 커다란 나무 박스에 넣어져서 우리 집 앞에 배달되었다. 그 흉상은 지금 우리 집 안에 있다. 나하고 너무나 똑같아서 나는 그 흉상을 볼 때마다 겁을 먹는다. 가끔 내가 또는 우리 아이

사클라리스 쿠트지스가 조각한 자신의 조각상과
함께한 저자, 2016.

들이 안경을 쓰게 하거나, 넥타이를 매게 하거나 나의 많은 모자 중에서 하나를 씌우면서 그 흉상을 꾸민다.

이런 명성의 상징을 막으려고 많이 노력해도, 이것이 나 자신을 기분 좋게 하는 느낌을 갖게 한다는 사실에는 의심할 바가 없다. 나는 또한 나의 노령, 진지함, 그리고 명성이 치료자로서의 나의 효율성을 증가시킨다는 것을 믿는다. 지난 25년 넘게 대다수의 내 환자들은 나와 연락을 하며 지낸다. 그들은 내가 쓴 글들을 좀 읽었고, 나의 치료적인 힘에 대해서 강한 믿음을 가지고 나의 사무실에 온다. 나도 나의 삶에서 잘 알려진 치료자들을 만났기 때문에 나와의 이런 참 만남이 그들에게 어떤 의미를 남기는지에 대한 감각이 있다. 나는 아직 칼 로저스의 얼굴의 좁고 깊은 주름을 볼 수 있다. 50년 전에 나는 로저스와 대화하고 싶다고 요청했고 남부 캘리포니아로 날아가서 오후 한나절을 그와 함께 보냈다. 나는 그에게 나의 작품들을 보냈고 그가 나의 집단치료 책이 잘 써지긴 했지만 지니의 책 **매일 조금 더 가까이**(*Everyday Gets a Little Closer*)가 그에게는 대단히 특별했다고 했던 말을 기억하고 있다. 그리고 빅터 프랭클과 롤로 메이의 얼굴도 내 마음의 눈에는 선명하게 남아 있기 때문에 만약 내가 예술적 재능이 있다면(나에게 없다), 나는 내 기억을 바탕으로 그들을 아주 정확하게 만들 수 있을 것 같다.

그래서 나의 명성 때문에 환자들은 아무에게도 이야기하지 않았던 비밀들을, 심지어는 지난번 치료자들과의 관계에 대해서도 나에게 공개한다. 그리고 만약 내가, 판단하지 않고 공감하면서 받아들이면 나의 개입은 더 무게를 가지게 된다. 그것은 어쩌면 나에 대한 그들의 선입견 때문일지도 모른다. 최근에 같은 날 오후에, 나의 작품들과 익숙한 두 명의 새 환자들을 만났다. 첫 번째 환자는 은퇴한 치료자. 그녀는 멀리 있는 자기 집에서 몇 시간이나 운전해서 나의 사무실에 왔다. 그녀는 물건을 쌓아두는 (그녀의 집에 있는 단 하나의 방에) 강박적인 행동이 걱정스러워서 내게로 온 것이다. 그

녀는 집을 떠나서, 한 블록도 채 가지 못하고 문이 잠겼는지, 스토브는 껐
는지를 체크하기 위해서 집으로 되돌아간다. 나는 이런 행동들이 나와의
짧은 치료로 해결될 일이 아니며, 그런 행동들이 그녀의 삶을 크게 방해하
지도 않을 것이라고 말했다. 나는 그녀를 잘 통합된 사람이라고 생각하며,
훌륭한 결혼을 했고 은퇴 후의 의미를 찾는 어려운 과업을 잘 다루고 있는
사람이라고 말했다. 그녀는 이 말을 듣고 기뻐했다. 나는 그녀에게 치료가
필요 없다고 생각한다고 말했다.

　다음 날 그녀는 이 말들을 나에게 이메일로 보냈다.

　　지난 목요일에 선생님과의 대화를 얼마나 즐겼고 가치 있게 생각하는지를
　　알려드리고 싶습니다. 그 시간이 나에게는 굉장히 의미가 깊었습니다. 나는
　　선생님의 지지와 내가 잘하고 있다는 선생님의 인정에 행복하고 내 삶에 대
　　해서 만족하고, 정말로 선생님이 나에게는 이제 치료가 필요 없다고 하신 말
　　씀이 감사합니다. 덜 불안하고 나 자신이 더 믿음직스럽고 나 자신을 받아들
　　이는 마음이 되어 선생님 사무실에서 나왔습니다. 이것이 진짜 선물이라고
　　생각합니다. 단 한 번의 세션으로 이렇게 되다니, 멋져요.

　같은 날 늦은 오후에, 샌프란시스코의 친구를 방문 중인 중년의 남아메
리카 남자가 단 한 번의 면담을 위해 나를 찾아왔다. 그는 일생을 거식증으
로 고통받고 있는 여동생 이야기를 하면서 약속 시간을 거의 다 썼다. 부모
님이 돌아가시고 난 후에 여동생의 의료와 정신과 병원비가 너무 힘들어서
그는 결혼도 못하고 가족을 가지지도 못했다. 나는 대가족 중에서 왜 그가
여동생을 책임지게 되었는지를 물었다. 그러자 굉장한 불안과 망설임으로
그 누구와도 나누지 않았던 이야기를 했다.

　그는 여동생보다 열세 살 위이다. 여동생은 두 살, 그는 열다섯 살이었을
때의 어느 날, 그의 부모님은 그에게 아기를 맡기고 몇 시간 동안 다른 형

제들과 결혼식에 참석했다. 그들이 집에 없는 동안 그는 여자 친구와 오랫동안 에로틱한 통화를 하고 있었다(부모님은 그의 여자 친구를 굉장히 싫어해서 그녀와 사귀지 말라고 공개적으로 이야기했다). 그가 이야기하는 동안 아기는 기어서 열려 있는 문 밖으로 나가서 몇 개의 층계에서 굴러 떨어졌다. 몸과 얼굴이 심하게 멍이 들어서 아기는 고통을 받았다. 그의 부모님이 돌아오셨을 때, 그는 모든 일을 고백할 수밖에 없었다 ─ 그의 생애에서 최악의 순간이었다 ─ 여동생의 상처는 가벼운 것이어서 멍든 자리는 며칠 후에 없어졌지만, 여러 해 동안 그의 마음속에는 여동생의 거식증이 그때 넘어진 것 때문이라는 비밀스러운 두려움과 확신이 자리 잡고 있었다. 그는 그날 처음으로 여동생의 부상 이후 25년 동안이나 그 누구에게도 하지 않았던 이야기를 나에게 한 것이었다.

나는 나의 가장 깊고 가장 형식적인 목소리로 그에게 그의 무죄함을 이렇게 선언했다. 나는 그의 여동생에 대한 이야기를 주의 깊게 들었고, 그 모든 일들을 생각해보고 나서 그의 무죄함을 선언했던 것이다. 나는 그의 부주의 에피소드에 대한 책임을 그는 이미 다 완수했음을 확인시켜 주었고, 여동생의 넘어짐이 거식증의 원인이 된다는 아무런 근거가 없다는 것도 확인시켜 주었다. 나는 또한 그가 자기 나라로 돌아가서 치료를 받게 되면 치료 중에 이 사건을 반드시 탐색해보라고 제안했다. 그는 안도해서 눈물을 흘렸고 치료를 받으라는 나의 충고를 듣지 않을 것이며 그가 원했던 것을 정확하게 얻었다고 확실히 말했다. 그는 훨씬 가벼워진 발걸음으로 내 사무실에서 걸어 나갔다.

환자의 노력과 힘과 나의 축복이 곁들여 있는 이 단 한 번의 짧은 세션들이 성공적인 것은 환자가 나에게 불어넣어 준 힘이 큰 부분을 차지하고 있음을 인식하고 있다.

얼마 전에 한 여성이 그녀의 일생에서 가장 슬픈 일을 당했다. 그녀는 청소년기 시절에, 대학을 가려고 집을 떠나기 직전에, 저명하지만 대단히 거리가 먼 그녀의 아버지와 긴 시간 기차여행을 하게 되었다. 그녀는 아버지와 단 둘이 있는 시간을 몹시 원하고 있었으나, 가방을 열고 여행 시간 내내 공부하느라고 그녀에게 단 한마디도 말을 걸지 않는 아버지를 보고는 두 손 두 발을 다 들고 말았다. 우리의 치료 시간에 그 상황을 재연해볼 수 있다고 그녀에게 말했다. 그녀와 나(나이 든 특출한 남자)는 다른 방법으로 여러 시간 여행을 했다. 그녀는 완전한 허락 속에서, 심지어 모르는 것을 질문하고 불평을 하고 느낌을 표현하도록 격려받는다. 그리고 나는 그 모든 것에 전적으로 반응하고 화답하는 상황 속에서 여행을 한다. 이런 상황에서 그녀는 감동을 받았고 궁극적으로는 이런 접근을 통해 도움을 받았다.

이 모든 주의집중과 찬사의 내용은 나 자신의 느낌인가? 이에 대해서 때때로 나는 흥분을 느끼기도 하고 때에 따라서는 불안하게 느끼기도 한다. 그러나 대체적으로 나는 균형을 지킨다. 나의 지지집단이나 나의 사례토의 집단의 동료들을 만나면 그들은 몇십 년간 우수한 개업 임상가들로 일해 오고 있으며 내가 나의 일에 효율적인 것처럼 그들도 모든 일에 효율적이라는 것을 안다. 그래서 나는 자만하지 않는다. 내가 할 수 있는 모든 일은 나의 일을 신중하게 하면서 가장 좋은 치료자가 되기 위해서 노력하는 것이다. 나는 내가 우리 인간들 모두가 원하고 있는, 현명하고, 모든 것을 아는, 백발의 노인으로 이상화(理想化)되어 있다는 것을 알고 있다. 만약 내가 그 자리에 맞도록 선택되었다면, 글쎄, 나는 행복하게 그 입장을 받아들일 것이다. 누군가는 그 일을 해야 하니까.

노년기의 신참자

어렸을 때 나는 어디에서나 가장 나이가 적은 아이였다―우리 반에서, 야구 팀에서, 테니스 팀에서, 캠프 침대에서―그러나 지금은 어디를 가나 내가 가장 늙었다―강의에서, 식당에서, 독서회에서, 영화관에서, 야구장에서. 최근에 스탠퍼드 정신과에서 주최하는 이틀간의 의과 교육 컨퍼런스에 참석하고 강의도 했다. 국내 여러 곳에서 참석한 동료 청중을 둘러보니 소수의 회색 머리칼은 몇몇 있었으나 백발은 한 사람도 없었다. 나는 그냥 늙은 사람이 아니고, 단연코 늙은 사람이었다! 16명의 다른 강의를 듣고 토론에도 참가하면서 내가 1950년대부터 시작한 내 의학 분야의 변화를 보면서 더욱 나의 나이를 실감하게 되었다. 모든 현대의학의 발달들―조현병과 조울증 장애와 우울증에 대한 새로운 정신약리학. 새 세대의 의약 실험 발전, 불면증과 섭식장애 그리고 주의산만에 대한 첨단기술 치료, 이런 것들의 대부분이 나를 지나쳐 갔다. 나는 내가 새로운 의학의 발전에 발맞추어 가는, 장래가 약속되는 대단한 자부심을 가진 젊은 교수라고 생각하고 있었다고 기억한다. 그런데 지금 나는 발표들을 들으면서 잘 알아듣지 못한다고 느낀다. 뇌의 자기자극(TMS)에 대한 강의를 들을 때는 전혀 알아들을 수가 없었다. 그것은 뇌의 결정적인 중심을 자극하고 억제하는 방법이 약 처방으로 치료하는 것보다 정확하고 효과 있으며 부작용도 없다는 내용이었다. 이것이 내 분야의 미래 모습인가?

1957년, 내가 처음으로 레지던트가 되었을 때, 심리치료는 정신과학의 핵심이었다. 그리고 그 분야를 탐색하려는 열정을 나는 나의 동료 모두와 공유했다. 그러나 지금, 내가 참석하고 있는 이 컨퍼런스에서는 8개의 발표가 있었는데 심리치료에 대한 언급은 거의 없었다.

나는 지난 몇 년간 정신과 논문을 별로 읽지 못했다. 나는 이것을 내 시력 때문이라고 자주 핑계를 댔다 ― 나는 양쪽 눈 모두 각막수술을 했고 백내장 수술도 했다 ― 그러나 그것은 궁색한 변명이었다. 전문적인 자료를 내 킨들의 큰 글자를 이용해서 읽을 수 있었다 ― 인정하기에는 약간 당황스럽지만 ― 이런 것에 나는 이제 더 이상 흥미가 없다는 것이 옳은 답이다. 이런 나의 모습에 죄책감을 느끼기 시작할 때, 그동안 시간을 썼기 때문에 이제 85세의 나이에는 내가 읽고 싶은 것만 읽어도 된다고 나 스스로를 위로한다. 그리고 나서는, "그것 말고도, 나는 작가이고 현재의 문학적인 움직임과 함께 갈 필요가 있다."고 한마디를 덧붙인다.

스탠퍼드 컨퍼런스에서 내가 말해야 할 차례가 되었을 때, 나는 강의를 하지 않았고 ― 다른 연사들과는 달리 ― 보여줄 슬라이드도 없었다. 실제로는 ― 거창한 고백을 처음으로 한다 ― 나는 **일생 동안 단 한 번도 슬라이드를 만들거나 사용하지 않았다!** 대신에, 스탠퍼드 동료들과 친한 친구, 데이비드 스피겔이 재치있고 친절하게, 나의 경력과 치료자로서의 발전과정들에 대해서 나를 인터뷰해주었다. 이것은 나에게는 편안한 방식이었다. 청중이 일어서서 박수를 쳤고 나는 그들이 나에게 작별을 고하는 것 같은 불안감을 느꼈다.

내 나이 또래의 정신과의사들 중에서 아직도 일하고 있는 의사는 몇 없기 때문에 나는 스스로에게 질문한다. 왜 너는 아직 환자를 보는가? 경제적인 이유는 아니다. 나는 안락하게 살 만큼 충분한 돈이 있다. 내가 아직 일하는 이유는 내가 나의 일을 너무나 사랑하기 때문이므로 내가 할 수 있을 때까지 일을 할 것이다. 정신과의사로서 나는 많은 사람들의 은밀한 인생으로 초대받았다는 특권을 가졌다고 느끼고 있으며 몇십 년이 흐른 지금도 나는 그 일을 상당히 잘 해내고 있다고 생각한다.

어쩌면, 이렇게 할 수 있는 것은 부분적으로는 내가 환자를 잘 선택했던 결과이기도 할 것이다. 지난 몇 년 동안 나는 시간 제한이 있는 치료만을 해 왔다. 첫 세션에서 나는 환자에게 내가 최대한 일 년 정도만 치료할 것이라고 말한다. 80대에 가까워지면서, 나는 내 마음과 기억이 얼마나 온전할 것인가 의아해하기 시작했다. 환자들이 곧 은퇴할 치료자에게 너무 의존하는 것을 원치 않기 때문이다. 나는 처음부터 종결 시기를 결정해 놓는다. 그렇게 되면 치료의 효율성이 일반적으로 증가되며 환자들은 빨리 작업에 들어가게 된다.(프로이트의 초기 제자들은 이미 100년 전에 이와 같은 관찰을 해놓았다.) 나는 일 년 안에 괜찮은 진전을 보일 것 같지 않은 환자는 받지 않으려고 주의한다. 심하게 앓고 있으며 향정신성 약을 필요로 하는 환자는 다른 심리치료자에게 보낸다.(왜냐하면 나는 새로운 연구를 따라가지 못하기 때문에 몇 년 전부터 약을 처방하지 않는다.)

나이 들어가는 것으로 고통받는 아주 많은 사람들을 도와주었기 때문에, 나 자신이 어렴풋이 보이기 시작하는 상실들에 대해서 잘 준비되었다고 생각하고 있었다. 그러나 그것은 내가 상상해오던 것보다 훨씬 더 겁나는 일이라는 것을 발견하고 있다. 아픈 무릎, 피곤함, 흐려지는 시력과 청력, 피부에 나타나는 검버섯, 이런 모든 것들에 나는 주의하고 있다. 그러나 이런 것들은 기억이 쇠퇴해가는 것에 비교하면 사소한 것들이다.

최근의 어느 토요일, 아내와 나는 산보를 나갔다가 샌프란시스코에서 점심을 먹었다. 아파트로 돌아오는 길에 나는 열쇠를 갖고 나오지 않았다는 것을 알았다. 우리는 복사열쇠를 가지고 있는 이웃 사람이 돌아오기까지 두어 시간을 밖에서 기다려야 했다. 그날 저녁 우리는 연극, 패프리스 멜키어트의 '들리지 않는 세상(The Unheard of World by Fabrice Melquiot)'을 보러 갔다. 이 연극은 사후의 상상적인 세상을 그린 것이었고 우리 아들 벤이 제작했고 벤의 연극 집단인 풀즈 퓨리(fools FURY)에 의해 무대에 올려진 것이었다. 공연이 끝난 후에　매릴린은 문학적인 관점에서, 나는 철학적이고 정신과학적인 관점에서 청중들과의 토론에 참여했다. 나의 발언이 청중들에게 만족감을 주었음에도 불구하고, 발표하는 중간에 내가 토의하고 싶었던 중요하고 흥미 있는 주제를 잊고 있었다는 것을 알아차렸다. 나는 자동적인 비행사처럼 말하면서 잃어버린 아이디어를 마음속에서 미친 듯이 찾고 있었다. 10분 정도쯤이 지난 다음에 갑자기 그 주제가 머리에 떠올라서 나의 요점을 말할 수 있었다. 청중들이 내가 나의 잃어버린 자료들을 쫓느라고 마음속으로 미친 듯이 노력하는 것을 알아차렸는지 궁금하다. 그러나 그 10분 동안에, 내가 청중들에게 말하고 있던 그 시간에, 나는 내 마음속에서 원을 그리면 들려오는 소리, "바로 그거야―그 시간은 다가왔어. 나는 대중을 위한 강의는 이제 중지해야 해. 롤로를 기억해라."를 들었다. 전에 나이가 많은 롤로 메이가 강연을 하면서 같은 이야기를 세 번이나 반복하는 모습에 대하여 내가 앞에서 묘사했던 어떤 장면을 참고하고 있었다. 나는 절대로 나의 노년의 상황 속으로 청중을 넣지 않겠다고 맹세했다.

그다음 날, 나는 에이전시에 렌터카를 돌려주려고 갔다(나의 차는 공장에 있었다). 영업시간이 지난 뒤였으므로 에이전시 문이 닫혀 있어서 벽에 붙은 안내를 따랐다. 차를 잠그고 열쇠를 열쇠 상자에 넣었다. 그러나 단 몇 분 후에, 내 지갑과 열쇠와 돈과 신용카드가 들어 있는 내 가방을 차 안에 두었다는 사실을 알았다. 마침내 나는 미국자동차서비스협회(AAA)에 전화를 걸어 이리로 와서 차 문을 열고 내 가방을 꺼내달라고 해야 했다.

이것은 붕괴되는 기억에 대한 특히 나쁜 경우이지만, 이보다 사소한 일이 지금은 거의 매일 일어난다. 나를 향해 미소지으며 걸어오고 있는 저 사람은 누구지? 나는 분명히 그를 알고 있는데… 그런데 그의 이름은, 오, 이름은 뭐지? 그리고 매릴린과 내가 자주 가던, 하프 문 베이 근처에 있던 레스토랑의 이름은 뭐였지? 영화 '환상살인'에 나오는 그 작고 우스꽝스러운 희극배우의 이름은 뭐지? 샌프란시스코 현대 미술관은 무슨 거리에 있지? 아홉 개의 다른 성격유형을 가진 이상한 형태의 치료의 이름은 뭐지? 그리고 내가 알고 있던 그 정신과의사, 교류분석을 처음 시작한 그의 이름은 뭐지? 나는 낯익은 얼굴들은 알아본다. 그러나 그들의 이름은 증발했다 — 어떤 것은 돌아오고, 어떤 것들은 생각났다가도 금방 사라져 버린다.

어제 나보다 몇 년 더 나이가 많은 친구 반 하베이(그렇다, 내 주위에 나보다 나이 많은 사람들이 꽤 있다)가 나에게 시몬 마워의 소설 유리로 된 방(The Glass Room)을 읽어보라고 했고 나는 그에게 크리스토퍼 니콜슨의 겨울(Winter)을 읽어보라고 했다. 몇 시간 후에 우리는 이메일을 주고받으면서 서로에게 물었다. "당신이 추천했던 소설의 제목이 무엇이었지요?" 물론 나는 나의 메모수첩을 들고 다녀야 한다. 그러나 수첩을 가지고 온다는 것을 기억하는 것 — 그것이 문제다.

열쇠, 안경, 아이폰, 전화번호, 주차해 놓은 자리 등을 잊어버리는 것 — 이것이 나의 일과다. 그러나 아파트와 자동차 열쇠를 동시에 잃어버리는 것은 최악의 경우다. 그것은 바로 전날 밤에 불면증으로 고통받은 것과 관련이 있을 것이다. 나는 그 불면증의 원인을 분명히 알고 있다. 그 저녁에 나는 프랑스 영화 '사랑(Amour)'을 보았다. 그 영화는 아픈 아내가 죽는 것을 도와주는 나이 들어가는 사랑하는 남편의 고뇌를 그린 작품이다. 그 부부는 나와 매릴린을 닮아서 그 영화는 밤새도록 나를 홀리고 있었다. '사랑'은 최고의 영화다. 그러나 나의 충고를 들으시라. 80대에 들어서기 전에 이 영화를 보시라.

나는 오랫동안 나의 늙어가는 기억이 내게 환자 보는 것을 포기하라고 강요할까 봐 걱정되었다. 그래서 은퇴를 미연에 방지하기 위해 나는 컴퓨터의 받아쓰기 프로그램을 많이 썼다. 각 세션이 끝나면 반드시 각 시간마다 한 페이지 또는 두 페이지의 요약을 해놓았고, 그 환자를 다시 보기 직전에 그 요약문을 반드시 읽는 것에 항상 마음을 써왔다. 그런 이유로 나는 환자와 환자를 보는 사이에 20분의 간격을 두고 약속시간을 짠다. 더구나 과거 몇 년 전부터, 나는 하루에 세 사람 이상 환자를 보지 않는다. 아주 아주 오래전에 내가 보낸 이메일을 읽을 때, 처음에는 깜깜하다가, 내가 써놓은 글의 몇 문장을 읽고 나면 언제나 수도꼭지처럼 틀어지면서 그 전체의 이야기가 떠오른다.

기억 상실에는 그러나 밝은 면도 있다. 많은 책의 줄거리를 잃어버린 것이 그 책을 다시 읽는 즐거움을 베풀어준다. 내가 즐기는 현대 소설이 점점 줄어들고 있다. 그래서 나는 서가에 나란히 꽂혀 있는 '내가 좋아하는 소설들' 파일로 돌아간다. 백년 동안의 고독(*A Hundred Years of Solitude*), 그렌델(*Grendel*), 위대한 유산(*Great Expectations*), 마크롤의 모험(*The Adventures of Maqroll*), 황폐한 집(*Bleak House*), 한밤의 아이들(*Midnight's Children*), 줄리아 고모와 시나리오 작가(*Aunt Julia and the Scriptwriter*), 다니엘 드론다(*Daniel Deronda*), 사일러스 마너(*Silas Marner*), 그리고 육체의 길(*The Way of All Flesh*), 많은 책들을 내가 마치 처음으로 읽는 것처럼 읽을 수 있다.

보다 냉정하게 보다 용기 있게에서 나는 죽음에 대한 불안을 완화시키는 방법으로 '파급효과'라는 개념에 대해서 썼다. 우리들 각자는 알지도 못하는 사이에 미래에 올 사람들, 심지어 몇 세대에 이를 수 있는 사람들에게 끼칠 수 있는 영향의 고리를 만든다. 우리가 다른 사람에게 끼칠 수 있는 영향이란 마치 연못의 파문이 계속해서 퍼져 나가다가 눈에 보이지 않게 되지만 사실은 매우 미세한 수준까지 계속 퍼져 나가게 되는 것과 같은 것이다. 존 화이트 혼과 제리 프랭크의 파급효과가 나에게까지 이른 것과 마찬가지로, 나 역시 나의 학생들과 독자들과 환자들에게, 특별히 나의 네 아

세 살짜리 손자에게 첫 번째 체스를 가르치고 있는 저자, 2016.

이들과 일곱 명의 손자녀들에게 파급효과를 주고 있을 것이라고 믿는다. 나는 딸 이브가 전화로 의과대학에 합격했다고 했을 때 기쁨의 눈물을 흘렸던 일을 아직도 기억한다. 작년에는 이브의 딸, 알라나가 튤레인 의과대학교에 합격했다는 소식을 듣고 내 눈에서 다시 눈물이 흘렀다. 그리고 작년 크리스마스에 나는 세 살짜리 손자 아드리안과 나란히 앉아서 우리들의 최초의 체스 게임을 했다.

하 나의 어려운 문제 : 나는 언제 은퇴를 할까? 나는 환자들로부터 바로 이런 문제에 대해서 의논하자는 요청을 자주 받는다. 얼마 전에, 성공적이고, 상당히 지성적인 헤지펀드 매니저, 80대의 하워드와 작업을 했는데, 그의 아내는 하워드가 치료를 받아야 할 필요가 있다고 주장했다. 왜냐하면 하워드는 여러 시간 동안 컴퓨터 스크린에 붙어서 떨어지지 않고 일을 중단할 수가 없기 때문이라는 것이다. 서부에서 사는 그는 증권시장을 모니터링하기 위해서 새벽 4시 30분에 일어나야 하고, 온종일 스크린에서 떠날 수가 없다는 것이다. 몇 년 동안이나 완벽한 컴퓨터 프로그램이 그의 일을 해주고 있음에도 불구하고, 그는 그의 투자가들에게 절대로 스크린에서 멀리 떠나지 않아야 한다는 빚을 지고 있는 것 같다. 그의 세 명의 파트너들, 두 명의 동생들과 일생 동안의 친구 한 명은 매일 나인 홀 골프 게임을 놓치지 않는다. 그러나 하워드는 그가 그들 모두를 위해서 일하지 않으면 안 된다고 느끼고 있다. 하워드는 그와 아내와 세 딸들이 다 쓸 수 없을 만큼 많은 돈을 가지고 있다는 것을 알고 있다. 그러나 그는 멈출 수가 없다. 그것은 자신의 의무라고 그는 말했다. 그는 거래를 위해 그가 디자인한 컴퓨터 프로그램을 절대로 신뢰할 수 없었다. 그렇다. 그는 오르고 내리는 주식시세를 주시하는 것에 중독되어 있다고 했다. 그러면서도 다른 방법으로 살아가는 길을 알지 못한다. 더군다나 그는 증권 시장에서 크게 이기는 것이 신나는 일이라며 나에게 윙크도 했다.

"하워드, 일하지 않는 당신의 인생을 상상해보세요. 어떨 것 같아요?"

"일하지 않는다는 사실에 아마 나는 공포에 질릴 것입니다."

"일하지 않는 현재의 인생을 상상해보세요."

"나는 선생님의 의도를 알아요. 그건 아무런 의미도 없습니다. 나는 일을 멈춘다는 사실에 겁이 납니다. 일을 멈추면 하루 종일 나는 무얼 하지요? 단지 많은 여행과 관광이 가능하겠지요. 흥미 있는 모든 장소―말해보세요―나는 그것들을 이미 다 보았어요."

나는 더 강하게 그를 몰아부쳤다. "일하는 것이 당신을 살아있게 만든다고 느끼고, 일하지 않으면 인생의 마지막 단계―노년과 죽음―로 밀려들어간다고 느끼고 있지 않나 궁금해요. 우리 함께 삶과 일을 구분할 수 있는 어떤 방법을 찾아볼까요?"

그는 주의 깊게 듣고 고개를 끄덕였다. "그 문제에 대해서 생각해보겠습니다."

나는 그가 생각해볼지 의심스러웠다.

나는 85세라는 나이로 노년기의 신참자(新參者)이다. 하워드와 마찬가지로, 늙어간다는 사실과 싸우고 있다. 때때로 나는 은퇴라는 것은 휴식과 평화의 시간이고, 만족스럽게 뒤를 돌아보는 시간이라는 것을 받아들인다. 그러나 나 역시 아주 젊었을 적부터 있어오는 삶에 대한 감당할 수 없는 느낌, 그것은 만약 우리가 일을 열심히 하지 않으면 격동과 위협이 계속해서 일어날 것이라는 느낌이 있음을 알고 있다. 내가 앞에서 인용했던 디킨스의 말, "왜냐하면, 내가 종말에 더욱 가까이 가면 갈수록, 나는 원형을 그리며 처음 시작할 때를 향해 점점 더 가까이 여행하고 있다." 그 말들이 나를 홀린다. 점점 더 나는 나의 시작으로 나를 끌어가는 어떤 힘을 느낀다. 어떤 날 밤에 매릴린과 나는 샌프란시스코에서 풀즈 퓨리 창고 축제〈foolsFURY Factory Festival〉—우리 아들 벤의 회사에서 격년으로 주최하는 행사—에 참석했다. 20개의 국내 작은 극단에서 작품을 제출하여 공연하는 행사이다. 공연이 시작되기 전에 우리는 작은 유대 델리인 와이즈 브라더즈에서 간단한 식사를 했다. 그곳은 나의 어린 시절, 내가 1940년대의 워싱턴 DC에서 바로 나온 듯한 기분이 드는 곳이었다. 가게의 벽은 온통 가족사진으로 뒤덮여 있었다—영성으로 가득찬 집단, 눈을 크게 뜨고, 공포에 찬 얼굴들, 동유럽에서 엘리스 섬에 도착한 피난민들. 그 사진들은 나를 격앙시켰다. 그들은 나 자신의 친척들과 비슷했다. 나는 자신의 바르 미츠바 연설을 하는 한 슬픈 소년을 보았다. 그 소년이 나였을지도 모른다. 처음에는 우리 어머니인 줄 알았던 한 여인을 보고 나는 갑자기—그리고 신기하게—그 여성에게서 강렬한 부드러운 느낌을 받았다. 이 책에서 내가 어머니를 비판했던 것에 대해서 당황함과 죄책감도 느꼈다. 나의 어머니와 마찬가지로 사진 속의 그 여인은 교육받지 못한 듯했고, 공포에 젖어 있었고 열심히 일했고, 오로지 낯설고 새로운 문화에서 살아남기 위해, 또한 가족을 부양하기 위해 열심히 살았던 것 같았다. 나의 삶은 대단히 풍요로웠고 대단한 특권을 받았고 대단히 안전했다—그것은 크게는 나의 어머니가 열심히 일했기 때문이고 어머니의 너그러움 때문이었다. 나는 델리에 앉아서 그 여인의 눈과 모든 피난민들의 눈을 보면서 울고 있었다. 나는 일생 동안 나의 과거를 탐색하고, 분석하고, 재구성하면서 보냈다. 그러나 나는 지금 내 마음속 눈물의 계곡, 고통은 절대로 풀어지지 않을 것임을 인식하고 있다.

1994년에 내가 스탠퍼드에서 조기 은퇴를 한 이래로 나의 일과는 그대로 유지되고 있다. 아침마다 세 시간 내지 네 시간 동안, 대개의 경우 일주일에 6일 또는 7일간 글을 쓰고, 일주일에 다섯 번 오후에 환자를 본다. 나는 팰로앨토에서 50년 넘게 살고 있다. 나의 사무실은 내 집에서 50미터 떨어진 별개의 건물에 있다. 약 35년 전에 나는 샌프란시스코의 러시안 힐에 있는 단층집을 샀다. 샌프란시스코 시와 베이의 아름다운 광경을 볼 수 있는 집이다. 나는 거기서 목요일과 금요일 오후에 환자를 본다. 매릴린은 금요일 저녁에 나와 함께 샌프란시스코에서 주말을 보낸다. 샌프란시스코에서 나는 끊임없는 흥미를 발견한다.

　나는 나의 위조(僞造) 은퇴에 대해서 자책한다. "얼마나 많은 85세의 정신과의사들이 나만큼 열심히 일하고 있을까?" 나도 나의 환자 하워드와 마찬가지로 나의 노쇠와 죽음을 비껴가기 위해 열심히 일하고 있는가? 이런 질문은 나를 동요하게 한다. 그러나 나는 그에 대하여 대답할 무기가 있다… 나는 아직 제공할 것이 많이 있다… 나의 나이는 나와 같은 나이의 사람들을 더 잘 위로하고 이해하게 해준다… 나는 작가이고 글 쓰는 일에 취해 있다, 그런데 왜 포기하겠는가?

　그렇다, 나는 고백한다. 그리고 나는 이 마지막 문장에 다다르면서 끔찍한 두려움을 갖는다. 나는 언제나 내 마음속에 앞으로 써야 할 많은 책 더미를 가지고 있었다. 그러나 더 이상은 아니다. 이 책을 완성하고 나면, 나를 기다리는 책은 더 이상 없을 것이라는 것을 확실히 느낀다. 나의 친구들과 동료들은 내가 이런 말을 하는 것을 들을 때마다 신음한다. 전에도 이런

팰로앨토 사무실에서, 2010.

말을 많이 들었기 때문이다. 그러나 이번에는 다르다는 것에 두려움을 느낀다.

　나는 언제나 나의 환자들에게 후회되는 일을 탐색해보라고 요구하며, 그들이 후회 없는 삶을 살도록 조언한다. 지금 돌이켜보면, 나는 후회가 별로 없다. 나는 아주 특별한 여인을 나의 생의 파트너로 함께하고 있다. 내게는 사랑스러운 자녀들과 손자녀들이 있다. 나는 이 세상에서 특별한 특권을 누리는 곳, 이상적인 기후 속에서, 아름다운 공원, 빈곤이나 범죄가 적은 곳에서 살고, 세계에서 위대한 대학 중의 하나인 스탠퍼드대학교에서 일했다. 나는 매일 먼 나라에서 내가 누군가에게 도움을 주고 있다는 사실을 일깨워주는 편지를 받고 있다. 그리하여, 니체의 차라투스트라가 나에게 하는 말들은 이렇다.

　"그것이 삶이었는가? 그렇다면 다시 한 번 더."

감사의 말

이 작업을 도와준 많은 분들에게 감사한다. 페가수스 회원들, 스탠퍼드의 글 쓰는 의사들의 월례 모임. 그들은 이 책의 여러 장에 대해서 비평을 해주었다. 이 모임의 창시자 한스 스타이너와 나의 친구 정신과 의사이면서 시인인 랜디와인 가르텐에게 특별히 감사한다. 그는 마지막 장의 제목 '노년기의 신참자'를 제안해주었다. 나의 친구 샘 더글라스와 댄 거슬이 나의 편집자임이 내게는 큰 행운이다. 데이비드 스피겔과 늘 그렇듯, 나의 문학 에이전트인 샌드라 딕스트라와 동료인 안드레나 카바랄에게 감사한다. 그들은 이 책의 시작부터 끝날 때까지 따뜻한 지지를 보내주었다. 그리고 물론, 나의 환자들, 그들은 계속해서 나를 교육시키고 영감을 주고 있다. 일생 동안의 친구 줄리어스 카프란, 베아 글릭크는 나의 네 아이들과 일곱 명의 손자녀들과 마찬가지로, 나의 기억이 제대로 맞춰지도록 도와주었다. 그리고 무엇보다도 가장 귀한 것은 나의 사랑하는 아내, 매릴린, 그녀는 오래전 일들을 기억해주고 나의 가내 편집장 역할을 잘해주었다.

지은이

Photograph by Reid Yalom

Irvin D. Yalom

스탠퍼드대학교 정신의학과 명예교수이며 샌프란
시스코와 팰로앨토에서 정신과 진료 개인 사무실을
운영하고 있다. 그는 나는 사랑의 처형자가 되기 싫다
(*Love's Executioner*), 치료의 선물(*The Gift of Therapy*), 니체가 눈
물 흘릴 때(*When Nietzsche Wept*), 쇼펜하우어, 집단심리치료
(*Schopenhauer Cure*), 삶과 죽음 사이에 서서(*Creatures of a Day
and Other Tales of Psychotherapy*) 등 여러 권의 책을 저술했다.
그와 작가인 그의 아내 매릴린은 네 명의 자녀와 일곱
명의 손주를 두고 있다. 그들은 캘리포니아 팰로앨토
에서 살고 있다.

옮긴이

이혜성 leehs@kcgu.ac.kr

한국상담대학원대학교 총장
이화여자대학교 명예교수
서울대학교 사범대학 졸업
미국 버지니아대학교 교육학 박사(상담자교육 전공)
서울여자대학교, 이화여자대학교 교수 역임
한국청소년상담원 원장 역임

저서

여성상담

삶 · 사람 · 상담

문학상담

사랑하자 그러므로 사랑하자

아름다움은 영원한 기쁨이어라

내 삶의 네 기둥

역서

쇼펜하우어, 집단심리치료

폴라와의 여행 : 삶과 죽음, 그 실존적 고뇌에 관한 심리치료 이야기

카우치에 누워서

보다 냉정하게 보다 용기있게

어빈 D. 얄롬의 심리치료와 인간의 조건

매일 조금 더 가까이

스피노자 프로블럼

삶과 죽음 사이에 서서